Jan H Bakker

Jan H Bakker

Een Gronings hotel in de oorlog
Militaire Politie in Indië
Goochelen, ook in de oriënt
Achter de schermen van het theater

omslagfoto: Jan Drost

Copyright © 2003 Jan H Bakker
Alle rechten voorbehouden.
Niets uit deze uitgave mag worden verveelvoudigd, opgeslagen in een
geautomatiseerd gegevensbestand, of openbaar gemaakt,
in enige vorm of op enige wijze, hetzij elektronisch,
mechanisch door fotokopieën, opnamen of op enige andere manier,
zonder voorafgaande schriftelijke toestemming van de auteur.

Als je 75 jaar geworden bent, heb je het grootste gedeelte van je leven achter je liggen en wat er daarna nog komt, is, tenminste bij goede gezondheid, mooi meegenomen. Terugkijkend in die voorbij gevlogen jaren kom je tot de ontdekking dat er in zo'n 3/4 eeuw ontzettend veel veranderd is in de wereld. Je praat nu over de gebeurtenissen die plaatsvinden in de hele wereld. Vroeger hoorde je alleen wat er in je eigen naaste omgeving gebeurde, in je eigen dorp of buurt. Eeuwen geleden duurde het jaren voor men iets merkte van vooruitgang en verbetering van het leven. Het leven in de wereld verandert nu heel snel, de huidige bewoners merken dat nauwelijks.

Je weet weinig van je ouders, vroeger als kind vroeg je er niet naar. Veel mensen geven daar niets om, maar ik heb er respect voor, hoe men hier vroeger leefde, hoe mijn familie leefde en wat ze deden. Ik was er nieuwsgierig naar en het kan ook nuttig zijn te weten wat voor ziekten er in je familie heersten, hoe de aard en het karakter van je voorouders waren.

Toen ik 75 jaar was geworden en tijd genoeg had om hier en daar wat gegevens te verzamelen, nam ik het plan op om mijn verleden op papier te zetten. En wat is het geworden, een wel heel gevarieerd levensverhaal met o.a. :
  Van Hotel van der Werff op Schiermonnikoog naar Victoria Hotel in Groningen,
  Leven in het Groningse hotel, voor en tijdens de oorlog,
  3 jaar Militaire Politie in Indië,
  Burlesco was overal, ook op de Duitse tv,
  Achter de schermen van het theater,
  De schijnwerper op de wereld, met in de hoofdrol de Oriënt,
  600 voorstellingen op 239 kleurrijke Haagse adressen en
  250 voorstellingen in midden Nederland.

Dit verhaal is doorspekt met af en toe persoonlijke dagboekgegevens en door alles loopt een magische rode draad.

Herdruk december 2011
ISBN 978-1-4710-1639-4

Dit levensverhaal heb ik geschreven voor Henk, Ruud en Jacqueline.

Het voor eigen familie bestemde verhaal is uiteindelijk een boek geworden met ook voor de buitenstaander interessante voorvallen uit de hotel-, theater- en reiswereld, alsmede uit het militaire leven in Indonesië.
Het werd een boek in beperkte oplage.

Inhoud

Schiermonnikoog
Schiermonnikoog, wat heb je daar te zoeken 9

Groningen
Aan de Groote Markt in Groningen 13
Gasten van allerlei pluimage 16
Ziekenboeg 18
Wonen in Groningen 19
Leveranciers 20
Leven in een hotel 22
Mijn hobby's 24
De wereldcrisis tussen 1935 en 1940 26
Vakanties 29
De familie in en om Groningen 31

Vrijdag 10 mei 1940
Vrijdag 10 mei 1940 35
Engelse zender 37
Het leven gaat door 38
Bombardement 39
Artiestenhotel 40
De situatie wordt moeilijk 42
Betonarbeider 44
Dramatische uren 46
Hotel Frederiks 50

Indonesië
De oorlog is nog niet voorbij 53
Dienstplicht overzee 54
De eerste maanden in de tropen 56
Tjiteureup 58
1e Politionele actie 63
De Preanger, gevaarlijk maar prachtig 65
Opleiding veldpolitie 68
Cheribon 69
Purwakarta 72
We zijn het behoorlijk zat 75

Hoogeveen
Van Schiermonnikoog naar Hoogeveen 79
Maandag, 1 september 1952 in Bedum 82
De Hoogeveense trommelslager 84
Lid van de visclub 85
Van stadsbus tot kraamkamer 86
Het genot van een auto 87
Burlesco 89
Diesel, een nieuw zeeppoeder 92
Bescherming bevolking 94
Telepathie en sperziebonen 95
Nachtmerrie of geestverschijning 97
De AVRO en "d'Oprechte Amateur" 99
Stadttheater Wilhelmshaven 101
Een Hoogeveens hotel 102
De Hoogeveense finale 105

Zwolle
"Paraat" in Odeon 111
Odeon zeer in trek 114
Er is meer in de wereld 119
De lopende boom van Odeon 123
Repelen en hekelen 127
Oud hout 131
Van Cairo tot camper 134
Odeon allerhande 137
Naar de van Pallandtlaan 140
Wie, waar en wat in Wezep 143
Wim Kan en Japan 147
Rustieke buffetten 150
Odeon vanaf 1960 in een notedop 152
Tijd om over de grens te kijken 154
Het was rustig in Wezep 161
De laatste loodjes in Odeon 162
Voor en achter het doek 165
Gluurders 167
Amsterdams Volkstoneel 170
Vanavond vestjes of blote schouders 172
Odeon alles was er mogelijk 175
Tentoonstellingen 177
Loterijen 179
Het Odeon-virus 181
En nu dit nog 184
Finale in Zwolle 185

Den Haag
Via Schiermonnikoog naar Den Haag 187
Reizen, doe het zo lang je het kan doen 189
Syrie en Jemen 193
Algerije, we deden er het licht uit 199
Met hete lucht de lucht in 203
Waarom naar Den Haag? 205
Voorstellingen in Den Haag 208
Ach lieve tijd 211
In 7 jaar 600 voorstellingen op 239 adressen 214
Proefstrippen 216
Bloemetjes en flessen wijn 219
Luisteren en afluisteren 221
Haags allerlei 223

Leusden
De Zeilmakerij 227
Start in Leusden 228
Libanon en Wales 230
Engelse tuinen en Spaanse vlakten 235
Korte reizen duurden maanden 237
Vierkante bomen 241
In "Vrede" varen 243
"Het Nieuwsblad van het Noorden" helpt 245
Verrassende reacties 246

Adressen voorstellingen 249

Register 253

Schiermonnikoog

Schiermonnikoog, wat heb je daar te zoeken

Wat weet men over z'n ouders, meestal heel weinig. Later merk je dat het jammer is, maar daar is dan niets meer aan te doen. Ik heb nu de tijd en mogelijkheid om over mijn verleden iets op papier te zetten. Behalve voor naaste familie, kan dit verhaal misschien ook voor andere lezers iets interessants bevatten.

Hendrik, mijn vader, is geboren op 2 januari 1897 in Tolbert. Hij was het derde kind uit het huwelijk tussen Jan Bakker (1860) en Talina Ottens (1862). Het oudste kind in het gezin was Annechien (1892) en het tweede kind was zoon Geert (1894). Jan verdiende de kost als koetsier, later stond hij vermeld als winkelier. Jan overleed in 1904. Mijn vader was toen 7 jaar en over zijn vader wist hij zich niet veel te herinneren. Hendrik was een stille teruggetrokken jongen en erg verlegen. Als er bezoek kwam, verstopte hij zich vaak in het kippenhok en Tolbert was toch al niet een dorp vol leven en activiteiten. Hendrik moest naar school. Hij had een handschrift om jaloers op te zijn. Hij kon tekenen als een kunstenaar en ontdekte dat de wereld groter was dan zijn dorp. Ondertussen leerde moeder Talina een andere man kennen, Egbert Talens (1870), een boer uit Roden.
In 1907 kwam het tot een huwelijk en een jaar later, op 2 januari, zag Geziena Egbertina het daglicht. Dezelfde dag als mijn vader. Het gezin was ondertussen verhuisd naar een boerderij aan de Wolddijk, een streek ten noorden van de stad Groningen. Hendrik ging naar de kweekschool. Dat was van korte duur. Hij moest maar een baantje zoeken, de school was financieel niet haalbaar. Bij Hotel Groot Berg en Dal bij Nijmegen kon hij een baan krijgen als boodschappenjongen, in het hotelvak heette dat piccolo. Hij kreeg reisgeld mee voor een enkele reis Nijmegen. Het hotelleven stond hem wel aan en de hoteldirectie was zeer tevreden over hem. Hendrik bleef vele jaren in het hotel, echter het bedrijf was alleen in de zomer geopend. Hij had nu de gelegenheid om tijdens de wintermaanden de wijde wereld in te trekken.
Hij diende in verschillende horecabedrijven en kreeg daardoor veel ervaring in het vak. In Berg en Dal werd dat gewaardeerd en hij kreeg er 's zomers een steeds hogere positie, van piccolo tot portier. Als portier kon hij wat extra's verdienen. Terwijl de andere portiers in de loge bleven kaarten, verkocht hij sigaren aan de gasten en reserveerde rijtuigen en taxi's. Allemaal diensten die fooien opbrachten en die fooien waren toen de voornaamste bron van inkomsten. Daarna kwam hij in de bediening. Zijn buitenlandse ervaring kwam hier goed van pas.
De Eerste Wereldoorlog brak uit en in 1917 moest Hendrik in Den Helder opkomen bij de Koninklijke Marine. Na de opleiding werd hij gestationeerd bij de kustwacht op Schiermonnikoog. Hij moest daar de zee en de lucht af turen – naar wat? – en hij was nog kleurenblind ook. Hij had hier op het eiland eigenlijk niets te

zoeken, tot amor op zijn pad kwam. Hendrik was Tolbert ontgroeid. Hij had al meer van de wereld gezien en het hotelbedrijf lokte hem.

Nu eerst even terug in de geschiedenis, naar de jeugd van mijn moeder. Louisa Berendina is geboren op 6 juni 1898 in de Nieuwe Sint Jansstraat in Groningen. Zij was het tweede kind uit het huwelijk tussen Sake van der Werff (1870) en Anna Louisa Westra (1870). Het oudste kind in het gezin was Tjeerd (1897) en na Louisa kwam nog een zoon, Piet (1913). De levensloop van Sake is niet in 1 regel te beschrijven. Na op verschillende schepen als matroos te hebben gediend, werd hij knecht in een wijnkelder in Groningen. Uit slechts 3 vaten wijn wist hij na mengen vele soorten wijn te creëren. Daarna werd hij politieagent in Groningen en leerde van een oudere collega lezen en schrijven. Eind 1901 werd hij veldwachter op het waddeneiland Schiermonnikoog.
Op een zondagmiddag in 1906 maakte de familie van der Werff een strandwandeling. Louisa liep voorop en zag als eerste een uit het zand stekende laars. Ze ontdekten dat aan het schoeisel nog een lichaam zat. Het was toen nog de gewoonte dat aangespoelde lijken langs de duinrand werden begraven. Van der Werff kreeg toestemming om het lichaam ergens in de duinen een waardige rustplaats te geven. Vooral tijdens de beide wereldoorlogen werd deze duinpan, nu Vredenhof, ook het kerkhof van tientallen drenkelingen. Alles onder supervisie van van der Werff, die zich tevens intensief bezig hield met de nazorg van de familie.
Ook nam de nieuwe koddebeier volop bijbaantjes aan, met en zonder permissie van de burgemeester, zoals visser, bootjesverhuurder, tuinman en vooral pensionhouder. Dit laatste bijbaantje bracht veel extra geld op en hij was succesvol, o.a. ook door de smaakvolle maaltijden die moeder Anna bereidde.
In een advertentie van omstreeks 1910 stond:
"Pension Vierhuizen - Schiermonnikoog
Nette ruime kamers - Rustige omgeving - Degelijke tafel - Voor kinderen geen prijsverlaging".

Het huis, een typisch eilander huis, was eigenlijk veel te klein voor een pension.
In 1913 kocht Sake het vanouds bekendstaand logement van de heer H. de Boer. Het was op dat moment een zaak waar nauwelijks nog loop

Opa v.d. Werff verkocht in zijn hotel ansichtkaarten waarop hij met foto's zijn loopbaan toonde

in zat. Het ontbrak de Boer aan zakelijke inzichten. Sake van der Werff hing zijn politiepet aan de kapstok. De omzetten van het logement stegen onmiddellijk, want Sake was een goed gastheer, Anna een ervaren kokkin en Louisa ging het bedienen goed af.

Maar ondertussen was de Eerste Wereldoorlog uitgebroken. Nederland raakte niet bij de oorlogshandelingen betrokken, maar met de toeristenaanloop was het gebeurd. De marine kreeg het voor het zeggen op het eiland en dat leverde alleen wat klandizie van militairen op. En één van die militairen was Hendrik Bakker.

Louise van der Werff

Op het eiland was er voor de militairen weinig afleiding. Hendrik had buiten de dienst niet veel vrije tijd. Als het even kon, liep hij graag bij van der Werff binnen waar Louise, de dochter, in het café bediende. Hendrik gunde haar graag een veelzeggende blik en een begrijpende glimlach was dan altijd het antwoord. Zo ontstond een prille liefde. Vader van der Werff vond echter een verhouding van zijn dochter met een militair maar niets. Hij kon haar ook niet missen in de zaak. Omdat ze zo handig was, had hij Louise ook al jong van school gehaald. Leren op school was alleen voor jongens. Hij verbood Louise contact te hebben met Hendrik. Maar ja, juist daardoor werd een bloeiende liefde sterker. Bakker Ritsema, die zowel aan het hotel als aan de marine leverde, zorgde voor een oplos-

Hendrik Bakker

sing. Beide verliefden kregen bij hem thuis gelegenheid elkaar beter te leren kennen. De liefde werd zo sterk dat de soms zeer strenge van der Werff toestemming gaf voor een verhouding. Eind 1918 eindigde de oorlog en op het eiland ging het gewone rustige leven weer verder. Louise bleef in het hotel en Hendrik ging terug naar de vaste wal en de eerstvolgende zomers weer naar het Hotel Groot Berg en Dal. In de wintermaanden deed hij praktijk op in het buitenland.

Zo ging hij als hofmeester mee aan boord van een schip naar de Verenigde Staten en Mexico. Hij voer een eind de rivier de Mississippi op en was verbaasd over de kolossale breedte van de rivier. De stad New Orleans vond hij indrukwekkend. Mexico waardeerde hij minder, zijn mooie gouden vulpen werd hem daar ontfutseld. Als het stormachtig weer was en er niemand aan tafel kwam, moest hij toch de hele vorstelijke maaltijd opdienen. Daarna werden alle lekkernijen overboord gekieperd. Als Groningse boerenjongen vond hij dat verschrikkelijk. Vele wintermaanden bracht Hendrik door in Londen, Parijs en Berlijn. Soms ging hij een paar dagen met zijn motor op stap, o.m. naar Spa en naar de grotten van Han. Resterende dagen verbleef hij bij zijn zuster Annechien aan de Bedumerweg. Zij was getrouwd met Derk Hekma en ze hadden een kruidenierszaak. Een ansichtkaart van Hendrik vanuit Berlijn aan Louise is bewaard gebleven en bevat de volgende tekst:

"Mej. L. van der Werff, Hotel, Schiermonnikoog, Holland.
Berlijn, 17 Nov. '21.
L.L.
Gisteravond om 10 uur in Berlijn aangekomen. Gron.-Nieuwe Schans kostte me fl.1,50, 3e klasse, Nieuwe Schans-Berlijn 180 mark, 2e klasse, dus buitengewoon goedkoop. Ik at in de trein voor 38 mark, zeer goed. Morgen ga ik in pension voor 3000 mark per maand. Jammer dat het niet gelegen kwam om ons nog even op te zoeken. Nu het komend voorjaar mij maar uit Berlijn afhalen. Hrt.gr. Hendrik."

In Hotel Groot Berg en Dal was Hendrik opgeklommen tot gerant van het restaurant. Hij wilde nu een eigen zaak en dat lukte. Aan de Groote Markt in Groningen was Trianon te koop, een café-restaurant, waar vers bloed gewenst was. De ligging aan de noordzijde van de Groote Markt was ideaal. De zaak werd gekocht en kreeg de naam "Hotel VICTORIA", een naam die Hendrik in het buitenland had gezien. Op 12 Mei 1924 traden Hendrik en Louise in het huwelijk. Louise had voorgoed het eiland verlaten. Vader Sake had haar niet tegen kunnen houden. Het was een troost dat zijn dochter in de horeca bleef.

Mijn geboortedag, 23 oktober 1925, kwam nu in zicht.

Groningen

Aan de Groote Markt in Groningen

Het was 1925. Aan de Groote Markt no.4 in Groningen deed Hendrik Bakker goede zaken in zijn nieuwe zaak, het Hotel Victoria, destijds lunchroom Trianon. De zaak was al spoedig te klein, voor een hotel heb je toch een groter pand nodig. Op 23 oktober kwam ik er ook nog bij. Niet dat ik veel ruimte in beslag nam, want volgens mijn moeder heb ik lang in een sinaasappelkistje gelegen. Ik ben geboren op de 2e etage in een kamer gelegen aan de Groote Markt. Er zullen niet veel mensen zijn die kunnen zeggen dat ze aan deze markt zijn geboren. Een paar maand later lag ik echter al in het ziekenhuis, het Diakonessenhuis aan de Ubbo Emmiussingel, voor een dubbele liesbreukoperatie.

Uitbreiden van het bedrijf leek moeilijk. Rechts van het hotel was het pand van Burmann en links op de hoek van de Oude Boteringestraat was de apotheek van van Dijk. Maar het huis van de apotheker kon gekocht worden. De panden samen werden een echt hotel-café-restaurant.

Hotel "Victoria", Groote Markt N. zijde. Naast Burmann de twee panden van Hotel Victoria

Er kwamen twee kelners in vaste dienst. Van die statige mannen met lange slipjassen waar ik me als peuter graag aan liet meetrekken. Het waren Pieter de Kok en Henk Nieuwold. De laatste kon goed piano spelen en dat kwam wel eens van pas bij bruiloften.

Burmann zorgde voor een nog betere oplossing. Hij kocht beide panden van vader, zodat zijn textielwinkel sterk uitgebreid kon worden. Daarboven liet Burmann een nieuw hotel bouwen waarvan vader huurder werd. Een gebouw in het Stalstraatje werd tijdelijk ingericht als noodhotel. Tijdens de lustrumfeesten van het Gronings studentencorps logeerden in het noodhotel het bestuur van de Utrechtse senaat. Na de festiviteiten hadden de Utrechtenaren nog tijd over om alle ruiten van het hotel kapot te gooien en de muren van graffiti te voorzien.

Gedurende de bouw, die plaats vond in de jaren 1928 en 1929, ging vader regelmatig kijken met de heer Kooi, de aannemer, hoe ver de bouw gevorderd was. Ik herinner me eens gevraagd te hebben, of ik mee mocht kijken. Van vader mocht dat niet, want hij vond die ladders opklimmen te gevaarlijk voor mij. Maar toen mijnheer Kooi zei dat de trappen al aangebracht waren, mocht ik mee.

Het nieuwe hotel was een aanwinst voor Groningen. Het bekende weekblad "Het Leven" schreef er een artikel over met een foto van het restaurant. Bij de foto stond o.a. de tekst: "Licht en lucht en ruimte zijn hier in ruime mate aanwezig en dit alles wordt omlijst door kundig geschikte lijnen van bouwmeesterschap en alles is behagelijk getooid door van smaak getuigende meesterhand."

Op de eerste etage was het grote café-restaurant met heerlijk ruimzittende leuningstoelen. Deze waren speciaal ontworpen en gemaakt door een meubelfabriek in Franeker. Achter het restaurant was een grote zaal. Deze zaal, de keuken eronder en de zolder erboven waren nog de oorspronkelijke ruimten van het oude hotel en grensden aan het Stalstraatje. De verdere nieuwbouw bestond uit 3 etages met logeerkamers, in totaal 42 kamers met samen 60 bedden. De muren tussen de kamers waren gemaakt van geperst materiaal en geïmpregneerd met een brandwerende stof. Ze waren geluiddicht, maar ze brandden als fakkels, zoals later bleek.

Op elke etage bevond zich een toilet en op de 2e en de 4e etage was een badkamer. De vraag naar de badkamer was nihil. De enkele keer dat

De bewaarschool aan de Kleine Kromme Elleboog

er naar gevraagd werd, had paniek tot gevolg, want de badkamers waren opslagplaats voor reservebedden.

De prijs voor logies met ontbijt op de 2e etage was ƒ3,00, op de 3e etage ƒ2,75 en op de 4e ƒ2,50. Een lift was er niet. Voor ƒ1,50 per dag meer, had men volledig pension. Artiesten kregen een extra korting. Bovendien verraste vader hen na hun voorstelling vaak met een grote schaal salade. De naam "Hotel Victoria" werd "Victoria Hotel". Vader vond dat beter klinken. Het was ondertussen 1930 geworden.

Het werd druk in de zaak en moeder had niet veel tijd meer voor mij. Ik werd met een fles melk naar de bewaarschool gebracht in de Kleine Kromme Elleboog.

De binnenplaats van het schooltje was één grote zandbak. Met regen gingen we naar binnen, want er was ook een lokaal met een zandbodem. Op een foto genomen op de binnenplaats, staan kinderen waar ik nog vele jaren contact mee heb gehad. Zoals Harry van Biesum van garage Imex aan de Oostersingel, Klaas Bossina van de verfhandel aan de Oosterstraat, Soene Dallinga, zijn vader was bakker aan de Herenstraat, Johan Goldhoorn van de comestibleszaak aan de Nieuwe Ebbingestraat en Riekje Corporaal van de bloemenzaak Tetzner aan de Guldenstraat. Van Riekje kreeg ik eens op mijn verjaardag een griffeldoos met een leitje.

Voor het vele naai- en stopwerk werd moeder geholpen door een naaister, juffrouw Mijnders. Zij woonde in de Kijk in 't Jatstraat, direct over de brug. Het toezicht op de logeerafdeling was voor rekening van moeder. Voor elk van de 3 etages had ze een kamermeisje, Vader ging soms op een vrij gebleven logeerkamer slapen om te testen of alles in orde was. Het café-restaurant en de zaalexploitatie was voor rekening van vader. In de keuken kwam een kleine brigade, 2 koks en een paar meisjes. Er was een huisknecht, Brinker, die tegelijk commissionair was. Het was een man, die met een grote pet op, waarop in zilveren letters "Victoria Hotel", naar het station ging om logés te vangen en de koffers op zijn transportfiets naar het hotel te brengen. De

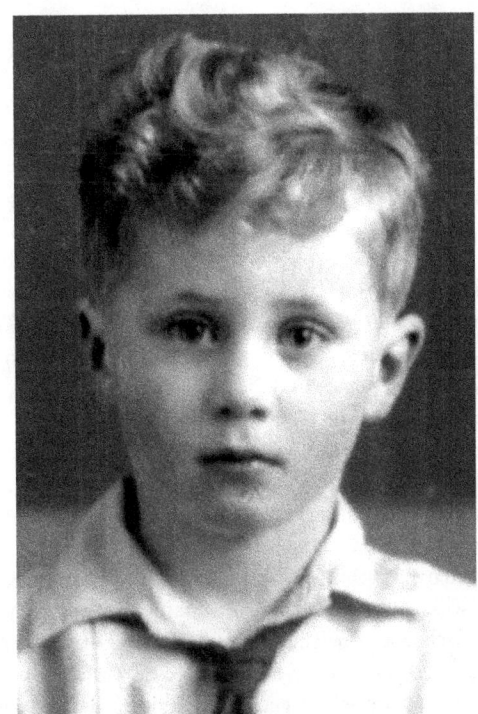

Juni 1930 bij fotograaf Steenmeijer

logé kwam met de tram of wandelend naar het hotel. Een paar keer per dag kwam de Hollandse trein, zo werd de trein uit west Nederland genoemd. Dan stonden op het perron ook commissionairs van o.a. Hotel de Doelen, Frigge en Hotel Willems. Tevens behoorde het tot de taak van Brinker, in de vroege ochtend de schoenen van de logés te poetsen en er een ochtendblad in te doen, "Het Groninger Dagblad" van de drukkerij Oppenheim uit de Turftorenstraat. Een vervelende job voor Brinker was het onderhoud van de centrale verwarming. In de kelder stonden 2 grote ketels voor de verwarming van het hotel en tevens voor een gedeelte van de winkel van Burmann. Ook stond er een kleine ketel voor de warmwatervoorziening van de logeerkamers. Alle ketels werden gestookt met cokes, een zwaar en vuil werk.

Op 8 oktober 1931 werd broer Anne Louis geboren. Hij noemde zichzelf later Anno en dat hebben we maar zo gelaten. Op 18 april 1933 kreeg ik een zus. Enkele dagen later heeft vader haar bij de burgerlijke stand laten inschrijven als Talina Anna, geboren op 19 april. Die dag leek vader beter, want 19 april was de verjaardag van prins Hendrik, echtgenoot van koningin Wilhelmina. Zo'n dag was gemakkelijker te onthouden. Lang heeft vader niet van dit gemak genoten, prins Hendrik overleed een jaar later. Mijn zus werd aangesproken met Lia.

De jongensschool aan de Jacobijnerstraat was ondertussen mijn school geworden. De leerlingen van de eerste klassen moesten door een smalle gang naar het kleine schoolplein. Juffrouw Koops en juffrouw Doedens waren aardige onderwijzeressen, alleen hun vioolspel tijdens het zingen was voor mijn onervaren oren niet om aan te horen. Je leerde schrijven met een kroontjespen en dat moest met je rechterhand en de pen moest tijdens het schrijven richting je rechterschouder wijzen. In de bank zat een inktpot met schuifdeksel. Voor het schoonmaken van je pen moest je zelf zorgen voor een inktlap. Meestal waren dat een paar op elkaar genaaide stukjes zeemleer, maar ik mocht er een kopen van spons, uitgeknipt in de vorm van de kop van een clown. Later kon je via een andere en bredere gang naar het grote schoolplein, waar de hoofdingang van de school was. Mijn onderwijzer werd meneer van der Molen. Hij was samen met vader op de kweekschool geweest. Hij liet zich een keer ontvallen dat vader de 'kweek' niet had afgemaakt. Ik zei niets maar dacht, gelukkig maar. Tijdens een les werden de Franse woorden potage en soupe besproken. Potage was de voedzame soep, die je moeder thuis maakte en soupe was een slap hotelsoepje. Dat had meneer van der Molen niet moeten zeggen. De volgende dag nam ik een pannetje met lekkere, voedzame soep mee naar school om hem te laten proeven hoe onze hotelsoep smaakte.

Op mijn verjaardag heb ik eens, behalve snoepjes aan mijn klasgenoten, de meester getrakteerd op een Victoria sneetje. Dat was een bord met 2 boterhammen, ruim belegd met ham, met in het midden een half gekookt ei en links en rechts een dikke bol, een van huzarensalade en de andere van zalm, alle drie onder een laag mayonaise. Een Victoria sneetje was een veel gevraagd lunchgerecht.

Gasten van allerlei pluimage

Geleidelijk aan kwamen er vaste bezoekers. Velen werden stamgasten, zoals makelaar Westphal uit Harenermolen, die elke werkdag kantoor hield in een hoekje van het café. Namen die mij verder te binnen schieten zijn; heer Jonker, hij bridgede vaak met vader, Jullens, een winkelier en Jo Spanjer, een boekbinder, beiden uit de Nieuwe Kijk in 't Jatstraat en de heer Piëst. Verder nog meneer Beckering uit de Zwanestraat, hij kocht samen met vader een lap stof om voor beiden een kostuum op maat te laten maken.
Aan de stamtafel werd regelmatig door een stamgast geroepen: "Ober, mag ik een lichte angst?" Dat was een soort bittertje, een glaasje jonge of oude jenever, met daarin een paar druppeltjes angostura-elixer. Een andere bekende elixer was Catz van Sappemeer. Ze werden gedronken omdat ze goed waren tegen maagkwalen en bovendien lekker smaakten. Met bepaalde kruiden in een grote weckfles trok vader zelf de Berenburgerborrel. Eerst werd oude jenever meer gedronken dan jonge, later was er meer vraag naar jonge jenever. Tijdens de oorlog was er een leverancier die met een beetje kleursel van jonge jenever, oude jenever maakte.
Verschillende bekende Groningers, zoals gemeentesecretaris mr. Wolthers en advocaat mr. Polak, hadden een dinerabonnement van $f11,-$ waarvoor men tien 3-gangen keuzediners kreeg. Regelmatig terugkomende logés waren meneer Vorster, inspecteur van dagblad "De Telegraaf", heer Eichelsheim, vertegenwoordiger van Palmolive, hij kon prachtig italiaanse liederen zingen. Ook onvergetelijk was meneer Witlox van de firma Boas, een man die alle honderden artikelen van zijn zaak, inclusief de prijs, uit zijn hoofd wist op te noemen. Een bijzondere man was Rik Boersma, een voordrachtskunstenaar, die soms maandenlang bleef. Als vader 's avonds het café sloot, dronk hij nog even het glas met lekbier leeg. Voetbalclub Hellas had een vaste vergaderstek, evenals verschillende winkeliersverenigingen. Er waren een paar bridgeclubs en eens per jaar vond in alle zalen de grote AVRO-bridgedrive plaats.

Inschrijfformulier van heer Dieben, artiestennaam Lou Bandy

Het merendeel van de artiesten die in het noorden optraden, logeerde bij ons en kwam steeds weer terug. De bekende acteur Eduard Verkade kreeg altijd kamer nr. 48, een van de drie logeerkamers die gelegen was op de eerste etage, achter het café en restaurant. Nooit zal ik vergeten dat hij aan zijn pink een centimeter lange nagel had.

De bekende broers Lou Bandy en Willy Derby waren beide zanger en humorist. De echte namen waren Lodewijk en Willem Dieben. De onderlinge verhouding was niet goed. Als een van de twee bij ons logeerde, zocht de ander een ander hotel.

Een paar namen van mensen die in de jaren tussen 1930 en 1945 bij ons logeerden, Guus Weitzel, omroeper bij de AVRO, Hans Lichtenstein en Gerd Hirsch van de Fritz Hirsch Operette, Kees Pruis, zanger-humorist, Kovacs Lajos, orkestleider, Jacob Hamel, leider kinderkoor, Peter Pech (Jan Hahn), conferencier bij de VARA en Koos Koen (Wam Heskes), acteur en tekenaar van het tijdschrift "De Lach".

Het volkstoneelgezelschap van Jan en Beppie Nooy kwam ook regelmatig logeren. Op zekere dag kreeg Jan Nooy financiële problemen. Hij kon zijn spelers niet meer betalen.

Vader leende hem 600 gulden. Iedereen verklaarde Bakker voor gek. Maar er werd terugbetaald en de familie Nooy was erg dankbaar voor het vertrouwen dat vader in hen had. Ook hebben de Wiener Sängerknaben een paar keer bij ons gelogeerd. Zo gauw de jongens het hotel binnen kwamen, moesten ze een soort slofjes aantrekken. Er bleef eens een paar slofjes achter. Ze pasten mij en ik heb er jaren in gelopen.

In december 1935 verscheen in een Gronings dagblad een grote reportage over het Victoria Hotel. Over 4 kolommen schreef een journalist onder de titel "Snuffelend in het hotelbedrijf" een verhaal over alle facetten van het hotel. Het verwonderde hem dat je als klant alleen al bij het kopen van een kopje koffie gebruik mocht maken van de uitgebreide leestafel, een compleet ingerichte schrijftafel, het toilet, de telefoon en benodigdheden die gereed stonden om je schoenen te poetsen. Heel bijzonder vond de journalist dat de hoteldeuren 2 sleutelgaten hadden. Een sleutelgat voor de directiesleutel, die op alle deuren paste en een sleutelgat voor de bij de kamer behorende sleutel. Het zoek raken en meenemen van kamersleutels was een probleem. De eerste sleutelhangers waren uit een koperen plaat gezaagde sterren, maar de punten waren te scherp. Toen kregen we rubber ballen als sleutelhanger, die waren te groot en daarna kleine houten klossen.

Ik woonde in een hotel, dus je werd er de hele dag mee geconfronteerd. Je wende aan een levendig en afwisselend bestaan en dat is mijn hele leven zo gebleven. Als het meikermis was, mocht ik in de huiskamer aan de Groote Marktzijde op de divan slapen. De kermistenten stonden vlak onder het raam. Het geroezemoes, het draaiorgelgeluid, het sirenegeloei en het gekleurde flitsende licht door de kamer, dat alles was voor mij onvergetelijk. Het rondlopen op de kermis vond ik prachtig. Je keek hoe alles functioneerde en je wilde alles meemaken. Ik kneep de dikste vrouw van de wereld in de arm, je moest voelen dat ze echt was. Ik ging drie maal achter elkaar in de emotiebaan, de spookbaan en ontdekte, met een zaklantaarn, hoe alles werkte.

Er was een tent waarop stond dat er iets heel bijzonders te zien was. Zo'n twintig mensen stonden op 't punt naar binnen te gaan en ik sloot aan. In de tent zat een man op een trommel te slaan. Na circa vijf minuten hield hij op en zei dat we niets te zien kregen. We konden aan de zijkant de tent weer verlaten en moesten het publiek, dat voor de tent wachtte om naar binnen te gaan voor de volgende voorstelling, laten blijken iets bijzonders te hebben gezien en ze verder in het ongewisse laten.

Vele jaren lang stond er bij de ingang van het stadhuis een man die schatte hoe zwaar je was. Hij had een grote driepoot met daaraan een leunstoel. De exploitant kneep in je arm en schatte zo je gewicht. Plaatsgenomen op de stoel, gaf een wijzer je gewicht aan. Was hij meer dan 2 kilo mis, dan hoefde je niet te betalen. Ik ben een paar jaar gratis gewogen.

Ik was, en ben nog altijd, een liefhebber van poffertjes, maar tegen het einde van de kermisdagen was mijn zakgeld op. Toen ik vader vertelde dat mijn jongere broer Anno en zus Lia nog geen poffertjes hadden gehad, gaf hij me geld voor drie porties. De keus was aan mij, naar de gebakkraam van Victor Consael op de Groote Markt of naar Haan op de Vismarkt. Maar waar ik ook naar toe ging, Anno en Lia aten allebei nauwelijks een halve portie. Ik kwam dus met een goed gevulde maag thuis.

Op de Ossemarkt stonden tijdens de kermis 1, soms 2 theatertenten van Dassi en Kinsbergen. Er werden kluchten opgevoerd. De beide directeuren logeerden bij ons in het hotel, maar tijd om te komen eten hadden ze niet. Ik moest hen dat dan brengen.

En bijzondere logé van Victoria Hotel was de Nederlandse kampioen wielrennen, Jan Pijnenburg. Zijn verblijf in Groningen werd voor de wielrenner geen pretje. Tijdens een wedstrijd op de Groningse wielerbaan kwam Pijnenburg ernstig ten val en na een medische behandeling werd hij per ambulance bij ons binnengebracht om de nacht in het hotel door te brengen. Een kampioen overnacht toch niet in een ziekenhuis.

Ziekenboeg

Nu wat herinneringen uit onze ziekenboeg. Anno lag met oorontsteking in bed. Hij kreeg oordruppels en onze huisarts zou over twee dagen terug komen om te kijken hoe de toestand was. Lia werd ook een klein beetje ziek. Ik dacht dat het ziek zijn haar leuk toe leek, ze lag in een bed naast Anno. Toen na twee dagen de dokter terugkwam, liep hij direct op Lia af, keek in haar oor en zei: "Het betert al mooi, nog 2 dagen doordruppelen, dan kom ik weer kijken en dan zal het waarschijnlijk over zijn." Moeder wilde niet dat de dokter terug kwam, nooit.

Kleine ongelukjes waren er ook. Bijvoorbeeld toen ik in het Stalstraatje op een plank trapte waar een grote roestige spijker uit stak. De spijker ging dwars door mijn schoenzool en kwam een eind in mijn voet terecht. Met het plankje nog aan de voet ben ik bij de drogist, op de hoek van de Boteringestraat en het Stalstraatje, binnen gestrompeld. Ik weet alleen nog dat de drogist met allerlei soorten gereedschap het probleem deskundig wist op te lossen.

Ook gebeurde het eens dat Anno, bij mij achter op de fiets gezeten, een voet tussen de spaken kreeg. Ik reed op dat moment in de Oude Ebbingestraat, vlak voor het huis van een dokter die de eerste hulp verleende. De voet was behoorlijk gekneusd.

Op ongeveer 10-jarige leeftijd moesten mijn

amandelen geknipt worden, dat was het vonnis van de oor-, neus- en keelarts aan de Noorderhaven. Ik was als de dood voor deze man met zijn spiegel op zijn voorhoofd en zijn angstaanjagend uiterlijk. De ingreep, zeg maar rustig moordaanslag, zou geschieden in het r.k. ziekenhuis. Ik werd vastgebonden op een stoel en wat er toen gebeurde zal ik nooit vergeten. Het werd niet verdoofd, waarom weet ik niet. Misschien kon het niet, was het te duur of vond die beul dat niet nodig. Een paar uur later ging ik met een taxi naar huis. Maar toen bleek dat ik roodvonk had opgelopen en direct in het academisch ziekenhuis moest worden opgenomen, anders bestond de kans dat het hotel gesloten moest worden wegens besmettingsgevaar. Ik kwam te liggen in de barakken, nu noemt men dat het infectiepaviljoen. Het bezoek mocht niet naar binnen, maar moest buiten blijven. Alleen door het raam had ik contact met moeder. Pas na 6 weken mocht ik naar huis, net op de dag dat de grote vakantie afgelopen was. Ik ben niet direct naar school gegaan en mocht o.a. met vader naar de atletiekwedstrijd Nederland tegen Zweden in het Stadspark.

In het voorjaar en in het najaar was er altijd een periode dat moeder zich niet goed voelde. Ze mocht dan graag even een weekje in het r.k. ziekenhuis liggen. Ze had altijd een kamer boven de hoofdingang, zo kon ze aan de auto's zien welke doktoren aanwezig waren. Als ze van vader een paar dagen op stap mocht, was ze zo weer beter. In 1937 ging moeder een week met tante Mien uit Arnhem naar Vitznau in Zwitserland. Ze heeft daar, na het eten van wilde aardbeien, een vergiftiging opgelopen en is er een paar dagen erg ziek van geweest.

Wonen in Groningen

Moeder ging graag, om uit te rusten, een weekje naar hotel Oostergoo in Grouw aan het Pikmeer. Vader had een licht motorfietsje. Ik mocht achterop en zo reden we eens naar Grouw om moeder te bezoeken. Vader reed langs binnenwegen, dan waren we er eerder, zei hij. Totdat we opeens de weg kwijt waren. Verkeersborden en mensen om te vragen hoe we in Grouw moesten komen, waren er niet. Na lang ronddwalen kwamen we eindelijk bij moeder aan. Omdat vader voor dinertijd terug moest zijn, aanvaardden we direct weer de terugtocht.

Ook gingen vader en ik eens op het motortje naar het Leekstermeer om te vissen. Hij huurde er een roeiboot en al gauw hadden we onze hengels uitgegooid. Vader roeide langzaam, want achter de boot had hij, hoewel het verboden was, een blinkerd uitgegooid. Daar ving je snoeken mee, zei hij. We zagen twee maal een meeuw die een vis uit het water haalde, maar wij kregen geen beet.

Op een warme zomerse dag reden we op de motor naar Delfzijl voor een wandeling rond de haven en een kijkje over de dijk. Toen ik in Delfzijl van de motor stapte, bleek de achternaad van mijn broek van voor tot achter gescheurd te zijn. Het leek of ik 2 broeken aan had, een om mijn linker en een om mijn rechterbeen. We zijn direct maar weer op de motor gestapt, want zo konden wij niet rondwandelen.

Ronddolen in de oude binnenstad was mijn lust en mijn leven. Aan de noordkant van de Groote Markt stonden door paarden getrokken bodewagens. De boderijders vertoefden graag even in een van de vele koffiekelders die zich onder de huizen langs de markt bevonden. Dan waren er nog de bloemen-, aardewerk-, potten- en wijnkelders. Tegenover ons hotel was een kelder, op de hoek van de Oude Boteringestraat en de Zwanestraat, waar ik soms heel vroeg in de morgen eieren moest halen.

Maar de sfeer van de markt werd ook bepaald door de prachtige gevels aan de noordzijde. De panden van o.a. de sociëteit Mutua Fides, Gebr. Janssen, Feldbrugge en Burmann vormden samen een uniek totaalbeeld.

Waarom is na de oorlog de noordzijde toch zo fantasieloos herbouwd. Ik heb in latere jaren in Europa veel marktpleinen gezien die na vernietiging door de oorlog architectonisch verantwoord herbouwd zijn. Erg verbaasd was ik bij

Victoria Hotel, noordzijde Groote Markt hoek Oude Boteringestraat

het zien van het gebouw in de westhoek van de Groote Markt. In het koele, nuchtere Groningen past op zo'n centrale plaats, naar mijn smaak, geen gebouw in mediterrane stijl. Bovendien hadden Groote Markt en Vismarkt samen een marktoppervlakte die zeldzaam is in Nederland, daar had geen vierkante meter af gemogen. En naar het mooiste gebouw van Groningen, het Goudkantoor, moet je nu zoeken.

Iets verder in de Oude Boteringestraat was de speelgoedwinkel van R. Eekhof. In de etalage lag altijd mooi, maar duur, speelgoed. Dat was voor mij niet weggelegd, het bleef alleen bij kijken.

Snuffelen op de rommelmarkt op dinsdag en vrijdag deed ik graag. Voor een paar gulden kocht ik er eens enkele speelautomaten uit begin 1900, o.a. een Bajazzo, een Duits fabrikaat en een Jacie Cooganspel uit de USA, bij verzamelaars bekende apparaten. Een museum in Den Haag had er 50 jaar later belangstelling voor, maar ze staan me niet in de weg.

Ook vergeet ik nooit die vierkante wagentjes met banketbakkersijs. De verkopers hadden gele uniformen aan en een grote pet op. Het ijscowagentje had laatjes waarin de heerlijke ijsjes zaten. In onze keuken werd ook ijs gemaakt. Midden in een ijsemmer werd een bus met ijsvla geplaatst, eromheen ruw ijs met zout. Daarna werd met een zwengel de roerspatel in de bus rondgedraaid, dat was zwaar werk. Als ik mee hielp, mocht ik na afloop de spatel aflikken. Toen de zuivelfabrieken in Onnen en Roden begonnen met de fabricage van roomijs was het maken van ijs met behulp van dat ijsemmertje niet meer nodig.

Leveranciers

En wie waren verder de leveranciers voor de keuken en het buffet? Een belangrijk artikel was roomboter, margarine mocht in de keuken niet gebruikt worden. De boter kwam rechtstreeks van de stoomzuivelfabriek Freia in het Friese

Veenwouden. De fabriek staat nu in het Nederlands Openlucht Museum bij Arnhem. Groente en fruit kwamen van Guikema aan de Kromme Elleboog. Slagerij Woest aan de Poelestraat leverde de biefstukken. Niet alleen aan ons, maar aan de meeste hotels in het centrum van de stad. Woest regelde dat met slagers in de buitenwijken, daar werden niet veel biefstukken verkocht. De varkenskoteletten kregen we van slager Vegter aan de Paterswoldseweg en worst natuurlijk van Assink aan de Oude Kijk in 't Jatstraat. Ook rolpens was een geliefd product. Het was grof gemalen varkensvlees, ingenaaid in een pensmaag en bewaard in een pot met azijn. Bij menig slager stond vroeger zo'n pot met rolpens op de toonbank. Nu is het haast nergens meer te koop. Toen ik vele jaren later bij een slager in een supermarkt naar rolpens vroeg, verwees de slagersjuffrouw mij naar de diepvrieskast met hondenvoer.

Voor thee gingen we naar de firma Kahrel in de Pelsterstraat en voor versgebrande koffie naar Broekema in de Oude Ebbingestraat, op de hoek van de Rode Weeshuisstraat. Op verre afstand kon je het branden van de koffie ruiken en ik ging er graag even kijken. Limonadesiropen zoals ranja en grenadine, waren van de firma Polak. De pittiger drankjes, gedistilleerd, kwamen o.a. van de gebroeders Hooghoudt in de Nieuwe Ebbingestraat en van Groenier, de beste wijnen kwamen van wijnhandel Onnes.

Brood kwam natuurlijk van onze overbuurman Bolt. Soms kreeg ik een roombroodje, ik heb ze later nooit meer zo lekker gehad. Zondags moest ik galletjes halen bij een joodse bakker in de Folkingestraat. Banketbakker Lammers van het A-Kerkhof was leverancier van alles wat gebak was. Ik heb in ons buffet heel wat van zijn petit fours weggesnoept. De koekjes van de firma Dekens zaten in grote vierkante blikken. De lege blikken moesten terug naar de Schoolholm, waar de firma gevestigd was. Ik moest ze ook eens terugbrengen, 12 stuks stonden met een touw er om heen klaar. Ik zette ze op de bagagedrager en naast de fiets lopend zou dat gemakkelijk gaan, dacht ik. Maar in de Stoeldraaierstraat ging het mis, alle 12 blikken rolden over de straat. En daar sta je dan als jongen, fiets aan de hand en 12 blikken op straat.

Regelmatig kwam er een man in de keuken met een emmertje van Lekkum's mosterd. De kok nam er dan uit wat hij die week dacht nodig te hebben. Bij Ebel Ebels in de Nieuwe Ebbingestraat moest ik peper halen. Niet alleen voor de kok in de keuken maar ook voor het restaurant, de zout- en peperstelletjes moesten bijgevuld worden. Ik kwam terug met zwarte peper, maar ik moest weer terug om het te ruilen voor witte peper. Vader vond dat zwarte peper niet gesoigneerd oogde.

Het porselein en het glaswerk kwam van Geubels in de Waagstraat, een overbuurman. Heel bijzondere theekopjes van superdun porselein, bestemd voor speciale gelegenheden, kocht vader bij Insulinde, een winkel in exotische artikelen in de Oude Ebbingestraat.

Op de hoek Oude Boteringestraat - Poststraat was de electrozaak van Ekens, de firma die alle lichtproblemen bij ons oploste. Op de andere hoek was kleermaker Vinke gevestigd, die tevens avondkleding verhuurde.

Op de begane grond onder de grote zaal waren de keukens. In de warme keuken stond een groot cokesfornuis met twee ovens. Verder waren er nog 6 gaspitten en een grote industriebrander. Aan de andere kant was een grote granieten bak voor het schoonmaken van groenten en in de uiterste hoek een aanrecht voor de afwas. Afwasmachines waren onbekend, alles was nog handwerk. Het servies – zoals soepterrines, vleesschalen, aardappel- en groentebakken, sauskommen, thee- en koffiepotten – was van zwaar hotelzilver en werd eenmaal in de maand behandeld in een bad met kokend sodawater met zilverplaten er in. Twee goederenliften met handbediening zorgden voor transport tussen de keuken en het buffet erboven. Achter de warme keuken was de koude keuken met een Berkel snijmachine en een Hobart menger. In de derde ruimte, grenzend aan het Stalstraatje, stond een kolossaal grote ijskast. Twee maal in de week werd het ijsvak gevuld met staven ruw ijs. Deze ruimte werd ook wel de "Veenokamer" genoemd. Er stond een grote kist met materiaal van de "Veeno", de fietsenfabriek van de heer van der Veen uit Bedum. Op marktdagen konden fietsenhandelaren hier, via de ingang Stalstraatje, zaken doen.

Leven in een hotel

Wat weet ik eigenlijk nog uit mijn jeugd. Je merkt nu dat je bij herinneringen ophalen van interessante gebeurtenissen, soms niet alles meer weet, terwijl het bij onbenullige dingen lijkt of het gisteren is gebeurd. Nog een paar van die herinneringen.

In een hotel wonen is toch anders dan in een gewoon huisgezin. Vooral in een zaak als de onze, waar je vader en moeder hard moesten meewerken. Tot ik ongeveer 10 jaar oud was, sliep ik op kamer 24, een gastenkamer op de derde etage. Daarna kreeg ik een kamer achter op de zolder boven de grote zaal. Eten deed ik in het begin met mijn ouders in het restaurant, maar dat was gauw gebeurd. Tijd om rustig te eten was er niet meer bij. Ik ging naar de keuken, waar de chef mij een bordje opschepte. Natuurlijk altijd iets dat ik graag lustte. Later is mij verweten dat ik in die tijd verwend ben geraakt. Onze kok liet eens een groot koksmes vallen, dat precies rechtop in zijn kuit bleef staan. Ik schrok erg, maar de kok trok het mes er uit, bond een theedoek om z'n been en hij ging verder met zijn werk.

Op een zaterdagmiddag liep ik eens door de keuken naar het Stalstraatje om daar mijn nieuwe voetbal te testen. De assistent van de kok bekeek mijn nieuwe bal en hield hem voor de grap boven het open vuur van het grote fornuis. Het waren zijn vette handen of de bal was vochtig, de bal gleed uit zijn vingers en viel in het vuur. Weg bal.

De afwas werd gedaan door 2 werksters, waarvan er een zeer klein van stuk was. Ze was een schippersvrouw. De kok vertelde mij eens dat schippersmeisjes altijd zo klein waren, want zij woonden immers in een roef. Dit schippersmeisje stond altijd op een groentekistje voor het aanrecht totdat het kistje eens wegleed en het meisje op de rug met de benen in de lucht op de vloer terecht kwam. Ik schrok en vroeg aan de kok of schippersmeisjes altijd zonder broek rond liepen.

Mijn ouders deden hun uiterste best mij een goede, gevarieerde opleiding te geven. Ik moest ook piano leren spelen. Aan het Nieuwe Kerkhof woonde tante Maaike Westra, een nicht van moeder. Ze was pianolerares en daar kreeg ik les van. Maar dat oefenen thuis verveelde me stierlijk. Een logé, die mij op afstand hoorde spelen maar mij niet zag, zei tegen mijn moeder, dat er een leerling speelde met aanleg. Maar dit zal wel een smoes van moeder geweest zijn. Met een voorzittershamer sloeg ik soms op de toetsen. Op het laatst ging moeder naast me zitten, ik piano spelen en zij breien. Dat hield ze niet lang vol, ze had wel wat anders te doen. Tante Maaike, zei op zekere dag dat ze over een paar jaar wilde ophouden met lesgeven. Ik was een van haar twee leerlingen die zij later haar hele muziekbibliotheek wilde schenken. De beste leerling zou haar boeken krijgen. Dit stimuleerde mij helemaal niet, ik mocht ophouden met pianoles. De andere leerling heeft het ook niet gered. Na het overlijden van tante Maaike zal een 2e hands boekenwinkel er wel beter van geworden zijn. Goed pianospel heb ik altijd mooi gevonden, maar niet zelf spelen. Mijn beroep is later ook geworden om goede musici te laten spelen.

Op ongeveer 10-jarige leeftijd kreeg ik van opoe van der Werff een oude grammofoon. Zij noemde het een Pathéfoon. Het was een gebeeldhouwde eikenhouten kast met zo'n grote His Masters Voice toeter er boven op. De platen draaiden van binnen naar buiten en een mannenstem vertelde welk nummer gespeeld ging worden. De platen bevatten alleen klassieke muziek, zoals van Tannhäuser, Suppé en Rossini. Dat vond ik toen al heerlijke muziek. Na een van mijn laatste pianolessen kwam ik, naar huis lopend, op het Guyotplein een man tegen die in een grote pot een 1,50 meter hoge palm torste. Hij zette de plant op een bank en vroeg of ik er even op wilde passen. Ik heb 3 kwartier naast die palmboom gezeten, toen ben

Jongensschool Jacobijnerstraat, klas meneer van der Molen

ik naar huis gegaan en ik heb de palm laten staan. Verborgen camera bestond toen nog niet.

Er vertrokken hotelgasten en vader gaf mij opdracht de koffers van de gasten naar hun auto te brengen. Na de koffers in de achterbak van de auto geladen te hebben, wilde de logé mij een fooi geven. Ik zei dat dat niet nodig was, dus ik kreeg niets. Toen vader dit hoorde, vond hij dat niet verstandig. Dat vond ik zelf achteraf ook niet. Enige maanden later droeg ik twee grote koffers van een echtpaar naar hun kamer, gelukkig waren deze koffers niet zwaar. Ik kreeg geen tip. Misschien morgenvroeg bij vertrek, dacht ik. Het echtpaar vertrok al heel vroeg. Ze droegen de koffers zelf, ze hadden haast. Het kamermeisje ontdekte later dat alle dekens, lakens en handdoeken verdwenen waren.

Zoals in de meeste hotels in Nederland hadden ook wij Duitse kamermeisjes in dienst. In een artikel in een dagblad vertelde vader dat Nederlandse meisjes het een beetje minderwaardig vonden om in een hotel te werken. En af en toe een avonddienst, daar voelden Nederlandse meisjes helemaal niets voor. Janna en Sini hebben jarenlang bij ons gewerkt. Het waren Duitse boerenmeisjes uit Bunde, een dorpje vlak over de grens bij Nieuweschans. Vlak voor de oorlog werden alle Duitse meisjes die in Nederland werkten teruggeroepen.

Even terug naar de jongensschool. Volgens mijnheer van der Molen keek ik te veel naar buiten. "Jan kijkt weer naar de vogeltjes", zei hij dan. Ik was ook vaak de eerste die zag dat er een politieagent op het schoolplein liep om te komen vertellen dat we ijsvrij kregen om te kunnen schaatsen of dat op een zomerse dag de temperatuur te hoog was om op school te zitten.

Na schooltijd ging ik in het Klooster, toen nog een zijsteeg van de Rode Weeshuisstraat en Oude Ebbingestraat, met klasgenoten vaak nog een tijdje voetballen. Verkeer was hier niet en er waren hoofdzakelijk blinde muren, dus niemand had last van ons. Maar het was toch uitkijken, want 'Apie', een stille van de politie loerde op ons. Vooral op onze bal.

Vader had regelmatig klusjes voor meubelmaker

de Vries, een broodmagere man met een grote zwarte hangsnor. Hij maakte speciaal voor bridgedrives een aantal bijzettafeltjes. De meubelmaker was heel gelukkig met zijn vrouw, maar zij overleed op jonge leeftijd. Het was goed voor de Vries dat hij spoedig een tweede vrouw vond. Een in zijn ogen nog betere echtgenote. Maar ook deze overleed. Hij trouwde voor de derde keer en deze vrouw was onovertrefbaar, een betere bestond niet.

Graag keek ik in het Stalstraatje even binnen bij café Martens. Niet voor een drankje, maar Martens was een begenadigde kunstschilder en zijn schilderwerk vond ik erg mooi.
Vader had in ons restaurant regelmatig werken van verschillende kunstschilders in consignatie hangen, maar ik geloof niet dat hij er ooit een verkocht heeft. Vader kon zelf ook ontzettend goed tekenen. In het hotel hingen veel van zijn getekende tropische vogels. Helaas is er niet een bewaard gebleven.

In het Stalstraatje, schuin tegenover onze achterdeur, was de ingang van de praktijk van de tandartsen Hoeksema en Barkmeijer. De behandeling was daar goedkoop. Af en toe kon je dat ook horen. Verdoofd werd er niet en regelmatig lag er bebloed spuug op straat.
Een behandeling op school door schooltandarts de Boer was trouwens ook geen pretje. De snelheid van zijn boor was afhankelijk van het tempo van het trappen met zijn voet op een pedaal.
Was je laat aan de beurt voor een boorbehandeling, dan was de tandarts moe en werd het boren een superkwelling.
Tandarts de Boer woonde in de Oosterstraat. Daar kwamen we ook voor privé-behandeling en dat was beter dan op school, maar het bleef een crime.

Mijn hobby's

Vriendjes mee naar huis nemen, mocht ik niet van vader. In elk geval niet via het hotel. Ik nam ze dan mee via de achterdeur, langs de keuken, naar mijn kamer op zolder. Vaak maakte ik van mijn kleine slaapkamer een theater. Ik klapte mijn bed op en maakte dan van beddenplanken en oude gordijnen een toneeltje. Aan het plafond hingen een paar stoelen, die ik liet zakken. Het publiek bestond uit 3 of 4 klasgenoten, meer konden er niet in. Ik vertoonde een paar goocheltrucjes, samen met een vriend zongen we het Indische liedje "burung kaka" en we deden nog een balanceeract op grote taps toelopende olieblikken. Om niet te vallen hield ik bij dit wereldnummer een voet tegen de achtermuur. Een van de bezoekers zag dat en wilde onmiddellijk zijn 5 cent entree terug hebben. Achter mijn kamer was een klein hokje. Daar maakte ik een bioscoop van. Bij binnenkomst zag je geen scherm, maar een grote ingelijste prent. Pas als de voorstelling begon, kwam het projectiescherm van boven te voorschijn. Behalve toverlantarenplaatjes kon ik ook korte stukjes film draaien met een filmprojector met handbediening.

De padvinderij, daar moet Jan lid van worden, moeten vader en moeder tegen elkaar gezegd hebben. En zo werd ik op 8-jarige leeftijd welp bij de medusagroep, met daskleur oranje. Het was groep 3 van de PVN. Ons groepslokaal was ergens op de zolder van het Prinsenhof aan het Martinikerkhof. Hoogtepunt bij de padvinderij was het kamperen. Met de pinksterdagen was er altijd een groot gezamenlijk PVN kamp in Hooghalen. Verder herinner ik mij een kamp bij Ees in Drenthe, dat was in juli 1935. Maar het kamperen had niet mijn voorliefde.
De medusagroep werd gesplitst en ik kwam bij de nieuwe martinigroep, met een Schotse ruitdas. Het werd groep 8 van de PVN. In 1937 hadden we een kamp bij Velsen. Natuurlijk met een bezoek aan de Jamboree in Vogelenzang bij Haarlem. Tijdens een kamp in 1938 op Terschelling was de tinbaggermolen Karimata er aan het baggeren in zee op de plaats waar in 1799 het Engelse fregat Lutine was vergaan. Het fregat moet voor vele miljoenen aan goud aan boord hebben gehad. Voordat de tinbaggermolen naar Banka in Indië zou worden gesleept, hoopte men hier nog goud op te baggeren. Slechts een blokje goud, zo groot als een dikke reep chocola, kwam

boven water. Ik stond er bij toen het bioscoopjournaal er opnamen van maakte. Ik heb van de Lutine een loden en een ijzeren kogel overgehouden.

Wegens restauratie van het Prinsenhof moest het lokaal daar verlaten worden. Ons nieuwe verblijf werd de, inmiddels afgebroken, watertoren bij het Sterrebos aan de Hereweg. Halverwege de hoogte van de toren was een lokaal. Ik vond het een interessante ruimte. Onze leidster was akela van Engen. Zij was lerares aan het doofstommeninstituut aan het Guyotplein. We hebben in het instituut vaak toneelstukjes opgevoerd in gebarentaal. Ik bedacht toneelteksten en akela van Engen leerde ons dan de gebaren erbij. Tijdens een pinksterkamp gebeurde het dat onze akela erge hoofdpijn had en ons vroeg onze mond te houden. Diegene die dat het langste volhield, kreeg een reep chocola. Ik won zonder moeite, maar de reep moet ik nog steeds krijgen. Regelmatig hadden we nestwedstrijden. Ik was gids van het zwarte nest. Wij wonnen, maar vraag niet hoe. In het maandblad van de groep stond: "De nestwedstrijden zijn als volgt afgelopen: zwarte nest 419 punten, waarvan de gids alleen 150, flink zo Jan. Het bruine nest had 349 punten, het witte nest 302 en het grijze nest 272 punten." Wij wonnen, omdat ik verschillende insignes haalde, maar ik vond dat mijn nest uit niet erg actieve jongens bestond. Dat was niet mijn schuld, de leiding deelde de nesten in. Later kwam ik bij de oudere padvinders, de verkenners. Leider van de verkenners was J. Klaasesz, later Commissaris van de Koningin en ook nog Gouverneur-Generaal van de Nederlandse Antillen. Ondertussen hadden we de ruimte in de watertoren verwisseld voor een lokaal in de Soephuisstraat. Bij de padvinders kon ik me niet uitleven, ik wilde meer aan sport doen.

Voetballen mocht ik niet van vader. Dan breek je je benen, zei hij. Trouwens, bij een voetbalclub wilde ik niet eens. Ondanks dat deed ik wel mee met schoolvoetbal en ik kreeg er zelfs echte voetbalschoenen voor. Na een van de eerste wedstrijden heb ik die schoenen uitgeleend en nooit terug gekregen, ook geen moeite voor gedaan. Vader en ik mochten graag naar een voetbalwedstrijd gaan kijken. Regelmatig gingen we naar Be Quick aan de Esserweg. Vader reed dan mee met een vriend in zijn auto en ik ging met de tram. Hij zat op de tribune en ik stond er tegenover op de dijk. Ik herinner me nog die lange Plenter en Hogenbirk, die kon heel ver ingooien (ik weet niet of ik de namen hier goed vermeld heb). Ik ging ook wel eens naar een wedstrijd van Hellas in Helpman. De spelers hadden er een klein kleedhok zonder wasgelegenheid. Dat was geen probleem want er liep om het veld een sloot met fris water. De grote zaal in ons hotel was hun honk en vader had mij vanaf mijn geboorte al donateur gemaakt van Hellas. Ik liep zelfs met een das in de kleuren van Hellas. Dassen in de kleuren van Be Quick en Velocitas had sportzaak Willy Loos genoeg in voorraad, maar een blauw-zwarte Hellasdas moest speciaal besteld worden.

Ik had gezien, hoe een emotiebaan op de kermis werkte en wilde ook eens zoiets maken. Ik huurde de grote zaal van vader. Hoe hoog de huur was, weet ik niet meer, maar dat ik iets moest betalen, dat stond vast. Bij onze benedenbuur Burmann stonden oude etalagepoppen in het pakhuis en daar mocht ik er enkele van lenen. In de zaal maakte ik met kamerschermen en gordijnen een zigzag looproute. Een pop zette ik neer met opgeheven arm en in de hand een dolk. Een volgende pop lag voorover op een tafel met een koksmes in de rug. Een derde pop had haar hoofd in de hand en er kwam zogenaamd bloed uit de hals. De oogkassen had ik gevuld met zilverpapier. De zaal was verduisterd en kleine spotjes verlichtten de poppen. De looproute was zodanig dat men onverwachts voor de poppen stond. Een vriend van mij zat onder een tafel en als een bezoekster de hoek omging, greep hij haar bij de benen. Er logeerde op dat moment een revuegezelschap in ons hotel en vooral de revuedames waren gewillige klanten. Er werd zo hard gelachen en vooral gegild door de bezoeksters, dat vader het te lawaaiig vond. Ik moest wat anders bedenken. En dat deed ik. Grote spiegels en glasplaten stelde ik zo op dat, wanneer bepaalde lichtstanden geleidelijk veranderden, men een meisje in een jongen zag veranderen. Mijn medewerkers, m'n zus en m'n broer, waren echter niet steeds bereid om lang stil te zitten voor deze seance. Een andere attractie was een schilderijententoonstelling. Voor een grote schilderijlijst hing een gordijn. Ernaast een opsomming van titels van schilderijen. Wilde men een van de kunstwerken zien, dan trok men aan het knopje bij de gevraagde titel. Nadat men een stuiver in een gleuf had gegooid, trok ik het gordijn voor de grote lijst open en zag men het schilderij. Vroeg men bijv. "Een winterlandschap", dan zag men een dot watten, "Gezicht op het IJ" was een ei met een kop erop getekend, "Terug van de reis" was een lege portemonnaie, "Op jacht" was een netenkam, "Zweeds strijkkwartet" een luciferdoosje waar 4 lucifers uitstaken, "Gezicht op de Dam omstreeks 1850" een dambord waarop een dam, "Bron van tranen" was een ui, "De Nachtwacht" was een waxinepitje of een po. Bij dit laatste schilderij keek ik eerst wie de vrager was. En zo had men een keus uit 21 kunstwerken.

Activiteiten organiseren op het gebied van amusement leek mij een mooie bezigheid en ik bedacht er een naam voor "Victoria's Amusements Bedrijf". In de Jacobijnerstraat was een drukkerij en daar liet ik een stempel maken met in een ovaal rondje de letters VAB. Ik heb nu nog moppen- en tekstboekjes waarin die stempel voorkomt. Dat waren boekjes van de feestwinkels Mulder van het Zuiderdiep en Dijk bij de Kijk in 't Jatbrug. Niet veel later zag ik tijdens de kermis op een tent de letters VAB staan. Op mijn vraag wat die afkorting betekende, kreeg ik als antwoord: "Verenigde Amusements Bedrijven". Dat was een klap in mijn gezicht.

Een grote hobby van mij was het goochelen. De bekende goochelaar Melachini kwam regelmatig in het café en heeft mij de eerste beginselen van de magische kunst bijgebracht. Voor goocheltips bezocht ik hem ook vaak thuis aan de Carolieweg.
In de loop der jaren maakte ik mensen mee die geloofden dat ik paranormaal begaafd was. Mijn goocheltrucjes waren ingestudeerd en waren een kwestie van vingervlugheid en afleiding en bleven natuurlijk altijd geheim. Maar andere vertoners brachten het publiek soms in de waan dat ze bovenmenselijke gaven bezaten, terwijl ik wist dat het gewoon trucs waren. Een tafel laten zweven was zo'n experiment. Ik vertelde het publiek waar ze bij deze vertoning op moesten letten. Het geblinddoekt besturen van een auto was ook een paranormale mysterie. Als dit ter sprake kwam, las ik een advertentie voor uit een catalogus van een goochelstudio waarvan de tekst was:

"Blindfold Bag" De ogen van de goochelaar worden bedekt met een masker. Hierna gaat een zak over het hoofd. Beiden worden goed door het publiek onderzocht. Toch kan de goochelaar alles doen, zoals lezen, schrijven en autorijden. Gemakkelijk te vertonen. De prijs van deze truc is f69,–.

Ik wilde er maar mee zeggen, dat als iemand er f69,– voor over had, hij als telepaat kon optreden. Direct na de oorlog is mij enkele keren gevraagd of ik over vermiste zeelieden iets kon vertellen. Mijn antwoord was dat het zelfs met paranormale gaven niet mogelijk zou zijn geweest om gunstige of ongunstige berichten door te geven.
Ik had een boek van de parapsycholoog W. Tenhaeff, hoogleraar in Utrecht en las daarin verschillende occulte voorbeelden, zoals van een patiënt die het 's nachts te benauwd en te warm kreeg en niet de slaap kon vatten. Hij was te ziek om uit zijn bed te komen, maar hij was wel in staat om van onder zijn bed een pantoffel te pakken en die, onder gerinkel, door het raam te gooien. De frisse en koude lucht stroomde zijn kamer binnen. Nu viel hij spoedig in slaap. De volgende ochtend wakker geworden, ontdekte hij dat hij 's nachts niet het raam, maar de spiegel in stukken had gegooid.

De wereldcrisis tussen 1935 en 1940

Financieel kwamen er problemen. De wereldcrisis eiste ook offers in Groningen. De hotelsector moest bezuinigen en de hotels stuurden geen commissionairs meer naar het station. Brinker, onze portier, zag meer heil in een eigen zaak en nam in het Stalstraatje nr. 4 het café van schilder Martens over. Een van de koks werd ontslagen. Wanneer het nu druk werd in de keuken hielp vader mee. Trouwens, koken was een hobby van hem. Door zijn buitenlandse horeca-ervaring kon hij onze kok soms wel iets leren. Moeder moest juffrouw Mijnders, de naaister, missen. Maar met de electrische aandrijving van de naaimachine ging het lakens en slopen stoppen toch vlug en juist dit rechtaan, rechtuit naaiwerk lag haar goed.

Wat mijn zakgeld betrof kon ik ook merken dat het crisis was. Ik kreeg een dubbeltje voor elke logé die er was in de nacht van zondag op maandag. Maar wie logeerde er dan in Groningen. Vaak waren er geen logés, maar dan bedacht ik wel iets wat wel een paar dubbeltjes opleverde. Ik maakte dan bijvoorbeeld kruiswoordpuzzels, een heel werk, typen en tekenen en vermenigvuldigen met carbonpapier. 1 horizontaal was vaak een bekend hotel in Groningen. De puzzels verkocht ik dan in het café aan de stamgasten. Het gebeurde meer dan eens dat ik zelf de puzzel op moest lossen. Een prijsje wist ik wel ergens te versieren en een van de vaste gasten deed de trekking onder de goede oplossingen.

In het café bij de stamtafel stond een radio voor de nieuwsberichten. Als vader in de keuken bezig was en hij niet naar de nieuwsberichten kon luisteren, dan riep ik door de berichtenkoker vanaf het buffet naar de keuken het laatste nieuws door. De berichtenkoker was een lange buis waardoor je kon roepen, maar ook kon je in een stukje electriciteitsbuis een bestelbon stoppen en naar de lager gelegen keuken laten rollen. Deze buis was gemakkelijker dan de huistelefoon.

Voor de radioverslagen van de voetbalwedstrijden Nederland tegen België door Han Hollander was toen al grote belangstelling. Ook hadden we een uitgebreide leestafel met de belangrijkste dagbladen, zoals de Telegraaf, Algemeen Handelsblad, de Maasbode en het Nieuwsblad van het Noorden. Verder veel tijdschriften. Ik zat vaak aan de leestafel de kranten te lezen en de plaatjes te bekijken, de strip van Bruintje Beer was populair. Maar wat schrok ik toen ik na het lezen van de belevenissen van Bruintje opkeek en er een echte neger naast mij zat.

Voor het demontabel toneel in de grote zaal liet vader een groot bosdecor schilderen. Het was in mijn ogen geen succes, het waren kale boomstammen in de winter. Het leek op het schilderij "Bos bij Oele" van Piet Mondriaan dat ik jaren later in een museum zag, maar het decor zal wel geen voorstudie van Mondriaan zijn geweest.

Aan het einde van een jaar kwamen er zoveel mooie en lelijke reclamekalenders binnen, dat ik alle 42 kamers daarmee kon voorzien. De duurste kamers gaf ik de mooiste kalenders, de lelijkste gingen naar de bovenste etage.

28 augustus, de bekende Groningse feestdag, bracht altijd extra drukte. Vooral omdat men vanuit ons restaurant verschillende gebeurtenissen, zoals de paardenkeuring, zeer goed kon volgen. Voor het vuurwerk klom ik naar ons platdak, een ideale plek.

De kerstversiering van het restaurant liet vader altijd aan mij over. Ik kocht de boom en elk jaar kwam er wat versiering bij. De boom met electrische verlichting kwam midden in het restaurant te staan en de wandlampjes kregen groene kersttakjes. De aankleding werd door de gasten altijd gewaardeerd.

Een wasserij had aan het hotel een goede klant. Vanaf de zolder werd met een takelinstallatie een grote mand met daarin een zak met wasgoed, neergelaten. Deze mand met was werd dan achter de achterdeur aan het Stalstraatje neergezet om door de wasserij opgehaald te worden. Op zeker moment kwam de wasbaas zeggen dat er een lege wasmand stond, de grote zak met hotelwas was gestolen. Enkele jaren later zagen we op een woonboot in het Boterdiep lakens hangen waarin geweven stond "Victoria-Hotel". Er werd veel gestolen. Ik ontdekte eens dat er bij onze achterdeur achter lege emballage een grote stapel borden klaar stond om meegenomen te worden. De politie kwam verschillende keren om op diefstal gevoelige artikelen poeder te leggen dat op je vingers gekomen, zichtbaar werd en niet gemakkelijk verwijderd kon worden.

Nu even op de Groote Markt kijken.
De bodekarren aan de noordkant van de Groote Markt verdwenen, ze waren ondertussen door vrachtauto's vervangen. Maar ook deze gingen al spoedig naar een bodestandplaats elders in de stad. De koffiekelders verdwenen en het winkelbestand werd verbeterd. Op de hoek Zwanestraat – Guldenstraat kwam een groot pand waarin modehuis H.B. werd gevestigd.
In de Oude Boteringestraat naast de hotelingang was op nr. 3 de sigarenwinkel van Kranenborg. Daarnaast was kapper Reitsma. Je liep er door de winkel langs de damesafdeling waarna je in de herensalon kwam. Deze keek uit op een kleine binnenplaats met een kale muur. Langs deze muur liep een schuinlopende buis, dat was de berichtenkoker van onze keuken. Bij de kapper kon je de bestellingen horen die de kelners doorgaven aan de keuken. Als vader zich bij Reitsma wilde laten knippen en er nog een klant zat te wachten, dan probeerde vader die klant om te kopen. "Mag ik eerst, dan betaal ik uw knippen", zei hij.

Vader was doorlopend druk bezig in de zaak. Bij het stemmen voor de Tweede Kamer vond hij het jammer van de tijd om naar het stembureau te gaan. Er was geen stemplicht, wel opkomstplicht, maar hij betaalde liever $f 2,50$ boete dan zijn stemformuliertje naar het stembureau te brengen.

Door de crisis waren meer meisjes bereid in een hotel te werken. Het was niet meer zo moeilijk om vrouwelijk personeel te krijgen. Moeder kreeg hulp van Bob Wunderink die vooral veel tijd moest besteden aan Anno en Lia. Bob woonde bij haar ouders in Eelderwolde. Ik ben een paar keer bij haar thuis geweest, want Anno moest vaak voor zijn niet zo sterke benen naar Eelderwolde om door een specialist behandeld

te worden. Ik ging dan mee. Onze Duitse kamermeisjes Janna en Sini gingen terug naar Bunde, ze gingen allebei trouwen. Er is later gesuggereerd dat veel Duitse dienstmeisjes in Nederland als spionnen functioneerden, iets wat ik me van deze twee meisjes niet kon voorstellen. Werken deden ze als een paard, maar verder ging er totaal niets van hun uit. Ze gingen nooit de stad in. De kamermeisjes waren altijd intern. Op de zolder waren 4 kamers, op elk van de eerste 3 kamers woonden 2 meisjes. De vierde kamer was van mij en het schoonhouden daarvan had moeder opgedragen aan een van de dienstmeisjes, maar daar heb ik gauw een eind aan gemaakt. Dat gesnuffel in mijn spullen vond ik niets. En dát er werd gesnuffeld had ik ontdekt. Ik had een kabinet op mijn kamer staan, zo'n ouderwetse hoge kast met deuren en laden waarin o.a. mijn goochelmateriaal lag. Ik heb toen achter een deurtje en onder enige zijden goocheldoekjes een rattenklem gezet, een paar dagen later liep een van de meisjes met een lap om de vinger. Dat schoonhouden van mijn kamer was voor mij geen probleem, daar werd ik snel handig in.

Regelmatig moest ik een grote schaal met een uitgebreide salade naar een adres aan de rand van de stad brengen. Vanaf de Groote Markt met de trolleybus was ik ongeveer 3 kwartier kwijt, maar ik wist dat er een leuke fooi aan vast zat. Op zekere dag, het was bar winterweer met zware sneeuwbuien, moest ik weer met zo'n grote gebakkist met salade op stap. Ik was nog geen meter buiten onze voordeur of ik lag languit in de sneeuw, met de kist op de kop naast mij. Na snel opgestaan te zijn, de kist te hebben omgekeerd zonder erin te kijken - het moet een chaos geweest zijn - liep ik naar de hoek van de Groote Markt. Ik zag de man waar ik de salade naar toe moest brengen uit de Zwanestraat komen. "Door dat noodweer ben ik verlaat. Zal ik de kist zelf meenemen?", vroeg hij. "Graag meneer", was mijn antwoord. Ik had maar ongeveer 12 meter vanaf onze voordeur gelopen. De chaos die hij thuis ontdekte, kon toch niet door mij veroorzaakt zijn. Een week later bestelde hij weer een salade, zonder commentaar.

Bij de deur naar de zolder was een toilet waar op de closetpapierhouder een tekst stond die ik nu, na meer dan 60 jaar, nog uit mijn hoofd weet en die luidde:
"NEFA, Het alom bekende wonderzachte damesverband, onzichtbaar bij elke kleding, gemakkelijk en volledig beschermd, zo zacht, zo veilig, zo absorberend, dat vrouwen onder elkaar met recht zeggen NEFA, het ideale damesverband."
Wat een jongen van een jaar of veertien al in zijn hoofd stampt.

Ik fietste door alle straten en steegjes en kende de binnenstad op mijn duimpje, beter dan vader en moeder. Mijn ouders waren bevriend met de familie de Boer van hotel Frigge en zo kreeg ik de gelegenheid om af en toe naar de bij Frigge behorende bioscoop Luxor te gaan. Dan had ik niet alleen belangstelling voor de film, maar vooral voor het theater zelf. Ook het Concerthuis in de Poelestraat en vooral de Harmonie met de bovenzaal en de grote zaal met zijn fantastische akoestiek waren gebouwen, die mij fascineerden. Mijn belangstelling voor theater begon eigenlijk al toen ik 8 jaar was. Van oom Geert uit Amsterdam, een broer van vader, kreeg ik op die leeftijd een door hem gemaakte poppenkast. Alles waar publiek bij betrokken was, had mijn aandacht. Ik las dat de Waalse kerk op de Vismarkt, hoek Pelsterstraat, een cineactheater zou worden. Aan de Paterswoldseweg zou een dierentuin komen, stond in het Nieuwsblad van het Noorden. Ik ben nog naar de boerderij "Corpus den Hoorn" gefietst, waar de tuin aangelegd zou worden. Nooit meer iets van gehoord, maar juist die dingen bleven me bij.

Een uitstapje dat ik af en toe met moeder deed was het volgende. We liepen of gingen met de tram naar het hoofdstation, daar stapten we op de trein naar Roodeschool, maar op het Noorderstation stapten we weer uit en gingen daarna weer lopend of met de tram naar huis.
Een dag per jaar gingen duizenden Groningse kinderen van bepaalde scholen in optocht naar het station voor een reis naar Hooghalen om daar een paar uur op de toen nog aanwezige heide rond te hollen. In het begin van de avond kwamen ze weer terug, soms al gebruind door een dagje zon, soms druipnat door een hele dag regen, maar altijd juichend en zingend. Het was voor velen de enige vakantiedag van het jaar.

Vakanties

Later besefte ik pas dat ik volop had genoten van mijn vakantiedagen. Verreweg de meeste grote vakanties heb ik op Schiermonnikoog doorgebracht in het hotel van opa van der Werff.

Van de eerste keren kan ik mij niets meer herinneren, maar in mijn albums zie ik foto's van mij als een kereltje vanaf circa 3 jaar, vaak samen met neef Klaas en nicht Annie van der Werff. Soms nam ik mijn autoped, een step, mee naar het eiland. In 1934 huurde moeder een gedeelte van de woning van 'opoe' Trientje, een huisje achter de woning van Schut. We gingen dan met veel bagage met beurtschipper Boersma of Smink vanaf de Noorderhaven naar Schier. Als ik alleen was, ging ik meestal vanaf Zoutkamp via Oostmahorn naar het eiland. Ik mocht dan vaak bij kapitein Klaas Onnes in de stuurhut de reis meemaken. De boot voer alleen bij hoogtij. Als er geen water genoeg was, moest je vlak voor het eiland overstappen op de Bavaria, een kleinere, minder diepliggende boot. Wat mij is bijgebleven van die weken op Schier is o.a. het struinen langs de dijk en op het strand langs de vloedlijn of achter het hekwerk van de tennisbaan zoeken naar tennisballen, snuffelen in de Fordgarage en in de garage van de bussen bij de pastorie. Nooit verveelde het om hele dagen mee te rijden met Diddo in de autobus. Opa bedacht dat ik het ritkaartje uit het boekje mocht scheuren en Diddo kon dan het geld innen, een zakelijk idee.
De ijscoman heette Sliep. Hij verkocht ijsjes vanaf 2 cent. Dat was mij te duur. Ik kreeg vaak een ijsje voor een cent en als ik dan vroeg met een kop erop, dan kreeg ik dat ook nog. Een paar keer heb ik meegevoetbald in het jongenselftal van de eilanders. Dat was niet vanwege mijn voetbaltalent, maar om aan genoeg spelers te komen.

Het hotel van opa van der Werff

Klaas en Annie woonden aan de Reeweg in een nieuw huis. De linkerkant ervan was een winkel met kleding, badspullen en vele andere artikelen en werd gedreven door hun moeder tante Stien (Meijer). Achter de winkel was de woonkamer met een pratende papegaai. Oom Tjeerd, de oudere broer van moeder, was huisschilder en had in het rechtergedeelte van het huis zijn schilderswerkplaats. Hij had ook artistieke neigingen, hij schilderde vooral zeegezichten en maakte glasmozaïeken. Oom Tjeerd had een zeilkano en mocht graag op de Waddenzee vissen. Ik ben een keer mee geweest en moest de kiel steeds ophalen en laten zakken als we in een geul waren, we hebben toen mosselen geplukt. Oom Tjeerd is een keer vermist geweest. Opa heeft via de radio een oproep tot zoeken gedaan; het is goed afgelopen, maar de finesses weet ik niet. Op radiogebied had opa altijd het nieuwste van het nieuwste. Met storm zat hij onafgebroken aan de radio gekluisterd en was er een schip dat sleepboothulp nodig had, dan nam hij onmiddellijk telefonisch contact op met de sleepbootfirma Bugsier in Duitsland om rederij Doeksen voor te kunnen zijn.
Oom Piet, de jongere broer van moeder, werkte in de polder bij boer Holwerda. 's Morgens heel vroeg bracht hij de melk naar de melkfabriek. In de verte hoorde ik hem al aankomen. Het geluid van een wagen met houten wielen met ijzeren banden, met op de wagen tegenelkaar rammelende melkbussen en het getik van de hoefijzers, dat alles maakte op de hobbelige weg van keitjes een geluid dat je nooit vergeet. Ik vloog dan naar buiten en reed met hem mee naar de fabriek, schuin achter de pastorie.

Op 9 december 1936 schreef ik opa van der Werff de volgende brief:
"Lieve Opa. Vanmorgen heb ik in de krant gelezen, dat Prins Bernhard op Schiermonnikoog komt jagen. Ik verzamel handtekeningen en ik verzoek Opa vriendelijk de handtekening van Prins Bernhard te willen vragen voor mij. Zeer gaarne zou ik ook de handtekening van Opa willen hebben. Vele groeten van Jan."

Opa beantwoordde de brief en schreef dat de prins en hij geen tijd hadden en opa eindigde met:
"Z.K.H. Prins Bernhard heeft mij persoonlijk medegedeeld, dat hij beslist het volgende jaar terugkomt en dan mag je komen logeren en zal ik je aan de Prins voorstellen. Het is een heel aardige

man en geeft U dan beslist een hand."

Het volgende jaar 1937 kwam het jachtgezelschap, echter zonder prins Bernhard. De prins was in november tegen een zandauto gereden en gewond geraakt, hij kon de jacht niet meemaken.

Na Schiermonnikoog was Arnhem een vaak bezochte vakantiestek. Ik logeerde dan bij oom en tante Joosten aan de Sweerts de Landasstraat no. 56. Tante Joosten was van de tak van der Werff. Hun kinderen waren oom Joop, tante Mien en tante Dien. Hun huis was in mijn ogen groot en chic ingericht. In de serre stond een schommelstoel en in de voorkamer hingen levensgrote geschilderde portretten van oom en tante. Op de dinertafel lag je mes op een zilveren messenlegger. In Schaarsbergen hadden oom en tante op een groot, hooggelegen stuk hei een zomerhuis: "Het Vertoef". Een kelder was er niet, maar wel een grote kelderkast die aan een kabel de zandgrond inzakte. In het bos achter "Het Vertoef" zochten tante Mien en ik cantharellen. Als ik op de fiets terug ging naar de Sweerts de Landasstraat kon ik dat door het hoogteverschil geheel freewheelend doen.
In de Koningstraat had oom Joosten een groothandel in leer en andere benodigdheden voor schoenmakers. In de winkel achter de toonbank waren allemaal laatjes met haakjes, oogjes, strikjes, veters en weet ik veel. Aan de andere kant vakken met allerlei soorten grote en kleine stukken leer. Schoenmakers zaten er graag in te rommelen. De man achter de toonbank was Jan, een echte Ernhemmer. Ik mocht hem graag plagen, maar dat was wederkerig. In de namiddag kwam de vertegenwoordiger van oom terug in de zaak. De vertegenwoordiger was mijnheer Holsslag, zo ongeveer was zijn naam, maar ik noemde hem altijd mijnheer Hagelslag. Boven de winkel én in een ander in de buurt gelegen huis lagen honderden grote vellen keihard leer van honderden koeien. En wat rook dat lekker. Oom had een opdracht van het leger voor levering van vele duizenden ijzeren halve rondjes, bestemd voor het militaire schoeisel. Een paar mannen waren bezig om al die ijzertjes in kleine doosjes te pakken. Oom Joosten vroeg of ik wat wilde verdienen door mee te helpen met het inpakken. Dat deed ik, maar de verdiensten vielen mij achteraf tegen. Ik kon er maar een paar pruimen voor kopen van de fruitkoopman die elke dag door de Koningstraat kwam. Het reizen naar mijn vakantieadressen deed ik al zeer jong alleen. Op een van de reizen naar Arnhem kreeg ik een doos bonbons mee. Na aankomst, tijdens een telefoongesprek met moeder of ik goed was aangekomen, begreep ik dat de doos bonbons voor tante Joosten bestemd was geweest en niet om mijn snoeplust tijdens de reis te bevredigen.
5 Augustus 1939 was ik ook in Arnhem. Het was de geboortedag van prinses Irene, een feestelijke avond ter gelegenheid van dit heuglijke feit heb ik met oom en tante meegemaakt in het toen bekende café-restaurant Royal.

Ook in Veenwouden woonde familie van moeders kant, waar ik wel eens een paar dagen bleef logeren. Hun huis met grote tuin was gelegen aan de spoorlijn en vlak bij het station. Alleen de geit in de tuin kan ik me herinneren.

De familie in en om Groningen

Regelmatig bezocht ik mijn grootouders aan de Wolddijk. Eerst op de step en later op de fiets, die 5 kilometer was geen probleem. Moeder ging er lopende naar toe, ik reed dan vooruit. Moeder liep overal naar toe, ik heb haar nooit zien fietsen. Toch zijn er foto's waar ze met een fiets aan de hand op staat. Als je naar de Wolddijk ging, moest je altijd rekening houden met het tijdsverschil. Er was een uur verschil in tijd tussen het platteland en de stad. Soms bleef ik er slapen, in de bedstee in de woonkeuken. Het rook altijd zo lekker in de keuken, een lucht van verse melk, brandende turf en gerookte worst en dan het bromgeluid van aan de vliegenvanger vastzittende vliegen. In de voortuin stonden struiken met heerlijke kruisbessen, 2 soorten, een zonder en een met haartjes. Opa Talens ging altijd een keer per week op de fiets naar de stad. Hij zette de fiets dan bij ons neer. Een fiets met een carbidlamp, die moest je nog met een lucifer aansteken. Vanaf de boerderij kon je in de contouren van de stad Groningen het hoge, rechte dak van Victoria Hotel herkennen.

Een kilometer verder woonden, ook op een boerderij, de halfzus van vader, tante Sien en oom Johannes Nieborg en hun drie kinderen Bé, Lien en Johan. Ik ging daar ook wel eens een kijkje nemen. Het eten bij tante Sien was altijd erg lekker, want thuis kreeg ik geen dikke plakken roggebrood met kaantjes of gesmolten swienevet. Ik kan me nog herinneren dat ik met moeder de boerderij in Leegkerk heb bezocht, waar tante Sien en oom Johannes eerst woonden.

Omstreeks 1938 verlieten opoe en opa hun boerderij en verhuisden naar een woning, ook aan de Wolddijk, maar dichter bij de stad. Ik ben daar niet zo vaak geweest, er viel niets te beleven. Voor dat huis was een brede sloot. Ik kroop eens onder de, over deze sloot lopende brug. De buren zagen dit, maar niet, dat ik aan de andere kant van de brug weer te voorschijn was gekomen. Ongerust dat ik te water was geraakt, kwamen ze naar buiten hollen en riepen mijn grootouders erbij. Tot hun opluchting zagen ze dat ik me een eind verderop aan het vermaken was.

Veel contact had ik met oom Derk Hekma en tante Annechien, de oudere zus van vader. Oom Derk had een bochel, tegenwoordig moet je uitleggen, wat dat is. Hij schijnt als baby van de tafel gevallen te zijn, is mij eens verteld. Ze hadden een kruideniersaak aan de Bedumerweg, aan het Boterdiep. Suiker, zout en meel, alle artikelen werden nog los verkocht, alles moest afgewogen worden. Ik mocht af en toe een kluit bruine suiker uit een grote baal pakken en als oom de lepel uit een vat vol stroop haalde, mocht ik mijn mond er onder houden. Aan de gevel van de winkel was een groot bord met de tekst "Leidingwater voor de scheepvaart". Bij de buitenkraan verkocht hij water per emmer aan schippers, ze riepen dan naar binnen hoeveel emmers water ze getapt hadden. Oom Derk wist drommels goed dat de schippers minder emmers water doorgaven dan ze in werkelijkheid getapt hadden. Oom liet het er zogenaamd bij. Hij wist dat de schippersvrouwen die tegelijk in de winkel hun inkopen deden, niet konden rekenen. En zo zorgde hij ervoor de niet betaalde emmers water er dubbel en dwars weer uit te halen.

De kruidenierswinkel annex leidingwaterverkoop liep goed, maar oom Derk zag dat ook het hotel van Hendrik aan de Groote Markt goed floreerde. Een familielid van oom Derk exploiteerde in Zuidwolde het café Hekma en door dat alles kwam hij op het idee om zelf ook de horeca in te gaan. Hij kreeg de beschikking over het grote pand aan de Oude Boteringestraat nr. 9. Hij bestelde eigen servies en linnengoed en op 4 november 1927 werd het hotel-café-restaurant "Maison Hekma" geopend.

3 maanden later, op 17 februari 1928 verkocht hij de zaak weer, verkoop van suiker, stroop en water lag hem toch beter.

Annie, hun enig kind was 10 jaar ouder dan ik. Zij studeerde voor onderwijzeres. Zij heeft mij enige tijd bijles gegeven, succesvol was het niet. Oom Derk wilde mij fietsles geven. Op zijn minuscuul kleine binnenplaats hing hij een oude fiets op. Hooggezeten moest ik de trappers ronddraaien, ik heb deze fietsrijles nooit begrepen. Ook heb ik tijdens een winter op het ijs van het Boterdiep achter een oude stoel van oom Derk geprobeerd het schaatsen de leren, ook dat werd een fiasco. Omstreeks 1936 hadden de Hekma's zoveel leidingwater verkocht dat ze konden gaan rentenieren. De winkel werd leegverkocht, dat dachten wij tenminste, maar jarenlang kwamen nog spulletjes en artikelen uit de winkel tevoorschijn, vooral bij verjaardagen en sinterklaasfeesten. Ze betrokken een woning aan de Prinsesseweg, dat was van korte duur. Daarna verhuisden ze naar de Kraneweg zuidzijde, het was een benedenwoning met een grote tuin. Vader ging elke vrijdagmiddag naar de Kraneweg. Niet alleen om zijn zuster te bezoeken, maar ook om even door de tuin te lopen. Maar ze gingen weer verhuizen. Nu naar de overkant, naar een huis op de hoek van de Kraneweg en de Taco Mesdagstraat. De ruimte achter het huis kon je geen tuin noemen, alleen een paar heesters. Ik had het idee dat de tuin te veel werd voor oom Derk.

Oom Derk had een fiets met hele grote fietstassen, er stak altijd een grote fietspomp uit. Zijn fietszadel stond heel hoog, door zijn misvormde rug waren zijn benen denk ik extra lang geworden. Hij ging vaak op koopjesjacht, dat lag hem wel. In Helpman was een winkel waar men slaolie aanbood voor de helft van de prijs. Oom kocht er 4 flessen olie, maar thuis gekomen wa-

Familiefoto ongeveer 1936 genomen op de Wolddijk, bij Noorderhogebrug

Van links naar rechts:
1. Annechien Bakker * Tolbert 21-1-1892, † Groningen 9-6-1976
2. Egbert Talens * Roden 1-3-1870, † Noordwolde 22-5-1963
3. Derk Hekma * 28-5-1886, † Groningen 19-10-1980
4. Talina Anna Ottens * Grootegast 16-7-1862, † Bedum 27-11-1940
5. Talina Anna Kornelia (Annie) Hekma * ong. 1915, † Delfzijl 27-12-1967, dochter van Derk en Annechien
6. Hendrik Bakker * Tolbert 2-1-1897, † Arnhem 12-5-1958
7. Geert Bakker * Tolbert 1894, † Amsterdam 23-11-1939
8. Chatarina Wilhelmina (Toos) Barendsen echtgenote van Geert
9. Louisa Berendina (Louise) van der Werff * Groningen 6-6-1898, † Emmen 30-10-1990
Voorgrond:
Kleinkinderen van Egbert en Talina Anna en kinderen van Johannes Nieborg en Geziena Talens, destijds wonend op boerderij op de Wolddijk.
10. Talina Anna M. (Lien) Nieborg * Wolddijk 3-12-1932, gehuwd met Kees Ottens
11. Bé Nieborg * Wolddijk 29-10-1931, geëmigreerd naar Nieuw Zeeland, gehuwd met Zelda Weavers

ren er 2 flessen kapot en leeg gelopen. Bij een verjaardag van zus Lia waren oom en tante zo gul om haar een fles alcoholische drank te geven. Het was een likeurtje nog afkomstig uit de kruidenierszaak. Alle verjaardagbezoekers werden onwel en moesten 's avonds naar het ziekenhuis om de maag te laten leegpompen. Oorzaak: loodvergiftiging. De fles met likeur had zo lang gelegen, dat het lood van de capsule in de drank was doorgedrongen. Gebak eten bij de Hekma's was ook riskant. Na afloop van een tentoonstelling van bakkerijproducten waarbij een wedstrijd gehouden werd in het maken van taarten, kon je die heerlijkheden voor een paar dubbeltjes kopen. Zo'n koopje liet oom Derk niet lopen. De taarten hadden vaak verschillende dagen in een rokerige zaal gestaan om beoordeeld te worden door deskundige juryleden en bekeken door horden bezoekers. De showtaarten werden gemaakt van reuzel en andere foefjes om ze er voor het oog goed uit te laten zien, maar lekker, nee.

Eén brood kopen deden ze niet, 5 broden tegelijk was voordeliger. En als het brood dan oud geworden was, maakte tante Annechien er wentelteefjes van of broodpap van karnemelk, want karnemelk was goedkoper dan melk.

Als kind vond ik de koekjes van tante Annechien wel lekker, maar je moest er af en toe de wormpjes eerst voorzichtig uitpeuren. Het laatste adres van oom en tante was de Patrimoniumflat aan de Berkenlaan. Een busdiner (tafeltje dekje) ontlastte de aan de stoel gekluisterde tante van het bereiden van maaltijden.

Maar oom Derk kreeg het wel drukker, want alle restantjes van de maaltijden moest hij nu inmaken, hij had nog genoeg weckglazen over gehouden uit de oorlog.

Tante Annechien overleed op 9 juni 1976. Bij de crematie werd klassieke muziek gedraaid. Oom Derk kon dit niet waarderen en tijdens zijn crematie, hij overleed op 19 oktober 1980 op 94 jarige leeftijd, werd op zijn verzoek "grootvader's klok" gespeeld.

Vrijdag 10 mei 1940

Vrijdag 10 mei 1940

Het was vrijdag 10 mei 1940, de oorlog was uitgebroken. In het begin van de avond stonden vader en ik in het restaurant voor het raam. We zagen Duitse troepen voorbij rijden. Na een lange stilte zei vader: "We zullen ze voorlopig niet kwijt zijn." De toekomst zag er heel donker en onzeker uit. De eerste dagen ging het hotelleven gewoon door.
Zeer verbaasd waren we over een briefkaart, die wij ontvingen van een voor ons totaal onbekende Duitser. De vertaalde tekst was:

"Berlin 2-9-1940 Hotel Victoria, Groningen, Holland. Als oude klant van U (ik ben handelsreiziger) wil ik U beleefd om een goede daad vragen, waarmee U mij een groot plezier kunt doen. Wilt U mij een 'Liebesgabenpacket' franco en aangetekend sturen, waarin droge worst, cacao, chocolade en andere levensmiddelen, waarvan de uitvoer toegestaan is, zoals koffie en thee en zoveel als in een postpakket verstuurd mag worden. Natuurlijk zal ik, bij een volgend bezoek, mijn erkentelijkheid tonen. Met hoogachting enz."

Ik denk dat wij niet het enige hotel zijn geweest dat zo'n verzoek kreeg.

De kelners Henk Nieuwold en Pieter de Kok vertrokken. De Kok ging naar Hattemmerbroek en exploiteerde daar het café-restaurant De Passage aan de Zuiderzeestraatweg. Nieuwold vertrok naar Dokkum, waar hij hotel De Posthoorn overnam. Enkele jaren later betrok hij een bruin café in de van Woustraat in Amsterdam. Weer jaren later ging hij naar Baarn, waar hij een villa kocht die hij geschikt maakte voor kamerverhuur. De nieuwe kelners in Victoria Hotel werden de broers Jan en Willem Reijer, nu niet meer gekleed in slipjas maar in een kort zwart colbertjasje.

Op mijn verjaardag 23 oktober lag, evenals vorige jaren, het cadeau van mijn ouders onder hun bed. Het was een heel klein pakje, het leek een luciferdoosje. En dat was het ook, met een briefje er in. Het briefje was een verrassing, ik mocht van de padvinderij af en lid worden van een atletiekvereniging. Behalve van theater was ik ook bezeten van sport.
Op de jongensschool aan de Jacobijnerstraat was ik in het gymnastieklokaal in mijn element en later op de handels hbs gaf gymnastiekleraar Duiker mij een 10 op het rapport. Dat moest hij mij geven zei hij, want op alle gymtoestellen had ik een 10, als enige op de school. Maar vader zag liever dat de andere cijfers op mijn rapport beter waren.

Er kwam bericht binnen dat op 23 november 1940 oom Geert Bakker in Amsterdam was verdronken. Hij werkte op een bank en was na zijn werk op de fiets gestapt om naar huis te gaan. Na daar niet aangekomen te zijn, had tante Toos (C.W. Barendsen) de politie op de hoogte gesteld en die vond de volgende ochtend zijn fiets langs het Noord-Hollandskanaal liggen. Oom Geert moest in het donker ergens tegenop gereden zijn en was daarna in het water terecht gekomen. Opoe Talens, zijn moeder, was al enige tijd ernstig ziek en overleed op 27 november. Het overlijden van haar zoon is haar niet verteld.

In opdracht van de wehrmachtkommandant van Groningen moesten we inkwartiering verlenen aan Duitse militairen, steeds voor een of twee nachten. Enige maanden later kregen we opdracht SD (Sicherheitsdienst) officieren met chauffeur voor langere tijd onderdak te verschaffen. Het waren 12 à 15 man. We moesten voor volledig pension zorgen, dus ontbijt, lunch en diner. We kregen hun "bonboekje distributie". Enkele hiervan, op naam gesteld, heb ik nog in mijn archief. Onze woonkamer, 3 tot 3,5 meter breed en lang, was de middelste van de 3 kamers boven het restaurant aan de zijde van de Groote Markt. De kamers aan beide zijden van onze kamer en alle 3 kamers direct boven ons werden bewoond door een SD-officier. Achter onze woonkamer was een zeer klein vertrek met de linnenvoorraad van het hotel. Het naaien en stoppen van het linnengoed deed moeder in de woonkamer, werkruimte had moeder niet tot haar beschikking. Ze heeft gelukkig nooit, zoals ik, de grote linnenkamer gezien van hotel Frigge. Nog verder achter onze woonkamer waren, precies in het midden van het hotel, de 2 slaapkamers van mijn ouders en van Anno en Lia. Alleen ik sliep op de zolder, achter in het oude gedeelte van het gebouw. De SD-mensen de hele dag om je heen en ze als pensiongast te behandelen was voor mijn ouders heel moeilijk, vooral voor moeder met haar koppige van der Werff mentaliteit.

Vader had de officieren verboden vrouwen mee te nemen naar hun kamer, dit was trouwens ook van Duitse hogerhand verboden. Maar moeder betrapte eens een vrouw die een officier wilde bezoeken. Moeder duwde haar hardhandig van de trap, van de tweede naar de eerste verdieping. Het was een hoge trap. Een gekneusde knie en pols waren het gevolg, maar geen officier durfde er iets van te zeggen.

Moeder zette eens in het restaurant goudsbloemen op de tafels, maar ze kreeg opdracht die bloemen onmiddellijk te vernietigen. Het was 31 augustus, koninginnedag.

De beroerdste kamer die we in het hotel hadden was kamer 26, op de derde etage. Een kleine, heel donkere kamer die uitkeek op een blinde muur van het pand van Burmann. Juist deze kamer werd gekozen en bewoond door de beruchte Lehnhoff, die na de oorlog ter dood veroordeeld en geëxecuteerd werd.

De officieren stelden weleens politiek getinte vragen aan vader. Zijn antwoord was constant dat hij daar geen verstand van had, maar wedden deed hij wel. In een oude bespreekagenda van 1939 noteerde vader weddenschappen zoals deze:

"Vóór 1 juni 1941 is Engeland kapot, dat betekent, het eiland vecht niet meer, zegt Braüne, ik zeg van wel, om ƒ2,50".

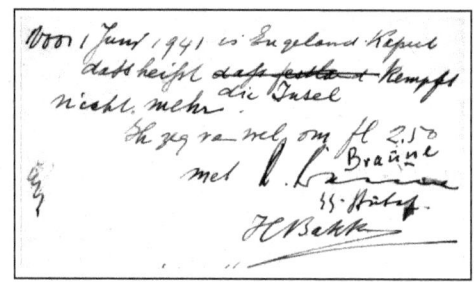

Een volgende: "Bellmer zegt, 1 augustus 1941 is Moscou veroverd, ik zeg van niet, om ƒ2,50." Ene dr. Scholz was er zeker van dat 1 november 1941 de oorlog afgelopen zou zijn, vader wist beter en won ƒ5,–.

Maar bij sommige weddenschappen stond dat er nog betaald moest worden. Het was vaak niet raadzaam om een Duitse officier er op te wijzen dat hij verloren had. Achteraf gezien waren het

bloedlinke weddenschappen.
In de verlopen agenda stond tussen deze weddenschappen nog een kamerreservering van het jaar ervoor, namelijk: 2 tweepersoonskamers voor Bob Scholte (l.o. + diner ƒ4,25 p.p.). Scholte was destijds een bekende joodse zanger. Hij sloot om 24 uur altijd het AVRO-radioprogramma af met het slotlied "de AVRO gaat nu sluiten ...."

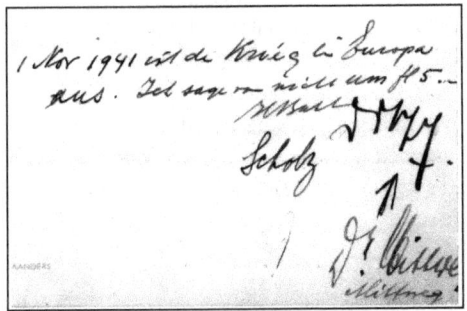

Wanneer er midden in de nacht SD-officieren gewekt moesten worden, begreep vader dat er iets ging gebeuren, waarschijnlijk arrestaties. Hij waarschuwde dan bepaalde personen door middel van een telefonische code.
Na het overlijden van vader in 1958 ontvingen we een condoleancebrief, waarin de schrijver (officier Mil. Gezag) nog zijn dankbaarheid betuigde voor de telefonische waarschuwingsacties van vader tijdens de bezetting.

Een enkele keer werd er een feestje gevierd, maar daar had vader een gruwelijke hekel aan. Hij draaide eens een gedeelte van het licht uit om te laten merken dat het bedtijd was. Een van de SD-ers begon toen uit ergenis met zijn pistool op de verlichting te schieten.

De SD-er Bellmer kwam eens met een grote biefstuk aandragen, die moest maar even voor hem in de keuken gebraden worden. Vader legde de bief in de keuken op het aanrecht en terwijl de kok de peperbus pakte, sprong onze kat op het aanrecht, greep de biefstuk in zijn bek en vloog de keuken uit. De achterdeur stond open en de kat vloog het Stalstraatje in, vader en de kok renden er achteraan en via het Stalstraatje kregen ze in de Rode Weeshuisstraat de kat te pakken. 10 minuten later lag de enigszins gehavende biefstuk in de pan te sputteren. Als het niet gelukt was de bief te pakken te krijgen, had vader dan tegen Bellmer moeten zeggen dat onze poes zo'n trek in een stukje vlees had?

Engelse zender

Vader mocht graag even uitrusten in een klein laag fauteuiltje bij de radio en hij kon dan rustig naar het nieuws van de Nederlandse zender luisteren en, als het veilig was, af en toe ook even naar de Engelse zender, hoewel dat streng verboden was. Soms dommelde vader even weg. Zo'n uiltje knappen had hij vaak nodig, de dagen waren lang en moeilijk. Lüdeke, één van de SD-officieren, vertrouwde mijn vader eens onder 4 ogen toe dat hij niet weer met de Engelse zender aan in slaap moest vallen. Hij bewoonde een kamer vlak bij onze huiskamer en had gemerkt dat vader, al luisterend naar de Engelse zender, in slaap was gevallen. Hij zette de radio uit zonder vader wakker te maken.

Zoals ik al eens heb verteld, sliep ik in de vierde kamer op de zolder. De eerste 3 kamers waren voor onze kamermeisjes. Op zekere nacht werd ik wakker, er zat iemand op de rand van mijn bed en er werd over mijn gezicht gestreken en ik hoorde zeggen: "*Mein Liebchen, hier bin ich, deine Hans.*" Toen ontdekte hij dat hij zich in de kamer had vergist. Als de weerlicht was hij uit mijn kamer en van de zolder verdwenen. Ik was door een SD-officier over mijn wang geaaid.
Ik vermoedde welke officier het was en hij zal ook wel begrepen hebben op wiens rand van het bed hij had gezeten.

De SD wilde verhuizen naar een ander hotel en dat werd Hotel Hofman in de Poelestraat. De achteringang daarvan lag dicht bij de achterdeur van het Scholtenshuis, hun hoofdkwartier. We hoorden dat de SD-officier Swarting bij een auto-ongeluk om het leven was gekomen. 2 feiten die voor opluchting zorgden. Vooral toen we van Lüdeke vernamen dat Swarting bezig was met een onderzoek naar het doen en laten van vader. Iets wat wij al vermoedden, het onderzoek werd stopgezet.

We kregen nu weer militairen voor 1 overnachting, doortrekkers, gestuurd door de stadscommandant. Maar de meeste kamers waren weer beschikbaar voor Nederlanders, voorlopig tenminste.

We hebben nog wel enige maanden onderdak moeten geven aan een klein marineonderdeel.

Dansleraar Berkelo, die al enige jaren in het weekend danslessen in de grote zaal verzorgde, was, als jood zijnde, gedwongen zijn lessen te beëindigen. De familie Berkelo woonde in de Rode Weeshuisstraat, vlak achter ons hotel. Hun enig kind, Cor zat bij mij in de klas op de jongensschool. Hij was een teruggetrokken jongen, ontzettend verlegen en een beetje een zonderling. Hij speelde altijd alleen en liep dan doorlopend als een treintje over het schoolplein heen en weer, met de voeten schuivend en met de onderarmen als een stoomlocomotief heen en weer bewegend. Hij was een treinfanaat, de trein is hem ook fataal geworden. Met zijn ouders kreeg hij van de bezetters een treinreis naar Duitsland. Het werd een enkele reis, zoals later bleek.

In het restaurant hebben we nog heel lang uitsmijters kunnen verkopen zonder inlevering van distributiebonnen en tegen de normale prijs. Vader had ergens in de provincie bij een boterfabriek een grote voorraad boter op de kop getikt, eieren kregen we van een zwarthandelaar uit de omgeving van Loppersum. Van de vleesindustrie Kraft achter het Nieuwe Kerkhof kocht vader tientallen hammen in blik. We verborgen ze in een grote kast ergens onder een trap naar de derde etage. Een gedeelte ervan brachten we naar de Kraneweg, naar oom en tante Hekma. Elke avond was het zo druk in het restaurant dat de gasten zelfs op de trap naar het restaurant hun uitsmijtertje zaten te verorberen. Vader heeft zich verschillende malen moeten melden op het politiebureau, ze vroegen hem dan het hemd van zijn lijf. Hij werd vaak in de cel gezet en moest zijn bretels, stropdas en schoenveters inleveren, want hij zou eens zelfmoord kunnen plegen. Maar de Nederlandse politie hield hem nooit lang vast. Wel kwamen er de volgende dag een paar agenten via de achterdeur in het Stalstraatje om in de keuken een uitsmijter te eten.

Ongeveer 2 maanden later kwamen Duitse politiemannen, Feldgendarmerie, het hotel binnen en liepen rechtstreeks naar de kast waar de hammen opgeborgen lagen. Ze namen de hele voorraad mee. Tegelijkertijd was er ook een inval bij oom en tante Hekma aan de Kraneweg, waar de hammen ook in beslag genomen werden, de helft van de voorraad was al geconsumeerd. Vader vermoedde wie de verrader was, maar hij liet niets blijken.

Het leven gaat door

Het familieleven ging gewoon door, tenminste, voor zover de toestand dat toeliet. En die toestand werd wel elke maand moeilijker. Moeder kreeg bericht dat de Nederlandse Vereniging van Huisvrouwen opgeheven was en van onze huisarts Löwenberg kregen we een brief dat hij als jood geen arische patiënten meer mocht behandelen.

> M.,
>
> Daar ik door de verordening van den Rijkscommissaris der bezette gebieden vanaf 1 Mei 1941 geen arische patienten meer mag behandelen, heb ik de arische practijk aan
>
> Dr. G. G. MEIJER, Schuitendiep 29
>
> verkocht.
>
> Ik zou U zeer dankbaar zijn, wanneer U mijn opvolger hetzelfde vertrouwen als mij zoudt willen schenken.
>
> Door het benzinegebrek is het mij tot mijn spijt niet mogelijk, alle patienten persoonlijk hiervan in kennis te stellen.
>
> A. LÖWENBERG
> Huisarts
> O. Boteringestraat 53

Op 21 december 1942 werd mijn zusje Miena Alberdina geboren, eerst noemden we haar Mieneke, later werd het Mieke. Moeder had in de laatste maanden van haar zwangerschap ontdekt dat ze bij het boodschappen doen, door haar dikke buik eerder aan de beurt was. Na de geboorte van mijn zus en wanneer moeder niet veel tijd had, wat meestal het geval was, deed ze bij het boodschappen doen soms een kussentje onder haar jurk.

Vaak ging moeder op stap met een pan soep of een warme hap naar een hulpbehoevende vrouw. Een enkele keer ging ik met haar mee. Bij het Noorder Plantsoen woonde een juffrouw Schansema, daar ben ik ook een paar maal met moeder geweest. Ik heb me later wel eens afgevraagd hoe ze aan die adressen kwam.

Ik kreeg van mijn ouders toestemming om naar dansles te gaan bij Friedel en Gretel van Bruggen aan het Martinikerkhof. Het was eerst een avond in de week, maar er kwam een tweede gratis avond bij want er was een gebrek aan jongens. Voor de oorlog waren bij Friedel en Gretel lakschoenen verplicht, maar nu waren nette schoenen met leren zolen voldoende. Na afloop van de les ging je natuurlijk een meisje naar huis begeleiden. En dan waren er de thé-dansants bij Riche en Huize Maas op de Vismarkt.

Atletiek was in die tijd een van mijn favoriete bezigheden. AVG'26 was de atletiekvereniging waar ik lid van werd. De sprint- en springnummers hadden mijn voorkeur. Bij veel wedstrijden had ik concurrentie van Soene Dallinga en Cees Schmidt, allebei heel goede sprinters. Woldendorp, die bij ons in het hotel werkte, was een middenafstandloper en bij het hoogspringen was hij een tegenstander van mij. Het was bij een 100 meter wedstrijd dat een van de deelnemers, een atleet van de politiesportvereniging, aangesproken werd door een autoriteit van de politie. Ik hoorde hem zeggen, dit kun je wel winnen. "Natuurlijk", was het antwoord van de politie-atleet. Ik was getergd en lette alleen op hem en bleef hem voor, hij werd tweede. Dat zijn de mysterieuze krachten in de sport.

Ik werd deelnemer van de centrale training "district Groningen en Drente" en deed mee aan wedstrijden o.a. in Rolde, Winschoten, Hoogeveen, Leeuwarden, Assen en Emmen en altijd met succes. Bij de noordelijke jeugdkampioenschappen werd ik eerste bij de 100 meter sprint en bij het hoogspringen.

Op zondag 18 juli 1943 nam ik deel aan de nationale jeugdatletiekkampioenschappen op de

Het lijkt hoger dan het was

Nenijtobaan in Rotterdam. Met de 100 meter kwam ik niet verder dan de series, maar met hoogspringen werd ik 2e van Nederland, Schmidt werd 2e met verspringen. Verder waren er geen atleten uit het noorden die in de prijzen vielen. Bij een van mijn laatste wedstrijden, het was een invitatie wedstrijd in sportpark Heerenveen op 14 mei 1944, heb ik nog gelopen tegen de 7 jaar oudere Fanny Blankers-Koen, ik kon haar niet bijbenen.

Bombardement

Op 28 juli 1943 kwamen, tengevolge van een luchtgevecht boven Schiermonnikoog, bommen midden in het dorp terecht. Er vielen dodelijke slachtoffers, waaronder burgemeester v.d. Berg en zijn echtgenote. Een bom kwam terecht tussen het huis van Schut, de kruidenier, en hotel van der Werff, 5 meter van de kamer van opoe van der Werff. Haar geluk was dat ze op dat moment net voorover gebukt stond om iets onder uit een kast te halen. Was dat niet het geval geweest, dan zou ze het niet hebben overleefd. Desalniettemin waren de gevolgen verschrikkelijk, vele tientallen glassplinters waren haar lichaam binnengedrongen en ze had botbreuken op diverse plaatsen. Zus Lia, die met vakantie op het eiland was, had net de kamer van opoe verlaten en was buiten aan het spelen op een plek die niet door bommen werd getroffen.

Na een lang verblijf in het r.k. ziekenhuis in Groningen en nog enige tijd bij ons in het hotel kon opoe terug naar Schier, maar ze is nooit meer geheel hersteld.

Het hotel werd zeer zwaar beschadigd en het had eigenlijk afgebroken moeten worden, maar daar voelde opa niets voor. Het gebouw werd gerestaureerd, maar aan de noordzijde is nog altijd een breuk in de muur zichtbaar.

Artiestenhotel

Veel jongens en meisjes, wonende in de omgeving van de Groote Markt en de Guldenstraat, hebben voor heel wat drukte gezorgd door het rolschaatsen in de Guldenstraat. Enkele meisjes reden als kunstrijdsters. Elke week kwamen er meer kijkers en het publiek stond soms op zaterdagmiddag 3 rijen dik. Verkeer was er in die tijd bijna niet, maar het werd toch te gek, vond de politie. Als er een agent aan kwam, gingen de schaatsers tussen het publiek staan, dan vielen ze niet op. Maar het liep niet altijd goed af, er werden wel eens een paar rolschaatsen tijdelijk in beslag genomen. Toch werd de politie strenger en in overleg mocht er geschaatst worden in de tuin van de Harmonie op de vloer voor de muziektempel. Het bioscoopjournaal had gehoord van het succes van het rolschaatsen in Groningen en heeft in de tuin opnamen gemaakt. Een van de schaatssterren was zus Lia. Maar de lol ging er af, de vloer was slecht en er kwam geen publiek meer. Maar wij verveelden ons niet. Als het weer het toeliet, ging ik met klasgenoten naar het zwembad in de Appèlbergen, waar de vader van Boukje de Boer badmeester was. We mochten er gratis zwemmen. In de tapijtzaak van de vader van Henk Moolenaar in de Guldenstraat hielden we dansavonden met bekenden van dansles en school, zoals o.a. Henk Moolenaar, Hilly Tuzee en Lily Barkmeijer. Een vast kwartet vormde ik met buren die je elke dag zag. Het waren Jan Jens van café de Waag,

```
P A P I E R N O O D.
Wil deze envelop NIET dicht
plakken,zoodat zij meerdere
malen dienst kan doen.
    U bij voorbaat dankend,
        R.V.A.Groningen.
```

Martha Koning uit de Guldenstraat en haar vriendin Emmy Meijer, haar vader had een winkel in de Nieuwe Ebbingestraat en een aardewerkkelder in de Guldenstraat. Met ons vieren gingen we regelmatig naar de bios, op de fiets naar Paterswolde of naar wat er maar in de stad te beleven viel. En zij waren ook mijn supporters bij de atletiekwedstrijden, waar ik aan mee deed. Jan Jens ging zelfs als supporter mee met uitwedstrijden naar Hoogeveen en Emmen.

We nemen weer een kijkje in het hotel. Er kwamen nog steeds veel artiesten. Orkesten als de Ramblers, Ernst van 't Hof, Frans Wouters en Boyd Bachman kwamen regelmatig logeren. Variété Faveur had steeds andere artiesten, zoals goochelaars, acrobaten, jongleurs en musici, altijd onder leiding van regisseur Hofman. Nog een opsomming van vaste gasten die in ons hotel logeerden, het duo Scholten en van 't Zelfde, Eddy Christiani, mevrouw Bouwmeester-Kluun, Eddy de Latte, Elise Hoomans, H. Ruys, Piet te Nuyl sr., Annie Verhulst, Willem van der Veer, Myra Ward, Rob Geraerds, Annie Meeuwis, Anton Roemer, Guus Hermus, Carl Tobi, Henri Ter Hall, Johannes Gobau, Aafje ten Hoope, Herman Bouber, Johan Kaart sr., Louis van Gasteren, Jack Gimberg, maar ook Max Euwe, de schaakmeester en Herman Felderhof sr., de radioreporter.

René Sleeswijks revue met Snip en Snap kwam ook elk jaar, zij gaven dan proefvoorstellingen,

try-outs in Hoogezand bij Faber. Piet Muyselaar en Willy Walden repeteerden dan in onze grote zaal. Op de melodie van "Dichter und Bauer" van Suppé waren ze met een tekst bezig, waarin verschillende groenten voorkwamen, zoals o.a. komkommers, die ijzerhoudend waren. Het klonk dan als: kom, kom, Eisenhower (Eisenhower was in 1944 commandant van de geallieerde strijdkrachten in Europa).
Maar het werd steeds moeilijker. Artiesten mochten niet langer optreden, wanneer ze geen lid van de z.g. kultuurkamer waren. Het reizen werd haast onmogelijk en je mocht na 8 uur 's avonds niet meer op straat komen.

Opa van der Werff stuurde ons per beurtschip vanaf Schiermonnikoog een heel grote rol dun, maar zeer sterk pakpapier uit Finland. Het was aangespoeld op het strand en het water was slechts een paar millimeter in de rol doorgedrongen, jarenlang hebben we goed in het pakpapier gezeten.

Voor we naar het laatste oorlogsjaar gaan, kijk ik even terug in mijn bewaard gebleven gegevens. In het plakboek zie ik een brief van het gemeentebestuur, waarin stond dat wij, ondanks herhaalde waarschuwingen, niet hadden voldaan aan de verduisteringsvoorschriften. *"U kunt een tijdelijke afsluiting verwachten",* schreef men ons. Dergelijke brieven ontvingen we regelmatig. Alleen in de laatste maanden van de oorlog zat het hotel af en toe zonder stroom.

In mijn plakboeken bevinden zich alle soorten distributiebescheiden, zoals Duitse broodbonnen waarop je 10 gram brood kon krijgen en dan te bedenken, dat een brood ongeveer 800 gram woog. Op 5 Nederlandse vleesbonnen kreeg je 3 ons vlees voor 17 dagen. Als je bonnen gespaard had voor 10 kilo suiker, dan kon je bij de firma Polak tegen inlevering van de suiker, 14 liter ranja kopen. Moeder deed de ingewikkelde organisatie van de distributiebonnen. Elke dag gingen honderden Duitse en Nederlandse bonnen van zeer verschillende waarde en geldigheidsduur door haar handen. Het was een tijd van ruilen en handelen en dat was moeder wel toevertrouwd.

In het begin van de oorlog had vader een grote keldervoorraad aangelegd van dranken en houdbaar voedsel. Voor de oorlog hadden we, behalve in Groningen, ook veel leveranciers in west Nederland, want de vertegenwoordigers van die firma's bleven dan ook bij ons overnachten. Ondanks dat we voor hen een kleine klant waren, bleven ze ons in de oorlog toch leveren om ons na de oorlog als klant te behouden.
Vermicelli zat verpakt in rechthoekige kisten. Die kisten waren ongeveer 50 bij 25 en 25 cm hoog, er stond een hele stapel van in de kelder. Halverwege de oorlog ontdekten we dat in een van de kisten geen vermicelli zat, maar dat deze geheel gevuld was met katjesdrop. Wat een weelde in een tijd dat er haast geen snoep meer was.
Vader zorgde ook dat er altijd een grote voorraad Hero blikgroente in de kelder aanwezig was. Lege conservenblikken werden bewaard, die brachten 1 cent per stuk op.

De situatie wordt moeilijk

In maart 1944 werd het hele hotel gevorderd. Het hotel werd een verpleeghuis voor oude en vooral invalide Duitse burgers. Het waren bewoners uit Bremen, een stad die veel van de luchtaanvallen had te lijden. Deze mensen werden daar tot last, ze moesten steeds geholpen worden bij schuilkelder in en schuilkelder uit. Ons hotel werd volledig volgestopt met deze, meestal hulpbehoevende, ouderen. Waar mogelijk werden op de kamers 1 of 2 bedden bijgezet, alle ruimte moest worden benut. Diakonessen waren uit Duitsland meegekomen voor de verpleging.

Ons personeel kreeg aangepaste kleding, de kelners Jan en Willem Reijer konden hun zwarte kostuums in de kast hangen en overalls aantrekken. De bevoorrading was in Duitse handen, het donkere zure brood kwam van een militaire bakkerij en de verdere fourage waarschijnlijk uit een Duitse opslagplaats. Maar de voorraden die in onze keuken binnenkwamen waren berekend op 85 gezonde mensen en niet op deze kneusjes. Er werd heel weinig gegeten, maar moeder had wel adresjes voor het overtollige voedsel.

Het verhuizen van deze ouderen naar een vreemd land was voor velen fataal. Veel van de oudjes konden de plas niet ophouden, overal had je regelmatig natte stoelen. Er was ook een mismaakte vrouw bij, haar naam was Bertha. Ze was geboren zonder benen. Ze liep op haar armen, niemand kon zo vlug de trap afkomen als Bertha. Op kamer 10 lagen 2 mannen. Een was een opgewekte man, maar kon niet lopen. De andere man lag al wekenlang op sterven, zijn ogen waren constant gesloten alleen zijn mond ging steeds open en dicht. Bij het bericht dat de man op kamer 10 was overleden, ben ik even gaan kijken. Tot mijn verbazing ging de mond nog steeds open en dicht, zijn opgewekte buurman bleek te zijn overleden. We hebben heel wat mensen zien wegdragen. Een paar keer kwam het voor dat direct na een begrafenis weer iemand overleed en als er dan weer een paar bedden leeg waren, kwamen er nieuwe patiënten uit Bremen.

Omstreeks september 1944 werd de militaire toestand minder gunstig voor de Duitsers. De bejaarden begonnen in de weg te zitten, vond men, en het hotel werd binnen een paar dagen ontruimd. Door het haastige vertrek zijn brieven achtergebleven met een dramatische inhoud. Zo schreef een van de bejaarden aan haar zoon in Spanje over familieleden die bij bombardementen op Bremen waren omgekomen en dat er in een schuilkelder onder een groot gebouw ongeveer 800 mensen moeten zijn gestikt.
Onmiddellijk na het vertrek van de bejaarden uit Bremen moesten we, in opdracht van het Wehrmachtkommandantur, weer elke nacht militairen, meest doortrekkers, onderdak verschaffen. ('Quartieranweisung' is nog in mijn archief.)

Vader moest van 2 tot en met 8 mei 1944 posten bij betonversperringen aan de Friesestraatweg vanwege vernielingen die daar waren gepleegd. In de consignes stond o.a. dat hij tijdens het posten verantwoordelijk was voor vernielingen die aan de versperringen werden gepleegd. Men mocht zich niet meer dan 25 meter van de versperring verwijderen en men mocht niet met een ander praten of lopen. Het was verboden te eten, roken en drinken of gebruik te maken van een wandelstok, een paraplu o.i.d.

Verplicht schuttersputjes graven.

Ook ik kreeg een oproep, getekend door de loco burgemeester H. Diephuis, een jaar daarvoor nog mijn Franse leraar op de handels hbs. Ik moest op 13 juli 1944 om 7 uur, voorzien van een schop, aanwezig zijn bij de Noorderhogebrug. Ik moest daar een eenmansput graven, Jan Jens heeft mijn activiteiten gefotografeerd.

In oktober 1944 waren er verschillende razzia's door Duitse militairen, o.a. in de wijk achter de noordzijde van de Groote Markt. Ik ontkwam er ook niet aan en moest mijn persoonsbewijs inleveren en mij de volgende dag melden bij het hoofdstation in Groningen. Ik vertelde de Duitse militairen dat ik niet weg kon vanwege het elke dag verschaffen van logies aan doortrekkende militairen, hoofdzakelijk officieren en onderofficieren. Dan moest ik mij maar melden voor een vrijstelling bij de SD op het Scholtenshuis, werd mij gezegd. Toen de SD officieren nog in ons hotel waren gelegerd, had Lüdeke misschien vrijstelling kunnen geven, maar om nu het Scholtenshuis binnen te stappen, leek me een beetje gewaagd. Voor de oorlog was ik met moeder al eens in het Scholtenshuis geweest, er was toen een poppententoonstelling met o.a. poppen van de koninklijke familie. Maar nu was de situatie heel anders. Toch trok ik de stoute schoenen aan, want om mij zo maar weg te laten voeren wilde ik ook niet, dus ging ik het Scholtenshuis binnen. Ik werd verwezen naar een mij onbekende officier, het was in elk geval niet een van de officieren die bij ons had gewoond. Achteroverhangend in een bureaustoel luisterde hij naar mijn verhaal. Schijnbaar geïnteresseerd ging hij rechtopzitten, schoof een bureaula open en haalde er een pistool uit dat hij demonstratief voor zich op het bureau legde. Hij vertelde mij met nadruk om mij morgen te melden, anders zou mijn vader de dupe worden. Hij vond dat vader die hotelwerkzaamheden alleen wel af kon en dat ik mij op een andere manier nuttig moest maken. Ik kwam er dus niet onderuit.

Ons werd verteld dat er ergens gewerkt moest worden onder leiding van Organisation Todt, de Duitse werkorganisatie die zich hoofdzakelijk bezig hield met het maken van verdedigingswerken, zoals het graven van loopgraven en tankvallen. Je moest ondergoed en een deken meenemen. Moeder maakte van een matrasdek vlug een soort rugzak. De volgende dag, 's morgens vroeg ging ik met de rugzak, met daarin extra kleren, naar het station en vertrokken we met een grote groep mannen per trein.

Langzaam en af en toe even stilstaand, gingen

Felle Duitse propaganda.

we richting het zuiden. In de omgeving van Koekange was weer een oponthoud. We mochten nu even de trein uit voor een sanitaire stop, in de trein was geen toilet en er werd dan ook veel vanuit het raam geplast. Tijdens de stop stapte ik met een paar lotgenoten een vlak bij het spoor gelegen boerderij binnen. Er zaten een paar mensen aan een tafel gezamenlijk uit een grote pan te eten. Wij kregen ook een lepel en namen enkele happen, maar we hadden meer dorst dan honger; dus nog vlug een paar slokken water uit de pomp en terug naar de trein. We waren gewaarschuwd om in de trein terug te komen, maar later bleek, dat een paar mannen waren ondergedoken. Met nog meer storingen en oponthoud, want rijdende treinen waren vaak het doelwit van luchtaanvallen, kwa-

men we tegen de avond in Dieren aan.
We moesten de bagage op wagens laden, maar dat leek mij niets, ik hield mijn rugzak bij me. En zo begon, onder militaire bewaking, een lange en vermoeiende voettocht via Doesburg, Zevenaar naar Lobith. Tijdens de tocht hoorde ik in de verte een kerkklok 12 uur slaan, het was middernacht, het was 23 oktober, ik was 19 jaar geworden. Daar liep je op je verjaardag met een zware rugzak, ergens tussen Doesburg en Zevenaar, met nog onbekende eindbestemming.
De gelopen afstand zal tussen de 40 en 45 km geweest zijn. Later bleek dat veel bagage was zoekgeraakt, mijn gesjouw met mijn rugzak was dus niet voor niets geweest. De eerste nachten moesten we doorbrengen in een lege, lekke en tochtige fabriekshal. Toiletten waren er niet, buiten tussen 2 muren waren stangen, daarop moest je, zittend en wiebelend, je behoefte maar doen. Veel lotgenoten gingen in het donker niet naar dit openbare toilet, een plekje tegen de fabrieksmuur was dichterbij en gemakkelijker. Maar de Duitse oppassers liepen 's morgens langs de muren en alle hoopjes die ze vonden, moesten we netjes opruimen. Het werken bestond uit graaf en spitwerk in vaak modderachtige en natte grond. In Elten, vlak bij Lobith was een Gasthof, waar we eten konden halen. Ik wilde iets extra's en pakte van een passerende boerenkar een knol, maar dat ding was niet te eten, het was een bekkentrekker.
Gelukkig had ik al snel een gasthuis gevonden bij particulieren, de familie Grob in Lobith. Wat heb ik daar heerlijk geslapen en gegeten. Voor het eerst van mijn leven at ik er zelfgemaakte balkenbrij en de cox-oranje appels uit hun tuin waren de lekkerste op de wereld, ik heb ze nooit meer zo lekker gegeten.
Er zat een knobbeltje aan mijn hals en er was 's morgens een kampdokter, dus waarom niet even naar laten kijken. Maar die dokter vond het een futiliteit en voor zo'n kleinigheid ga je niet de kostbare tijd van een dokter in beslag nemen.
"Je moet naar de strafafdeling", zei hij. Dat was een andere groep, maar niet veel slechter, dat kon ook haast niet. Ik moest ook hier de hele dag in regen en kou in de grond spitten. Greppels graven en weer dichtgooien, daar kwam het op neer.
In een lokaal van het Kurhotel in Elten kon je een soort dunne koolsoep kopen en terwijl ik bezig was het koolblaadje in mijn kop soep te pakken te krijgen, hoorde ik van een paar lotgenoten dat zij die avond met de trein naar Groningen zouden vertrekken. In mijn strafgroep was dat niet bekend gemaakt. Als de weerlicht ging ik naar het huis van de familie Grob, pakte mijn rugzak en holde naar het stationnetje. Inderdaad stond er een trein, vol met Groningers, klaar voor vertrek. Ik stapte onaangemeld in de trein, zonder mijn persoonsbewijs, maar dat was een zorg voor later. Eerst was er grote twijfel of de trein inderdaad naar Groningen ging. Het was dan ook een opluchting toen we station Rheine en daarna Meppen, plaatsen langs de Duits-Nederlandse grens, passeerden, dat was richting Nieuwe Schans. In Groningen aangekomen, ging ik niet met de groep door de uitgang. Omdat ik geen papieren had, ben ik ver naast het perron over een hek geklommen en kwam zo op straat terecht. Na ongeveer 45 dagen weer thuis aangekomen, was iedereen verrast door mijn plotselinge komst. Maar ik zelf was het meest verrast, want mijn persoonsbewijs lag thuis op mij te wachten. Wat was er gebeurd? Jan Reijer, onze kelner was ná mij ook naar Elten gestuurd en hij kreeg werk op de administratie. Hij zag daar mijn persoonsbewijs liggen en nam het mee, hij was eerder dan ik weer terug.
Op 14 december 1944 heeft dr. Boerema in het r.k. ziekenhuis mij poliklinisch geholpen aan het knobbeltje aan mijn hals.

Betonarbeider

Terug van Elten was het verstandig om zo onzichtbaar mogelijk te blijven. Opa van der Werff op Schiermonnikoog had een oplossing, mannelijke inwoners van dit waddeneiland mochten niet naar Duitsland gestuurd worden, maar moesten werkzaamheden op het eiland verrichten. Met behulp van de firma Kool en Wildeboer, die voor de marine in de duinen bezig was bunkers te bouwen, en dankzij NSB burgemeester Perdok, die mij als eilander inschreef, was ik vanaf 2 januari 1945 een Schiermonnikoogse betonarbeider. Ook nu weer was moeder voor mij achter de naaimachine gaan zitten en had van een moltondeken een onderbroek in elkaar geflanst. De bedoeling was goed, maar het kledingstuk was te dik, ik kon er geen tien meter in lopen.

Wat het werk betrof, kon je merken dat de oorlog op zijn laatste benen liep. Er moesten nog bunkers afgebouwd worden, maar het cement was op, bovendien, betonstorten was er in de winter niet bij. Met een man of 5 moesten we met kruiwagens over een lange wiebelende plank zand storten tussen betonnen wanden, zand was er genoeg. Als ik mijn evenwicht boven op de plank verloor, liet ik de kruiwagen donderen, maar zorgde wel dat ikzelf bleef staan. Maar de Duitsers bedachten ander werk. Bij de steiger onder aan de dijk lagen tientallen boomstammen, die moesten we op een vrachttreintje laden. Je had minstens 20 man nodig om zo'n natte stam op te tillen en wij waren met ons zessen, meer hulp was er niet.

De Duitse bouwcommandant kwam weer op een ander idee. In een paar eerder klaargekomen bunkers lag een grote partij bieten en die lagen daar maar te liggen. Door een smid werd een distilleerketel gemaakt. Wij bevestigden grote hakmessen aan stelen en nu kon, in een van de laatste huizen aan de westzijde van de Badweg, een distilleerderij ingericht worden. Eerst bieten hakken en daarna alcohol stoken, enige weken zijn we daarmee bezig geweest.

Terwijl er in de grote Nederlandse steden hongersnood heerste, was er op het eiland geen tekort aan voedsel. Er was zelfs een overschot. De melk-, tevens kaasfabriek werkte volop, maar export was niet mogelijk. Electriciteit was echter beperkt, we aten meestal bij kaarslicht. Marie Tromp, de kokkin, had eens een lekkere stamppot gemaakt, maar ik kon in het donker niet zien wat er door zat. De volgende dag zei Marie dat het gebakken mosselen waren geweest, dat was zwaar te verteren voedsel en iedereen had er last van gehad, behalve ik.

De geallieerde troepen naderden het noorden van het land en ik wilde daarom liever bij mijn ouders zijn. Ik vroeg verlof aan bij de Duitse marinebouwcommandant en mocht, met meeneming van mijn fiets, van 26 maart tot 3 april 1945 naar Groningen. Een beurtschipper had opdracht om met een militaire vracht, via het Reitdiep en het Eemskanaal, naar Delfzijl te varen. De grote kruiken met de door ons gestookte alcohol gingen ook aan boord. Een pracht gelegenheid om mee te gaan. Er werd aan boord af en toe door de bemanning en militairen getest of de alcohol nog goed was. De boot ging, toen er door de stad gevaren werd, soms erg dicht langs de wal. Ik heb daarvan geprofiteerd door met fiets en al van boord te springen. De boot hoefde niet speciaal voor mij aan te leggen en kon doorvaren naar Delfzijl. Het was in de buurt van de dr. Hofstede de Grootkade, waar ik na de bootreis op mijn fiets kon stappen. Aangekomen in "Victoria Hotel", bleek het daar zeer rustig te zijn, het leek stilte voor de storm. Ik kwam tot de ontdekking wat er het laatste half jaar gestolen was. In het restaurant was meer dan de helft van het hotelzilverbestek weg en van de thee- en koffiepotten was totaal niets over. Ook in de keuken, op de serviesplanken, was de voorraad soepterrines en schalen danig geminderd. De typemachine voor het tikken van de menu's, ook foetsie. In het trappenhuis was de grote foto van prinses Juliana en prins Bernhard verdwenen. Zelfs in de maanden dat we onderdak verschaften aan de SD-officieren, was deze foto waar ze onderdoor moesten lopen, blijven hangen.

De toestand in de slaapkamers was abominabel, veel schade vanwege gebrek aan respect voor andermans spullen en brandschade aan matrassen, dekens en linnengoed door rokende militairen. Maar vooral de periode van de in slechte gezondheid verkerende patiënten uit Bremen was er de oorzaak van dat een groot gedeelte van het beddegoed niet meer bruikbaar was. De laatste maanden was de centrale verwarming, inclusief de warmwatervoorziening, uitgeschakeld. Ik had verlof tot 3 april en mijn hoop dat de geallieerde troepen omstreeks die tijd Groningen bereikt zouden hebben, werd niet bewaarheid. Maar terug naar Schiermonnikoog wilde ik niet, nu de bevrijding voor de deur stond. Door de bouwcommandant schijnt nog naar mij gevraagd te zijn bij de Duitse commandant in Groningen, maar die had wel andere zorgen aan zijn hoofd.

Na de oorlog zijn alle NSB burgemeesters gearresteerd, maar Perdok werd zeer snel weer in vrijheid gesteld. Hij kon niet beticht worden van een anti Nederlandse houding.

Dramatische uren

De strijd om Groningen was begonnen, eerst nog buiten ons gezichtsveld. We wachtten in grote spanning af wat ons hier op de Groote Markt te wachten stond. Schuin tegenover ons, aan de oostzijde van de Groote Markt, was het Scholtenshuis, waarin het kantoor van de beruchte Sicherheitsdienst was gevestigd. Een paar huizen van ons verwijderd, op de Groote Markt nr. 8, was het hoofdkwartier van de Landwacht. Op zaterdag 14 april zagen we 's morgens plotseling een Canadese militair in de Guldenstraat van portiek naar portiek sluipen, kennelijk een verkenner. We dachten dat de bevrijders nu van de Vismarkt te voorschijn zouden komen, maar het bleek een ijdele hoop.

Omstreeks 12 uur brak er achter het Goudkantoor brand uit. Deze was door Duitse militairen aangestoken en sloeg al spoedig over naar het complex tussen de Waagstraat en de Guldenstraat en het tegenover ons gelegen café "De Waag" van de familie Jens. De hitte was hevig, de ramen van ons restaurant werden angstig heet. Het hele gebied tussen het Stadhuis en de Guldenstraat brandde tot de grond toe af, wonder boven wonder bleef het Goudkantoor gespaard. Het was voor de brandweerploeg met één automotorspuit onbegonnen werk. Alleen de brand aan de westzijde van de Guldenstraat kon tot staan gebracht worden; hier gingen 5 panden verloren. o.a. bloemenmagazijn Tetzner van de familie Corporaal, tapijtmagazijn Molenaar, waar klasgenoot Henk Molenaar woonde, de winkel met verlichtingsartikelen van Dost met daarboven de woning van Martha Koning. Jan Jens was met zijn ouders bij ons binnengerend, wat handbagage en hun fietsen die ze in onze hal hadden neergezet, was alles wat ze nog hebben kunnen redden. Ook kwamen nog meer mensen, voor mij onbekenden, bij ons binnenvluchten.

De brandweer bleef die nacht bij ons in het hotel, het was niet meer veilig om naar de brandweerkazerne aan het Zuiderdiep terug te gaan. De volgende dag, zondag 15 april, werd met grote spanning tegemoet gezien. Na een lange nacht met lawaai van geweer en mitrailleurvuur, begon bij het krieken van de dag de strijd volop. Beschietingen door tanks vanaf de zuidzijde van de Groote Markt en brandstichting in het hoofdkwartier van de Landwacht, waar munitie bleek te zijn opgeslagen, hadden tot gevolg, dat grote delen van de noordwand van de markt in brand raakten en de brand kwam geleidelijk in onze richting.
Om op alles voorbereid te zijn, vroeg de commandant van de brandweer een vrijwilliger die de kist met sloopgereedschap en de verbandkist uit de vlak voor de deur staande brandweerauto wilde halen. Brandwacht Jan de Vries was bereid het gewenste op te halen. Terug in het hotel gaf de brandweercommandant opdracht niet meer naar buiten te gaan, door het onophoude-

lijke vuren was het te gevaarlijk geworden. Toch verliet de Vries even later, het was ongeveer 18.30 uur, weer het pand. Het werd hem noodlottig, hij werd dodelijk getroffen. Waarom brandwacht de Vries toch weer naar buiten ging, is niet bekend. Er zijn later tegenstrijdige lezingen over geopperd. Brandwacht Landman, die de Vries wilde helpen, raakte zelf zwaar gewond aan zijn

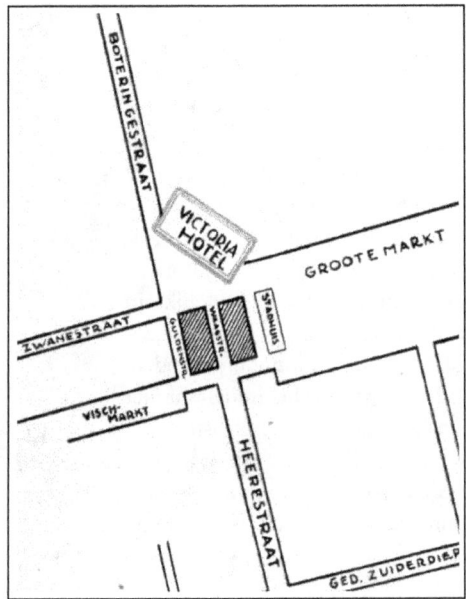

bovenbeen, maar hij kon door collega's naar onze keuken gebracht worden. Daar legden ze Landman op een matras met beddegoed van een van de hotelslaapkamers en er werd een noodverband aangelegd. Daarna brachten brandweermannen hem naar de tandheelkundige kliniek aan het Stalstraatje, tegenover onze keuken.

De brand naderde nu snel ons hotel en van alle kanten werd er op straat geschoten. We zaten eigenlijk in de val, er heerste een paniektoestand en een oude dame kreeg een hartaanval. Onder begeleiding van de brandweer staken veel mensen vanuit onze keuken het Stalstraatje over naar de tandartskliniek. Wij bleven met nog enkelen, o.a. de familie Jens, in het hotel.

Maar de brand naderde nu ook de tandartskliniek. Café de Unie, gelegen zowel aan de Groote Markt als aan het Stalstraatje, raakte in brand en stond al gauw in lichtelaaie. De vlammen begonnen over te slaan naar de twee panden van Burmann, direct naast ons. We konden alleen nog wegkomen, door de Oude Boteringestraat over te steken. Moeder had ondertussen nog wat kleding bij elkaar gezocht, een brandweerman bond een witte kussensloop aan een stok en daarmee zwaaiend moesten we de straat, die van beiden kanten onder vuur lag, oversteken. Vader nam de 2,5 jaar oude Mieneke op de arm en op een sein van een brandweerman renden we, samen met de laatste vluchtelingen die nog bij ons binnen waren, naar de overkant van de Oude Boteringestraat en vluchtten het Poststraatje in. De familie Jens hoefde de fietsen niet mee te nemen, die waren al uit de hal verdwenen, waarschijnlijk door Duitse militairen meegenomen. We renden door een achteringang de kerk aan de Broerstraat in, daar bleken al vele tientallen mensen naar binnen gevlucht te zijn.

Het was een verstandig besluit geweest van vader en moeder om, toen de bevrijding in zicht kwam, Anno en Lia naar de boerderij van tante Sien en oom Johannes aan de Wolddijk te brengen.

Het geluid van het schieten leek geleidelijk aan iets te verminderen en ik ben voorzichtig terug gegaan naar de Groote Markt. Daar was het nog lang niet veilig, maar toch waren een paar brandweerlui aan de hopeloze taak begonnen om de enorme vuurzee op de markt te bestrijden. Het rechtse pand van Burmann stond helemaal in brand en achter de ruiten van het linkse huis, direct naast ons, waren ook al vlammen zichtbaar. Ik nam van een brandweerman een brandspuit over en begon te spuiten. Maar het was een verloren strijd. De vlammen sloegen over van het dak van Burmann naar onze, hoger gelegen 4e etage. Ik kon de waterstraal niet boven onze brede dakgoot krijgen die zich tussen de derde en vierde etage bevond, de waterdruk was veel te laag en al spoedig zag ik onze bovenste etage in brand raken. Onder deze omstandigheden viel er niet te blussen. Het waren momenten die je voor altijd bijblijven en die je vaak weer voor je geest haalt. Op het moment zelf besefte ik dat niet, ik stond daar praktisch alleen en probeerde tevergeefs ons huis te blussen. In het nachtelijke donker, iets verderop, zag ik in het licht van het vuur enige brandweermannen bezig met een onbegonnen werk, de hele noordzijde van de Groote Markt was één vuurzee. Even later zag ik dat de oostzijde van de markt, inclusief het Scholtenshuis ook in brand stond en achter mij de nog smeulende ruïnes van 2 huizenblokken, waaronder het tegenover ons gelegen café de Waag. Ik was zo onwerkelijk bezig dat het niet tot me doordrong dat er nog salvo's van mitrailleurs en geweervuur over de markt klonken. Later bleek dat een Canadees ultimatum aan de Duitsers om de strijd om de Groote Markt om 20.30 uur te staken, was genegeerd en zo bleef het gedurende de hele nacht een onveilige toestand op de markt. Een paar burgers kwamen uit het duister opduiken, een ervan gaf ik de brandspuit over. Ik wilde het hotel in, ik wilde zien te redden wat er nog te redden viel. Het hotel brandde immers alleen op de 4e verdieping. Mijn gedachten waren zeer impulsief. Ik vloog de aan de Boteringestraat gelegen toegangsdeur van het hotel binnen (een tweede mogelijkheid om in het hotel te komen was de leveranciersingang in het Stalstraatje) en holde in het donker de trap op die naar de grote hal op de eerste verdieping leidde. Maar daar kwam ik terecht in een regen van glasscherven en brandende stukken hout, de hal op de eerste etage brandde al. Deze hal, die zich tussen de nieuwbouw, het eigenlijke hotel en het oude gedeelte met de keuken, de grote zaal en de zolder bevond, was voorzien van een groot glazen dak. De brand in de hal was ontstaan door brandende stukken hout die van de vierde etage door dit glazen plafond vielen. Ook de enige trap die vanuit de hal naar de hoteletages leidde, was in brand geraakt. Wel lukte het mij nog de grote zaal te bereiken, ik heb hier tevergeefs geprobeerd de trofeeënkast van de voetbalclub Hellas van de muur te halen. Vader had in deze zaal, achter toneelgordijnen, de hele oorlog lang zijn motorfiets verborgen gehouden. Het was onmogelijk om de motor mee te nemen, maar de Duitsers hebben het vehikel gelukkig ook nooit gevonden. Door de brand in de hal was het restaurant niet te bereiken, maar ik kon, via de dienstdeur in de hal, de ijzeren wenteltrap naar beneden nog wel bereiken en het pand verlaten. Ik stak voorzichtig de Oude Boteringestraat over en ging

April 1945. Het einde van Victoria Hotel

terug naar de kerk. Bij het brandend hotel kon ik op dit moment niets doen. Ik was moe, dorstig en ontzettend vies en op mijn jas zat op mijn linker bovenarm een schroeiplek. Ik vroeg aan iemand van de kerk of er een wasgelegenheid was. Hij verwees mij naar een kamer, maar toen ik daar naar binnen wilde gaan, kwam er iemand die mij dat verbood, want de een of andere hotemetoot van de kerk moest daar rusten.
Ik ging even op een kerkbankje uitrusten en zag dat een paar Canadese militairen met geweer in de aanslag de kerk inkeken. Ik ging zo snel mogelijk terug naar het hotel. Het begon te dagen en de eerste tanks, Sherman's, kwamen van de Vismarkt en reden de Oude Boteringestraat in. Het was veiliger geworden en de brandweer had hulp gekregen. Van het oude hotelgedeelte waren de zolder en de grote zaal al totaal verdwenen. De keuken stond smeulend op instorten, maar de grote Berkel vleessnijmachine stond nog intact op de werkbank. Ik tilde de machine op en bracht het apparaat via de dienstgang naar de voordeur; 2 mannen hadden er later een zware dobber aan om de machine te verplaatsen.
De foto van het hotel is gemaakt door de heer Kramer.

Van het nieuwste gedeelte van het complex waren de bovenste 3 etages met de logeerkamers, inclusief onze woonkamer, totaal uitgebrand, alleen de buitenmuren stonden nog gedeeltelijk overeind. De eerste etage met het restaurant en de daarachter gelegen drie logeerkamers waren gespaard gebleven. Wel was alles drijfnat en het was moeilijk er te komen, de hal ernaartoe was grotendeels in puin. En zo begon ik de slaapkamerinventaris en het restaurantmeubilair geleidelijk aan door een raam aan de Boteringestraatzijde, via de luifel van Burmann, door te geven aan vader, die alles aanpakte en op een gevonden handkar zette. We brachten alles naar de kerk.

Tussen het café en de totaal uitgebrande grote hal bleef, als een wonder, maar wel nat van het bluswater, de grote zeldzame kaart van Stad en Ommelanden gespaard. De kaart heeft aan de randen de toen nog bestaande 24 borgen en was getekend door Theodorus Beckeringh in 1781. (Eenzelfde exemplaar is nog aanwezig in "Fraeylemaborg" in Slochteren.) Het was een geschenk van de heren Burmann ter gelegenheid van de opening van het hotel in 1929.

De plek waar onze woonkamer, kamer 40 direct boven het café-restaurant, was geweest, kon ik met een lange ladder bereiken. Er had een buffetkast met glazen opbouw gestaan met antiquiteiten van moeder, zoals zilveren snuifdoosjes. Daarin had ze gouden tientjes gestopt, ik heb er niets van terug gevonden. Wel vond ik de volgende dag in onze verwarmingskelder een Duits geweer, het zal wel van een vluchtende mof geweest zijn. Samen met vader wist ik, na wat puinruimen, bij de ingang van de voorraadkelder te komen waar nog onbeschadigde blikken met conserven lagen. Terwijl we bezig waren die blikken veilig te stellen, kwam een onbekende man ons assisteren. Hulp konden we best gebruiken en dat hij af en toe een blik onder zijn kleding verstopte, zagen we dan ook niet.

Mijn kamer, gelegen boven de grote zaal, bestond niet meer. Mijn mooie secretaire met daar bovenop een scheepsmodel gemaakt van kruidnagels en ook de door oom Geert gemaakte poppenkast en verschillende goochelattributen, alles was verbrand. Gelukkig had ik veel van mijn spulletjes, waaronder foto's, in een grote waskist gestopt en in een uithoek van de verwarmingskelder opgeborgen voor ik naar Schiermonnikoog ging, waar ik vanaf januari 1945 als betonwerker werkzaam was geweest. De kist en de inhoud hebben de oorlog overleefd.

En zo moesten we met enkele tientallen andere vluchtelingen een paar nachten in de kerk doorbrengen tussen ons restaurantmeubilair en de geredde hotelbedden van de 3 logeerkamers achter het restaurant.

Anno en Lia zagen op de Wolddijk bij Tante Sien de grote branden in de stad en tot hun grote schrik ontdekten ze 's maandagsmorgens vroeg niet meer ons anders zeer goed herkenbare hoge dak. Het hotel was een van de hoogste gebouwen van Groningen.

Moeder ging ondertussen een geschikte woning zoeken. Bij het militaire gezag kreeg ze adressen van NSB-ers en daarbij was een woning met veel opslagruimte, gelegen aan de W.A.Scholtenstraat. Moeder ging erheen, de man was opgepakt, maar de vrouw en dochter waren thuis. Moeder sommeerde ze en ik wist hoe zij dat kon, om onmiddellijk het huis te verlaten en zo geschiedde. Met hulp van Emmy Meijer heb ik het geredde meubilair met de in de opslagruimte staande bakfiets vervoerd van de kerk naar het nieuwe adres. Martha Koning en Jan Jens hadden andere zorgen, hun huis was tot de grond toe afgebrand.

Er kwam omstreeks deze tijd een kaart in omloop met een tekening van paleis Soestdijk op de achtergrond en vóór links 3 bloemen, die de 3 prinsessen moeten voorstellen. Het bijzondere zit in de grootste bloem, in de rand ervan zijn 3 silhouetten zichtbaar, namelijk van Koningin Wilhelmina, prinses Juliana en prins Bernhard.

Van alle Duitsers, zowel militairen als burgers, die we tijdens de oorlog in opdracht van de plaatselijke commandant onderdak moesten verschaffen, had de gemeente Groningen de verplichting aan vader de logieskosten te vergoeden. Deze betaling geschiedde altijd ongeveer 3 maanden na inlevering van de nota, maar direct na de bevrijding werd de betaling stopgezet en deze strop van ongeveer 3200 gulden aan logieskosten kon vader bijschrijven bij het kapitale verlies van het hele hotel.

Hotel Frederiks

De officieren van de Sicherheits Dienst van het Scholtenshuis met hun gevolg waren op 15 april naar Schiermonnikoog gevlucht, het eiland werd pas 11 juni 1945 verlost van de Duitse bezetting. Ik had verlof van 26 maart tot 3 april om van Schier naar Groningen te gaan. Gelukkig ben ik die dag niet teruggekeerd naar het eiland, want anders had ik pas na 11 juni het eiland kunnen verlaten. Schiermonnikoog was het

Zoek de silhouetten van koningin Wilhelmina, prinses Juliana en prins Bernhard

laatste plekje in Nederland dat werd bevrijd. Ik was nu tijdens de strijd op de Groote Markt met zijn rampzalige afloop bij mijn ouders in het hotel en heb me er zo nuttig mogelijk kunnen maken.

Ik kon direct na vertrek van de Duitsers van Schiermonnikoog, als eilandbewoner weer naar het eiland terugkeren, het eiland was de eerste weken voor niet bewoners nog verboden terrein.

Op 5 juli 1945 heb ik op "Vredenhof" geassisteerd bij de begrafenis van het aangespoelde lichaam van een geallieerde piloot. Bij de begrafenis waren alleen de burgemeester, de dominee, notaris Bolwijn en de politie aanwezig.

Enige weken later ging ik terug naar de vaste wal, want vader had ondertussen Hotel Frederiks, voorheen Luinge, aan de Hoofdstraat in Hoogeveen gekocht. Het hotel was gedurende de oorlog wehrmachtheim geweest en was behoorlijk uitgeleefd. Het in 1884 gebouwde pand had een imposante gevel en was het grootste werk dat bouwmeester Hoegsma in Hoogeveen tot stand had gebracht. Hotel Frederiks kreeg een nieuwe naam, natuurlijk "Victoria Hotel". Het café werd gezellig ingericht, met o.a. de geredde restaurantstoelen uit het hotel in Groningen. Het pand bevatte verder 3 kleine vergaderzalen, op de eerste etage een grote toneelzaal met een balkon, totaal geschikt voor 300 personen. De hotelafdeling had de beschikking over ongeveer 20 grote en kleine kamers met totaal 40 bedden. Achter het hotel was een tuin en een grote schuur die dienst deed als garage.

Ik heb een paar weken meegeholpen het pand bedrijfsklaar te maken. Daarna ging ik op ver-

Sake van der Werff op Vredenhof

— Hotel v. d. Werff, Schiermonnikoog maakt door dezen bekend, dat zij wegens gebrek aan alles tot nader bericht geen logé's kunnen ontvangen. S. v. d. Werff.

zoek van opa van der Werff terug naar Schiermonnikoog.

Men mocht weer naar het eiland komen en vooral veel eigenaren van vakantiehuizen kwamen kijken hoe het met hun huizen was gesteld en logeerden in het hotel. Ik moest komen opdraven, want opa kon geen geschikt personeel krijgen en zo gebeurde het dat ik soms 50 logés alleen moest bedienen. 's Avonds diner en daarna moesten op alle tafels andere kleedjes, theelichtjes met potten thee erop en dan, op verzoek, hier en daar nog goochelen. En als iedereen naar bed was, moest ik de ontbijttafels nog even opdekken. Maar in het najaar van 1945 ging ik terug naar Hoogeveen, want er begon loop in de nieuwe zaak te komen. Café en restaurant werden steeds drukker bezocht en vooral het verenigingsleven kwam op gang en de industrie in Hoogeveen bracht veel logés mee voor de hotelkamers.

Samen met moeder ben ik nog naar de hotelvakschool in Den Haag geweest om te informeren naar het volgen van een opleiding, maar op korte termijn was er geen ruimte meer. Ook heb ik nog gedacht aan een opleiding voor gymnastiekleraar, maar met in het verschiet nog in militaire dienst te moeten, heb ik er maar van afgezien.

Op 5 maart 1946 werd ik in het r.k. ziekenhuis in Groningen door dr. J. de Graaf geopereerd aan een geretineerde kies met cysten in de linker kaakholte. De kies groeide de verkeerde kant op en zorgde voor een zwelling onder het linkeroog. De operatie had een lange nabehandeling tot gevolg, via de neus moest de kaakholte nog vele malen gespoeld worden.
Vanaf 2 mei 1946 werd ik "gewoon dienstplichtige" van de landmacht.
Het bleek dat de oorlog toch nog niet was afgelopen.

Indonesië

De oorlog is nog niet voorbij

Zomer 1945, de oorlog was voorbij, dat dacht het merendeel van de Nederlandse bevolking. Maar voor ongeveer 120.000 Nederlanders was dat niet het geval. Er volgden voor hen nog 2 tot 3 zware jaren als militair in het Verre Oosten.

Jan H. Bakker was verplicht voor de indelingsraad te verschijnen op maandag 7 januari 1946 om 8.30 uur in het Buurthuis, Linnaeusplein 3 te Groningen (oproep d.d. 28-12-45).
Er was genoemde maandag, 's morgens vroeg, geen personentrein van Hoogeveen naar Groningen, maar ik mocht op een stoomlocomotief van een goederentrein meerijden.
Op de oproep voor de keuring stond o.a. dat ik niet behoefde te verschijnen als ik was opgenomen in een krankzinnigen- of idiotengesticht of een geestelijk ambt bekleedde. Niets van dat alles, dus ik ging en werd goedgekeurd.
Ik behoorde bij de eerste dienstplichtigen van na de oorlog en tevens tot de eerste dienstplichtigen in de geschiedenis van Nederland die bestemd waren voor uitzending overzee.
Op 2 mei 1946 stapte ik de infanterie kazerne in Assen binnen en werd ingelijfd bij 5-3-1 Regiment Infanterie als gewoon dienstplichtige der lichting 1945. Zo noemde men dat toen. Het was er geen vrolijke boel, maar dat was natuurlijk ook niet de bedoeling.
Het gebouwencomplex leek van buiten representatief, maar binnen was duidelijk te zien dat er nog van alles aan mankeerde. Zo kort na de bevrijding was er gebrek aan alles. Dat was geen wonder, uit het niets een leger opbouwen is een reusachtige opgave en dan met de wetenschap dat een grote troepenmacht spoedig aan de andere kant van de wereld een zware taak zou krijgen.
De eerste dagen in Assen was het exerceren en nog eens exerceren en wennen aan orde en discipline.
Ik ontdekte dat in de militaire maatschappij geen eigen mening bestond en een eigen wil kon je helemaal vergeten. De sergeant was de baas, ofwel hij was de commandant van ons peloton.
Elke ochtend was het appèl, aan de voorkant, de straatzijde van het gebouw. Ik keek dan door het hek de vrije wereld in en ondertussen luisterde ik naar de sergeant die op zijn dwingende toon mededeelde wat er de komende dag geleerd en gedaan moest worden; je werd niet zo maar een gedecoreerde zandhaas.
Maar op zekere dag had men iets extra's mee te delen. Na de dagelijkse preek van onze sergeant nam een officier het woord. Hij vertelde dat je overgeplaatst kon worden van het hart van het leger, namelijk de infanterie, naar de Militaire Politie. Diegene die daar iets voor voelde, moest een paar passen naar voren maken en hem zou dan gevraagd worden wat zijn beweegreden was om de infanterie te willen verlaten. Ik was bescheiden van aard en trad niet graag naar voren, maar de Militaire Politie leek mij een afwisselender job dan hier bij de zandhazen. Als enige deed ik een paar passen naar voren. Op de vraag

van de officier waarom ik de MP prefereerde, gaf ik als antwoord dat ik van orde en regel hield. Dat was kennelijk voldoende, want ik moest mij onmiddellijk melden bij de MP opleiding in de Koning Willem III kazerne in Apeldoorn.

MP-er in opleiding

De legering in de Willem III was beduidend beter dan in Assen. Het complex in Apeldoorn was van vlak voor de oorlog. De opleiding was streng en ook hier veel exercities en langdurige inspecties. Het kader was opgeleid in Engeland en veel Nederlandse militaire uitdrukkingen kregen benamingen uit het Engelse legerjargon; een koppel werd belt genoemd, enkelstukken werden anklets en etensblikken werden mess-tins. Op het onderhoud van het uniform werd steeds een strenge controle uitgeoefend. Koppel en enkelstukken moesten geblancoëd worden en het koperwerk moest dagelijks gepoetst worden, ook de achterzijde, want ook daar werd geïnspecteerd. Je schoenen, de kistjes, hadden een speciale behandeling nodig. De schoenneuzen moesten spiegelen, eerst poetsen met schoensmeer en een beetje spuug, daarna weer een hele dikke laag schoensmeer erop en dit werd in brand gestoken. Vervolgens moest je de schoenneus egaliseren met bijv. de steel van je tandenborstel. Nog even met een super zachte doek nawrijven en je neus was als een spiegel. Probeer het maar.

Als wapen kregen we eerst een Lee-Enfield geweer, een zwaar Engels geweer, maar niet geschikt voor militair politiewerk. Later zouden we een stengun krijgen. Al spoedig kreeg iedereen een motorfiets toegewezen. Het waren oude beestjes van het merk Norton en Matchless. Er werd niet alleen op de openbare weg en de hindernisbaan van de kazerne gereden, maar vooral veel in de omgeving van de Posbank op de Veluwe. Niet alleen het rijden, ook de motortechniek moest grondig geleerd worden. Een van de jongens was geen held in de motortechniek en hij schrok danig toen, 's morgens bij het wakker worden, zijn motor volledig gesloopt naast zijn bed stond. Maar met gezamenlijke hulp kwam de motor voor het appèl weer in elkaar, alleen ons ontbijt schoot er bij in.

Op het vliegveld Deelen kregen we les in het defilé rijden, met 20 motoren steeds met z'n vieren naast elkaar rijdend in parade snelheid. Het kostte aardig wat moeite. Vooral dat langzame rijden op die oude, aftandse motoren was een probleem. Maar bij een groot defilé van de voor Indië bestemde troepen, gehouden in Utrecht, verliep ons optreden wat het rijden betrof perfect. Alleen van onze motoren viel hier en daar een onderdeel af, ook mijn koplamp hing er slap bij. De Franse generaal de Lattre de Tassigny die de parade had afgenomen, sprak er na afloop zijn bewondering over uit. Dat stond tenminste in de krant.

Omdat ik nog een nabehandeling van de kaakoperatie moest ondergaan, werd mijn vertrek naar Indië een boot uitgesteld en zou nu plaatsvinden op 29 oktober 1946 met de t.s.s. "Nieuw Holland", een boot die voor de oorlog verbindingen onderhield tussen eilanden in de Indische archipel.

Dienstplicht overzee

En zo vertrok op 29 oktober 1946 de "Nieuw Holland" met een groot contingent dienstplichtige militairen uit de Amsterdamse haven naar het Verre Oosten, een bootreis die ongeveer 25 dagen zou duren. Het leven aan boord van een troepentransportschip is wel iets anders dan het verblijf op een cruiseschip, waar je een eigen hut hebt met badkamer en toilet en een culinaire voorziening en bediening, waar de meeste hotels niet aan kunnen tippen. Deze toeristen moeten daar dan ook veel voor betalen; wij kregen er geld voor, een paar gulden per dag. Maar dan sliepen we wel met vele tientallen in grote donkere en stinkende ruimen op hangmatjes. Boven je, onder je, naast je, overal hingen je maten in matjes. Boven op het dek stonden we in de rij voor een korte zoutwaterdouche met speciale zoutwaterzeep, zeep die niet schuimde. En daarna gezamenlijk de piepers jassen.

Ons detachement, ongeveer twaalf man groot, kreeg de taak van scheepspolitie. We kregen een armband met opschrift SP (scheepspolitie), het bokkentuig was wit en onze platte pet, het vliegdekschip, kreeg een rood overtrek. Onze taak bestond o.a. uit het toezicht houden op het gedrag van de militairen, het controleren van het rookverbod in de ruimen en het oefenen in het afsluiten van de waterdichte schotten (in het Kanaal werd gevaren door een smal mijnenvrij gebied). Verder toezicht op gestraften (onder in de boot, op de plek waar men het meeste last had van zeeziekte, waren een paar cellen) en vooral de controle op de noodrantsoenen die opgeborgen waren in de reddingboten en vlotten, bleek nodig.

Doordat wij constant dienst hadden, kregen wij een beter onderkomen. We mochten de helft van het scheepshospitaal betrekken en een infanterist werd ons toegewezen als hulp. Hij moest ons scheepsservies na de maaltijd schoonmaken en terugbrengen naar de mess. Tot zijn taak behoorde ook onze was te doen. We hadden de beschikking over twee badkamers met zoetwater. Een die wij gebruikten had een douche. De tweede badkamer werd het domein van onze hulp, de infanterist. Hij kon daar de was en de afwas doen. Na enige dagen ontdekten we dat de badkuip van onze hulp halfvol was met onafgewassen scheepsservies. "Waarom houd je de vaatwas niet elke dag bij?", vroeg één van onze jongens. "Zorg dat over een uur alles opgeruimd is", vervolgde mijn collega. Een uur later gingen we in de badkamer kijken en alles was opgeruimd. De infanterist keek ons ironisch aan en zei "Nu tevreden? Alles is opgeruimd." Verder zei hij niets, maar met een spottende glimlach keek hij naar de open patrijspoort. Hij zal gedacht hebben, de zee wast wel af. We hebben onze hulp teruggestuurd naar zijn onderdeel. Er waren vervangers genoeg.

Port Said, de Egyptische haven, werd bereikt en het anker uitgegooid. Onmiddellijk werd onze boot omsingeld door tientallen kleine bootjes met allerlei koopwaar, vooral leren artikelen, pantoffels, portefeuilles en tassen. De kooplui mochten niet aan boord komen, maar een bekende goochelaar kreeg wel toestemming om aan boord zijn truc te vertonen. Onder het geroep van "kiepetje, kiepetje, weg" liet hij een levend kuikentje steeds verdwijnen en weer te voorschijn komen.

Wij deden dienst bij de neergelaten trappen om ieder ongewenst persoon tegen te houden, maar zelfs langs de ankerkabels trachtte men aan boord te komen. Op zeker moment zagen we een binnengeslopen Egyptenaar er vandoor gaan met een baal meel uit onze proviand. Samen met een collega hebben wij hem beetgepakt, de zak meel in beslag genomen en hem van bovenaf het water ingegooid. Dat wij ze zo moesten aanpakken, hadden we van het scheepspersoneel geleerd.

Na het bunkeren van de oliebrandstof en het inslaan van verse groenten, voeren we verder het Suezkanaal in. De doortocht van onze boot door het kanaal kostte de schatkist ƒ40.000,–. De kanaaltocht zorgde voor de militairen aan boord voor enige afleiding. We zagen een zee van zand. Hier en daar stonden Arabieren te zwaaien met alle lichaamsdelen waar ze mee konden zwaaien. Na een kort oponthoud in Suez voeren we de Rode Zee in. Het werd de eerste kennismaking met grote hitte. Dat was wel even wennen. In de verte zagen we soms een berglandschap en af en toe een strand met palmen. Maar het leek geen vakantieland. Het was er heet en droog en er heersten waarschijnlijk nog middeleeuwse toestanden. Ik keek op mijn zakatlasje. Dat land moest Jemen zijn. Maar wie dacht er toen, na 5 jaar oorlog en nog een Indische tijd voor de boeg, aan vakantie en dan nog wel hier in dit vreemde land aan de Rode Zee. En toch, 43 jaar later in 1989, sliep ik hier op een veldbedje onder die Jemenitische palmen. Een van de heetste plekjes van de wereld en de toestanden waren er nog steeds middeleeuws.

We voeren verder en verlieten de Rode Zee, om daarna het anker te laten vallen voor de havenstad Aden. Ook hier werd weer olie gebunkerd. Aan de kade zagen we een vrachtboot die men aan het lossen was. Een kraan hees er een groot net, gevuld met pakketten, van het schip naar de kade. Maar voordat het net boven de bestemde plaats was aangekomen, brak het open en de vele tientallen pakjes kwamen op een verkeerde plaats terecht. Uit alle hoeken en gaten kwamen plotseling mannen te voorschijn die er met de pakketten vandoor gingen. Het zullen kerstpakketten voor de in Aden gelegerde Engelse militairen geweest zijn.

Er volgde nog een lange bootreis over de Indische Oceaan. Dagenlang varen zonder iets te zien, behalve de tientallen vliegende vissen die laag boven het water vliegend, de boot volgden. En dan die drukkende hitte, niet alleen overdag, maar ook 's nachts. Alle militairen mochten op het dek slapen; het was in de ruimen niet uit te houden. Tijdens ons wachtlopen in de nachtelijke uren moest je goed uitkijken, want overal lagen de jongens te slapen. Behalve bij de bakkerij, daar krioelde het van de ratten. De tropen kondigden zich aan en de medische dienst kreeg de handen vol, want rode hond en ringworm staken de kop op. Ook een gedeelte van ons onderkomen werd bestemd voor patiënten. Eindelijk naderden we het eiland Poeloe Weh, gelegen aan de noordpunt van Sumatra. Sabang, het havenstadje, was vanaf de zee niet te zien. Pas na het passeren van een landtong met dicht begroeide heuvels, werd de haven zichtbaar. Na wekenlang varen, mochten we voor het eerst van boord.

Onze eerste kennismaking met Indië duurde een paar uur. Wat kun je in zo'n kort tijdsbestek veel zien en leren. Bananen blijken pisangs te heten en kokosnoten klappers. Je zag vreemde bomen en heesters en in het heldere water van de haven zwommen honderden kleine kleurige vissen.

Het was nog ongeveer 1800 kilometer varen naar Batavia. De evenaar moest nog gepasseerd worden en dat gebeurde op 20 november. Een onontkoombare gebeurtenis. Neptunus kwam aan boord om de mensen die nog nooit eerder de evenaar waren gepasseerd, in te zepen. Bijna iedereen kwam daarvoor in aanmerking. Elk onderdeel moest een paar man aanwijzen en dat werden jongens die het kennelijk verdiend hadden. De Militaire Politie ontkwam er ook niet aan. Een van mijn collega's die toevallig vooraan stond, was de klos. Ik stond achteraan, zoals gewoonlijk.

Tussen Sumatra en Java zagen we de rokende Krakatau, de vulkaan die in 1883 bij een grote uitbarsting duizenden slachtoffers eiste. We legden aan in Tandjong Priok, de haven van Batavia.

De eerste maanden in de tropen

Het embleem op mijn mouw stelde het wapen van Batavia voor en de letters E en M stond voor Expeditionaire Macht. Onze divisie werd "de zeven december divisie" genoemd, naar een rede door Koningin Wilhelmina uitgesproken op 7 december 1942, met als grondslag, herstel van recht en veiligheid en vernieuwing in vrij overleg. Wij moesten in Nederlands Oost Indië de rust herstellen na de Japanse bezetting. Pas 3 jaar later verlieten we het tropische land weer, nu als het zelfstandige Indonesië.

Het was 27 november 1946. Onze klus kon beginnen. Van boord gestapt onder begeleiding van muziek van een militaire kapel en na bij een kantinewagen een drankje gedronken te hebben, stapten we in drietonners en werden we naar Batavia vervoerd. Aan de hitte was ik door de bootreis al aardig gewend, maar een bepakte en beladen militair had het in dit land moeilijk. Vele jaren later liep ik hier, luchtig gekleed, als toerist rond met alleen een fototoestel om mijn hals.

De kazerne, de tangsi, van de Militaire Politie lag in de kampong Petotjo, midden in Batavia en tegenover een ruwijsfabriek. Slechts een paar honderd meter van de sociëteit de Harmonie. Er was een lange slaapzaal met een stenen vloer en een ver overhangend dak, vanwege de vele regenbuien. De zaal had een muur met veel ope-

Tjiteureup, terug van patrouille

ningen, zodat het kon doorwaaien. Ik kreeg een inklapbaar veldbedje met een klamboe toegewezen.

De volgende dag reden we door Batavia. De huizen waren vuil en verwaarloosd. De kanalen die langs de boulevards Noordwijk en Molenvliet liepen, stonken een uur in de wind. Toch deed men er de was, poetste men er zijn tanden en deed men zijn behoefte in het kanaal. Voor grote gebouwen stonden militaire wachtposten, met meestal Britse of Brits-Indische soldaten. In de benedenstad, de Chinese wijk Glodok, waren veel winkels en even verder de Pasar Baroe, de markt, waar iedereen wel eens een lekker hapje nam.

Al na drie dagen Batavia kreeg ons peloton de opdracht om militaire politieposten in te richten in Tjiteureup en Tjileungsir. We werden versterkt met KNIL militairen afkomstig van het Nederlands Indisch leger, waarvan velen uit Japanse gevangenschap waren gekomen. Onze bewapening bestond uit een stengun en een pistool en we kregen een extra koppelstel, dat we met schoensmeer zwart maakten. Bij acties in het veld mocht je natuurlijk niet opvallen, voor dat doel kregen we ook een jungleoverall. Het gebied dat onder Nederlandse controle viel, was een ongeveer 30 tot 40 km brede strook die liep van Batavia naar Buitenzorg (Bogor), waar het naar het oosten boog en via de Puncakpas bij Bandung eindigde. De controle op dit gebied wou niet zeggen dat men hier overal veilig kon rondlopen. Tjiteureup lag circa 20 km noordoostelijk van Bogor, Tjileungsir 10 km noordelijker. Het terrein was heuvelig met hier en daar rijstvelden (sawa's), afgewisseld door rubberplantages.

Mijn standplaats werd Tjiteureup, een desa met een paar Chinese toko's langs de weg en verder een paar stenen woningen en veel bilik huisjes, gemaakt van gespleten en gevlochten bamboe. We betrokken een stenen huis tegenover de toko's en lagen daar met ongeveer 8 man onder commando van een KNIL sergeant. Direct naast het huis, onder een afdak, was de badkamer, de kamar mandi. Hierin bevond zich een betonnen bak, gevuld met water, waarvan het niet de bedoeling was dat je er in zou springen. Met een schepemmertje haalde je water uit de bak en gooide dit, naast de bak staande, over je heen. Naast de kamar mandi bevond zich de kamar kecil, de kleine kamer ofwel de WC, een hokje met alleen een gat in de vloer. Toiletpapier was hier onbekend, daarvoor gebruikte je een fles met water. We kregen personeel, een paar baboes voor het schoonhouden van het huis en baboes tjoetji voor het doen van de was. Elke dag minstens twee maal schone kleding, leverde veel wasgoed. Voor de huishoudelijke bezigheden beschikten de baboes over één doek. Daar maakten ze onze tegelvloer mee schoon, ze veegden echter om onze schoenen heen, en met diezelfde doek werd daarna ook ons eetgerei afgedroogd.

Onze commandant had een eigen kamer en tevens een eigen baboe voor dag en nacht, maar dat was bij de KNIL normaal. Een van de baboes had er plezier in als je haar passeerde, om haar borst te ontbloten, er even in te knijpen en je te bespuiten. Ook hadden we hulp van 2 mannen voor allerlei klusjes, zoals onderhoud van het rijdend materieel, maar een belangrijke taak van deze mannen was hier en daar inlichtingen voor ons in te winnen.

Voor de inwendige mens zorgde de kokkie, een vrouw die geld van ons kreeg en op de pasar de

Af en toe onze kokki even meehelpen met de vaat.

dagelijkse inkopen deed, zoals verse groenten, rijst, eendeneieren en fruit. De kokki probeerde op een houtvuurtje er voor ons iets eetbaars van te maken. Elke dag maakte ze dezelfde soto, een koolsoep, ofwel heet water met een paar blaadjes halfgare kool met wat kruiderij. Als je er aan gewend was, smaakte het best lekker. Daarna nasi putih met sayur en een af andere daging en tot besluit elke dag een pisang.

Onze kokki, een kampongvrouw, was de hele dag aan het sirih kauwen. De blaadjes van de betelnoot, waar ze wat gedroogde pitten en kalk in oprolde, stopte ze achter haar kiezen en door het kauwen ontstond er een vuurrode spuug en natte rode lippen. Dat alles werd opgeluisterd door nog slechts een paar zwarte tanden. Als onze kokki dan bezig was met kruiden en rode pepers fijn te wrijven voor onze nasi, gebeurde het wel eens dat een rood kwakje tussen de kruiderij terecht kwam, maar dat proefden wij niet.

Overige levensmiddelen haalden we uit de keuken van de infanterie tangsi, een paar kilometer verderop, waar alle overige troepen bij elkaar lagen. In deze grote kazerne stonden Nederlandse militaire koks in de keuken, maar na een paar weken prefereerden wij toch onze kokki boven de militaire koks. Van de infanteriekeuken kregen we aardappelpoeder, dat was net beton en in het brood zaten zoveel torretjes, dat we zeiden: "Komt die rotsmaak van het brood door die torretjes, of komt die rotsmaak van de torretjes door het brood."

Dat onze politiepost zelfstandig gelegen was, had meerdere bedoelingen. Ten eerste, omdat er zodoende in het dorp twee militaire steunpunten waren, en ten tweede hadden wij, wegens het ontbreken van burgerpolitie, ook deze politietaak. Een burger die hulp nodig had, liep eerder een politiepost binnen dan dat hij naar een kazerne ging.

Tjiteureup

Nu enkele gebeurtenissen, die ik in Tjiteureup meemaakte.

Regelmatig zorgden we voor begeleiding en be-

veiliging van het Friese Rode Kruis Team. Als een huisarts en enige verpleegsters, allen vrijwilligers uit Friesland, naar afgelegen desa's werden geroepen om de hoognodige medische hulp te verlenen, werden ze door ons vergezeld.
Regelmatig kwamen ook dorpelingen langs het detachement voor een medicijn. Met een aspirientje kon je vaak al iemand gelukkig maken. Eens werd er hulp ingeroepen bij een bevalling, maar dat ging boven mijn pet. Maar Bouke Mendel, een jongen met een nieuwsgierige inslag, zei dat hij toch even ging kijken. Misschien kon hij helpen. Het is voor ons altijd een raadsel gebleven, maar later werd hij bij elke bevalling in de desa gevraagd te assisteren.
Een uitgehongerd jongetje van een jaar of vier zat eens op een ochtend op de stoep voor ons huis. Hoe hij daar gekomen was, wisten we niet, want hij kon nauwelijks lopen. Wij adopteerden hem en gaven hem heel voorzichtig iets te eten, maar met zijn ontlasting kwamen ook zijn darmen mee naar buiten. Van de GGD hoorden we, wat we moesten doen; smeer alles in met margarine, ook je hand en duw alles maar weer naar binnen. Het kereltje was twee dagen later toch dood.

De Chinezen van de toko's tegenover ons detachement hadden veel honden. Indonesiërs hadden een hekel aan die in hun ogen vieze beesten. De winkeliers waren blij met de militaire politiepost vlak voor hun deur. Ons verblijf gaf hen een gevoel van veiligheid. Daarom verrasten deze Chinezen ons vaak met heerlijke saté. Wel misten we af en toe een hond en we wisten dat Chinezen graag hondenvlees aten.

Op 21 februari 1947 ging een patrouille van het detachement Tjileungsir met o.a. Teun van Dijk richting Tjiteureup. Langs de weg stond een Indonesische vlag met roodwitte banen in de grond geprikt. Het was op een stuk weg langs een open veld. Teun van Dijk wilde de vlag weghalen. Hij ging er al kruipende naar toe om niet van over de vlakte beschoten te kunnen worden. Maar bij het lostrekken van de vlaggenstok ontplofte een mijn, Teun was op slag dood. In de open laadbak van onze vrachtauto brachten wij hem naar ons hoofdkwartier in Petotjo. Ik zat naast het stoffelijk overschot. Toen we het terrein van de tangsi opreden ging ik staan, iedereen keek verbaasd. Maar ik begreep het. Als Teun van Dijk en ik samen in de Petotjo tangsi waren, noemden ze mij altijd van Dijk en Teun werd steeds met Bakker aangesproken.

De foerier, de man die ons de militaire kleding en uitrusting moest leveren, had zelden datgene in voorraad wat je nodig had. Op zeker moment kregen we bericht dat er voor iedereen een pyjama klaar lag. Daar zaten we juist niet op te wachten, totaal overbodig, zo'n ding is veel te warm en een katoenen hemdje en broekje zijn bovendien veel gemakkelijker als je er 's nachts plotseling uit moest. Ik heb de pyjama opgehaald en in de kast opgeborgen.
Regelmatig kwam een arme dorpsgek bij het detachement langs en hij kreeg dan een snoepje of een sigaret van een van ons. Ik had een idee, ik kon hem die pyjama wel geven. Zo gezegd zo gedaan. Tjonge, wat was die man gelukkig met dat kledingstuk. De broekspijpen en de mouwen waren iets te lang, maar dat gaf niets. Trots paradeerde hij met zijn pyjama in de kampong. Maar na ongeveer een week kwam hij niet meer langs. Zou hij ziek zijn? We gingen naar z'n afgelegen huisje en daar lag hij, spiernaakt en dood, vermoord om zijn pyjama.

Onze opdracht was om in een desa, circa 5 km van Tjiteureup, een man verdacht van plundering en mishandeling te arresteren. Met 4 man gingen we erop af. Na meer dan een uur lopen over moeilijk begaanbare weggetjes kwamen we bij het huisje van de verdachte. Daar aangekomen, bleken er 3 Indonesiërs binnen te zijn. Als tani's, boeren, zaten ze gehurkt met elkaar te praten. Een van hen was een jongeman, naar schatting onder de twintig, de twee anderen waren circa 30 jaar. Ze waren gekleed zoals alle mannen in de desa, in korte broek, los bloesje, gordel om het middel waarmee op de rug het gebruikelijke hakmes werd vastgehouden en aan de voeten slippers. We namen aan dat ze ons in de verte hadden zien aankomen. Op onze vraag of ze bereid waren mee te gaan naar ons detachement voor een verhoor, werd bevestigend beantwoord. Ze wilden onze commandant best iets vertellen over de situatie in deze omgeving. Wij waren er van overtuigd dat onze KNIL sergeant bij een verhoor er wel wist uit te halen wat hij wilde weten. We vertrouwden niet een van de drie mannen. En zo liepen we, de Indonesiërs tussen ons in, als ganzen achter elkaar

Voor een officiële gebeurtenis even weer in het wit

over een smal glibberig paadje, rechts een taluud met struiken en links een veld met alang-alang begroeiing. We hoorden plotseling een luide schreeuw. De Indonesiërs draaiden zich tegelijk om, er klonk nog meer gegil en geknal. Het gebeurde in een paar seconden. De jongste man bleek verdwenen. De tweede hielden we onder schot, hij liet het hakmes vallen. De derde man was dood, met het mes naast hem. Daar zaten we dan met 1 gevangene en met een dode man. Direct begraven was in deze tropische hitte gebruikelijk. Met een patjol, een Indonesische schop, gehaald uit een nabijgelegen desa kreeg onze gevangene opdracht zijn dode metgezel te begraven. Maar de dode man was bijzonder lang. De gevangene brak een tak van een heester en ging daarmee de lengte van het lijk meten. Het gat was snel gedolven en precies op maat. Later, na verhoor van de gevangene door de sergeant, bleek dat de gedode man de plunderaar moet zijn geweest.

Hierboven kwam een patjol ter sprake, de Indonesische schop. Met zo'n schop werkt men precies andersom dan in Nederland. Bij onze schop zit het blad in het verlengde van de steel. Tijdens het gebruik gooien wij de grond van ons af. Bij een patjol zit het blad haaks aan het einde van de steel. De Indonesiër trekt en gooit de grond naar zich toe. Bij het appelschillen is het ook andersom. Wij schillen naar ons toe. Hier schilt men van zich af, dat vindt men veiliger. Met de hand aangeven om iemand te laten komen, doen wij met de handpalm naar ons toe gericht en dan wenken met de wijsvinger. Hier doet men dat met de handpalm naar beneden en door dan de vingers te bewegen.

Het was middernacht. Onder een luid geroep en geschreeuw kwam een groepje dorpelingen onze veranda oprennen. Het bleken mannen van een nabijgelegen desa te zijn. Onder hen was ook een huilende vrouw, de vrouw van de loerah, het hoofd van het dorp. Wat was er gebeurd. Terwijl de loerah en zijn vrouw lagen te slapen, waren er 2 of 3 waarschijnlijk gewapende mannen hun huis binnengekomen. Ze riepen dat ze wraak wilden nemen. De vrouw wist het huis uit te komen en rende naar de buren om hulp te halen. Maar toen klonken er schoten en men durfde het huis niet meer in te gaan en besloot vervolgens naar ons toe te rennen. Het moest ongeveer 15 minuten geleden gebeurd zijn. Zo ver lag ons detachement, in looppas gerekend, van het huis van de loerah. Enige minuten later zat ik met een paar collega's, de vrouw van de loerah en haar buren in onze jeeps, onderweg naar haar huis, dat gelukkig bereikbaar was met een jeep. We stopten een eindje voor de woning en naderden het huisje behoedzaam. Het was er doodstil en donker, maar onze 2 lantarens gaven genoeg licht om te zien dat er buiten om het huis niets bijzonders was waar te nemen. Nu voorzichtig naar binnen. De nog steeds snikkende vrouw mocht ons volgen, maar de buren moesten buiten blijven. Het was een woning met twee vertrekken. De eerste ruimte was, op wat gereedschap na, totaal leeg. In het tweede vertrek stond alleen een groot tempat tidur, een bamboe bed, en verder niets en niemand. Maar plotseling slaakte de vrouw een gil. Wij schenen haar met een lantaren bij en zagen voor haar op de grond bloeddruppels neerkomen. We keken naar boven en zagen een doorzakkend bilikken plafond met een groter wordende bloedvlek. De loerah was kennelijk naar het zoldertje gevlucht en moet door het plafond heen doodgeschoten zijn. Met behulp van de buren hebben we het lijk naar beneden gekregen. Verder konden we de vrouw op dat moment niet helpen.

Voor de infanterie werd in Tjiteureup een nieuwe tangsi gebouwd. De officiële opening van dit "Marijke-kamp" zoals het nu werd genoemd was op zaterdag 14 maart 1947 en geschiedde door generaal-majoor Dürst Britt, de commandant van de 7 December Divisie. Voor deze gelegenheid moesten we weer even in het witte tuig.

In het dagblad van Batavia stond van deze gebeurtenis een verslag en een foto, waarop militairen en schoolkinderen te zien waren. In de tekst eronder stond o.a.: schoolkinderen van Tjiteureup besloten de plechtigheid met het zingen van het "Wilhelmus" gevolgd door "Wij willen Holland houden".

Het waren schoolkinderen die geen woord Nederlands konden spreken.

En zo verstreek mijn verblijf in Tjiteureup maand na maand. Verveling kwam niet voor, maar toch ging de tijd niet vlug genoeg. Elke dag op de motor naar Buitenzorg voor het halen en brengen van inlichtingenrapporten en voor kleine boodschappen. Een verschrikkelijk slechte weg, vooral in de natte moesson. Dan was niet te zien of je door een ondiepe plas reed of dat het een kuil van enkele tientallen centimeters was. En zo'n gat heeft mij de das omgedaan, ik reed er in en kwam met mijn staartbeen terecht op de rand van mijn bagagedrager. Als een bliksemflits schoot een felle pijn door mijn rug. Na een paar minuten langs de kant van de weg gezeten te hebben, stapte ik weer op de motor en reed kalm naar het detachement. Daar heb ik maar een aspirientje met het gebruikelijke glas thee genomen. De ergste pijn was verdwenen, maar ik ben nooit meer alle pijn kwijt geraakt.

Ons werk bestond veel uit patrouilles rijden. Op de foto, een veel voorkomende versperring tijdens zo'n patrouille in een rubberbos. Rechts,

Een veel voorkomende versperring

infanterie kapitein Boltjes, die later bij een actie sneuvelde.

In elke woning stonden altijd kannen met thee, de drank die de hele dag door gedronken werd. Ongekookt water was niet vertrouwd, maar we moesten in de tropen wel veel drinken.

Je gezondheid was iets waar je zelf op moest letten, regelmatig zouttabletten en anti-malariapillen innemen. Om de 3 of 4 maanden kwam de militaire arts en kreeg je een spuit tegen weet ik veel. Hij nam een grote spuit, deed daar een lading voor 4 personen in en naast elkaar staande, kreeg je een kwart van de inhoud van de spuit in je bil. De dokter, in Nederland was hij huisarts in de buurt van Rotterdam, vond zijn job hier erg interessant. Hij zei: "ik doe hier een fantastische ervaring op, door onder moeilijke omstandigheden noodoperaties te moeten doen, die ik in Nederland niet zelf gedaan zou hebben." Dat al die spuiten nodig waren, bleek toen de Geneeskundige Dienst in de tuin van een huis, circa 50 meter van ons detachement, een bord plaatste met opschrift: "Verboden toegang. Pokken besmet." Een van onze taken was het om te controleren dat iedereen om 6 uur 's avonds de mouwen naar beneden had. Als het donker was, kwamen de malariamuskieten te voorschijn en staken in alles wat bloot was.

Onze dokter vond een knobbel onder mijn linkeroor verdacht en stuurde mij naar het Militair Hospitaal II in Batavia. Twee dagen later werd ik geopereerd, het werd plaatselijk verdoofd. Tijdens de operatie heerste er een hittegolf in Batavia, een Indonesische verpleegster viel zelfs flauw van de warmte. De chirurg vertelde dat het een niet kwaadaardige tumor parotis was, een tumor aan de oorspeekselklier. Het was een groot litteken geworden, precies langs de rand van de kaak en daardoor haast onzichtbaar. Later heb ik vaak van doktoren moeten horen, dat het een mooie snee was.

Na de operatie moest ik nog een week blijven, zonder afleiding en zonder lectuur, alleen met een karaf met ijswater naast mij en die moest om de zoveel tijd geleegd zijn. Maar gelukkig kwam er iemand bij mijn bed met een stapel tijdschriften onder zijn arm. Het einde van de verveling leek in zicht, hij bleek veldprediker te zijn. Hij ging op de rand van mijn bed zitten en legde de tijdschriften voor mij neer. Na de geijkte vraag naar mijn gezondheid, vroeg hij van welk geloof ik was. Mijn antwoord luidde, dat ik nog in de grondverf zat en nog alle kanten op kon. Dat antwoord zinde hem kennelijk niet. Hij nam de tijdschriften weer mee onder zijn arm en zonder een woord te zeggen, ging hij verder. Hij was geen goede prediker.

Terug op het detachement kreeg ik 2 dagen verlof die ik door mocht brengen in het verlofcentrum "De Rustende Strijder" in Bandung. Dat was heerlijk, 2 nachten slapen onder een laken en een dunne deken in een stad met een aangenaam klimaat. En de kans dat er 's nachts iets onaangenaams gebeurde, was hier niet zo groot. Dit waren de enige verlofdagen die ik in Indië had.

Als marechaussee II kreeg ik aan soldij elke maand ƒ54,- en doordat ik doorlopend in onveilig gebied zat, kwam er nog gevarengeld bij, een kwartje per dag.

Neut: „Ferrek! Krijgt de Kompie foortaan weer pap smorregens?"

Taaie: „Neee, dat is lijm foor de postblade fan 't pilleton!"

Van de Welfare, de kantinedienst, kregen we de maandelijkse rantsoenen. Voor de maand februari 1947 waren die als volgt vastgesteld: per persoon 8 kleine flessen bier, 300 sigaretten, 2 stuks toiletzeep, 3 dubbele stukken waszeep – de waszeep ging direct naar de wasbaboe – en verder nog 3 doosjes lucifers, 5 scheermesjes, 10 enveloppen, 3 ons snoep, 1 reep chocola en 1 doos schoensmeer. Zonder bon kon je 1/2 tube scheerzeep, 1/2 tube tandpasta en 1/2 schrijfblok per maand kopen. Later mocht je, in plaats van enveloppen, alleen postbladen versturen. Den Haag vond 20 postbladen per maand genoeg. Je mocht er niets bij in stoppen. Sommige postbladen hadden niet eens een gomrand. Ik plakte het postblad dan dicht met leukoplast. Het vliegen naar Indië werd toen ook nog eens beperkt door een boycot. Verschillende landen sloten hun vliegvelden voor Nederlandse vliegtuigen en er moest vanuit Afrikaanse vliegvelden gevlogen worden. Dat werd een extra lange vlucht over de Indische Oceaan en bovendien moest er meer kerosine meegenomen worden. Meer brandstof betekende ook minder vracht. Er is een periode geweest dat de post maar 1 maal per week verstuurd werd. Een van de pijlers van het goed functioneren van een leger is een goede verbinding met het thuisfront en daar ontbrak veel aan.

In "Wapenbroeders", een weekblad voor de gezamenlijke Nederlandse strijdkrachten, verscheen elke week een strip van 2 kameraden, genoemd: "Taaie en Neut". De tekst van een van die strips was: "Seg, heb je 't al gehoord, Taaie" "Nee, wattan, Neut" "Nou, datter alweer een boot onderweg is met luchtpost".

Er kwam op het detachement bericht binnen, dat er een vliegtuig vermist werd. Het zou een Dakota zijn, onderweg van Batavia naar Bandung. Wij wisten al gauw dat in het gebied dat onder onze controle viel, geen vliegtuig was neergekomen. Pas 3 dagen later werd het wrak ontdekt tussen Bogor en Bandung, een paar honderd meter van de grote weg.

1e Politionele actie

Op ons detachement werden voorbereidingen getroffen voor een aanval op het gebied aan de andere kant van de demarcatielijn. Auto's, motoren en wapens werden nog eens extra nagekeken. Onze barang, bagage, werd op een drietonner geladen en zo vertrokken we naar Tjileungsir. We passeerden een onafzienbare rij vrachtauto's, tankwagens, pantserwagens, jeeps, ambulances, brencarriers en veel geniewagens. Het was de 2e Infanterie Brigade, klaar voor actie.

Het was zondagavond 20 juli 1947, met andere militairen werden we bijeen geroepen en van een hoofdofficier kregen we te horen dat de bezetting van republikeins gebied zou gaan beginnen. Hij las ons o.a. voor: "Vergeet nooit, dat wij de strijd niet ingaan tegen de Indonesische bevolking; wij keren ons tegen de kwaadwillende elementen onder haar, die de eerlijke uitvoering van de aangegane overeenkomst, die het herstel van recht en veiligheid voor een ieder van goede wil trachten te saboteren." En verder werd ons gezegd dat de opmars onder alle omstandigheden door moest gaan, wat er ook gebeurde. Dit laatste had ik goed in mijn oren geknoopt. En zo startte op maandag 21 juli 1947 om 00.00 uur de politionele actie, onder de codenaam: Operatie Product.

We trokken de stille duisternis in. Verkenningswagens en genieauto's voorop, daartussen reed ik met enkele collega's op de motor. Behoedzaam vooruit, voor mijn gevoel moesten we de demarcatielijn al spoedig gepasseerd zijn. Wat stond ons te wachten. Als je achterom keek, zag je een indrukwekkend en tevens een angstaanjagend beeld: honderden, gedeeltelijk afgeschermde lampjes, die zich langzaam voortbewogen over een lange kronkelende weg. Voor ons bleef het donker en doodstil, maar achter ons deed het doordringende motorgeronk van allerlei soorten voertuigen de lucht trillen. Een enkele keer werd gestopt om te controleren, of een oneffenheid op of langs de weg geen mijn of bom betrof. Maar het was steeds loos alarm. Het rijtempo kon bij het opkomen van de zon behoorlijk verhoogd worden. Tegenstand werd niet geboden, tegen zo'n grote overmacht zou dat ook onverstandig zijn geweest. Veel later kregen we te maken met guerrilla, toen werd het wel wat anders. Nu konden we blijven oprukken, passeerden Tjibaroesa en gingen op weg, richting Krawang. Maar daar kwam de pech, ik kreeg een lekke band. Wat nu te doen. Ik dacht aan de woorden die ons voor de actie waren gezegd: "De opmars moet doorgaan, wat er ook gebeurt." In overleg met mijn commandant heb ik mijn motorfiets aan de kant van de weg gezet en ben bij een collega achter op de motor gesprongen. Door dit oponthoud hadden we het contact met de kop van de colonne verloren. Mijn collega gaf vol gas om ons weer vlug naar voren te brengen. De weg was heel slecht en of het een steen of een gat was, we vlogen met motor en al over de kop. Ik kwam op mijn hoofd terecht op een naast de weg gelegen spoorlijn, precies tussen de rails en de bielsen. En toen weer die snerpende pijn, behalve in mijn rug, nu ook in mijn nek. Ook had ik een wondje onder aan mijn kin, maar dat was snel weggewerkt achter een pleister. Zonder motorhelm zou het minder goed afgelopen zijn. Mijn collega, de rijder van de motor, had een gekneusde enkel opgelopen en stapte in een jeep. De motor had alleen wat krassen en verder mankeerde er niets aan. Zo kreeg ik weer een motor tot mijn beschikking. Na de stad Krawang door naar Tjilamaja.

Daarna volgden er dagen van verkeer regelen, verwijsborden plaatsen, controles, koeriersdiensten, het verrichten van huiszoekingen in verschillende plaatsen, zoals Pamanoekan, Indramajoe, Djatibarang en Cheribon. De technische dienst heeft later mijn motorfiets met de lekke band opgespoord. De belangrijkste onderdelen waren er afgehaald, maar door het nummer op de benzinetank was de motor te herkennen.

De laatste stad in ons gebied die in Nederlandse handen kwam, was Garoet. Nu was het zaak de veroverde gebieden te zuiveren en de verbindingslijnen in stand te houden. Juist dit laatste werd een moeilijke opgave. Vooral in dit bergachtige gebied. Na een verblijf van enige dagen in Cheribon, werd ik overgeplaatst naar Garoet. Onze bewapening werd verbeterd. Behalve de 9 mm FN pistool, konden we de stengun omruilen tegen een semi-automatische junglekarabijn. We waren met 12 man, 7 marechaussees en 5 KNIL-ers, gelegerd in een geriefelijke woning. Voor het huis was een zwaar beschadigd spoorwegstation. Het perron gebruikten we als parkeerplaats voor onze auto's en motoren. Aan de achterzijde van het huis liep, beneden in een dalletje van een meter of 6, een kali. Vanaf de

Op 31 juli '47 kwam collega Martin Werkman uit Bedum door een ongeluk om het leven. We hebben hem in Cheribon begraven.

overzijde werden we elke nacht beschoten. Daar was een verlaten kampong. De ene keer kwamen de schoten van links, dan weer van een andere kant. Niet ver daar vandaan was een textielfabriek, die op zekere nacht door saboteurs in brand werd gestoken. De kampong brandde ook af, niet toevallig, maar er is van die kant nooit meer op ons geschoten.

Op een ochtend liep een circa 8-jarig jongetje ons pad op. Hij deed alsof hij onze wacht niet zag en liep de galerij binnen. De wachtpost, die hem gevolgd was, vroeg wat hij hier kwam doen. Zijn antwoord was oprecht. Hij moest van zijn vader bij de politie kijken of er ergens een pistool lag, dat hij kon meenemen. We hebben hem moeten teleurstellen.

Wekenlang dagelijks in de tropische hitte op een motorfiets had tot gevolg, dat ik "furunkels bil" kreeg, zo stond het op het hospitaalbriefje. Ik mocht dan ook van 23 tot 30 september het hospitaal niet verlaten.
Direct na dit oponthoud stapte ik weer op de

motor, maar nu voor een onaangename opdracht. Ik reed mee met het dagelijkse konvooi tussen Garoet en Tasikmalaja. Het was de meest beruchte weg op Java. Deze weg der zuchten liep slingerend tussen dicht begroeide berghellingen. Het konvooi bestond onder anderen uit drietonners van de AAT, waarvan verschillende waren volgepakt met steenslag, planken en binten voor de Genie om de gaten, die men dagelijks tegen kwam, op te vullen. Ook ging er altijd Bailey-materiaal mee en natuurlijk motorzagen, want een dag zonder boomstammen over de weg was een uitzondering. Een belangrijk deel van de onmisbare bescherming werd gevormd door 2 of 3 Humbers, pantserwagens van de Huzaren van Boreel. We reden de 65 kilometer lange weg met spanning in elke zenuw van ons lichaam. Soms duurde het lang, soms kort voor het eerste sniperschot viel. Als de schoten van de linkerzijde kwamen, moest ik als de weerlicht met mijn motor aan de rechterkant van de Humber gaan rijden. Op een motor was je volkomen weerloos. Meestal wist men gauw waar vandaan geschoten werd en nadat de Humber zijn koepel in die richting had gedraaid en zijn kanon had afgeschoten, was het vanuit die hoek voorlopig weer rustig.

Om de zoveel kilometer kwam je langs een militaire post. De mannen leefden hier achter prikkeldraad, met altijd bemande brenstellingen. 's Nachts geholpen door schijnwerpers. Meestal heel even stoppen voor afgifte van foerage en behandeling van de post en dan ging het met spoed weer verder. We wisten nooit wat voor hindernissen ons stonden te wachten. Als Singaparna, een plaats vlak voor Tasikmalaja was bereikt, was het grootste gevaar geweken.

Na weer zo'n enerverende dag, terug op het detachement, moest ik eens een formulier invullen, met de vraag: "Wat gebruikt u, scheermesjes met 3 gaten of met een gleuf?" Wat een probleem, zo'n vraag kon alleen bedacht zijn door een nooit buiten Batavia geweest zijnde kantoorpik in pakean-netjes, achter een bureau aan het Koningsplein. Waarschijnlijk iemand die zelf nog niet aan scheren toe was, want in scheerapparaten passen beide mesjes. Wij hadden wel andere zorgen.

Het gebied van onze compagnie, 3 MP I (onderdeel van de 1e divisie 7 December) was na de eerste politionele actie ongeveer 15.000 vierkante kilometer groot. Dat is de helft van de oppervlakte van Nederland. De belangrijkste plaatsen waren Purwakarta, Cheribon, Sumedang, Kuningan, Garoet, Tjiamis en Tasikmalaja. De sterkte van de compagnie varieerde steeds, maar gemiddeld bedroeg zij 140 man. Daarbij waren circa 30 leden van het KNIL (Koninklijk Nederlands Indisch Leger), waaronder Ambonezen, Soendanezen, Madoerezen en Indo's.

Het woord 'politioneel' werd voor het eerst gebruikt bij de acties in Indonesië, 'politieel' was al een algemeen bekend woord.

De Preanger, gevaarlijk maar prachtig

Garoet in de Preanger bleef een van de onrustigste plaatsen in ons gebied. Onze aanvoerwegen waren regelmatig volledig geblokkeerd door Indonesische benden, vaak zwaar bewapend en soms onder leiding van achtergebleven Japanners. De voor ons noodzakelijke goederen werden dan door Dakota's gedropt.

Tijdens onze werkzaamheden moesten we zorgen dat we steeds een wapen binnen bereik hadden. De pistooltassen waren, met hun afsluitflap met drukknop, niet geschikt om het wapen snel ter hand te nemen. Bovendien was het aan te raden om het wapen met een koord aan je koppel te verbinden. Een schoenmaker heeft toen voor ons heel handige pistooltassen op maat gemaakt. De schoenmaker wist precies hoe hij ze moest maken. Dat was wel verdacht.

Extra veiligheidsmaatregelen voor de jeeps bestonden uit het aanbrengen van pantserplaten aan de voor- en achterzijde tegen beschietingen en op de bodem tegen mijnen. Ook werd bij de meeste jeeps aan de motorkap een draadvanger bevestigd. Als motorrijder kon je deze maatregelen niet toepassen.

Behalve tussen de grote plaatsen waren er weinig voor auto's en motoren berijdbare wegen. Deze niet verharde wegen waren tijdens de natte moesson een ramp, je zakte soms tot de assen in de blubber.

Om te zien was het een prachtig landschap met begroeide berghellingen en in de dalen de natte, in de zon schitterende sawa's, waarin smalle dijkjes zorgden voor verdeling van het water over het rijstveld. De dijkjes dienden vaak als het enige pad van de ene kampong naar de volgende. De Indonesiër liep met zijn blote voeten met het grootste gemak over die glibberige dijkjes. Wij daarentegen gleden met ons militair schoeisel alle kanten op. Als een Nederlandse patrouille op pad ging, was dat gauw in wijde omgeving bekend. In de desa werd dan op de bedoek, een grote gong, geslagen, maar er waren veel andere manieren om onze komst door te geven.

Dagelijkse inlichtingenrapporten meldden onafgebroken tientallen guerrilla activiteiten door grote en kleine benden, niet altijd tegen het Nederlandse gezag. In het begin was er vooral veel terrorisme tegen de eigen Indonesische bevolking.

In oktober 1947 verhuisden we naar Tjiamis, verder naar het oosten. Het bivak hier werd een huis met aan de achterkant een binnenplaats, omringd door een hoge muur met bovenop glasscherven, waar moeilijk overheen te klimmen was. Aan de voorkant, de straatkant, stapelden we een zandzakken muur op van ongeveer anderhalve meter. Naast het huis was een bilikken keet, een verlaten zeepfabriek, waar nog een grote voorraad zeep lag. We hebben nog nooit zo goed in de zeep gezeten, maar nat geworden, smolt de zeep als sneeuw voor de zon weg.

Er moesten met de weapon-carrier wat spulletjes naar het kamp van de infanterie gebracht worden. Naast de chauffeur gezeten, reed ik mee. Bij het verlaten van het kamp ging de bamboe slagboom net niet ver genoeg omhoog en kreeg een duw van onze autokap. De slagboom trok zijn bamboestutpaal uit de grond, genoeg om het bamboe hek, dat er aan vast zat, om te laten vallen. Dat hek zat weer stevig vast aan het wachtverblijf, ook van bamboe. Het hele huisje ging plat, inclusief de daaraan vastgebonden vlaggenstok. De vlag maakte een buiging voor ons.

Maar mijn verblijf in Tjiamis was kort. Het detachement in Sumedang had assistentie nodig. En dat het nodig was heb ik geweten. Sumedang, een idyllisch gelegen bergstadje lag aan de weg

Verwijsborden plaatsen in Garoet

van Cheribon naar Bandung. In het midden een grote aloon-aloon met een prachtige missigit, een moskee, in de vorm van een grote tent. Aan de uiterste oostzijde van de stad, aan de weg komende van Cheribon, stond een kleine villa. Dat werd ons detachement. Naast en tegenover ons enige warongs, waar heerlijke versnaperingen verkrijgbaar waren. Een ideaal plekje om onder normale omstandigheden een tijdje te vertoeven. De infanteristen hadden hun kampement aan de westkant van de stad, aan de weg naar Bandung. Op deze manier hadden we controle op de toegangswegen naar de stad. De infanterie met ongeveer 150 man in het westen en wij, met 10 man, in het oosten. Aan de voorkant van ons huis was een smal terras dat door een ongeveer een meter hoog muurtje van de weg was gescheiden. Aan de achterzijde van de

villa was een heuvel gedeeltelijk afgegraven om de bouw van dit huis mogelijk te maken.
In de bergen om de stad heen lagen verschillende kleine en grote groepen terroristen of ongeregelde Indonesische troepen of hoe je ze ook noemen wilt. Hun bewapening was heel gevarieerd, karabijnen, geweren en soms een Vickermitrailleur en verder een grote verscheidenheid aan handgranaten.

Het zal ongeveer tussen 2 en 3 uur 's nachts geweest zijn, dat er in de verte flink geschoten werd en het leek ons verstandig stand-by te zijn. Twee van onze jongens die nachtdienst hadden, stonden als wachtpost achter het muurtje op het terras. Nauwelijks waren mijn collega's en ik aangekleed of er was vlakbij hevig geweervuur in onze richting. Ik sloop met een paar mannen om het huis, langs de achterkant van het pand. Daar was het rustig. Plotseling was er heftig vuur aan de voorkant van het huis. Het vuur kwam achter en tussen de warongs vandaan.
Onze commandant, een Ambonese KNIL sergeant, nam telefonisch contact op met het Infanterie Kampement, met het verzoek om directe hulp. Maar daar had men zelf grote problemen. Dat waren de schoten wisselingen die we reeds onafgebroken hoorden en die zich afspeelden bij de infanterie tangsi. Op hulp konden we dus niet rekenen.
Regelmatig werd een salvo op ons afgevuurd. Wij schoten niet terug in de richting van de warongs. Kans op raken was nihil, want de schoten kwamen van links- en rechtsvoor. En als we zelf schoten, waren wij een gemakkelijk doel. Maar toen hoorden we achter het huis een doffe dreun en zagen we een vuurflits. Vanaf de heuvel was een brandbom gegooid en deze had net een raam gemist.
We losten nu op goed geluk een paar schoten naar de bovenrand van de heuvel. Ondertussen kon een van ons door een kier van de deur kijken of de brand kwaad kon. De fles met brandende vloeistof lag tegen de stenen muur en was na enkele seconden al uitgebrand.
Het schieten hield op, het werd doodstil, alleen in de verte nog geweer- en mitrailleurvuur. Waarschijnlijk van het kampement. Maar plotseling, midden in ons huis, een reusachtige klap en een grote stofwolk. We schrokken en onze commandant, die zich steeds in het midden van het huis bevond, was wit van de schrik en het stof. Een handgranaat, gegooid vanaf de heuvel, was door het dak gegaan en op de vliering tot ontploffing gekomen. Meer stof en lawaai dan schade. Het moet een zelfgemaakte handgranaat geweest zijn, vaak een met kruit gevulde ijzeren buis. Tegelijk werden we weer van alle kanten beschoten met mitrailleur- en geweervuur vanaf de warongs en vanaf de heuvel. Met tussenpozen gaven we een salvo met onze semi-automatische jungle karabijnen in de richting van de winkeltjes en naar de top van de heuvel. De schutters kwamen, waarschijnlijk bang geworden, niet dichterbij. Het was een status-quo situatie. De ochtend gloorde. Zouden ze ons nog willen aanvallen of zouden ze heimelijk verdwijnen? We zagen vlammen lekken en even later waren de warongs veranderd in een grote vuurzee. Maar de snel opkomende zon gaf ons volop licht en veiligheid. Alle ploppers waren verdwenen.
Naderhand hoorden we dat gedurende de dag voor de aanval vijftig à zestig terroristen zich in kleine groepjes hadden verstopt in woningen in de naaste omgeving. De bewoners van die woningen mochten dit niet verraden. Dat durfden ze ook niet. De genie heeft de heuvel achter ons huis met prikkeldraad ontoegankelijk gemaakt.

Er kwam bericht binnen dat George Elliot op 23 januari 1948 was gesneuveld door een schot in de maagstreek. Hij was net hersteld van een ernstige schotwond en was voor het eerst weer mee op patrouille. Vanaf begin 1947 zat hij ongeveer een half jaar bij ons in het peloton. Ik heb veel diensten samen met hem gedaan tot hij werd overgeplaatst naar het Krawangse, niet eens zo'n gevaarlijk gebied. Hij was een zeldzaam vrolijke en vriendelijke Indische jongen.

Op onze militaire politiepost kwamen berichten binnen van allerlei aard, zoals de melding van 2 infanteristen. Ze dachten dat ze een handgranaat verder weg kregen als ze de granaat voor de loop van een geweer wegschoten. In een liggende houding hield een infanterist met zijn hand de granaat voor de loop van het geweer, de ander richtte en trok de trekker over. Ze mochten blij zijn, dat het experiment slechts een hand kostte.

Bij een ander voorval met een handgranaat ontstond paniek, toen een soldaat een handgranaat over een schuur wilde gooien. Het schuine dak bleek te hoog en de granaat rolde over het atap weer terug. De gooier en zijn collega's hebben zich zelden zo snel uit de voeten gemaakt als voor deze terugrollende granaat. Gelukkig liep het, ondanks de grote klap, met een sisser af.

De KNIL sergeant Vreugde van ons peloton voelde, tijdens een controle op een drukke pasar, instinctief dat hij gevolgd werd. Hij merkte het aan de om hem heen reagerende pasarbezoekers. Plotseling draaide Vreugde zich om, net op het moment dat een man hem een pisau, een mes, in zijn rug wilde steken. Vreugde ontweek de steekbeweging en klemde het hoofd van de aanvaller tussen zijn linkerarm en zijn lichaam. Met zijn rechterhand kon hij met zijn pistool de man buiten gevecht stellen.

Een vreselijk ongeluk gebeurde op een steile bergweg. Een zware kraanwagen schoot bij het dalen door zijn remmen. In volle vaart stortte het gevaarte een ravijn in, een voor hem rijdende jeep mee de diepte induwend.

Otter, een van onze monteurs, was een Groningse boerenzoon. Het prutsen aan auto's en motoren was zijn hobby. Maar het was toch wenselijk dat hij ook met de politietaken en wetten op de hoogte werd gebracht. Maar dat lukte niet. *"Kenst een kau toch ook gain fietsn leern?"*, was zijn commentaar.

Opleiding veldpolitie

Eén van onze taken was het opleiden van de veldpolitie, een politie-eenheid voor de burgers. Burgerlijk bestuur was zeer beperkt aanwezig en politie was er helemaal niet. Ongeveer 15 jonge mannen uit de naaste omgeving waren de eerste leerlingen en zij kregen zelfs een beperkte bewapening. Eigenlijk vonden wij het een riskante onderneming. Er kwam een opdracht binnen die uitermate geschikt was om samen met deze rekruten te doen. Door inlichtingen waren we op de hoogte gekomen dat in de bergen, in een afgelegen huis, een man verbleef die verdacht werd van moord en roof. Onze rekruten wisten

Neut: „Waar sit je an te denke, Taaie?"
Taaie: „An me tante Bet, die sit ook altijd soo lekker fanachter d'r gordijntjes te koekeloere".

precies waar het huis was gelegen en hoe het ongemerkt kon worden benaderd. Dat varkentje zouden wij wel even wassen, dachten we. De volgende avond laat gingen we er op af met 4 MP-ers en 4 veldpolitiemannen. Achter elkaar lopend over soms steile en gladde bergpaden en zo weinig mogelijk licht gebruikend, gingen we verder de bergen in. Na anderhalf jaar dienst in Indië waren we al heel wat gewend, maar nu merkten we toch dat die lichtgewicht Indonesische kerels in het donker gemakkelijker omhoog kwamen dan wij. Uit het duister kwam een hond te voorschijn en begon aan ons te snuffelen. Voor hij ging blaffen schopte een van de veldpolitiemannen de hond in de naast ons gapende diepte. Eindelijk, op ongeveer 50 meter afstand van het bewuste huisje aangekomen, hield ik met een politieagent de linkerflank in de gaten. Aan de rechterkant ook 2 man, de overige 4 zouden naar binnen gaan. Het was afwachten of de man aanwezig was. Zo ja, zou hij alleen zijn of zou hij nog kornuiten bij zich hebben. Het was doodstil. Onze 4 mannen vlogen met het volle licht van lantaarns het huis binnen. We hoorden verder niets. Aan de zijkant en achter het huis merkten we ook niets. Maar niet lang daarna zagen we in het licht van een lantaarn figuren naar buiten komen. Het waren eerst 5, toen 6 en uiteindelijk 8 personen. Dat betekende dus 4 gevangenen. De door ons gezochte moordenaar was er niet, maar er waren wel 2 Indonesische terroristen. Hun wapens stonden tegen de muur. De andere 2 waren blanke jongedames, ze hadden het druk met het bedrijven van de liefde. Het bleek dat de 2 mannen wachtposten waren van een ongeveer honderd man sterke terroristengroep, die iets verderop was gelegen. Het was raadzaam om als de weerlicht met de 4 gevangenen naar beneden terug te gaan. Dat verliep zonder problemen. De 2 mannen hebben we overgebracht naar het Krijgsgerecht in Bandung. Ze moesten daar terecht staan voor het in bezit hebben van een vuurwapen. De 2 jongedames, zusters, spraken vloeiend Nederlands. Hun vader zal misschien een Nederlander zijn geweest, die lang geleden in de kampong een vriendinnetje had. De gevangenneming van de 2 gewapende mannen was MP-werk. In onze ogen waren ze terroristen, voor de veldpolitie waarschijnlijk vrijheidsstrijders.

Vanuit Sumedang gingen we vaak mee als escorte van oud-planters en andere deskundigen, die op de theeplantages de situatie in ogenschouw wilden nemen. De plantages waren vaak in deplorabele toestand. De plaatselijke bevolking had grote gedeelten ervan voor eigen teelt in gebruik genomen. De fabrieken waren erg verwaarloosd en de machinerieën grotendeels gesloopt en verdwenen. Uit binnengekomen berichten vernamen we dat de machinerieën gebruikt werden in afgelegen werkplaatsen in de bergen, waar mijnen, kanonnen en mortieren werden gemaakt.

Aan een tafel was ik bezig mijn koppels schoon te maken en te poetsen. Er kwam iemand binnen. Ik keek niet op, want ik was in de veronderstelling dat het mijn slapie was. Maar het was de commandant van de 7 December Divisie, generaal-majoor Dürst Britt. Hij kwam langs onze post en wilde eens bij ons binnen kijken. Het werd een kort, maar zeer ongedwongen gesprek.

Cheribon

3 Maart 1948 werd ik overgeplaatst naar de Militaire Politie in Cheribon, met 24 personen was het een groot detachement. We waren gelegerd in een mooi en ruim gebouw, een voormalig kantoor van de BAT (British-American Tabacco). Het was even buiten de stad Cheribon gelegen, aan de weg naar het zuidwesten, richting Linggarjati. In de verte hadden we een prachtig uitzicht op de vulkaan Ciremay. Direct tegenover ons detachement, aan de overkant van de weg, was een groot Chinees kerkhof. Van die kant hoefden we geen aanval te verwachten, want geen plopper zou het in zijn hoofd halen zich 's nachts op zo'n plek te bevinden.

Onze commandant was luitenant O.A.F. Horstman, een zeer excentrieke persoonlijkheid. Ik werd zijn administrateur en zat de hele ochtend, van 7 tot 12 uur, op het kantoor. O.A.F. kon zo razend snel met twee vingers typen, dat je het met praten niet bij kon houden. Soms liep hij achter mij langs en zonder dat ik het merkte, tikte hij op mijn schouders en zei: "Jan, jij bent hem." Hij rende dan om de bureaus heen en was niet eerder rustig of ik moest hem terug getikt hebben. Hij was een beetje getikt, een beetje tropenkolder. Het maken van limericks was een van zijn geliefde bezigheden. Ik heb er niet veel van onthouden, maar hij had het over: "Een dijkwerker, die zei, als ik onder aan de dijk werk, kijk ik naar boven, in een vrouw haar zeikwerk."

Na 12 uur was ik vrij, ook vrij van appèl. Bij bepaalde klusjes moest ik met O.A.F. mee. Zo'n klusje was BBZ controle, bestrijding besmettelijke ziekten. In de kampong werden de geregistreerde publieke vrouwen verzameld en in een vrachtwagen naar het ziekenhuis gebracht voor de maandelijkse gezondheidscontrole. Als na de inspectie een vrouw een groen kruisje, dus gezond op haar kaart had, liep ze vaak triomfantelijk met haar kaartje te zwaaien. O.A.F. had er schik in om met zijn drilstokje de vrouwen even in de buik te kietelen.

Bij een van deze controles kwam een jongen van een jaar of 14 op ons af en vroeg of hij mee mocht naar het ziekenhuis. Hij liet zijn broek iets zakken en een half verrotte penis werd zichtbaar. We hebben hem in het roemah sakit, het ziekenhuis afgeleverd.

Cheribon was een tamelijk grote havenstad met veel Chinese winkels, waar men handelde in een grote verscheidenheid van vaak niets met elkaar te maken hebbende artikelen. Enkele van de reclameopschriften op de gevels waren;
– Reparatie spatbord en blikslager
– Kleermaker en vergunning voor sterke drank
– Handel in sigaretten en auto-onderdelen
– Bloemenhandel en banketbakkerij
– Restaurant Oh Kee
– Handel in ledikanten en eetwaren in blikken
– Geborduurde tafelkleden en haarnetten
– Schoenmaker, modiste en chemische wasserij.

De Pasar Malam, de avondmarkt, was een zeer druk bezocht evenement. Met bewondering keek ik naar de bouw van de geheel van bamboe gemaakte grote toegangspoort. Lekker eten en drinken was een belangrijk onderdeel van dit festijn. Je moest natuurlijk erg voorzichtig zijn met wat je at of dronk, maar onze magen waren geleidelijk gewend aan allerlei bacteriën. De medische dienst controleerde regelmatig ons drinkwater en men constateerde altijd ontelbare en alle mogelijke bacteriën, maar het deerde ons niet meer. Aan een ijslolly kwam ik niet, maar een schaaltje heerlijke Es Sjanghai liet ik niet

staan. Dit was geschraapt ijs met rozensiroop en een flinke scheut lobbige gecondenseerde melk van de Friesche Vlag en als finishing touch wat geurige vruchten er over heen.

Ik hield niet van vis, maar het werd hier wel veel gegeten, gedroogd of vers. Nou ja, wat je

Neut: (hoopvol) „Jammer dat me sente op sijn. Die saté ruik ferrek lekker!".
Taaie: „Lane we d'r dan dichterbij gaan staan, Neut. Ken je beter ruike".

vers kunt noemen. Aan het aantal vliegen kon je zien hoe vers het was. Verder landinwaarts waren veel visvijvers, waar de bevolking de vis uit haalde. Voor ons was een handgranaat gooien in een kali een gemakkelijke manier om aan verse vis te komen. Af en toe schoten we een wild zwijn, dat was een lekkere afwisseling. Op bepaalde tijden, afhankelijk van het weer, waren er grote vliegende mieren. Onze baboe stak dan kaarsen aan waar die beesten op af vlogen en vervolgens met verschroeide vleugels dood neervielen. Onze baboe bakte dan van deze vliegende mieren (larongs) smakelijke koekjes. Elke avond vaste tijd, je rook hem aankomen, kwam bij ons detachement een satéman met zijn pikolan waaraan een gloeiende gril voor het roosteren van de saté. Nergens was de saté ajam zo lekker als bij deze straatventers. Ik ging er dan op mijn hurken bijzitten om niets van de geur te missen. Wat sapjes betreft, hield ik van zirzak en cendol.

En dan natuurlijk het fruit. Veel soorten bananen zoals de dunne pisang mas, de pisang ambon, de lange pisang raja, de zoete pisang soesoe en verder de rambutans, manggistans, papaja's en kleine en grote jeruks. Het heeft 3 jaar geduurd voor ik de durian, de walgelijk stinkende vrucht, begon te waarderen. Vlak bij het detachement was een tuin met een paar fruitbomen. De eigenaar was kennelijk bang dat wij van zijn fruit zouden snoepen, er stond een bord "Pruchten plukken perboden".

Achter ons gebouw was de keuken met de gebruikelijke open vuurtjes en daar tegenover de mandihokken, de badkamers. Daartussen liep een ongeveer 10 cm diepe, open afvoergoot. Het was een ideale plek om ratten te bestuderen, die hier altijd druk heen en weer liepen.

Er was bericht binnengekomen dat generaal-majoor Dürst Britt, onze divisie commandant, terug moest naar Nederland voor een nieuwe functie. Wij vonden dat jammer. Een journalist schreef over de generaal: "Hij heeft een geest gekweekt binnen zijn divisie, waaraan allen zich konden optrekken en waardoor deze divisie naar buiten een hechte eendracht kon demonstreren." De Genie had een paar maand geleden een vernielde brug over een brede kali in korte tijd met Bailey-onderdelen hersteld. De brug was zelfs meer solide geworden dan hij oorspronkelijk was. Generaal Dürst Britt zou de brug met het doorknippen van een lintje openen. Maar de Genie wilde de generaal wel even testen en had een flinke lading explosieven naast de brug en in het water verstopt. Het gevolg was, op het moment van het doorknippen van het lint, een reuze knal en een grote waterfontein. Maar Dürst Britt gaf geen krimp. Hij schijnt zelfs niet met zijn ogen geknipperd te hebben.
Generaal-majoor Engels, een KNIL officier, werd zijn opvolger.

Tot dusver had ik in Cheribon geen eigen motor. Voor mijn kantoordienst had ik geen motor nodig en door mijn af en toe terugkerende rugpijn had ik er bovendien geen interesse in. Maar we kregen extra motoren toegewezen en elke motor moest wel op naam van een marechaussee staan. O.A.F. zei: "Ik laat niet lopen, wat ik voor mijn detachement krijgen kan." Zo kreeg ik dus toch een motor toegewezen. Ik kon zelfs nog kiezen, een Harley-Davidson of een Ariël. Ik was bescheiden en koos de kleine Ariël, maar ik reed er nooit op. Elke zaterdag was er motor- en auto-inspectie, dan moest iedereen zijn vehikel door O.A.F. laten inspecteren. Hij trok daarvoor witte handschoenen aan en streek daarmee op vuilgevoelige plaatsen, zelfs onder de spatborden van de motoren. Mijn motor stond permanent onder een groot dekzeil en voor de inspectie duwde ik de motor voorzichtig met de hand naar de inspectieplaats. Een djongos zorgde er voor dat mijn motor stofvrij en glimmend schoon bleef. Als beloning kreeg hij mijn wekelijks toegewezen portie sigaretten. Hij vond dat zeer ruim betaald.

Het inrichten van de kantine was aan mij toevertrouwd. Ik had geen cent tot mijn beschikking, maar daar bedacht ik wat op. Chinese kooplui en handelaren hadden rijvergunningen nodig voor hun auto's en motoren en die moesten wij verstrekken. Bovendien waren de Chinezen een groep van de bevolking die zich bedreigd voelde. Het bestuur van de Chinese vereniging Chung Hua, Tsung Hui had een eigen bewakingsdienst ingesteld, waarmee wij regelmatig contact hadden. Een en ander had tot gevolg dat er al gauw een grote koelkast in de kantine stond met kippetjes er in.

Ik schreef op onregelmatige tijden een kantinekrantje met daarin o.m. speciale aanbiedingen, anekdotes en puzzels waaraan prijsjes verbonden waren. Die prijsjes bestonden meestal uit een pakje Highway, zeg maar heimwee sigaretten. Een extra prijs was dan een vetleren medaille met een ingebrande tekst erin. Deze echte leren medaille, die ik bij een schoenmaker liet maken, was een aardige herinnering.

In Cheribon hadden we meer gelegenheid voor sport dan op de kleine detachementen. In de stad was een zwembad, maar dat was een beetje verwaarloosd. Liever gingen we naar Linggarjati. Onder grote bomen gelegen, was daar een zwembad dat het water rechtstreeks kreeg uit bron-

Detachement Cheribon. Marechaussee Barendsma en Jan Bakker met Engelse politiepet.

nen op de helling van de vulkaan Ciremay. Dat water was ontzettend koud.

Als hoofddeksel hadden we de beschikking over de grote pet, ook wel het vliegdekschip genoemd. Verder een groene en een witte motorhelm en het groene vechtpetje. Dit was allemaal door de dienst verstrekte kleding. Daar zou nog een mooie donkerblauwe baret bij komen. De levertijd was echter erg lang. Ze waren al wel verkrijgbaar, maar dan moest je ze zelf betalen. Dat was voor het merendeel van de jongens geen probleem. Ik had de tijd en bleef wachten totdat de baret door de dienst werd verstrekt.

Op het terrein van het detachement liepen een paar apen rond, eigendom van onze djongossen. Die jongens hadden er schik in om de apen aan een lang touw voor het gebouw aan de straatzijde neer te zetten. De dieren, ze waren van het mannelijk geslacht, vlogen dan alle passerende vrouwen aan. Mannen die langs kwamen, keken ze niet aan. Een van die apen deed eens zijn behoefte op het bed van collega Henny Possemis. Hij heeft het bed moeten ruilen, de reuk was niet uit het canvas te verwijderen.

Naast ons gebouw was een circa 30 meter lange bamboe overkapping als stalling voor de auto's en de motoren. Op een vroege ochtend, het was nog donker, kwam er een oorverdovend geknetter uit de richting van de overkapping. Een mitrailleuraanval... dat was onze eerste gedachte. Maar toen zagen we in het licht van de schijnwerpers dat het voorste gedeelte van de bamboe autostalling door de stormachtige wind heel langzaam inzakte, meter voor meter en dat onder het knallende geluid van brekend bamboe. Het duurde minuten, maar het inzakken van de gehele overkapping ging door. Het was niet tegen te houden. De auto's konden we nog onbeschadigd wegduwen.

Op 16 augustus 1948 werd ik, met motor, overgeplaatst naar Purwakarta, naar de staf van 3MP 1.

Purwakarta

Door de enorme uitbreiding van de gebieden waarin politiediensten moesten worden verricht, vond een ingrijpende reorganisatie plaats. West Java kwam onder Bataljon MP I, de staf kwam in Bandung en er kwamen 4 regio's. Ik bleef in regio 3, d.w.z. 3 MP 1, waarvan het hoofdkwartier en tevens een detachement in Purwakarta werd gelegerd. De andere detachementen waren Tjikampek, Cheribon en Sumedang. Purwakarta was een echte Indische plaats, allemaal huizen met een voor- en achterveranda, die een gezellige aanblik gaven. Heel karakteristiek was de grote vijver, midden in het stadje. De temperatuur was ook echt Indisch, bloedheet. De tropische regenbuien veroorzaakten dan op de hete asfaltwegen mist. Het was geen uitzondering dat het in de voortuin hevig regende en in de achtertuin geen druppel viel.

Maar ondertussen zat ik met duizenden dienstplichtige lotgenoten al 2 jaar 14.000 kilometer van huis. Veel van de jongens waren nog nooit van huis geweest. En we kenden hier geen televisie, geen Nederlandse radio, zelfs een telefoontje met thuis was niet mogelijk. Post kreeg ik veel, ook veel kranten en pakjes, maar die kwamen per zeepost, dus die waren 6 of 7 weken onderweg. En dan natuurlijk het snoep, ik was een van de weinigen die drop toegestuurd kreeg. Ik heb toen een strijd moeten voeren tegen de mieren om mijn snoep te beschermen. Daarvoor spande ik een in petroleum gedrenkt touw van muur naar muur, in het midden hiervan, aan een touw, een goed afgesloten blik met de zoetigheid. Zo konden de mieren er niet bij. Er waren ook andere kapers op de kust, dat waren mijn collega's.

Tegen de muren liepen vaak kleine tjitjaks, hagedisjes, die vooral te voorschijn kwamen als 's avonds de lichten aangingen. Grotere hagedisachtigen zijn de tokeh's, die hebben vaak een vaste plek. Zo zat er bij ons een op het toilet, vlak boven het bewuste gat. Als je daar op je hurken zat, klonk regelmatig boven je hoofd zijn roep "Tokeh". Na 7 maal "Tokeh" mocht je een wens doen, maar voor de 7e roep had ik meestal de kamar-kecil al verlaten.

Ook hier moest nog een kantine ingericht worden. Maar Purwakarta was geen handelsstad zoals Cheribon, dus financiële hulp van de Chinese middenstand was hier niet te verwachten. Ik bedacht wat anders. We lagen midden in het rijstgebied. Vervoer van rijst was alleen toegestaan met vergunningen. Dit was om de zwarte handel tegen te gaan en zo te zorgen dat de prijzen niet werden opgedreven. Wij hielden vaak controle op die rijsttransporten, had men geen vergunning, dan werd de rijst in beslag genomen. De rijst werd dan tegen de normale prijs verkocht en wij kregen daar een percentage van, geld dat wij besteedden voor extraatjes in de kantine.

Mijn werkzaamheden kwamen op dit detachement hoofdzakelijk op justitieel gebied te liggen. Voor kleine vergrijpen kon ik zelf straffen opleggen, voor een diefstal liet ik iemand dan een paar weken werken op een detachement.

Even poseren tijdens controle

Maar het kwam regelmatig voor dat na de vrijlating de ex-gestrafte weer een diefstalletje pleegde, een beetje werken en gratis lekker eten was verleidelijk.
Een, door de Auditeur Militair bij het Bijzonder Krijgsgerecht uitgesproken zware straf, moest ik, in de functie van Provoost Geweldige, de bewuste persoon aanzeggen. Ik moest daarna de gestrafte overdragen aan het Huis van Bewaring. De opgelegde

In Priok gestrand	Een kop met haar	Een stad bevrijd,
Wat een land, wat een land	Het lijkt nergens naar.	Bevolking verblijd.
Veel pisangs en ijs,	Dan zegt de kapitein,	We trokken in gebouwen,
Maar te dure prijs	Foei, wat een zwijn.	Stand hoog houwen.
En dan buikpijn en kramp	De barbier gehaald,	Vijand verdwijnt,
Oh, wat een ramp,	Twee gulden betaald,	Burgerbestuur verschijnt.
Leiden in last	Is dat nou een kapper,	Soldaat dan weer vlug
Dysenterie kwam te gast.	Een kop als een klapper.	Naar zijn tentje terug.
Etensbel gaat	Ik rij in een truck	Een donkere nacht,
Ik weet reeds wat er staat,	Zes dagen druk.	Ik sta op wacht,
't is brood met vis	Een zondagje vrij	Lichtjes gezien,
Of rijst met bedis.	Maar denk je dat ik rij	Ploppers misschien.
Echt Indisch eten,	De kapitein en de luit	Alarm gemaakt,
Om nooit te vergeten,	Die rijden wel uit.	Allen ontwaakt
Bek verbrand,	Ik klaverjas,	En achter een helling
is me dat nou een land.	Geen avondklokpas.	Een vuurvlieg in stelling.

straffen varieerden van 3 tot 20 jaar. Afschriften van vonnissen heb ik nog in mijn archief.
De 2e politionele actie begon op 19 december 1948 onder de codenaam 'Kraai'. Samen met een paar collega's kreeg ik opdracht op de motor naar Semarang te gaan, om daar de MP in Midden Java te assisteren. We waren gelegerd in de nieuwe stadswijk op de heuvels, zuidelijk van de oude stad Semarang, een weids uitzicht en een beter klimaat dan in Purwakarta. Ik had hier de gelegenheid om een paar keer heerlijk te eten in het bekende Chinese restaurant Toko Oen. We werden al gauw weer afgelost en na 2 weken konden we terug rijden naar Purwakarta.

Als je 's nachts galerijwacht had, hoorde je vaak in de verte, vanuit een desa, de hele nacht voortdurende gamelanmuziek van een wayang kulitvoorstelling, een schaduwspel met platte leren poppen. Je hoorde dan die verre gamelangeluiden en om je heen het mysterieuze gesjirp van krekels en dat bij een door een bries aangenaam geworden temperatuur. Dat leek zo vredig, maar je vergat, dat nog geen 100 meter verder een overleden Chinees lag. Hij had binnen een dag begraven moeten worden. Hij lag er echter al een paar dagen, want het was te onveilig bij het Chinese kerkhof. Het lichaam was in een loden kist gelegd en de begrafenis kon pas plaatsvinden als het in de buurt van het kerkhof weer veilig was.
Wayang golek is een spel met houten poppen, wayang orang wordt gespeeld door toneelspelers en wayang topeng met toneelspelers, die maskers voor hun gelaat houden.

Samen met 3 collega's, Henny Possemis, Theo Vos en Piet Meijer, hebben we een revue geschreven. We hadden o. a. gedichtjes geschreven, aangepast aan het militaire leven namelijk over de vaccinaties, de Indische kapper, het beruchte postblad en nog veel meer.

We noemden de revue "Onder de Witte Helm". Het succes was zo groot, dat we gevraagd werden op te treden voor andere troepen. Toen werd de naam van de revue "Onder de Groene Helm". Voor de militaire radio hebben we de revue aangepast ten gehore gebracht.
Ook heb ik veel gegoocheld (zulap), zowel voor de militairen als voor de plaatselijke bevolking. De truc van het slikken van de vlijmscherpe scheermesjes liet bij de kampongbewoners een grote indruk achter.

Na het succes met de revue heb ik een hoorspel geschreven. Het boek "De vliegende brigade" van Edgar Wallage gebruikte ik als idee bij het schrijven van dit hoorspel en de titel werd "Opium". Het hoorspel handelde over een smokkelzaak en speelde in de omgeving van Priok. De bezetting van de revue was aangevuld met nog een paar enthousiastelingen, die ook graag aan het hoorspel mee wilden doen. We kregen een speciaal huis tot onze beschikking voor het repeteren. Met de militaire zender van het bataljon hadden we afspraken gemaakt voor de uitzending. Zowel met het hoorspel als de revue hadden we bij de omroep veel succes. Het hoorspel ging direct de lucht in, opnamen vooraf maken was niet mogelijk. We zaten met 6 man om een tafel met de microfoons voor ons. De achtergrondgeluiden gingen als volgt. Als in het hoorspel mensen door de alang-alang liepen, hadden we onder de tafel een bundel riet liggen, waar we dan op trapten. Voor het geluid van een krakende deur was het deurtje van mijn bureau geschikt, we namen dan het hele bureau mee naar de studio. Het geluid van een verdrinkende man werd weergegeven door een leeg inktpotje in een bak water onder te dompelen. Een pistoolschot klonk echt als je 2 stenen tegen elkaar sloeg.

Maar het harde realistische leven ging ook door. Op de spoorbaan even buiten Purwakarta hadden terroristen een trein tot ontsporing gebracht. De locomotief lag op zijn kant in de natte sawa. De wagons stonden naast de rails maar waren niet omgevallen. Niemand was gewond, alleen de machinist was zoek, die moest onder de steeds verder wegzakkende locomotief liggen. Bergingsmateriaal was hier natuurlijk niet en met een patjol kwam je niet ver.

We zijn het behoorlijk zat

Op 18 februari 1949 vertrokken 3 MP-ers van detachement Sumedang met een vrachtauto richting Madjalengka. De auto werd onderweg door hevig mitrailleurvuur tot stilstand gebracht en de drie mannen werden er uit gesleurd en op gruwelijke wijze vermoord. Het waren de marechaussees M. v.d. Linden, W. Hendriks en Lim Tong Soen van het KNIL.
We vernamen dat ook 2 van de baboes die in Sumedang voor ons hadden gewerkt, vermoord waren.

```
PROGRAMMA VAN RADIO DISTRIBUTIE
        POERWAKARTA.
  ○ ○ ○ ○ ○ ○ ○ ○ ○ ○ ○ ○ ○ ○ ○ ○ ○ ○ ○ ○ ○ ○ ○
            Dinsdag, 2 Augustus 1949.
  10.00 - 11.00 " Cantinetijd " muziek bij een kopje koffie.
  13.00 - 13.15 Nieuwsberichten.
  13.15 - 13.30 Relay Bandoeng.
  13.30 - 14.00 Relay Bandoeng.
  17.45 - 18.00 Nieuws uit Poerwakarta, eventueel gramofoonmuziek.
  18.00 - 18.30 Relay Bandoeng.
  18.30 - 19.00 Relay Bandoeng.
  19.00 - 19.15 Sportpraatje door de B.L.O.O.O.
  19.15 - 19.30 Pittige gramofoonmuziek.
  19.30 - 19.45 Nieuwsberichten.
  19.45 - 20.00 Intermezzo.
  20.00 - 20.30 R.D.P.'s amusementsklanken.
X 20.30 - 21.00 " Opium " hoorspel in 6 episoden, vrij bewerkt,door
               Jan H. Bakker naar de roman " De Vliegende Brigade "
               van Edgar Wallace.
               1e en 2e episode.
```

We waren nu haast 3 jaar van huis. De hele "7 December Divisie" was het zat. Het materiaal raakte op en de foerier had niets meer. Hij zei steeds: "Wat ik niet meer heb, heb je ook niet nodig."
Hij had soms nog Japanse sokken, van die sokken zonder hakken. We hadden het laatste jaar geen nieuw ondergoed gehad en de slijtage was groot door het dagelijks wassen en door de manier van wassen. De baboes wasten bij een kali en sloegen het wasgoed vaak op stenen schoon. Het wagenpark kromp in en vervanging bleef uit. Alles werd minder, de guerrillastrijd echter werd heviger. In Nederland begreep men niet wat guerrilla in zo'n groot bergland was. Het betekende wel dat wij drie jaar lang alert moesten zijn tijdens dienst of vrije tijd, overdag of 's nachts, altijd kon het gevaar opduiken.

Mijn rugpijn werd erger en ik werd opgenomen in Hospitaal 2 in Jakarta, zo moesten we Batavia nu noemen. Na enige weken kreeg ik te horen, dat het ischias zou zijn en daar was niets aan te doen. Ik mocht terug naar Purwakarta en kreeg tegelijk bericht dat mijn peloton over een week zou repatriëren. Dus vlug naar Purwakarta, spullen ingepakt en terug naar Jakarta naar het repatriatiecentrum. Daar moesten we, in de middaghitte, nog wel even 25 km lopen met volle bepakking. Vlak voor vertrek heb ik nog een bezoek gebracht aan "Menteng Poeloe", de begraafplaats van onze jongens, maar de meeste kruizen stonden in het water door tropische buien.

25 November 1949 vertrok ik met de s.s. "Zuiderkruis" uit Tandjong Priok. Op de Middellandse Zee heerste een hevige storm, waardoor enige van onze reddingsloepen beschadigd werden. Later vernamen we dat veel vissers werden vermist. Tijdens de vaart op de Middellandse Zee overleed een militair. Omdat de vrieskasten al grotendeels leeg waren, kon het stoffelijk overschot hierin bewaard worden. De aankomst in de haven van Rotterdam was op 19 december 1949, het stoffelijk overschot ging het eerst van boord.

Tientallen autobussen stonden gereed om ons naar huis te brengen. De route van mijn bus eindigde in Hoogeveen. Ik was de laatste passagier die thuis werd afgeleverd. De voorlaatste was J. Blanken, bakkerszoon uit de Kerkstraat. Ik kreeg een verlofpas voor 42 dagen, inclusief gratis openbaar vervoer. Ik ging een paar dagen naar Schiermonnikoog. In de bus die mij naar Oostmahorn moest brengen was ik de enige passagier, zonder mij had de bus niet hoeven te rijden.

Met ongeveer 1500 man aan boord bracht de s.s. Zuiderkruis ons na 3 jaar dienstplicht in de tropen terug naar Nederland

Voor mijn Indische jaren kreeg ik het Ereteken voor Orde en Vrede met de gespen 1946, 1947, 1948 en 1949. Dat betekende dat ik in de genoemde jaren vuurcontact met de vijand had gehad.

Van Prins Bernhard, als Inspecteur Generaal, ontving ik een gedrukt bericht met o.a. de tekst: "Het offer, dat velen uwer hebben gebracht is zwaar, maar het is gebracht, zoals het de Nederlandse soldaat betaamt." En "Waar het de ondersteuning van redelijke verlangens betreft, zult ge steeds op mij kunnen rekenen." De Minister van Oorlog stuurde een blijk van erkentelijkheid en het recht om een afgebeeld insigne te dragen.

In april 1951 moest ik opkomen voor herhalingsoefening, ik had nog steeds rugklachten. Na röntgenopnamen constateerde mijn neuroloog een "hernia nucleus pulposus". Tijdens mijn verblijf in Indië was de prognose: ischias. Na een herkeuring kreeg ik op 15 mei 1953 bericht dat ik wegens gebreken ongeschikt was bevonden voor de militaire dienst. Nauwelijks twee weken later moest ik mijn militaire kleding en uitrusting in Apeldoorn inleveren. Aldus geschiedde, maar er volgde een nota. Ik had te weinig ingeleverd. Men miste nog 1 onderbroek, 1 zakmeskoord en 2 knoopjes. Kosten hiervan ƒ2,01. Het bewijsstrookje van betaling per giro is het laatste contact geweest met Defensie.

Op 21 februari 2002 overleed in Jakarta de deserteur Ponce Princen (geb. 1925). Als Nederlands militair bij de 7 December Divisie koos hij in september 1948 de zijde van de tegenstander. Gekleed in zijn Nederlandse uniform sloot hij zich aan bij de TNI (Indonesische troepen). Hij werd onmiddellijk bevorderd tot luitenant en leidde een speciale eenheid. Zijn taak was dood en verderf zaaien onder zijn ex-makkers. Hij lokte zijn maten in de val door al liftend jeeps en trucks aan te houden. Vanuit een hinderlaag openden TNI-eenheden vervolgens het vuur. Later heeft hij gezegd zich niet te schamen voor zijn medeverantwoordelijkheid van de dood van 23 Nederlandse soldaten. Wij hebben hem helaas niet te pakken kunnen krijgen.

Jaren later gaf minister van Mierlo de deserteur toestemming om frank en vrij naar Nederland te komen om zijn familie te bezoeken. Hij werd met alle egards omgeven tot zelfs politiebescherming toe.

Wieteke van Dort schreef in Elsevier nr. 39-1997:
"Minister Jan Pronk heeft de veteranen 2 jaar geleden nog als oorlogsmisdadigers afgeschilderd. Terwijl ze dienstplichtige soldaten waren, die in naam van koningin Wilhelmina hun plicht deden. Dát had Pronk moeten zeggen. En dat de toenmalige regering een fout heeft gemaakt door de Indonesiërs niet eerder zelfstandigheid te geven. Nederlandse militairen voerden hun taak uit, die luidde, dat zij de orde moesten herstellen."

Na de oorlog in Europa in 1945 moest ik met nog duizenden leeftijdgenoten, als dienstplichtig soldaat aan de andere kant van de wereld, onder zeer moeilijke omstandigheden nog drie lange jaren en zonder onderbreking, ons leven in de waagschaal stellen. Behalve dienstplichtigen waren er ook vrijwilligers en leden van het KNIL onder de strijdmacht van 125.000 militairen.

We kwamen onvoorbereid terecht in een vaak gruwelijke en wrede guerrillaoorlog. Contact met Nederland en familie bestond alleen uit beperkte correspondentiemogelijkheden en terug in Nederland kreeg je weinig begrip van de samenleving.

Onze uitzending geschiedde in opdracht van de regering en parlement, maar kostte wel het leven van ruim 6.100 jonge mensen.

En zo waren er jaren later nog bewindslieden, die ons graag een trap nagaven.

Heren, die zich bewindslieden noemden: Bedankt!

Het is de soldaat, niet de reporter,
  die ons de persvrijheid heeft gegeven;
Het is de soldaat, niet de dichter,
  die voor de vrijheid van het woord heeft gestreden;
Het is de soldaat, niet de campagneleider,
  die ons het recht tot demonstreren gaf;
Het is de soldaat, die zijn vlag groet
  en onder die vlag het land dient,
Wiens doodskist wordt gedrapeerd met die vlag
  en die het de protestactivist mogelijk maakte, die
  vlag te verbranden.

Een gedicht, gevonden in de nalatenschap van een Amerikaanse militair. (uit Check Point)

Naar huis terug

— Met het „Zuiderkruis" (verm. aank. te Rotterdam: 19 December a.s.)keren uit Indonesië naar onze plaats terug: Sold. B. Wielink, Kanaalweg 95; Sergt. J. van Halen, Wilhelminaplein 14, Mar. 2e kl. J. H. Bakker, Hoofdstraat 110, en Mar. J. Blanken, Gr. Kerkstraat 3.

Zuiderkruis ontscheept
Lauwe stemming aan boord

Terwijl marsmuziek van het trompetterscorps van de Huzaren van Boreel over de kade klonk, ontscheepten zich Zaterdag de ruim 1500 militairen, allen behorende tot de 7 December-divisie, die met het troepentransportschip „Zuiderkruis" naar Nederland terugkeerden.

Tevoren waren woorden van welkom gesproken namens de Koningin en Prins Bernhard. Namens de regering sprak de minister van Oorlog en van Marine, mr W. F. Schokking.

De commanderend officier-troepen-aan-boord, de lt.-kolonel J. A. W. Bor vertelde over de stemming aan boord: „Naar mijn mening is het in het kort zo: Ik zit op de boot en laat me nu zitten."

Onder de aanwezigen, die de ontscheping bijwoonden, was de oud-commandant van de 7 December-divisie, de generaal-majoor H. J. J. W. Dürst Britt.

Hoogeveen

Van Schiermonnikoog naar Hoogeveen

Eind december 1949, na 3 jaar strijd in de tropen, kwam ik terug in Nederland. Voor mij was nu pas de oorlog afgelopen. Voor verreweg de meeste Nederlanders was de oorlog al lang geleden beëindigd. Na de bevrijding in 1945 kon men in Nederland bijkomen van de oorlog en de aandacht richten op de toekomst. Maar de jongens die naar Indië moesten, kregen eerst nog een niet verwachte 3 jaar durende guerrilla voor de kiezen.

Terug in Nederland voelde je je in het begin opgesloten in een kleine bekrompen wereld, dicht op elkaar wonend en beperkt van gedachten, waar men zich druk maakte om futiliteiten. Maar van de andere kant kon je nu weer rustig slapen, want je hoorde 's nachts geen geweervuur of korte brenstoten meer, waarvan je nooit wist van welke kant het kwam. Op straat was het hier niet nodig onafgebroken attent te zijn op wat er om je heen gebeurde. Een menselijke (dierlijke) eigenschap is dat iedereen graag in de rug beschermd wil zijn, in een restaurant zijn de plaatsen langs de muur instinctief het eerst bezet.

En toen kon ik dan eindelijk het vrije leven in. Vader zag mij graag in Hoogeveen, in zijn "Victoria", het hotel-café-restaurant tevens met zaalexploitatie, maar na een jeugd in de stad Groningen en daarna 3 avontuurlijke militaire jaren in Indië, zag ik een horecabedrijf in Hoogeveen eigenlijk niet zo zitten. Na een paar maanden was hier de grootste winterdrukte voorbij en omdat opa van der Werff op Schiermonnikoog mij graag in zijn bedrijf had, verhuisde ik naar het eiland, want daar begon nu het seizoen. In een hotel waar de gasten vakantiegangers zijn, is het prettig werken. Maar ik zag dat de voorzieningen voor de gasten niet veranderd waren, het was nog net als voor de oorlog. Op de kamers geen warm water, oude krakende bedden met ernaast een nachtkastje met nachtspiegel. Verder was er geen lift en op elke etage één toilet. De keuken leverde ook geen verrassende gerechten. Als nagerecht was vroeger een schaaltje vla met daarop een toefje appelmoes al iets bijzonders. Nu zorgde Marie, de kokkin, voor chocoladepudding met vanillesaus. Om Marie te plagen vroeg ik haar: "En morgen zeker vanillepudding met chocoladesaus?"

Op woensdag 28 juni 1950 vlogen 2 Gloster Meteor jagers tijdens oefeningen over Schiermonnikoog. Er werd op ongeveer 60 meter hoogte een zgn. rol ingezet, waarbij een van de vliegtuigen even op de rug bleef doorvliegen, daarbij snel hoogte verloor en met de rechtervleugel het noord-westelijke strand raakte op de grens van strand en water. Het toestel versplinterde in duizenden stukjes, van de piloot spoelde alleen een stukje van de schedel aan. In een doodskist werd het stukje schedel op een laag zand gelegd en naar de wal gebracht, om op maandag te worden begraven. Zaterdagmiddag,

3 dagen na het ongeluk, spoelde het complete lichaam op het stukje schedel na, aan op het strand. Het gewaarschuwde vliegveld Leeuwarden stuurde een klein vliegtuigje, een Auster, die op het strand landde om het aangespoelde lichaam op te halen. Men had de piloot verteld dat er nog iets was aangespoeld. Maar een heel lichaam, daar had men niet op gerekend. Met wat passen en meten is het gelukt het stoffelijk overschot mee te geven. Het lichaam werd zondagmorgen naar de plaats van de begrafenis gebracht, waar het zo discreet mogelijk in de kist werd gelegd.

Ik was ondertussen 24 jaar geworden, maar tot dusver had Amor geen serieuze pogingen gedaan om zijn pijlen op mij af te schieten. Halverwege mijn diensttijd in Indië ontstond er een correspondentie met Emmy Meijer, bekend van het burenclubje van de Grote Markt in Groningen. Tante Annechien schijnt deze correspondentie aangewakkerd te hebben. Terug uit Indië en werkzaam bij opa van der Werff op Schiermonnikoog, kwam Emmy af en toe een weekend op Schier en Amor begon aan te leggen, maar schoot niet.

Boerderij van de familie Nienhuis in Ellerhuizen

Op 1 augustus 1950 kwam een meisje op het eiland om in het hotel stage te lopen en ervaring op te doen voor het diploma "Huishoudkundige voor inrichtingen". Het was Nini Nienhuis, een boerendochter uit Ellerhuizen, onder de rook van Bedum.

Dien Bol, de huisjuffrouw van het hotel, liet haar aan alle facetten van het hotelbedrijf meewerken. Het werd al spoedig duidelijk, Nini deed haar werkzaamheden met plezier en tot grote tevredenheid van Opa en Dientje.
Bovendien vonden ze haar een erg aardig meisje. Datzelfde dacht ik al op 1 augustus, toen ze op het eiland aankwam en voor het hotel, met haar visgraatjas, uit de bus stapte om zich in het hotel aan te melden als de verwachte stagiaire. De stagetijd zou ongeveer 10 weken duren, d.w.z. ongeveer 70 dagen, van de ochtend tot de avond maakte ik Nini dus mee. Ze was handig, tactvol in de omgang met publiek en verder, in mijn ogen, zeer aantrekkelijk. Soms gewild, soms ongewild, liet ik haar blijken van haar te gaan houden en haar reactie was niet afwijzend.
Emmy en ik doofden het vuurtje dat tussen ons smeulde, we voelden dat het bij een jeugdvriendschap bleef en we verbraken het contact.
En zo legde Amor opnieuw aan en schoot nu raak. Nini en ik hadden elkaar op het eiland Schiermonnikoog voorgoed gevonden. De eerste reactie van Dientje was: "Het zal niemand in het dorp opvallen, Nini lijkt op Emmy." (Geboortedatum Emmy is 16-4-1929 en van Nini 17-4-1929.)
Opa vroeg Nini of zij langer kon blijven. Over een paar week verwachtte men in het hotel een jaarlijks terugkerend jachtgezelschap en een hulp als Nini kwam goed van pas. En zij vond het interessant om die extra, tevens extravagante drukte eens mee te maken.

Tijdens een nacht met een noorderstorm hadden honderden trekvogeltjes, waarschijnlijk uit Scandinavië en zo groot als mussen, zich doodgevlogen tegen het vuurtorenlicht. De volgende ochtend hebben we manden vol vogeltjes opgehaald. Marie, de kokkin, wist er wel raad mee, alles in een grote pan en even koken. Ze waren te klein om ze eerst te plukken, niet nodig, Marie en Nini aten ze zo op, met kop en pootjes. Ze vonden het heerlijk, maar de veertjes kwamen bijna hun mond uit fladderen. Het verwonderde mij dat er geen pootjes en veertjes uit hun neus en oren kwamen.

Nini doet horeca ervaring op

De stagetijd van Nini liep ten einde en op 11 november 1950 vertrok ze naar haar ouders in Ellerhuizen. Op vrije dagen zochten we elkaar zoveel mogelijk op, soms op de boerderij bij de ouders van Nini of bij de mijne in Hoogeveen. Op 2 januari 1951 ging Nini naar Bergen om daar op de volkshogeschool "De Zandhoeve" tot 13 maart de overige vereiste stagedagen te doorlopen. Daarna ging ze terug naar Ellerhuizen en natuurlijk kwam Nini regelmatig op het eiland. Maar Opa van der Werff had een idee, aan de Noorderstreek kwam een huis te koop en dat leek hem erg geschikt voor Jan en Nini. Want het stond voor hem vast dat ik de hotels zou overnemen. De tapvergunning had hij al op mijn naam laten zetten zonder dat ik daarvan op de hoogte was en opa dacht dat vader Bakker de ƒ10.000,- die het huis kostte, wel even zou betalen. Maar vader voelde daar niets voor, hij zag liever dat Nini en ik naar Hoogeveen kwamen, bij hem in de zaak. Vader en moeder wilden

langzamerhand hun huis aan de Sweerts de Landasstraat in Arnhem betrekken. Het enthousiasme om op het eiland te blijven was ondertussen ook niet zo groot meer. Om samen met opa en Dien de zaak te runnen, dus 3 kapiteins op een schip, begon me tegen te staan. De zakelijke opvattingen van opa en juffrouw Dien gingen ook niet met de tijd mee. Opa voelde niet veel voor veranderingen, warm water op de kamers vond hij nog steeds niet nodig en willen de gasten het hebben, dan brengen we wel een karaf met warm water op de kamer, was steeds zijn antwoord. Ook wilde hij bijv. geen consumptie-ijs verkopen, daar krijgen de mensen buikpijn van, vond hij. Op de vraag van een passant aan Dien of hij een uitsmijter kon krijgen, vroeg zij eerst aan mij wat een uitsmijter was. De horecaervaring die Dien opdeed bestond uit ongeveer 1 maal per jaar een dag naar Groningen en dan in de Hema een kopje koffie drinken.

En zo ging ik eind maart van de ene op de andere dag Schiermonnikoog verlaten, om ons in het hotel in Hoogeveen te vestigen. Vanaf 6 april tot 2 mei 1951 moest ik opkomen voor herhalingsoefeningen en Nini bleef deze tijd bij haar ouders op de boerderij. Daarna ging zij op de fiets terug naar Hoogeveen.
Half mei waren we in Groningen op de kermis, een evenement waar mijn jongensjaren aan de Grote Markt weer even in mijn gedachten terug kwamen. We gingen naar een schiettent waar je bij raakschieten gefotografeerd werd. En het was raak, Nini stond er ook op, een beetje beduusd kijkend. Logisch, na 3 jaar praktijk in Indië moet je toch raak kunnen schieten.
23 juni 1951 werd onze verlovingsdag. De receptie vond plaats in Ellerhuizen, in de voorkamer van de boerderij. Met zo'n 100 bezoekers werd het een vol huis.
Van 2 tot 5 juli maakten we op gehuurde solexbromfietsen een tocht naar oom en tante Joosten in Arnhem. Oom Joosten trakteerde ons op een circusvoorstelling en verder bezochten wij Burgers dierenpark en het Nederlands Openluchtmuseum.

Nini en ik begonnen nu met onze werkzaamheden in het Hoogeveense horecabedrijf. Nini weet zich nog te herinneren dat moeder haar opdracht gaf om 's morgens eerst te beginnen met de bloemetjes in het café en zaal 1 water te geven. Daarna kwam de verzorging van de hotelwas en waren er verder altijd wel diverse huishoudelijke klusjes. Tegen lunch- en dinertijd ging ze naar de keuken om vader te assisteren. Bij activiteiten in de bovenzaal deden moeder en Nini samen de buffetdiensten. Kuik was daar de ambulantkelner. Mijn werk was in het café en restaurant, eerst nog samen met zus Lia, later werd haar taak overgenomen door Ben Vogt en Witte Vaatstra. Deze 2 kregen eens ruzie en gooiden servies naar elkaars hoofd. Nadat ik verboden had ons servies te gebruiken om een onenigheid te beëindigen, stapte Witte verontwaardigd op zijn motorfiets en reed weg. Ik heb hem nooit weer gezien.

Ben heeft het jaren bij ons volgehouden. Hij had verkering met de dochter van cafetariabaas Obduyn, pal tegenover ons. Dat was soms gemakkelijk, want als in het restaurant een diner met patat werd besteld, ging Ben even via de zijdeur snel naar de overkant, om een zakje patat te halen. Zelf patat bakken, daar waren we nog niet op ingesteld.

Later kregen we nog een jongeman als huisknecht, Henk Blok, een manusje van alles.

De medewerksters die nog in mijn herinnering liggen waren Femmie Bomhof, Lammy, getrouwd met Theo Modderman en de zusters Doetje en Ollie Koudenburg, de laatste trouwde met Jan Modderman, en verder Tiny Winter. Het waren allemaal handige Drentse meiden, die bereid waren alle voorkomende werkzaamheden te verrichten. Voor de afwas en het schoonhouden van de keuken kwam vrouw van Eck, een oudere werkster. Het gebeurde op een ochtend dat Ollie haar schort uit de kledingkast haalde en ontdekte dat de schort geheel met verf was bestreken. Het bleek dat vrouw van Eck dat gedaan had. Volgens haar had de Heer haar opdracht gegeven. Ze begreep niet waarom ze dat moest doen, maar ze heeft Ollie de onkosten wel vergoed. Ze had kennelijk een beetje last van schizofrenie.

Bertha Klunder verzorgde de bovenzaal, ze duldde er geen ander. De parketvloer zag er na het wildste feest weer perfect uit, als zij met schuurwol onder haar schoenen de vloer, staande op haar stevige benen, weer spiegelend glad had geschuurd.

Op 3 maart 1952 kwam er bericht van Schiermonnikoog dat opoe van der Werff op 81 jarige leeftijd was overleden. Voor ons was ze altijd een vriendelijke en opgewekte vrouw, maar een slechte verhouding met opa en de lichamelijke gevolgen van het bombardement, hadden haar laatste jaren zeer moeilijk gemaakt.

Maandag, 1 september 1952 in Bedum

Het was voorjaar 1952. De winterdrukte in de zaak, bestaande uit vergaderingen en festiviteiten was achter de rug. Nini en ik hadden nu gelegenheid om samen een weekje op stap te gaan. We huurden weer 2 bromfietsen en trokken door Nederland. Eerst langs Berg en Dal bij Nijmegen waar vader vroeger als portier in hotel Groot Berg en Dal was begonnen, daarna gingen we naar zuid Limburg. Tussen Valkenburg en Maastricht overnachtten we in hotel Kasteel Geulzicht. Nini vond het een beetje griezelig hotel. Op de kast in de slaapkamer stond een katholiek beeld ons aan te staren en pas nadat ik het beeld omgekeerd had, kon Nini gerustgesteld in bed stappen. De fietstocht ging verder naar 's Hertogenbosch, Oisterwijk en uiteindelijk kwamen we in Vlissingen. Ons hotel lag aan de boulevard en we keken vanuit onze kamer op de voorbijvarende schepen op de Westerschelde, in Middelburg bezochten we o.a. Miniatuur Walcheren.

Het was ondertussen 2 jaar geleden dat Nini en ik elkaar hadden leren kennen, 1 jaar waren we al verloofd en we waren praktisch doorlopend bij elkaar. Er ontstonden trouwplannen en wij wilden daar geen gras over laten groeien.

1 september 1952

Maandag 1 september 1952 moest de dag worden dat wij in het huwelijksbootje zouden stappen. Veel poespas wilden we er niet van maken, Nini in het wit met een lange sleep, dat leek ons niets. Bij modemagazijn de Vries aan de Brugstraat in Groningen lieten we van dezelfde petrolkleurige stof een mantelpakje en een kostuum maken. Dat een jonge bruid niet in het wit ging trouwen, was men niet gewend, maar op de trouwdag vond men onze kleding zeer geslaagd. Bovendien hebben we er nog jarenlang plezier van gehad. Uiteindelijk werd onze trouwkleding zelfs vermaakt tot kinderkleding. Als getuigen zouden voor mij optreden, tante Sien, de halfzuster van vader en Jan Jens, de oude buur van de Grote Markt in Groningen en voor Nini was zus Klazien de getuige.
Van het woonhuis van Nini in Ellerhuizen werden we in de Citroën van vader Nienhuis en bestuurd door Jannes Wolthuis naar het gemeentehuis in Bedum gereden. De huwelijksvoltrekking vond plaats op 1 september 1952 om 13.45 uur.

Vanaf 14.30 tot 16.00 uur hadden we een druk bezochte receptie in hotel "'t Gemeentehuis", daarna gingen we met de naaste familie terug naar de boerderij. Klazien en Zus hadden hier, met de kennis van de Groningse Kook- en Huishoudschool, een vijfgangen diner voorbereid, inclusief een zelfgetekende menukaart, waarop: Huzarensla – Soep – Aardappels-Vlees-Groente – Pudding – Koffie.

Maar het waarschijnlijk heerlijke dessert hebben Nini en ik moeten missen. We moesten het diner afbreken om de trein naar Breda te kunnen halen voor de overnachting aldaar in het Oranje Hotel. De volgende ochtend vroeg vertrokken we uit Breda met de bus voor onze tiendaagse huwelijksreis naar Holzgau in Tirol. De eerste etappe van de reis ging naar de zuid Duitse stad Ulm, waar overnacht werd in het Bahnhof-hotel. De meeste reisgenoten hadden 's nachts veel last van het lawaai van het treinverkeer. De kamers waren gelegen boven het perron, maar ons heeft het niet gestoord. De volgende dag reden we naar Holzgau in Oostenrijk, waar we een week

Nini, de bruid

lang verbleven in Gasthof Neue Post. De meeste dagen was het slecht weer en we hebben onze regenkleding dan ook veel moeten gebruiken. Nini stuurde elke dag een volgeschreven kaart naar Ellerhuizen. Ik liet het bij een kaart, met als tekst: "Beste allemaal, hier alles oké, bergen zijn te hoog om er overheen te kijken. Tot vrijdag." Terug in Hoogeveen begon een nieuwe periode in mijn leven, beter gezegd in ons leven. Als je getrouwd bent, ben je niet meer alleen, je bent met je tweeën.

De Hoogeveense trommelslager

Het enige bijzondere van Hoogeveen was de trommelslager die elke zondag voor de kerkdienst de mensen optrommelde voor een bezoek aan de kerk. Maar daar kwamen toeristen niet voor naar Hoogeveen. Natuurlijk, de omgeving was prachtig, maar een toeristisch hoogtepunt was de plaats niet. De familie Klinkenberg uit Leiden dacht er anders over. Met hun kinderen kwamen zij verschillende jaren in de zomervakantie een weekje bij ons doorbrengen. Ze vonden het hier prachtig en zo heerlijk rustig. Mijnheer Klinkenberg was aannemer en toen onze toiletafvoer eens verstopt was, had hij er met een paar van zijn kinderen plezier in om naast het hotel de straat open te breken en de daar gelegen afvoerpijp van de toiletten naar de septictank door te steken.

De hotelbezetting bestond hoofdzakelijk uit logés die iets te maken hadden met de industrie, vooral van de conservenfabriek "Lucas Aardenburg" en de blikfabriek "Drenthina", een onderdeel van Thomassen en Drijver. De directeur van een carrosseriefabriek, de heer Hoek kwam regelmatig logeren. Maar ja, dergelijke gasten waren een soort Hilton hotel gewend en dan is zo'n oud hotel in Drente wel even behelpen. Natuurlijk deden we ons uiterste best om onze logés het zo goed mogelijk naar hun zin te maken. Toen de heer Hoek liet blijken last te hebben van het gekraak van de gangvloer vlak voor zijn deur, was ik er als de kippen bij om met een hamer en een paar spijkers dit euvel te verhelpen. De gevolgen waren catastrofaal, het kraakgeluid was verdwenen, maar ik had een spijker door de waterleiding geslagen en de heer Hoek zat nu zonder water.

De grote veemarkt, elke donderdag, zorgde ook voor vaste gasten. Hoofdzakelijk veekooplui uit het westen van het land. Een van die gasten was de heer van der Burg uit Capelle aan de IJssel, we noemden hem opa v.d. Burg. Bij het ontbijt wilde opa altijd een heel zacht gekookt eitje. Bij mijn goochelattributen had ik superzachte rubber eieren, en zo zette ik eens een rubberei in zijn eierdop. Zijn eerste reactie was furieus, maar na een extra echt zacht gekookt ei, kwam zijn glimlach weer terug.

Een regelmatig terugkerende gast was een officier van de luchtmacht, hij was verloofd met de dochter van een welgestelde Hoogevener. Wij konden ons dat best voorstellen. Zij was een zeer aantrekkelijk meisje en hij een man met een goed figuur in een mooi uniform, waarop diverse, voor ons onbekende, onderscheidingen. Graag toonde hij ons zijn foto's met militaire vliegtuigen, zowel op het vliegveld als in de lucht. Een paar maanden achtereen kwam hij elk weekend voor bezoek aan zijn verloofde. Maar plotseling bleef hij weg, de 'officier' was ontmaskerd. Hij bleek als arbeider werkzaam te zijn in een Twentse fabriek. Hij was bezeten van de militaire luchtvaart en huurde regelmatig bij een costumier het uniform van een jachtvlieger. De foto's had hij als spotter zelf genomen bij de militaire luchtbasis in Twente.

Op een zaterdagavond meldde zich een Amerikaan voor een kamer "for one night". Hij bleek met zijn ouders Nederland te bezoeken. Bij het inschrijven van het vreemdelingenregister had hij zijn paspoort niet bij zich. Zijn naam en geboortedatum en zijn geboorteplaats Kansas City vulde hij wel in, maar het paspoortnummer wist hij niet. Hij was op zijn eentje gaan passagieren en had zijn pas bij zijn ouders in Groningen laten liggen. Alvorens naar bed te gaan, gebruikte de gast nog iets in de cafetaria aan de overkant en omdat hij met Nederlands geld niet zo op de hoogte was, liet hij de bediende zelf het verschuldigde bedrag uit zijn portemonnee nemen. Bij politiecontrole 's nachts kwam bij het kloppen op de kamerdeur van de Amerikaan als antwoord: "Wie is daar?" De Amerikaan bleek een Groningse kantoorbediende te zijn die, zoals later bleek, deze fratsen wel vaker uithaalde.

De op het politiebureau ingeleverde afschriften uit het vreemdelingenregister leverden kennelijk moeilijkheden op. Ik moest op het bureau iets komen uitleggen. Men vertelde mij dat ik een Griek onderdak verschafte en daar wilde men op het bureau wel iets meer over weten. Men vroeg mij het hemd van het lijf, maar ik wist van geen Griek af. Tot een van de agenten zei: "Zijn naam is Tobias." Verdorie dat was onze schildpad, politie en ons personeel hadden mij gezamenlijk een poets gebakken. Tobias, de schildpad, liep vrij in onze tuin rond. Hij was wel eens zoek, maar kwam altijd weer terug, want op zijn rug stond: "Ik logeer in Victoria".

Lid van de visclub

Het bedrijf in Hoogeveen had meer mogelijkheden voor zaalexploitatie dan de zaken in Groningen en op Schiermonnikoog. Het verenigingsleven maakte veel gebruik van de kleine vergaderruimten en vooral van de grote bovenzaal. Maar ja, als de visclub een paar maal per jaar de zaal huurde voor vergaderingen en festiviteiten, dan moest je toch ook lid van die club worden, ook al viste je nooit. En zo werd ik dan lid van verschillende verenigingen waar ik zakelijk gezien niet onderuit kon, terwijl ik totaal niet geïnteresseerd was in de activiteiten van die club. Tegen de tijd dat een vereniging een feest ging organiseren, kwam de voorzitter met het verzoek of ik een advertentie wilde plaatsen in het programmablad en of ik ook een prijsje voor de loterij beschikbaar wilde stellen. En op de feestavond moest je natuurlijk ook een paar loten kopen. Maar de verhuur van de zalen was verder toch wel rendabel, alleen de watersnood in Zeeland in februari 1953 zorgde voor een stevig financieel verlies. Gedurende de eerste weken na de ramp werden alle besproken festiviteiten afgelast en daarna werden er, ten bate van de slachtoffers veel acties op touw gezet waarbij de zaal gebruikt werd. Het vragen van zaalhuur kwam nu natuurlijk niet ter sprake.

Een vaste huurder van de bovenzaal was de dansschool van Siep van der Plaat. Samen met zijn vrouw Co gaf Siep privé danslessen en lessen aan clubjes. Siep was half blind. Tijdens de oorlogsdagen in 1940 had hij als militair, kruitdamp in zijn ogen gekregen. Nini heeft het echtpaar van der Plaat in onze auto later eens gereden bij een rondtocht van oorlogsinvaliden door Drenthe en Groningen.

De bovenzaal was op eerste Kerstdag altijd gereserveerd voor het Leger des Heils. Het was de enige zaalverhuur die geheel door het Leger zelf werd verzorgd. Ze kregen de sleutels van de voordeur en wisten verder hoe te handelen. Men hield dan heel vroeg in de ochtend een kerkdienst met muziek door het eigen korps. Het was een aparte belevenis om op eerste Kerstdag om 5 uur 's ochtends in je eigen huis, nog suffend in je bed, live sfeervolle Kerstmuziek en zang vlak boven je te horen.

De Jehova getuigen hadden de bovenzaal gehuurd voor een doopplechtigheid. Midden in de zaal werd een ongeveer 2 bij 2 meter groot opklapbaar waterbassin geplaatst. In de garderobe kleedden de Jehova's zich uit, om daarna, met weinig ondergoed aan, in de zaal zich volledig onder te laten dompelen in het met fris water gevulde bassin. Na de doopplechtigheid ging men zich onmiddellijk weer aankleden om daarna, terug in de zaal, elkaar te gaan feliciteren. Op dat moment ging ik met m'n juist gekamde haren de zaal in om te kijken of alles naar behoren verliep. Er kwamen meteen verschillende Jehova's op mij af met de woorden: "Broeder, gefeliciteerd met je doop." Ik wilde ze niet teleurstellen, bedankte ze en wenste ze ook het allerbeste.

De beschikking over een mooie zaal gaf de mogelijkheid om met behulp van wat fantasie zelf iets te organiseren. Maar vader bleef zakelijk, zaalhuur moest ik hem wel betalen.

Begin 1953 deed ik mee met amateurcabaretvoorstellingen in Groningen, georganiseerd door het impresariaat van Herman Rinket. Dit bracht mij op het idee om zelf zoiets op poten te zetten en ik begon met het samenstellen van amateurcabaretavonden, waarbij hoogtepunten waren, het amateurkampioenschap van zuid Drente op 1 januari 1954 en het kampioenschap van Drente op 8 februari in het Concerthuis in Assen. Het programma van deze avond bestond uit 30 nummers met o.a. zang, goochelen, acrobatiek, parodieën en veel genres muziek. Juryleden, waaronder een directeur van een muziekschool, een omroepmedewerker en een dagbladrecensent, zorgden voor deskundige beoordelingen. De muzikale begeleiding was in handen van onder meer Joop de Leur en Tonny Schifferstein, bekende radiopianisten. Kees Manders was een van de conferenciers die de nummers aaneen praatte. Radio Noord schonk verschillende keren aandacht aan de cabaretavonden.

Door al deze activiteiten kreeg ik contact met de AVRO, maar daarover later. Nini begon nu eerst aandacht te vragen.

Van stadsbus tot kraamkamer

Heel vroeg in de ochtend van 1 december 1954, het zal ongeveer tegen 4 uur geweest zijn, maakte Nini me wakker met de mededeling: "Bel dokter Groenewegen maar, het wordt menens." De dokter was er gauw en even later reed ik met Nini, gevolgd door de dokter, naar het Bethesda ziekenhuis naar de kraamafdeling. Ik werd neergezet in de wachtkamer met de mededeling dat het wachten wel kon duren tot de middag. Dat was normaal, werd gezegd. Maar Nini hield van opschieten en om 7 uur kwam iemand mij vertellen dat we een zoon gekregen hadden. Dat kwam mij goed uit, want ik had 's middags nog een voorstelling in Steenwijk. Nini en de kleine Hendrik Jan, we noemden hem Henk, moesten nog 8 dagen in het ziekenhuis blijven, ook dát was toen normaal.

Door uitbreiding van het gezin en door een goede bezetting van hotelgasten, kregen we een tekort aan logeerkamers. Bij een voorstelling in een sociale werkplaats van de gemeente Groningen zag ik dat men daar oude autobussen van de stadsdienst te koop had staan. Ik kocht 2 bussen, zonder motor en banken, en deze werden bij ons in de tuin achter het hotel afgeleverd. Dat trok veel belangstelling, want 2 sleepauto's met oude bussen er achter, die met veel gemanoeuvreer de bussen op hun juiste plek moesten zetten, zag men niet elke dag. De bussen werden naast elkaar neergezet in tegenovergestelde richting. De deuren kwamen daardoor recht tegenover elkaar te staan, ongeveer een meter van elkaar, zodat een kleine hal gerealiseerd kon worden. De heer Sluis, eigenaar van een timmerfabriekje en stamgast in het café had er plezier in om de bussen te vertimmeren. Een bus werd slaapvertrek, voorin slaapruimte voor 2 kinderen, een tweede kind had zich al aangekondigd, in het midden van de bus een commode, een grote kast en 2 kleine kasten op wielen en achterin, via een schuifdeur, kwam je in onze slaapruimte.

De woonbus was een grote kamer met ramen rondom en met een schuifdak, heerlijk bij warme dagen en als het koud was, ging de oliehaard aan. Tussen de beide busdeuren had Sluis een hal gemaakt met een glazen buitendeur. Als je deze deur binnenkwam ging je linksaf om in de slaapbus te komen en rechtsaf kwam je in de woonbus.

Het was maandagmorgen 18 februari 1957. Ik was bezig in het café en keek terloops naar de t.v. waarop de begrafenis van de dirigent Toscanini werd uitgezonden. Nini was boven in de badkamer met de was bezig, maar plotseling kwam ze me waarschuwen dat ik de dokter moest bellen. Ze ging naar de slaapbus en dokter Groenewegen was er al gauw. De bevalling zou weer in het ziekenhuis plaatsvinden, maar de dokter vond het niet meer verantwoord om Nini in mijn auto naar het ziekenhuis te brengen. Toen de ambulance gebeld, maar de enige die Hoogeveen rijk was, had net een ritje buiten de plaats en was niet onmiddellijk beschikbaar. Dan maar de politie gebeld en die kwam direct met hun grote manschappenwagen, waarin ook een brancard. Maar op een brancard liggend, was het absoluut niet mogelijk om vanuit onze slaapbus de draai te nemen door de busdeur, met direct daarna de draai naar de haldeur. Trouwens het was ook niet meer nodig, Roelof Niening had zich al gemeld. Nini hield weer van opschieten. In de armen van mijn moeder hebben we de pasgeborene in mijn auto naar het ziekenhuis gebracht met de boodschap dat de politie zo direct de moeder kwam brengen.

De volgende dag nog een klein probleem. Bij de geboorteaangifte op het gemeentehuis accepteerde men niet de naam Roelof Niening. Het woord Niening kwam niet voor in hun lijstje van toegestane namen. Ik zei dat deze naam in Groningen niet onbekend was, maar dit wilde men eerst controleren. De volgende dag bleek, dat de naam Roelof Niening werd geaccepteerd, maar zijn roepnaam werd Rudi.

Het genot van een auto

Natuurlijk was een eigen auto voor mij een noodzakelijk iets, vooral door de voorstellingen in wijde omgeving. Vader zijn motorfiets was verbrand in het hotel in Groningen en een auto vond hij niet nodig. Toen vader in 1945 het hotel in Hoogeveen kocht, stond er nog een benzinepomp voor het pand, maar een van de eerste dingen die hij deed was het laten weghalen van dat nare ding. "Want", zei hij, "Ik wil niet voor een paar liter benzine 's nachts mijn bed uit."

Ik heb verschillende auto's gehad en ben begonnen met een Tsjechische Minor en verder herinner ik me een een paar modellen: Ford Anglia, een Ford Taunus, een Opel Record en twee keer een stationwagen, want die bevielen mij het beste. Maar een grote autofan ben ik nooit geworden.

Ik had een 'nieuwe' tweedehands auto en wilde mijn vader eens iets van Drente laten zien. Het was de eerste keer dat hij met mij meereed. Het was ergens tussen Emmen en Coevorden dat de wagen niet verder wilde. Het gebeurde vlakbij een bushalte en in de verte was een garage zichtbaar. Vader zei: "Loop jij maar naar de garage, ik ga wel met de bus terug naar Hoogeveen." Hij heeft nooit meer bij mij in de auto gezeten. Het was trouwens ook raadzaam dat altijd een van ons tweeën in de zaak was.

De Minor had aan het stuur de versnellingshendel, maar die haperde wel eens, terugschakelen was dan niet mogelijk. Bij een rood verkeerslicht reed ik dan toch maar voorzichtig door. Bij een andere auto was de startmotor kapot, dat ding had ik er uitgehaald en achter in de kofferbak gelegd. Ik moest nu zorgen altijd op een heuveltje te staan om freewheelend op gang te komen. Maar heuveltjes zijn in ons land zeldzaam. In de stad Groningen lukte mij dat in de Broerstraat voor het academie gebouw.

Rien Bogers was fantastisch als clown Guus en ik had met hem succesvolle humoristische nummers ingestudeerd. Guus kon wedijveren met menig beroepsclown.

Wij hadden een voorstelling in Groningen en sliepen 's nachts op de boerderij van Nini haar ouders in Ellerhuizen. Maar Bogers moest 's morgens met de eerste trein naar Hoogeveen om op tijd op zijn werk te zijn. Het was half 6 's morgens en nog pikkedonker toen ik in pyjama in de auto stapte om Rien naar het station in Groningen te brengen. Daar aangekomen vloog Rien de auto uit om de trein te halen en op het moment dat ik weer gas gaf om terug te rijden, sloeg de motor af en vertikte het om weer aan te slaan. Ik kon proberen wat ik wilde, maar de motor bleef hardnekkig weigeren. Uiteindelijk was ik genoodzaakt om in pyjama wat mensen op het stationsplein bijeen te zoeken, om al duwende de auto weer op gang te krijgen. Dat lukte wel, maar met een glimlach op het gelaat van de duwers.

Mijn auto was weer eens in de garage, maar nu voor een zoveel kilometerbeurt. De garagechef vond dat aan mijn wagen meer moest gebeuren dan de gewone kilometerbeurt, maar daar had ik geen geld voor over. De volgende dag belde de garagechef op met de boodschap dat een dame met haar auto de garage was binnengereden en in plaats van op de rem te trappen, het gas had ingedrukt. Een andere auto was daardoor beschadigd, de mijne, die er naast stond niet. "Maar", zei de chef, "als ik tegen de verzekering zeg, dat jouw auto ook beschadigd is, krijg je hem gratis, totaal opgeknapt weer terug en heb ik er ook een leuk klusje bij." Dat lukte.

Het was ongeveer 11 uur in de avond en we vernamen, dat er een grote brand was op de Dwingelose heide. Een uur later, de logés waren naar hun kamer en het café was gesloten, ging ik nog even in mijn auto naar de heidebrand. De brand was, dacht ik, zo snel niet geblust. Bij Eursinge de grote weg af en daarna via zandweggetjes richting de Meeuwenplas, ik was hier aardig bekend. Het licht van mijn auto was zwak, er mankeerde kennelijk iets aan, maar ik kon toch zien waar ik reed. Van een brand was echter niets meer te zien en er was geen mens te bekennen. Ik besloot terug te rijden en op dat moment viel mijn autolicht helemaal uit. Het was totaal donker om mij heen. Op goed geluk en op gevoel reed ik steeds een paar meter en stapte dan uit de auto om te kijken of ik me nog op het zandpad bevond. Als de motor van de auto het nu ook had begeven, en de auto kennende was dat best mogelijk geweest, zou ik helemaal aan de wolven overgeleverd zijn. Tenminste, zo voelde ik het. Het was ver in de nacht, dat ik ergens bij Eursinge weer vaste grond onder mijn wielen kreeg en zonder verlichting, toch tamelijk vlot naar Hoogeveen terug kon rijden. Een bijkomend probleem bij dergelijke autoritten was dat mijn auto geen verwarming had en daardoor had ik constant beslagen ruiten.

Siep van der Plaat, de dansleraar, zat eens naast mij in de auto. We reden van Assen naar Hoogeveen. Plotseling zag ik een autoband vóór de auto uitrollen. Het was zelfs de zeer slecht ziende Siep opgevallen dat er voor ons uit iets bewoog. De wagen begon te schudden, te slingeren en voorover te hangen. Ik stopte snel in de berm van de weg en inderdaad, het was mijn linker voorwiel dat ongeveer 50 meter vóór mij, aan de rand van een sloot, tot stilstand was gekomen. Ondanks mijn technische onkunde en beschadigingen hier en daar aan de auto, lukte het me het wiel weer aan de as te bevestigen en stapvoets konden we de garage in Hoogeveen bereiken.

Hard rijden deed ik trouwens nooit. Op weg naar een voorstelling zei de naast mij zittende Rien Bogers eens: "Daar zie ik al weer één." Op mijn vraag wát hij zag, antwoordde hij: "Ik zag weer een klavertje 4."

Met een volgepakte auto waren Rien en ik onderweg naar Haulerwijk, een negorij tussen Assen en Drachten. Hoe was het mogelijk dat daar een middenstandsvereniging bestond en dat die ons adres ook nog had gevonden om in café van der Hoorn te komen goochelen. Ongeveer een kilometer of 6 van Haulerwijk reden we op een lange smalle weg, aan de rechterkant was een 2 meter brede grasberm. Geen verkeer, geen mens te bekennen, alleen reed vlak voor ons een door een paard getrokken wagen, tè hoog en tè breed, volgeladen met stropakken. Ik bleef er rustig achter rijden, want passeren was niet mogelijk. Uiteindelijk, toch maar even claxonneren. Dat hielp, de koetsier schrok wakker en het paard schrok ook. De wagen week naar rechts en ik kon er voorbij. In mijn achteruitkijkspiegel zag ik, dat de boerenwagen een beetje scheef ging hangen, hij reed met zijn rechterwielen in de zachte berm. Voordat ik een paar honderd meter verder linksaf sloeg, keek ik achterom en zag, dat de wagen nog vast zat en dat de koetsier naar een boerderij liep, waarschijnlijk om een trekker te gaan halen.

Ik vond een auto pas nuttig, als je hem voor meerdere doeleinden kon gebruiken. Zo ging Lammy, een van onze personeelsleden, trouwen. Ik bood haar aan om het bruidspaar in mijn auto van haar huis in Nieuw-Balinge naar het gemeentehuis te rijden en terug. De overige familie ging met een autobus, het bruidspaar moest natuurlijk met onze auto op de foto.

Ook heb ik eens bij een smederij een reclamebord van 1 meter bij 50 cm laten maken. Het bord kon op de auto geplaatst worden en rijdend of stilstaand in de Hoofdstraat, kon reclame gemaakt worden voor activiteiten in onze zaak.

Als echte liefde niet kan roesten, kunnen oude auto's geen echte liefde zijn.

Burlesco

Op ongeveer 8-jarige leeftijd ging ik poppenkast spelen met een kast die oom Geert uit Amsterdam voor mij had gemaakt. De verhaaltjes bedacht ik zelf en met wat goochelen erbij, gaf ik voorstellingen voor familie en schoolvriendjes. Op oudere leeftijd nam ik een abonnement op het goochelvakblad "Triks", uitgever was Henk Vermeijden, de voorzitter van de Magische Unie. Een paar keer heb ik in dit blad een truc beschreven. Later kwam "De Magiër" uit, een goochelblad van Cas Ziekman van de goochelstudio "Mephisto Huis", ook in Amsterdam.

Als goochelaar moet je een artiestennaam hebben. Omstreeks 1940 noemde ik me wel eens prof. Sandzaki, maar dat was niet zo'n vrolijke naam en ik veranderde de naam in "Burlesco", afgeleid van burlesk, iets met humoristische en parodiërende inslag. Correspondentie met Ziekman over het aanschaffen van trucs, gedateerd midden 1944, is nog in mijn plakboeken aanwezig.

De vraag om te komen optreden werd steeds groter, maar voor jeugdvoorstellingen miste ik een poppenkast. De kast van oom Geert was in Groningen bij de brand verloren gegaan. Ik zag in "Triks" een advertentie, waarin een poppenspeler zelfgemaakte kasten en poppen aanbood en zo kwam ik in het bezit van een prachtige kast. Samen met Rien Bogers studeerde ik zelfbedachte poppenspelen in.

Op vrijdag 4 juli 1952 gaven we de eerste

poppenkastvoorstelling voor een vereniging in Kerkenveld. Een auto bezat ik nog niet, dus Rien en ik stapten op de fiets. De kast, bestaande uit doeken en stangen, verder decors, poppen en geluidsinstallatie, alles ging mee op de fiets. De voorstelling vond plaats op een veldje naast het plaatselijke café. Tijdens de voorstelling stopte een passerende auto en na afloop kwam de chauffeur op ons af. Hij had een gedeelte van ons optreden gezien en zag het enthousiasme van ons jeugdig publiek. Het verwonderde hem dat we de kinderen zo geboeid en geïnteresseerd bezig konden houden. "Dít is wat ik voor mijn vereniging in Emmen zoek", zei hij. Een afspraak was snel gemaakt en zaterdag 30 augustus gingen we naar Emmen voor een poppenkastvoorstelling, 's middags om 4 uur.

Maar eerst hadden we nog optredens in Zuidwolde, Meppel, Ten Arlo, Hardenberg, Eursinge, Elim en Nieuw Balinge. Voor de eerstvolgende voorstelling in Zuidwolde moesten ook goochelattributen meegenomen worden, maar dat ging niet meer op de fiets. Ik kon een bakfiets lenen en ondanks dat Zuidwolde maar een paar kilometer rijden was, ondervond ik dat dit niet de manier was om ons te verplaatsen. Voor het vervoer van de volgende optredens kon ik, afwisselend, 2 mannen strikken, Bansema, een rijinstructeur en Snippe, een taxichauffeur. Beiden brachten ze ons voor een zeer kleine vergoeding overal naar toe en zij hadden er plezier in om de voorstellingen achter de schermen mee te maken. Avondoptredens met een goochelprogramma voor volwassenen werden ook steeds meer gevraagd.

Een eigen auto was onmisbaar geworden. Een oude tweedehands was gauw gekocht en nu konden we ook buiten de regio voorstellingen aannemen. Binnen korte tijd reisden we half Nederland door.

Het was ergens op het platteland in Friesland, waar Rien en ik het hoofdnummer waren bij een avond van de plaatselijke muziekvereniging. De zaal zat vol met familie en kennissen van amateur musici. Het toneel was groot, maar het was alleen bereikbaar vanuit de zaal. Achter en naast het podium waren geen kleedkamers en toiletten. Na de pauze zou, als muzikaal hoogtepunt, het plaatselijke mandolineorkest, bestaande uit ongeveer 25 kleine en grotere meisjes, hun beste kunnen tonen. Daarna zouden wij tot slot van de avond optreden. En zo werden er tijdens de pauze circa 25 klapstoeltjes op het podium klaargezet. Voor elke stoel kwam een opvouwbaar muziekstandaardje, waarop een velletje bladmuziek werd gelegd. Er stond achter op het toneel een kamerscherm, waarachter wij ons, tijdens het spelen van de meisjes, gingen voorbereiden. Ik ging mijn trucs prepareren en Rien trok zijn clownspak met flapschoenen aan en ging zich schminken. Maar Rien kreeg hoge nood en een toilet was hier niet, wat moest hij doen. Hij kon natuurlijk niet in z'n clownskostuum tussen de musicerende meisjes en door de zaal naar het toilet lopen.

Maar hij zag een deur in de achtermuur van het toneel. "Ik ga even kijken, wat er achter die deur is", zei Rien, "die spelende kinderen zien en horen mij niet."

Voorzichtig liep hij naar de deur en wat er toen de eerstvolgende seconden gebeurde, is niet in een paar woorden te vertellen...

Rien was verdwenen in de duisternis van de avond en tegelijkertijd woei er een krachtige wind over het toneel, die de muziekblaadjes op de wankele standaards alle kanten op blies. Super zenuwachtig probeerde vele kinderhanden tevergeefs de muziekblaadjes terug te pakken. Het gevolg was dat de meeste standaards omvielen en de chaos was compleet. Rien was, door een loze deur lopend, een halve meter lager in een weiland terecht gekomen. Toen hij terugklom en als een vreemd wezen met zijn meelwitte kop en vuurrode ronde neus door de zwarte deuropening boven het omgevallen kamerscherm te voorschijn kwam, werd het voor veel meisjes een nachtmerrie. Nadat iedereen tot rust was gekomen, werd het mandoline concert met succes vervolgd. Ons optreden daarna sloeg dermate aan, dat we meteen na afloop een voorstelling aannamen voor het volgende seizoen. Maar een dergelijke stunt als bij deze voorstelling, konden we voor de volgende keer niet garanderen.

Onze poppenkastvoorstellingen voor de jongste jeugd waren van midden november tot begin december 1952 erg in trek. Ik liet een tweede kast maken en houtsnijder Kuik uit Utrecht sneed een serie koppen en handjes voor poppenkastpoppen. Kuik was gewend poppen te maken voor katholieke instellingen, maar hij vond deze opdracht uitdagend en het werden 11 poppen met een eigen karakter. Jan Klaassen kreeg een vrolijke uitstraling, Katrijn werd een bazig typje, de politieagent met snor werd streng, de burgemeester kreeg een uitgestreken gelaat met een kaal hoofd, de boef had vooruitstekende jukbeenderen, zware wenkbrauwen en stoppels en de heks een hele grote neus en een wilde bos touwhaar. Nini kocht lapjes op de markt, waarmee ze bij de typen passende kleding maakte, zodat er prachtige poppen ontstonden.

Poppenkastpoppen van houtsnijder Kuik

Nu was het mogelijk op de Sint Nicolaas topdagen 4 voorstellingen op verschillende plaatsen te geven. Enthousiaste vaste cafébezoekers, onder leiding van dansleraar van der Plaat, hadden er plezier in om ons mee te helpen. Als Rien en ik ergens een 1e voorstelling gaven, zetten ondertussen de assistenten elders de andere kast op voor de 2e voorstelling. Tijdens het spelen hiervan braken onze hulpen de kast van de 1e voorstelling af om die op het 3e adres weer op te stellen.

Ik had ondertussen een abonnement genomen op het tijdschrift "Het Poppenspel", uitgegeven in het Belgische Mechelen, een toonaangevend vakblad. De poppenspelen die erin beschreven stonden, hadden vaak een katholieke inslag. Meestal niet voor mijn spelen geschikt, maar ik kon er wel veel ideeën en technische tips uithalen.

Na afloop van voorstellingen op scholen kregen we vaak opstellen en tekeningen van de kinderen met soms verrassende reacties. Meestal bestond het programma uit goochelen en daarna poppenkast. Tijdens het optreden haalde ik af en toe uit een doos een grote, van stof gemaakte rat. Ik manipuleerde de rat zo, dat het leek alsof het enge beest mij wilde bijten en ik stopte hem dan weer snel in de doos. In de meeste opstellen van de schooljeugd werd de rat genoemd.

Na een poppenkastvoorstelling vroeg een meisje: "ik heb ook mooie poppen, maar die kunnen niet praten, hoe leer ik die poppen dat?" Mijn antwoord was dat er in Spanje een poppenpraatschool was en als ze daar met vakantie naar toe ging, moest ze de poppen maar meenemen, maar de poppen leren daar alleen Spaans.

Bij het goochelen was het koekjes bakken een hoogtepunt. De kinderen legden dan ronde stukjes karton in een pan, deksel op de pan en een beetje sim-sala-bim. De kartonnetjes waren Mariakoekjes geworden en die echte koekjes werden onder het publiek verdeeld. Na afloop van deze truc zei een moeder: "Nu moet ik thuis koekjes bakken, want mijn zoontje zegt dat hij genoeg karton weet te liggen." Elke moeder zal moeten erkennen dat kinderen niét doen wat je zégt, maar wat je doét.

Een jongetje kwam mij huilend vertellen dat zijn koekje gevallen was en in stukken was gebroken. Hij had zo graag het door hem zelfgebakken koekje aan zijn moeder willen laten zien. Dat was natuurlijk geen probleem, we hadden altijd genoeg koekjes bij ons.

Een andere keer gebeurde het dat een jongen, na een koekje uit de pan gepakt te hebben, zei: "Het koekje is nog warm." Hij wist natuurlijk niet, dat de goochelpan tot vlak voor de voorstelling toevallig op de centrale verwarming had gestaan.

Bij poppenkastoptredens gebeurde het meer dan eens dat vooral jongens op de kast afvlogen en er tegen begonnen te slaan en te schoppen op momenten dat Jan Klaassen bijna het onderspit moest delven tegen de boef.
Ik bedacht steeds nieuwe avonturen voor de kast, vooral als we voor de zoveelste keer bij dezelfde vereniging kwamen. Tijdens de rit naar de voorstelling vertelde ik Rien wat ik bedacht had en hoe het verhaal ongeveer moest verlopen. Al spelende begrepen we elkaar en het publiek kreeg steeds weer een half uur lang, spanning en plezier bij een nieuw avontuur met Jan Klaassen en Katrijn in de hoofdrollen.
Jong publiek ziet trouwens eenzelfde voorstelling graag terug, het meeleven is dan zelfs sterker.

Diesel, een nieuw zeeppoeder

De Boer zelfbediening wilde openluchtvoorstellingen voor de jeugd organiseren, maar het moest wel een stimulerend effect bevatten om de zaak te bezoeken. Men wilde graag reclame maken met een nieuw waspoeder, Diesel genaamd. Ik bedacht toen het volgend poppenkastverhaal. De koning was steeds verkouden en had veel vuile zakdoeken, maar de wasvrouw van de koning kreeg die zakdoeken niet goed schoon. De koning schreef een wedstrijd uit en diegene die de zakdoeken goed schoon kreeg, ontving van de koning een grote prijs. Jan Klaassen haalde vuile zakdoeken uit het paleis om samen met Katrijn te proberen ze te reinigen. Katrijn gebruikte Diesel zeeppoeder en de zakdoeken werden sneeuwwit, ze hing ze te drogen aan de waslijn. Even later kwam de dief langs, zag de witte zakdoeken en zei tegen het publiek dat hij die doeken meenam en aan de koning wilde laten zien. Hij zou dan vast de prijs winnen. De dief zei dat de kinderen niet tegen Jan Klaassen mochten zeggen dat Pief, de dief, het wasgoed mee had genomen, maar dit gebeurde natuurlijk toch. Jan Klaassen riep de agent te hulp en ging vervolgens naar huis om Katrijn het gebeurde te vertellen. De agent probeerde met het publiek de dief te pakken, maar de agent liep steeds de verkeerde kant op. Jan Klaassen ging de vermoeide agent aflossen en het lukte hem wel, met hulp van de kinderen, de dief te pakken. Jan Klaassen stopte de dief in een droge put en ging de zak met was vlug naar Katrijn brengen. Ondertussen moesten de kinderen oppassen dat Pief, de dief, niet uit de put kroop. De dief probeerde het steeds, maar door het harde schreeuwen van de kinderen lukte het niet. Uiteindelijk werd de dief aan de agent overgeleverd en dankzij het goede wasmiddel Diesel, wonnen Jan Klaassen en Katrijn de eerste prijs. De koning adviseerde dat iedereen Diesel moest gaan gebruiken.
De gratis Diesel-voorstellingen werden op het voetbalveld gehouden en de belangstelling was overweldigend. De Hoogeveense politie zorgde dat alles ordelijk verliep.

De Boer zelfbediening was zeer content met de belangstelling voor de Diesel zeeppoeder. Maar een

De Burlesco's laten de jeugd onvergetelijk genieten

paar dagen later stond in de Hoogeveense Courant een advertentie van de winkeliers Blanken en Jonkman, met als kop: "Bij ons geen poppenkast, bij ons de Diesel voor halve prijs."

In de periode van de zomer 1952 tot eind 1958 gaven Rien Bogers en ik onder de naam "De Burlesco's" ongeveer 350 voorstellingen. Van verschillende zijn me nog enkele hier volgende voorvallen bijgebleven.

We gaven voorstellingen voor het Prinses Irene Fonds, o.a. in Groningen en Beetsterzwaag. In deze Friese plaats traden we op voor de Cornelia Stichting, waar kinderen met kanker werden verpleegd.
In Groningen brachten we 3 voorstellingen in het Academisch Ziekenhuis, waarvan 1 optreden voor de psychiatrische afdeling in een soort collegezaal met een tribune. Ik vroeg hier iemand om assistentie en zonder er bij na te denken, sprong een man aan de zijkant van de tribune twee en een halve meter naar beneden en rende naar mij toe. Ik vroeg de man, als onderdeel van een goocheltruc, met een hamer een walnoot kapot te slaan die ik voor hem op tafel neerlegde. Maar voor ik mijn hand kon terugtrekken, sloeg hij hard op mijn vingers. Ik slaakte een kreet van pijn en hij gaf een kreet van overwinning en riep: "Die was lekker raak, hè!"
De 2 andere voorstellingen waren voor de tuberculose mannen- en vrouwenafdeling. Ik ging bij de bedden langs om hier en daar wat vingervlugheid te laten zien. Maar de patiënten lagen in de openlucht en het was 28 januari. Doe dan maar eens iets waar je met soepele vingers vingervlugheid moet tonen. Maar de patiënten hebben zich toch heel goed vermaakt.

We waren gevraagd op te treden op de jaarvergadering van een begrafenisvereniging in een Drents dorpje, kennelijk om na de pauze er wat stemming in te brengen. Ik had met het bestuur een voor ons gunstige financiële afspraak gemaakt. Na afloop zei de voorzitter dat ze een voordelig jaar hadden gehad. Er was maar een lid overleden, normaal waren het er meer, dus reden genoeg voor een prettige avond.

Het was hartje winter en bij ons in de bovenzaal was een avondbijeenkomst van christelijke jongerenverenigingen. Uit de wijde omgeving waren de ongeveer 300 deelnemers met autobussen naar Hoogeveen gebracht. Na afloop van

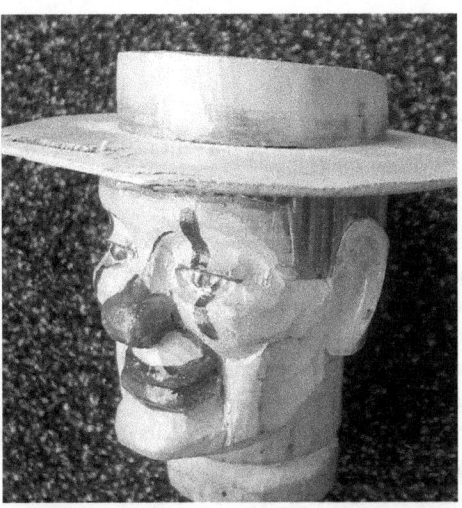

de bijeenkomst, omstreeks half twaalf, bleek dat door ijzel de wegen niet meer te berijden waren, geen buschauffeur durfde de weg op. Ik lag al in bed omdat ik vroege dienst had, maar vader wekte mij en binnen een paar minuten stond ik op het toneel en heb het gezelschap een uur lang, onvoorbereid, met goochelen bezig gehouden. Toen waren de wegen weer beter begaanbaar.

Tijdens een voorstelling in Apeldoorn deed ik de brandende kaarsentruc. Een brandende kaars tussen wijsvinger en duim veranderde in 4 kaarsen tussen mijn 5 vingers. Het leken echte kaarsen, maar de ijzeren inklapbare kaarsen bevatten kleine reservoirs met benzine. Een lek in een van de tankjes zorgde dat niet alleen de kaarsepitten, maar ook mijn vingers in brand stonden. Ik pakte heel rustig met de andere hand een goocheldoek van de tafel en deed die over mijn brandende hand, waardoor de vlammen direct doofden. Meteen kwam Rien, als clown "Guus", met een fles limonade uit het decor te voorschijn en schonk de fles over mijn hand leeg. Het publiek vond het prachtig, ze dachten dat het zo vertoond moest worden. We hebben die kaarsentruc toch maar van ons programma geschrapt.

Voor het personeel van de kruidenierscombinatie "Centra" hadden we een paar voorstellingen in Deventer. Een van de vertegenwoordigers van de firma was woonachtig in Hoogeveen en hij zou ons in zijn auto naar Deventer rijden. Maar met ons drieën in een volkswagen en dan nog al die koffers met goochelattributen, dat kon niet goed gaan. En inderdaad, halverwege Deventer, politie controle. Het werd een bekeuring, de chauffeur kon niet door de achterspiegel kijken. In de zaal van het hotel op de markt in Deventer liep het ook niet voor de wind. Op het toneel stond een kamerdecor, maar de circa 3 meter hoge decorstukken waren niet geschoord of met krommers aan elkaar bevestigd. Tijdens de voorstelling, vooral door het heen en weer gedraaf van "Guus", viel heel langzaam een decorwand in onze richting. Onder grote hilariteit van het publiek wisten we de uit linnen en latten bestaande wand tegen te houden. Maar Rien was daardoor op een idee gekomen. Op het moment dat hij als "Guus" weer op moest komen, viel een decordeur met een knal op het toneel en erover heen strompelend zei Guus: "Ik kom even met de deur in huis vallen."

Als clown was Rien een bijzonder talent. De manier waarop hij een oog uit zijn oogkas draaide en met dat oog ging manipuleren en jongleren, was uniek. Ook een succes was als hij, imaginair, een touwtje in zijn linkeroor peuterde en die uit zijn andere oor er zgn. uit liet komen en daarna dat touwtje heen en weer trok. Ook de manier waarop hij een vinger onder een doek kon laten verdwijnen, was bijzonder komisch.

Een knaller was de truc met twee ver vanelkaar staande tafels met daarop kokers, onder een koker bevond zich een fles en onder de andere een appel. Met magische krachten verwisselde ik, lopende van tafel naar tafel appel en fles steeds van plaats en tegelijk liep "Guus", de appel opetende, achter mij aan.

Bijzonder was onze driedimensionale vertoning. Een wit scherm werd op het voortoneel geplaatst, achter op het toneel 2 spots, een met groen en een met rood licht. Het publiek kreeg 3D-brillen op en als wij dan tussen de spots en het scherm een skelet of een spin heen en weer bewogen, was het net of die griezeldingen uit het doek op het publiek afkwamen. Die speciale brillen had ik in Amsterdam bij een bioscoop kunnen kopen.
Het kartonnen skelet heeft later nog jarenlang de kamer van Henk opgesierd.

Bescherming bevolking

Voor de B.B., de afkorting van Bescherming Bevolking gaven we in de provincie Drente 25 voorstellingen in grote en kleine plaatsen. Het waren contactavonden om de betrokken vrijwilligers met hun dames geïnteresseerd te houden voor de instelling. We hadden voor alle 25 optredens hetzelfde programma samengesteld, bestaande uit ongeveer 15 goocheltrucs. Elke avond werd geopend met een speech door de burgemeester. Soms was de burgervader na 10 minuten uitgepraat, maar het was geen uitzondering dat hij het een half uur vol hield. Daarna kwam er vaak nog een plaatselijke grootheid die met blokfluit of met een of ander tokkelinstrument het muzikale gedeelte van de avond probeerde op te luisteren. Meestal bleef het bij een melodietje van een paar minuten, maar soms was er een dappere musicus die zijn hele repertoire speelde en in zo'n geval waren we weer een kwartier verder. Dit noemden we schrapvoorstellingen, des te langer de burgemeester sprak en de muziek klonk, konden wij

Clown Guus denkt te kunnen goochelen

ons programma verder inkorten. Dat was ongeveer 5 minuten per goocheltruc. Er waren voorstellingen bij waar wij de helft van ons programma konden schrappen, er was dan nog maar tijd over voor 6 of 7 trucs.

De B.B. voorstelling in Emmen was gepland in de bovenzaal van café Tepper. De zaal had een geïmproviseerd, half meter hoog toneeltje. De smalle deur vanaf de gang naar het toneel was erg steil, met smalle treden. Om dus vanuit de gang op het toneel te komen en terug, moest bukkend gebeuren. Rien en ik waren haast klaar met onze voorbereidingen op het toneel. Alleen het licht op de Bühne vonden wij veel te weinig, slechts 2 lampen van 75 watt. Maar dat leek geen probleem. In het midden, vlak boven het voordoek was een grote schijnwerper bevestigd, waaraan een los snoer en direct ernaast een stopcontact. Ik herinnerde me dat in de gang naast het toneel een ladder stond en ondanks de moeilijke deuropening kregen we de ladder op het toneel. Terwijl de burgemeester op het toneel, staande op een smalle richel voor het doek, zijn speech afstak, beklom Rien achter het doek de ladder om boven het schijnwerpersnoer in het stopcontact te steken.

En dat had Rien niet moeten doen, want daardoor ontstond kortsluiting. Niet alleen op het toneel en in de zaal, maar het hele etablissement kwam totaal in het donker te zitten en er was geen noodverlichting. Rien trok snel de stekker uit het stopcontact, kwam voorzichtig de ladder af en gaf ondertussen, de toch al wankelende burgemeester door het gordijn heen een por in de rug. We hoorden dat hij een kleine schrikkreet uitte en vroeg of iemand in de zaal hem een hand aan kon reiken om hem van het smalle toneelrandje te leiden. Wat er precies in het donker voor het toneel gebeurde, zijn we niet gewaar geworden, maar het was een hevig gestommel en gedoe. Wij hadden onze zorgen. We moesten zo snel mogelijk de ladder terug zetten in de gang, wij waren toch onschuldig aan deze toestand. Op de tast schoven we de ladder in en gingen, Rien voorop, richting de gangdeur. Weer een kreet, maar nu een hele harde. Rien was met kracht tegen de bovenrand van het deurkozijn gelopen, wie bedacht nou ook een deur waar je half kruipend door moest.

Wij hielden ons heel gedeisd. Na 15 minuten ging het licht weer aan en het programma kon vervolgd worden en we konden weer een paar nummers schrappen. Ons optreden geschiedde helaas bij te weinig licht, de buil op Rien zijn voorhoofd viel daardoor niet op.

Onze B.B. voorstellingen werden niet alleen gehouden in grote plaatsen, maar soms in dorpjes, waar totaal geen accommodatie aanwezig was voor een optreden zoals wij dat brachten. Toen we eens in zo'n gehucht een zaaltje binnenkwamen, was er aan de rechterwand het buffet, aan de linkerwand stonden de kapstokken, de derde wand, tegenover de ingang, bevatte een paar deuren, o.a. naar de toiletten, maar een podium was er niet. Waar moesten wij optreden, voor het buffet, voor de toiletdeuren of tussen de kapstokken? Bij een goochelprogramma moet je geen mensen achter je hebben. We hebben gewacht tot alle bezoekers binnen waren en hun jassen hadden opgehangen. De burgemeester sprak, voor het buffet staande, die plek was hem kennelijk bekend. De aan tafeltjes gezeten mensen keken toe en ondertussen konden wij voor de kapstokken onze attributen opstellen. Voor de toiletdeuren was ook niet verstandig geweest, in de pauze stond men daar in de rij. Wel kwam nog een enkele laatkomer tijdens ons optreden binnen en liep doodgemoedereerd tussen Guus en mij door om z'n jas op te hangen. Wij kregen door dit soort optredens ervaring om onder alle mogelijke omstandigheden een goede voorstelling te brengen. Ik heb later vaak beroepsartiesten meegemaakt die onder iets afwijkende omstandigheden niet konden of wilden optreden.

Telepathie en sperziebonen

In Steenwijk waren biertapwedstrijden georganiseerd en het bestuur had ons gevraagd voor een middagvoorstelling voor de Steenwijkse jeugd en 's avonds voor een humoristisch goochelprogramma voor medewerkers en genodigden. We hadden voor deze voorstellingen veel requisieten nodig. Te veel voor mijn auto, maar een vaste hotelgast ging graag met zijn stationcar mee om onze decors te vervoeren en een handje mee te helpen. Zijn naam was Aaykens en hij was vertegenwoordiger van de zeepfabriek Dobbelman, merk Castella, daarom noemden wij hem Cas. Elke morgen liet hij zich scheren bij kapper Fernhout tegenover ons hotel, natuurlijk met scheerzeep van Castella. Vlak voor we tesamen naar Steenwijk vertrokken, moest Cas zich nog vlug even laten scheren bij Fernhout. "Ik ben zo terug", zei Cas. In de kapsalon zaten 4 mannen op een beurt te wachten, maar Cas wist raad. "Verkoop je Philipshaver?", vroeg hij aan Fernhout en tegelijk pakte hij zo'n apparaat uit de vitrinekast. "Ik probeer het ding even, hoor", en voor Fernhout iets kon zeggen, had Cas de stekker in het stopcontact gestoken. Na 2 minuten scheren zei Cas, "Een prima apparaat, tot morgen, daag." Zo vertrokken we toch op tijd met 2 auto's naar Steenwijk.

De voorstellingen waren in de bioscoop met een prachtig groot toneel en er liep zelfs een toneelmeester rond. Hij vroeg ons of wij hem nodig hadden, maar dat was niet het geval. We hadden liever niemand bij ons op het toneel en een toneelmeester wilde ook graag nog een fooi na de voorstelling. "Dan blijf ik nog heel even kijken", zei de toneelman, "ik ken uw programma niet". Cas had voor de lol uit onze rekwisietenkoffer een antieke witte kantjesbroek gehaald en had dat ding over zijn hoofd geschoven en zo zat hij naast de toneelmeester tussen de coulissen onze voorstelling te volgen. "Mooi programma", zei de man tegen Cas, "maar voor ik wegga, wil ik u ook nog zien optreden, u lijkt mij een hele goede clown." Chauffeur Cas gaf geen antwoord, ze zijn beiden tot het einde van de voorstelling tussen de coulissen blijven zitten. Na deze middagvoorstelling gingen we met z'n drieën Steenwijk in voor een hapje en een drankje. We kwamen voorbij een levensmiddelenbedrijf en de voorop lopende Cas, hij was een echte charmeur, groette een paar voor in de winkel staande winkelmeisjes en natuurlijk groetten deze terug. Cas liep de winkel in en Rien en ik volgden op enige afstand. Cas had net verteld dat we met z'n drieën een voorstelling in de bioscoop hadden gegeven en nu voor een volgend optreden nog even ergens wilden eten en hij vroeg hun waar dat mogelijk was. Artiesten in je zaak, dat vonden de meisjes interessant, vooral nadat ik een paar goocheltrucjes had gedaan. Ondertussen waren er meer personeelsleden en klanten om ons heen komen staan. "Wat doet u?", vroeg een van de jongedames aan Rien. "Ik ben telepaat, gedachtenlezer", was zijn antwoord, "ik zal jullie dat bewijzen." Rien liet een meisje een blik sperziebonen pakken dat achter haar in een stellage stond en een ander meisje moest een blik doperwten nemen. Hij gaf ze de opdracht om goed naar de ingeperste cijfers en letters te kijken aan de onderkant van de blikken. Guus keek de meisjes zeer indringend aan en noemde op indrukmakende wijze precies wat op de blikken stond, iedereen was perplex. Op Guus zijn vraag aan de meisjes of hij nu iets over hun heden en verleden zou vertellen, werd het hun te heet onder de voeten en maakten ze giechelend dat ze wegkwamen. Het overige publiek lachend achterlatend. We verlieten de winkel, nagestaard door een groepje verbaasde mensen.

Dat Rien die cijfers en letters op de groenteblikken wist te vertellen, was natuurlijk geen wonder. Hij was immers chef op de conservenfabriek waar deze blikken met sperziebonen en doperwten vandaan kwamen. Na afloop van de avondvoorstelling hoorde ik iemand zeggen dat hij ook een telepaat in het programma had verwacht.

Nachtmerrie of geestverschijning

Het was begin december en we hadden in Hardenberg een kindervoorstelling, voor de pauze goochelen en daarna een poppenkastvertoning. Bij een van de trucs moest ik vlug een glas melk leegdrinken, want tegelijkertijd kwam die melk in een ander glas weer tevoorschijn. Dat melk drinken was normaal geen probleem, maar na de eerste slok proefde ik het al en begreep het meteen, Rien had zout in de melk gedaan en niet zo'n klein beetje. Ik moest het glas toch leeg drinken, anders mislukte de truc. Later biechtte Rien op dat hij een zoutvaatje uit het ernaast gelegen restaurant had gebruikt. Lachend zei hij: "Je bent een beetje verkouden en dan is gorgelen met zout goed." Tijdens de poppenkastvertoning, na de pauze, bleek dat mijn stem nu extra hees was geworden. Ik speelde de rollen van Jan Klaassen, de agent en de boef en deze waren nu ook erg hees. Het was zelfs zó erg, dat Katrijn medelijden met ze had. Ik had Rien wraak beloofd en die kwam al gauw, in Eursinge.

De voorstelling in Eursinge was in café Moes, een oude boerderij waar een zaaltje was aangebouwd. Men kwam in de zaal door een klein halletje met garderobehaken en achter in de zaal een echt podium, maar zonder verdere voorzieningen, alleen een deur naar de woning van de boer-kastelein. Ondanks dat het barre winter was, was de zaal tot de nok gevuld. De bewoners van zo'n gehucht bleven met slecht weer niet gauw thuis, want er was niet zo vaak iets te doen.

Het programma voor deze avond bestond hoofdzakelijk uit goochelen met veel humor. De degenkist was een van de hoofdnummers. Ik vroeg of "Guus" in zijn kleurig clownskostuum plaats wilde nemen in de kist en zei dat er niets met hem zou gebeuren. Hij stemde toe, maar dan alleen als hij zijn grote koffer mee mocht nemen in de kist, want daar zaten zijn broodjes in. Maar dat kon natuurlijk niet. En toen "Guus" de degens zag staan, vertrouwde hij me niet meer. Hij vertikte het mij nog mee te helpen en ging weg. Hij pakte zijn koffer, stapte van het toneel en ging door de zaal richting uitgang. Normaal gesproken riep ik hem halverwege de zaal terug en beloofde dat hem niets zou overkomen. Nu had ik de kans hem er tussen te nemen. Ik liet hem lopen en ging verder met een volgende goocheltruc. "Guus" liep door naar het halletje en ging naar buiten om via de achteringang weer binnen te komen. Hij kwam in zijn dunne clownspak in een flinke sneeuwbui terecht en baggerde in het donker naar de achterzijde van de boerderij. Daar bevond zich een niet afgesloten deur, die "Guus" toegang gaf tot een schuur. De schuur bleek tevens een stal te zijn, want gestommel en gesnuif gaven aan dat er leven was in deze ruimte. Gelukkig zag "Guus" helemaal achter in de schuur een lichtspleet onder een deur, waarvan hij veronderstelde dat deze van de woonkamer van de familie Moes was. Hij stapte resoluut deze kamer binnen, maar wat een schrik, het was de slaapkamer van de oude boerin. Zij stond in nachtgewaad op het punt in de bedstee te stappen. En toen kwam er plots een wildvreemde man binnen, een engerd met een witte kop en een zwarte streep over z'n ogen, met een grote ronde rode neus, een kanariegele hoed op zijn hoofd en in een veel te brede geruite broek en een grote oude koffer meezeulend. "Guus" liet geen schrik blijken en liep ongestoord door naar de deur aan de andere kant van de kamer, en wenste ondertussen opoe goedenacht toe. "Guus" kwam inderdaad weer op het toneel terecht en wij deden alsof er niets was gebeurd en vervolgden ons programma. Opoe heeft het overleefd, maar was het een nachtmerrie of een geestverschijning die zij had meegemaakt.

In Groningen traden we tijdens kleinkunstavonden op in Hotel Frigge en de grote zaal van de Harmonie. Deze avonden werden georganiseerd door het impresariaat Herman Rinket.

Rien draaide vaak in een vloerplank aan de rand van het toneel grote bouten. Hierin pasten de hakken van zijn schoenen zodat hij ver voorover kon hangen in de richting van het publiek. Maar in de Harmonie lukte deze gag niet helemaal, want terwijl Rien als clown "Guus" voorover boog, ging halverwege het toneel een plank omhoog. Hij ging weer snel rechtop staan, want anders was hij met plank en al tussen het publiek terecht gekomen.

Ook in Groningen hadden we een optreden in het Concerthuis in de Poelestraat voor personeel van een meubelwerkplaats. Behalve de reiskosten als vergoeding zou men voor ons een set tuinmeubels maken. Ik denk dat die meubels nog steeds niet klaar zijn.
We hadden bij een optreden op de zolder van het huis van bewaring in Zwolle een burgemeester onder het publiek. Deze bewuste persoon was verdacht van fraude, maar wij hebben hem er op een eerlijke manier tussen genomen.
Voor het Ministerie van Maatschappelijk Werk gaven we in woonoorden en internaten voorstellingen voor gerepatrieerde gezinnen, o.a. uit Indonesië.
In Diever traden we op in het prachtige openluchttheater op die dagen dat er niet de bekende "Shakespeare"-voorstellingen gehouden werden. Ergens in Twente zouden we voor de VVV een voorstelling geven tijdens een feestweek. Licht en geluid, alles was goed geregeld, was ons verzekerd. Maar tussen ons podium en het publiek was een vijver van ongeveer 15 meter en dat was niet geschikt om contact met het publiek te hebben, iets wat in ons programma echt nodig was. Met vergrote expressies en mimiek door "Guus" en door goochelen met grote attributen werd het toch een geslaagde avond. Ik herinner me een winkelweek in Loppersum. Het weiland waar het feest gehouden zou worden was totaal verregend, veranderd in een mod-

Honderden kinderen helpen Jan Klaassen

derpoel en onbereikbaar geworden. Dankzij militairen van de genie kwam het toch in orde. Ook traden we op voor winkelweken, o.a. in Ter Apel, de Hogelandster Trek in Uithuizen, in Leek-Nienoord, bij oogstfeesten in Raalte en voor festiviteiten in de dierentuin van Emmen. Bij een van deze voorstellingen trad in het voorprogramma een plaatselijk orkestje op. De vloer van het podium liep schuin af, iets wat de drummer van het orkest niet in de gaten had. Bij elke trap op het pedaal van de grote trom schoot de drum een paar cm naar voren. Men zag het aankomen, maar niemand zei iets. Tot plotseling de grote trom van het toneel gleed, gevolgd door de geschrokken drummer, die in een reactie een poging deed de situatie te redden.
Deze openbare optredens waren altijd verrassend. Hoeveel en wat voor publiek zou er komen. Vaak was het in de openlucht en dan vroegen we ons af hoe zou het weer zijn en wat er zou gebeuren bij regen en harde wind.
Ondanks dat er in Amsterdam een groot aanbod was van gezelschappen die jeugdvoorstellingen gaven, was het toch bijzonder dat wij in Bellevue op 8 januari 1958 een poppenkast en goochelvoorstelling verzorgden voor de kinderen van leden van de Horeca afd. Amsterdam.
Schooloptredens hadden we in heel noord Ne-

derland, van Harlingen tot Uithuizermeeden en van Coevorden tot Hilversum.
Soms traden we op als extra nummer in een bestaand programma, zoals bij het gezelschap van Tetman de Vries en ook bij het cabaretprogramma van Wim Ibo en Cor Lemaire.
In Arnhem hadden we een optreden in het paviljoen van het park Sonsbeek voor directie en personeel van tandtechnisch laboratorium Tolmeijer.
In Arnhem had Ben ter Hall jr. een revue samengesteld met de beste amateurartiesten op het gebied van de kleinkunst uit de Gelderse hoofdstad. "Ben ter Hall's Revue" van ter Hall sr. had voor de oorlog een bekende naam door optredens in alle grote theaters in Nederland. Ben ter Hall jr. wilde het nu eens proberen met deze plaatselijke amateurs en vroeg ons als gast te willen optreden in zijn revue "De Achterklap" in de stadsschouwburg in Arnhem. De volgende dag stond in de Arnhemse Courant dat het programma vrijwel nergens boven de middelmaat uitkwam. De recensent vervolgde met, "Een uitzondering dient men te maken voor 'Burlesco en Co' uit Hoogeveen, maar wij weten niet in hoeverre dit optreden dat van amateurs genoemd kan worden."

De AVRO en "d'Oprechte Amateur"

De AVRO richtte op 13 december 1954 "d'Oprechte Amateur" op, een stichting die amateurartiesten wilde stimuleren, begeleiden en gelegenheid geven om hun liefhebberijen ten uitvoer te brengen. De voorzitter werd mr. Harm Smedes.
Onze organisatie van amateurvoorstellingen en de Burlesco-programma's waren aanleiding, dat "d'Oprechte Amateur" contact met mij zocht en vanaf 1956 begonnen we gezamenlijk wedstrijden voor amateurartiesten te plannen. Ons Burlesco-programma werd voor veel voorstellingen van "d'Oprechte Amateur" in Nederland gevraagd.

De eerste wedstrijd werd in onze bovenzaal gehouden op 4 januari 1956. Daarna volgden wedstrijden in Assen, Meppel en Emmen en tot slot de finale in onze zaal. Een deskundige jury o.l.v. mr. Harm Smedes maakte na afloop van de avond niet alleen de uitslag bekend, maar gaf tevens een uitvoerige uiteenzetting van het oordeel van de jury over elk nummer. Een van de juryleden was de directeur van de Hoogeveense muziekschool, de heer P. de Geele. Het toeval wilde dat de heer de Geele een beetje erg scheel was en nadat hij tijdens de eerste avond door een medejurylid per ongeluk als meneer de Schele werd voorgesteld, bedankte de Gele als jurylid bij de volgende wedstrijden.
Een ander jurylid was Peter van der Hurk uit Meppel, zijn dochter Pia trouwde later met de toneelspeler Ko van Dijk. Bij deze avonden traden "Guus" en ik op als extra nummer na afloop van de wedstrijd om de jury gelegenheid te geven voor overleg.
Na deze Drentse competitie hadden we nog in Usquert een wedstrijd tussen amateurs uit Drente en Groningen.

Op zondag 13 januari 1957 traden we op in Eerbeek voor Hongaarse vluchtelingen. Aan het programma deden verder amateurs mee uit Amsterdam, Rotterdam, Utrecht en Arnhem. Wij goochelden de nummers aan elkaar door korte visuele trucs en met een enkel Hongaars woord, dat we uit een woordenboekje hadden gehaald. De Hongaarse opstand had een olieboycot tot gevolg en op zondag mocht niet met de auto gereden worden. Van de rijksverkeersinspecteur Lindeboom, die regelmatig bij ons logeerde, kreeg ik ontheffing om op de bewuste zondag tussen 12 en 21 uur van Hoogeveen naar Eerbeek te rijden en terug.

Het aan elkaar goochelen van de nummers in een amateurprogramma van "d'Oprechte Amateur" was zo'n succes, dat wij bij alle volgende voorstellingen als een trait d'union optraden.
Op 16 maart 1957 traden we op in Marl bij Recklinghausen. Het was een uitwisselingsprogramma met Duitsland, georganiseerd door

de AVRO in samenwerking met de West Deutsche Rundfunk. De reiskosten waren voor rekening van de AVRO. De Duitse instanties zorgden voor logies en maaltijden in een hotel niet ver van het theater. Rien en ik hebben er 21 nummers aan elkaar gegoocheld en tot slot, als hoofdnummer, onze truc met de degenkist vertoond. De amateurartiesten kwamen uit alle delen van Nederland en brachten een gevarieerd programma met o.a. een optreden van het ensemble "Benevolence" uit Rotterdam, een Balinese dansgroep ook uit Rotterdam, het "Dubbel Vier" mannenkwartet uit Emmen en verder solozang, pianosolisten en acrobatiek.

Enkele persreacties waren, "De uitwisseling is een doorslaand succes geworden" en "Met een uitgelezen programma, non-stop gebracht en als experiment nu eens niet aan elkaar gepraat, doch aan elkaar gegoocheld, kon een publiek van over de duizend mensen in het Feierabendhaus enige uren in spanning gehouden worden".

Foto's in de Duitse pers toonden het goochelduo in volle actie en onderstreepten het behaalde succes o.a. met het onderschrift: "Na de voorstelling maakten verschillende prominente personen van de gelegenheid gebruik om de combinatie goochelaar-clown te bedanken voor hun bijdrage in het welslagen van deze avond."

Een reportage van de avond is later door de AVRO radio uitgezonden.

In Emmen deden we mee als extra nummer bij een radio-opname en op 6 mei 1957 vertoonden we ons programma in Assen in zaal Geerts bij een voorstelling als onderdeel van het bevrijdingsfeest. De avond was samengesteld door "d'Oprechte Amateur" en de overkoepelingsorganisatie van alle buurtverenigingen in Assen.

Op Hemelvaartsdag, 30 mei 1957, werd in Berg en Bos in Apeldoorn de AVRO landdag gehouden. Toppers van de omroep traden er vanaf 13 uur op in het openluchttheater, 15.45 uur tot 17 uur was gereserveerd voor het optreden door de stichting "d'Oprechte Amateur".

Ook hier hadden we de eervolle opdracht om alle nummers aan elkaar te goochelen en als 'uitsmijter', zoals in het programma stond, het mysterie met de degenkist te vertonen.

Verdere deelnemers waren o.a. "De Canmakers", een orkest uit Deventer, "De Vrolijke Klanten", een accordeon kwartet uit Breda, mevrouw Koehorst uit Goes met cabaretliedjes, het "Maluku Duo" met zang en gitaar, "Los Buenos Amicos" een Zuid Amerikaans ensemble uit Amsterdam, "Black and White" uit Hilversum met imitaties, "De Renie's" een zangtrio uit Groningen, Joke en Marinus Jansen, twee trompettisten uit Rotterdam, Richard Blanken, een zanger uit Haarlem en "Het Birdland Quartet" uit Utrecht. In de pers stond later: "De Burlesco's goochelden de verschillende nummers op sprookjesachtige wijze aan elkaar."

Zaterdag 24 augustus 1957 traden we op voor "d'Oprechte Amateur" in Velp waar we in café-restaurant "De Vereniging" een besloten voorstelling gaven. Behalve ons optreden bevatte het programma slechts 5 andere nummers. Van de in totaal 55 geplande minuten moesten wij er 26 vol maken.

In een grote tent op de Consumentenbeurs in Arnhem op dinsdag 17 september 1957 deden wij mee aan een groot programma.

Een journalist schreef de volgende dag in de Arnhemse krant: "Ik heb me werkelijk geamuseerd met de niet minder dan 30 nummers die op het programma stonden. Het was te merken dat men hier met topfiguren uit de Nederlandse amateur-artiestenwereld te doen had. Burlesco en Co uit Hoogeveen zorgden voor komische conferences, waar ik hartelijk om gelachen heb en de mensen in de zaal niet minder."

Een bijzondere avond waarvoor wij gevraagd werden door "d'Oprechte Amateur", was de "Sterrenparade" ten bate van het Rode Kruis op 11 november 1957. De voorstelling was voor genodigden en werd gehouden op een los podium in de grote zaal van het Kurhaus in Scheveningen.

Dit was een van de laatste voorstellingen waarin ik zelf optrad, maar de samenwerking met de

stichting "d'Oprechte Amateur" bleef.
Ons horecabedrijf begon meer aandacht te vragen en ik had niet veel tijd over om overal in Nederland op te treden. De eerste voorstelling die ik afsloeg was een optreden bij een congres in Valkenburg. Rien Bogers vond dit standpunt van mij niet leuk, maar wel begrijpelijk.

Op zondag 13 april 1958 hield ik, samen met Cas Ziekman uit Amsterdam, in de bovenzaal van het hotel een Magic Meeting, bestemd voor goochelaars uit het noorden van het land. De belangstelling was groot, 120 goochelende deelnemers uit het hele land kwamen de bijeenkomst bezoeken.

Stadttheater Wilhelmshaven

Eind juni 1958 kreeg ik een brief van de Nord- und Westdeutscher Rundfunkverband in Hamburg. Men had een brief ontvangen van Herman Zandbergen uit Hoogeveen, die schreef dat zijns inziens het optreden van J. Bakker en R. Bogers zeer geschikt was voor het bekende programma "Toi-Toi-Toi" van Peter Frankenfeld, waarin amateurs hun kunnen mochten tonen. Zus Lia was de brein achter de brief naar Duitsland, zonder ons daarvan op de hoogte te stellen. De Duitse omroep vroeg of wij bereid waren voor een test op donderdag 3 juli in de Schumannsaal in Düsseldorf. We traden nog maar zeer sporadisch op, maar dit leek ons een interessante gebeurtenis. Nadat ik een bevestiging had gestuurd, reden we op de afgesproken donderdag naar Duitsland. De Schumannsaal was een grote zaal zonder publiek. Dat was een probleem, want ons programma vroeg om direct contact met publiek. In de zaal zaten 3 mannen die ons optreden moesten beoordelen. In een hoekje op het toneel zat nog een pianist achter een vleugel verveeld naar ons te kijken. Wij hadden hem niet nodig, ook niet voor een toucher om het publiek te enthousiasmeren. We voelden dat men aan de andere kant van de grens er met onze droge Nederlandse humor niet tussen genomen wilde worden. Halverwege onze test liet ik de heren weten dat het voor ons onmogelijk was om hier zonder publiek ons optreden goed te brengen. Een van de Duitsers antwoordde of hij misschien eerst het Leger des Heils had moeten vragen om de zaal gevuld te krijgen.

We waren gauw klaar en namen afscheid van de heren. We zouden bericht krijgen of we in aanmerking kwamen voor een optreden voor de Duitse t.v. We hadden nog nooit zo'n slechte voorstelling gegeven, de lol was er helemaal af. Maar 14 dagen later kwam er bericht dat men ons "Burlesco"programma geschikt vond voor een optreden in het programma "Toi-Toi-Toi". Wanneer en waar dat plaats zou vinden, was nog niet bekend, maar daar zouden we tijdig van op de hoogte gesteld worden. De lol begon weer terug te komen.

De televisieuitzending was zaterdag 16 augustus 1958 van 17 tot 18 uur in het Stadttheater van Wilhelmshaven, 's morgens om 10 uur was de camerarepetitie.
En zo vertrokken we op die zaterdag, heel vroeg,

Hoofdnummer in Duitse tv-show

met een volgeladen auto met Rien en Jopie Bogers, Nini en ik, een volle kofferbak en bovenop nog 2 grote kisten met materiaal voor de degentruc.
Bij de grens vond de Duitse douane het maar een vreemd vrachtje. Op hun vraag wat er in die grote, rode kisten zat, was mijn antwoord

heel eerlijk, "degens", op de bovenste kist en op de andere kist wijzend, "und darin die degenkiste". De vakinteresse bij de douane werd groter. Ze roken iets onrechtmatigs, maar ik stelde hen gerust door het tonen van de papieren van de Duitse omroep en de deskundige interesse veranderde nu in nieuwsgierige belangstelling. We konden vlot doorrijden en de douaniers beloofden de voorstelling te gaan zien.

De rechtstreekse uitzending, nog in zwart-wit, vond plaats in de grote, geheel gevulde zaal van het Stadttheater. De presentatie was in handen van Peter Frankenfeld en de muzikale begeleiding geschiedde door een dansorkest onder leiding van Viktor Renschke.
Het programma van de uitzending bestond uit 7 nummers, eerst een acrobatennummer, vervolgens een solozang, daarna een mondharmonikatrio, weer een solozang en een vocalgroep, gevolgd door een man, die een voordracht hield. Als finalenummer waren wij, als enig niet Duits nummer aan de beurt. Voor ons optreden was 6 minuten uitgetrokken, maar het liep behoorlijk uit. Daar was wel rekening mee gehouden, alleen een interview na afloop van ons optreden schoot er bij in. Na afloop werden we aangehouden door iemand die met ons wilde praten over een tournee door Duitsland, maar dat was echter niet onze bedoeling. Bij de uitgang van het theater stonden mensen die ons om een handtekening vroegen, waarom heb ik nooit begrepen.

De Duitse zender was in Nederland alleen te ontvangen als men een sterke en goed gerichte antenne op het dak had staan. Een paar dagen na de uitzending kreeg ik een brief van iemand uit Deventer die schreef: "Het was ondergetekende een zeldzaam genoegen, uw zeer verzorgde, humoristische goochelact te mogen aanschouwen tijdens uw optreden voor de Duitse televisie, voorwaar een zeer goede indruk voor de Nederlandse goochelkunst."

Een Hoogeveens hotel

Na de "Burlesco" uitstapjes terug naar het horecaleven, een leven waarvan mijn vader dacht dat ik met hart en ziel van het horecabedrijf hield. Jazeker, ik was geboren in een hotel en ben erin groot geworden en meehelpen in de zaak had ik altijd met plezier gedaan. Bovendien was het in die jaren normaal dat de oudste zoon, na ervaring te hebben opgedaan, de vader opvolgde. Broer Anno was totaal geen type voor het horecaleven. Vader wilde graag dat ik leerde bridgen, dan kon ik invallen als er in het café een speler ontbrak. Daar voelde ik niets voor, ik wilde geen invaller worden, ik was geen cafédier of horecaslaaf. Vader was erg gelukkig met de interesse die Nini toonde om de kneepjes in de keuken van hem te leren, zoals het zelf maken van kroketten, of croquetten zoals men toen schreef. Hiervoor moest eerst bouillon van rundvlees getrokken worden, waarvan een ragout werd gemaakt. Daarna werden er rollend kroketten van gevormd, die door, van oud brood gemaakte, paneermeel werden gerold, door eiwit gehaald en nogmaals door paneermeel. Het frituren geschiedde in een pannetje op open vuur. Kroketten moest je altijd in voorraad hebben, er waren steeds een stuk of 6 kroketten in de koelkast aanwezig, maar als er 8 besteld werden, was je in paniek. En als er een paar dagen geen vraag was naar die rotdingen, dan kon je ze weggooien. Ook werd Nini handig in het maken van huzarensalade, mayonaise, gevulde eitjes en roggetjes.
De koelkast werd gekoeld met blokken ruw ijs van een fabriek uit Meppel, de boderijder zorgde voor transport. 's Zomers hadden we veel ijs nodig, maar als de ijswagen bij ons aankwam, was het merendeel gesmolten. Het was een grote verbetering toen er elektrische koeling kwam.

Net als in Groningen had vader ook in Hoogeveen gauw in de gaten wat de specialiteit van de slagers was. Veldman aan de Schutstraat had prima varkenskoteletten, slager Bruins aan de Hoofdstraat had goede biefstukken, mede dankzij zijn machine die de biefstukken met mesjes extra mals kon maken. Maar het was vervelend als een gast in zijn biefstuk zo'n mesje terug vond. Oók aan de Hoofdstraat had Uiterdijk zijn slagerij. Hij was kundig in het omgaan met kruiden, zijn varkensrollade werd geroemd. We hadden klanten die speciaal omreden om bij ons een uitsmijter rollade te komen eten.

Gedistilleerde producten kwamen, behalve nog van de bekende Groningse leveranciers, van de Firma Dikkers aan de Stationsstraat. Deze zaak was van de familie Frederiks, de familie waar vader het hotel van had gekocht. Jacqueline Frederiks, de jongste dochter, trouwde later met de politicus Hans Wiegel. Brood werd geleverd door bakker de Vries, mevrouw de Vries was een zuster van oom Derk Hekma. Het gebak kwam van bakker de Goede. Dat was gemakkelijk, want die zaak bevond zich twee huizen bij ons vandaan. Groenteboer was van Aalderen, Feijer zorgde voor verse eieren en melk en van Dijk was onze kruidenier, ze kwamen regelmatig vragen wat er nodig was.

Nini en ik waren dus aardig ingewerkt in het bedrijf en moeder, Anno en Mieneke gingen naar Arnhem verhuizen, de stad waar vader zo graag wilde gaan wonen. Hij had enige jaren ervoor een huis gekocht aan de Sweerts de Landasstraat. Vader ging er de eerste tijd alleen gedurende de weekenden naar toe. Lia zag haar toekomst in Hoogeveen.

Vader ging dan 's morgens heel vroeg met de trein naar Arnhem en hing de avond ervoor zijn jas en hoed aan de kapstok in de slaapkamer. Op zo'n ochtend zag vader, na het wakker worden, dat zijn hoed verdwenen was. Hij had niet gemerkt dat er 's nachts iemand bij hem op de slaapkamer was geweest. Even later bleek dat een logé zonder betalen vertrokken was, het was een man die al enige dagen bij ons logeerde. Na onderzoek door de politie bleek dat de man vaste gast was in een pension aan de Kerkstraat. Hij was daar een paar dagen niet aanwezig geweest. In de gang van het pension hing aan de kapstok de hoed van vader en op de kamer van de man ontdekte de politie een aantal portemonnees van leerlingen, gestolen uit de garderoberuimte van een lokaal behorende bij de kerk schuin tegenover ons.

Ik mocht graag iets organiseren en huurde dan de zaal van vader, iets wat ik in Groningen ook al deed. Financieel ben ik er echter nooit beter van geworden. Zo ook tijdens een braderie in 1955. Ik maakte van de zaal een soort wintertuin met behulp van honderden geprepareerde herfsttakken, rietmatten en een verdekt opgestelde sfeerverlichting en in het midden speelden een pianist en een accordeonist.

Victoria Hotel in Hoogeveen in flood-light

Vader ging sukkelen met zijn gezondheid, hij bleef vaker en langer in Arnhem. Ik huurde het pand en nam de exploitatie van de zaak over. Ik kon nu meer doen om wat leven in de brouwerij te brengen en zaalhuur betalen was niet meer nodig.

Nu zo maar enkele herinneringen, die mij te binnen schieten uit de jaren tot ongeveer 1959. Ons pand, gebouwd in 1885, was destijds een van de meest imposante gebouwen van de veenkolonie met een karakteristieke en waardevolle gevel. Om die mooie gevel ook tijdens de avond goed te doen uitkomen, liet ik op de lichtreclame die midden voor de ingang hing, een grote schijnwerper aanleggen, gericht op de gevel. De lichtbakken aan beide zijden van het terras, liet ik voorzien van een lichtdoorlatende dekplaat. Het hele gebouw was nu 's avonds prachtig verlicht. Broer Anno, toen nog amateur fotograaf heeft er een sfeervolle ansichtkaart van gemaakt.

Het terrasje aan de Hoofdstraat bestond uit slechts 3 zitjes. 's Zomers met mooi weer zat je er gezellig, maar een Hoogevener ging niet op een terras zitten. Je moest het vooral hebben van fietsende toeristen, maar die gingen niet op een leeg terras zitten, dat vond men niet gezellig. Dus maakten we zelf maar reclame. Moeder ging aan een tafeltje zitten en met een beetje geluk ving je een paar dorstige fietsers.

Kwam men door de voordeur het pand binnen, dan was rechts de deur naar het café en links de deur naar zaal 1, een gesoigneerde ruimte, geschikt voor kleine vergaderingen tot ongeveer 12 personen. In dit zaaltje was eens een vergadering van het bestuur van de Chr. Middenstandsvereniging en voor een bespreking bracht ik een genodigde gast uit Amsterdam naar binnen. 2 bestuursleden stelden zich voor. De een zei, "Zomer, voorzitter", en vervolgens zei de ander, "Winter, secretaris". De Amsterdammer schoot in de lach, maar bestuursleden van de Chr. Middenstandsvereniging in Hoogeveen logen nooit.

Achter zaal 1 lag de grotere zaal 2, geschikt voor bijeenkomsten tot ongeveer 30 personen. In 1942 had ik in deze zaal als deelnemer aan atletiekwedstrijden in Hoogeveen, na afloop met andere Groningse atleten een consumptie gebruikt. Een van de jongens nam toen een sierfles mee die hier op een kast stond. Ik liet blijken dat niet goed te vinden, maar ik was in de minderheid, de fles ging mee. Later werd het hotel in beslag genomen en werd het een wehrmachtheim. De Duitse soldaten hebben nog veel meer meegenomen.

Vaste klanten van zaal 2 waren de Jehova's getuigen. Ze schreven op grote borden de straten waar ze geweest waren en waar nog acties gehouden moesten worden. De resultaten werden ook genoteerd. Meestal waren die niet zo gunstig, maar gelukkig hielden ze vol en konden ze trouw hun zaalhuur betalen.

Boeren in zuid Drente, vooral in de omgeving van Hollandseveld, waren het niet vaak eens met het regeringsbeleid op landbouwgebied. Regelmatig werd er dan ook in onze bovenzaal vergaderd, vooral als er weer acties op touw gezet moesten worden. Het bestuur zat aan een lange tafel met de rug naar het toneel en met zicht op het publiek in de zaal. Tijdens zo'n bijeenkomst ging een rechercheur via de toneeltrap naar boven om vanachter het voordoek te luisteren wat er in de zaal besproken werd. De rechercheur was een echte stille, je kon hem niet horen lopen, maar aan de luchtverplaatsing had de man niet gedacht; het voordoek bewoog zichtbaar, toen hij naar het midden van het doek liep. Vanuit de zaal werd het bestuur er op gewezen dat er iemand achter het doek stond en nog geen minuut later hadden een paar stevige boeren de man te pakken en onder gejoel werd hij de zaal uitgezet.

Hoogeveen was in 1958 etappe-finishplaats in de Olympia-tour door Nederland. Dat betekende een bezwete wielerploeg die zich moest opknappen en verfrissen in onze beperkte toiletgelegenheid, zaal 1 en 2 waren de kleedkamers. Verder waren zij self-supporting, alle drankjes hadden ze bij zich, als sponsor had ik vooraf wel 75 gulden betaald.

De Hoogeveense politie kreeg een nieuw politiebureau en ter gelegenheid van de opening leverden wij een paar grote schalen met uitgebreid bittergarnituur. Bij het bezorgen ervan bleek dat het alleen bestemd was voor het kader met de genodigden, zij vermaakten zich op de eerste etage. De agenten beneden in de dienstruimten waren kennelijk vergeten. Ik heb hen toen mijn voorraadje kroketten en een pan met knakworst aangeboden. De rekening van de schalen met bittergarnituur kon ik later niet eens kwijt, het spiksplinternieuwe gebouw had geen brievenbus.

Als in een horecabedrijf de vrouw niet werkt als een meid en de baas niet als een knecht, gaan de zaken slecht.

De Hoogeveense finale

Na een langdurige ziekte overleed vader op 12 mei 1958 in Arnhem op 61-jarige leeftijd, dat was veel te jong. Voor hij kanker kreeg, was hij nooit ziek geweest. Vader was iemand die altijd alles voor zijn gasten over had, van top tot teen een horecaman. Zolang ik in het horecabedrijf zat, deed ik alles om het iedereen naar de zin te maken. Maar ik vond de mogelijkheden in ons bedrijf te beperkt.

Het gemeentebestuur van Hoogeveen had tijdens gemeenteraadsvergaderingen laten blijken dat men de plaats rijp vond voor een grote theaterzaal met een toneelaccommodatie geschikt voor beroepsgezelschappen. Op eigen initiatief maakte architectenbureau Ter Veld en Hoogstra een schetstekening van een zaal in de tuin achter ons pand. Op de tekening kreeg de zaal een breedte van 16 m, een lengte van 26 m en een toneel met een diepte van 10 meter; op 26 rijen kon de zaal ruim 800 bezoekers bevatten. Het leek mij niet ideaal, een niet oplopende zaal en een toneel zonder zijtoneel en zonder toren. De gemeente wilde zelf bouwen en had trouwens ook een andere plek aan de Hoofdstraat in gedachten. Over beheer en exploitatie viel met de gemeente te praten als ik bij het te bouwen complex een hotel realiseerde en dát was nou net het laatste wat ik wilde.

Ik had al veel strapatsen uitgehaald en dat bleef voorlopig zo, ik hield van experimenteren.
In een advertentie las ik dat er drachtige Corsicaanse ezels werden aangeboden, dat leek mij wel wat. In Groningen hadden we altijd poezen, natuurlijk ook vaak jonge poesjes, maar die waren dan plotseling verdwenen. Daar had vader een oplossing voor. Ik had goudvissen en maanvissen, ook hield ik er enige tijd konijnen op na, boven op het platte dak van het hotel. Ze keken over de rand, maar vielen er niet af. In een til had ik mooie witte duiven. De jonge duiven werden echter half wit, half blauw door vermenging met stadsduiven.

We hadden hier in Hoogeveen een grote tuin en een stukje grasland, dus daar zou best een ezel kunnen grazen. En zo werd er op zekere dag, onder veel belangstelling, een ezel afgeleverd. Dat het beest drachtig was, was niet te zien en niemand kon mij daar iets over vertellen, want wie had in Hoogeveen nou verstand van

Vader in zijn bekende ongedwongen houding

ezels. Een beschut afdakje gaf voldoende bescherming voor het dier, op Corsica was de ezel niet beter gewend. Rudi kende nog geen verschil tussen een koe en een ezel en hij noemde het dier Ko-Ko, en dat werd dan ook haar naam. In juli 1959 reed Henk, gehuld in een cowboypak, op Koko mee in een gecostumeerde optocht. Maar in een optocht meelopen, was Koko niet gewend. Steeds stond ze stil, want ze vond het gras in de middenberm van de Hoofdstraat zo lekker. Ook vond Koko ijzeren putdeksels griezelige dingen, ze liep er met een grote boog omheen, maar waarom zij ook een hekel had aan het zebrapad heb ik nooit begrepen. Grote Henk, onze huisknecht, moest met alle kracht en met behulp van wortels Koko over de zebrapaden heen leiden. Na afloop van de optocht kregen cowboy Henk en Koko de 2e prijs, een trommel. Henk heeft er gelukkig niet vaak op getrommeld.

Henk en Koko

Een paar keer per jaar was er in het centrum van Hoogeveen een grote braderie. Het kantoor van dat feest was dan in zaal 1 en mijn geluidsinstallatie galmde vanuit kamer 16 over de hele Hoofdstraat. Op de bovenzaal was een expositie met als titel "De natuur als kunstenaar". Koos Naber uit Emmen toonde er stobben, dat waren houtstronken die Naber in fantasierijke figuren had gevormd. Ook liet ik eens in de zaal stomme films draaien met een explicateur voor het verhaal en een pianist voor geluidseffecten en muzikale achtergrond. Het was een prachtige nostalgische voorstelling.

Een smid maakte een mooie kleine huifkar op luchtbanden en de firma Oechies tegenover onze zaak, zorgde voor een ezeltuig en zo reed de ezelhuifkar tijdens de braderie elke middag voor de jeugd.
Grote Henk was koetsier. Ik adviseerde Henk om 15 cent voor een rit door de Hoofdstraat te vragen. Maar de belangstelling was zo groot dat er eigenlijk een conducteur nodig was. Ik liet de jeugd maar gratis meerijden, het was een mooie publiciteitstunt. Ik had aan de wagen een reclameposter van Hero limonade bevestigd, die leverde ons een paar kisten limonade op. In de "Hoogeveense Courant" stond: "De ezel-expres van Victoria Hotel baande zich moeizaam een weg tussen de kinderen door."

Een beetje meer leven in het café leek mij niet verkeerd. Ik kocht een nieuwe piano die ik plaatste op een door Sluis gemaakte halfronde prakticabel en plaatste het naast de schouw in het cafe. Regelmatig engageerde ik in de weekenden een entertainer-pianist, soms samen met een zangeres. Joop de Leur, de bekende pianist-componist van o.a. "Een dansliedje deint", speelde tijdens een Hoogeveense feestweek elke avond in het café. Overdag ging de Leur met zijn echtgenote en hondje de provincie in. Hun verblijf bij ons in de zaak waren mijn enige kosten. De Leur was eerder al begeleider geweest bij mijn amateur cabaretwedstrijden.

Er stopte eens een grote autobus voor het hotel. De chauffeur stapte bij ons binnen en zei: "Ik heb het radiokoor van Wessel Dekker uit Hilversum in de bus. We moeten hier ergens in Heerenveen optreden, maar ik weet niet in welke zaal." Ik vertelde de man dat hij al een eind onderweg was en nu nog even een stukje Friesland in moest.

Ik had nieuwe wandversiering bedacht in onze hotelkamers. In de Hoogeveense Courant stond het volgende:
"Een landelijke primeur is te bewonderen in Victoria Hotel. Op de overloop bij de trap naar de hotelafdeling hangt op het ogenblik een fraai getekende kaart, waarop in kleuren de voornaamste wegen in zuid Drente, met Hoogeveen als centrum, zijn aangegeven. Verschillende mooie streken rond Hoogeveen zijn behalve met de naam, nog extra gemarkeerd met een miniatuurfoto, in totaal 15 stuks. Deze foto's, gemaakt door broer Anno Bakker, verwijzen naar de kamers in het hotel, die nu allen naast een nummer, ook een naam dragen, namelijk van een van de aangegeven gebieden rond Hoogeveen. In iedere kamer bevindt zich verder een grote

foto van de betreffende plaats. Zo kan men er nu logeren in Gijsselte, Anholt, Kralo, Eursinge, Echtens Paradijsje, Echten, Kalenberg, Zwartschaap, De Haar, Mekelermeer, Kremboong, Stuifzand, Noordscheschut, Alteveer en aan het Zuideropgaande. De hotelgasten die met dit novum reeds hebben kennis gemaakt, waren buitengewoon enthousiast, terwijl door de foto's hun interesse werd geprikkeld om de gefotografeerde plaats eens op te gaan zoeken."
Het Horecavakblad van uitgever Misset wijdde er een hele pagina aan.

In de loop der jaren hadden er ook enige mutaties onder het personeel plaatsgevonden. Nieuwe namen waren Gé Post, kelner Cor de Bruin en Emmy Huizinga. Emmy was bij ons voor stage, zij was een nicht van een nicht van Nini. Ook voor stage kwamen Tiny Vos en het Duitse meisje Ria Bechem. Voor kennismaking met haar ouders gingen Nini en ik 1 nacht naar Duitsland. Toen haar ouders ons koffie aanboden, moest de jongere broer van Ria in de keuken maar een biertje gaan drinken, koffie was voor een jongen niet gezond. We sliepen op een bed geschikt voor wel 5 personen en voor het eerst onder een donzen dekbed en dan nog wel een van zo'n halve meter dikte.
Terug in Hoogeveen vroeg ik de ober die de zaak zo lang had beheerd of er nog iets bijzonders was voorgevallen. Er was alleen een bestuur van een reisclub langs geweest met de vraag of de directeur er was, nee dus. Ze hadden een lunch voor ongeveer 45 personen willen bespreken en dat doe je toch met de baas zelf vonden ze. Ze gingen naar een ander horecabedrijf.

Ondertussen vermaakten Henk en Rudi zich best met Koko de ezel, die zich rustig liet beklimmen door beide jongens. Maar het ging wel altijd op een zeer diervriendelijke manier. Rudi was gespecialiseerd in het uitmesten van haar stalletje. Met een mestgreep groter dan hij zelf was, sjouwde hij de ezelkeutels naar een mesthoop.
Henk was erg nieuwsgierig. Ik herinner me een Sint Nicolaasfeest van een of andere vereniging in de bovenzaal. Vanaf het buffet zag Henk de Sint door de zaal vol met kinderen lopen en via een trapje het toneel betreden. Onbevreesd liep Henk naar het toneel om uiteindelijk plaats te nemen aan de voeten van de goedheilig man.

In de landelijke pers stond omstreeks 1 december 1959 een advertentie waarin het gemeentebestuur van Zwolle een directeur voor Stadsschouwburg Odeon zocht. Ik had wel eens uitgekeken naar een interessantere job dan dit ouderwetse horecabedrijf, maar zolang vader leefde, was ik er niet serieus mee bezig geweest. Maar een schouwburg leek mij wel wat, dus schreef ik een sollicitatiebrief naar het gemeentebestuur van Zwolle, mijn eerste sollicitatie in mijn leven.
Ongeveer 2 maanden later kwam er het volgend kort briefje uit Zwolle, gedateerd 30-1-1960: "Naar aanleiding van uw sollicitatie naar de functie van directeur van de schouwburg Odeon, nodig ik u uit voor een onderhoud met het dagelijks bestuur van de stichting op dinsdag 9 februari a.s., te 10 uur v.m. ten stadhuize van Zwolle."

Maar het werk in Hoogeveen ging natuurlijk gewoon door. In samenwerking met de AVRO brachten we op vrijdagavond 6 februari 1960 een amateur cabaretprogramma met deelnemers uit Groningen, Drente, Utrecht, Apeldoorn en Den Haag. Van deze avond werden radio-opnamen gemaakt, die een paar dagen later werden uitgezonden onder de titel "Trefpunt Hoogeveen".

Op 9 februari hadden Nini en ik in het Zwolse stadhuis een gesprek met wethouder Breunis, tevens voorzitter van Odeon, en nog enkele heren van het bestuur.

Op 2 maart ontving ik een brief van de gemeente Zwolle, waarbij Nini en ik weer werden uitgenodigd voor een onderhoud met het hele bestuur van de schouwburg Odeon op maandag 7 maart 1960.

Omstreeks dezelfde tijd stond er een advertentie in de landelijke pers waarin gevraagd werd naar een directeur voor de "Nieuwe Doelen", het nieuwe theater in Gorkum. Ik had de smaak te pakken en schreef ook een sollicitatiebrief naar Gorkum.

Het volgende contact met het bestuur van Odeon was een brief, gedateerd 31 maart, waarin een functieverandering als volgt stond vermeld: "Ons bestuur heeft zich intussen beraden over de inhoud van de functie; dit laatste vooral ook gezien in verband met de ontwikkeling als industriekern, die in onze stad ongetwijfeld veel zal doen veranderen. De behartiging van het culturele aspect van het werk in de schouwburg, wordt op uitstekende wijze verzorgd door de Zwolse Kunstkring. Het bestuur is daarom voorlopig tot de conclusie gekomen, dat het accent wel volledig bij de buffetexploitatie zal moeten liggen." De brief eindigde met: "Het zou prettig zijn van u te vernemen, of u bereid bent uw sollicitatie te handhaven." Mijn antwoord was dat ik accoord ging met het gestelde.

Het grote succes van de Magic Meeting in 1958 was voor Cas Ziekman van goochelstudio "Mephisto Huis" in Amsterdam en voor mij aanleiding een tweedaags goochelcongres te organiseren. Het vond plaats op 23 en 24 april 1960. Er waren bijna 200 goochelaars uit Nederland en Duitsland aanwezig en de landelijke pers besteedde er veel aandacht aan. Op deze, niet voor het publiek toegankelijke, bijeenkomst gaf een groot aantal goochelaars demonstraties met nieuwe vindingen op het gebied van micro-magie, manipulatie en cartomagie.

De Zwolse gemeenteraad nam op 16 mei 1960 mijn benoeming aan tot gerant-bedrijfsleider. Het salaris werd bepaald op ƒ 700,– per maand, vermeerderd met 5% van de omzet van het buffet. Dit kon veranderd worden als er iets meer bekend werd over deze omzet. Verder, vrij wonen in de dienstwoning boven de schouwburg. Mijn indiensttreding werd vastgesteld op 16 juni 1960.

Uit Gorkum kwam ondertussen een uitnodiging voor een onderhoud met het bestuur van de "Nieuwe Doelen", maar ik heb ze per omgaande laten weten al een dergelijke functie in de Zwolse schouwburg te hebben aangenomen.

Er gingen allerlei geruchten door Hoogeveen over het hotel en over mij. Zo werd er o.a. gezegd dat het hotel verkocht was aan Albert Heijn, aan de HEMA of aan V&D, maar het kon ook C&A zijn en Jan Bakker zou dan op de eerste etage een lunchroom exploiteren. De Combinatie Hoogeveense Industrieën zou geïnteresseerd zijn om samen met de gemeente een cultureel centrum op te zetten en Bakker zou dan directeur worden. Ook werd gezegd, Bakker wordt directeur van de schouwburg in Groningen of van een hotel in Zandvoort.

Op zaterdag 28 mei stond nog een grote finale van "d'Oprechte Amateur" in Hoogeveen op het programma. Enkele dagen ervoor stond in de plaatselijke pers: "Vele vooraanstaande bestuur- en hoofdbestuursleden van de AVRO hebben reeds toegezegd op 28 mei in de zaal aanwezig te zullen zijn. In verband met het aanstaand vertrek van de heer J. Bakker naar Zwolle, zal getracht worden aan deze veelbelovende avond een speciaal karakter te geven."
De avond bestond uit 13 deelnemende nummers. "Het werd een boeiend en luisterrijk schouwspel van zang, muziek en show, waarbij het talrijke publiek zich geen minuut heeft verveeld", stond later in het verslag van de plaatselijke pers.
De winnaar "afdeling populair" kon in juni in Rotterdam meedoen aan de landelijke finalewedstrijd en de winnaar "afdeling klassiek" op 18 juni aan de finale in Hilversum.
Na het optreden van de artiesten werd ik voor het doek gehaald om waarderende en dankbare woorden in ontvangst te nemen, dit meldde de Hoogeveense krant de volgende dag.
Namens de Amstel Brouwerij zorgde de heer Vlaskamp vanaf 1 juli 1960 voor een tijdelijk beheerder van het "Victoria Hotel". Ik ging dus hals over kop op 16 juni naar Zwolle. Nini bleef alleen in het hotel en Henk en Rudi gingen voor

2 weken naar Ellerhuizen.
De autobussen in de tuin verkocht ik aan de chef van de Fordgarage. De bussen stonden op stenen muurtjes. Ik had een tijdje geleden de onderstellen verkocht, maar dat was voor de chef geen probleem. Hij vervoerde de bussen op losse onderstellen naar een plekje in het Spaarbankbos, waar ze als zomerhuisje zouden gaan fungeren.
De poppenkast en de poppen van papier-maché heb ik geschonken aan een jeugdinstelling. De poppen, gemaakt door houtsnijder Kuik uit Utrecht heb ik gehouden, dat waren kunstwerkjes.

Op 18 juni was Nini bezig de was op te hangen in de tuin en op een afstand stond Koko toe te kijken. Nini ging terug naar de badkamer om nog een mand wasgoed te halen en weer terug in de tuin, zag ze nu 2 ezels staan. We waren bijna vergeten dat Koko drachtig was, de naam van het jong werd Kiki.
De ezel Koko schonk ik aan de kinderboerderij in park Eekhout in Zwolle. Met de directeur van de plantsoenendienst had ik afgesproken dat het pasgeboren jong nog een half jaartje bij zijn moeder zou blijven om daarna naar de boerderij van de ouders van Nini in Ellerhuizen te gaan. Op de nota van het veetransportbedrijf stond vermeld: "vervoer van 1 ezel naar Ellerhuizen: ƒ10,–".

De 2 laatste rekeningen van "Victoria Hotel" die Nini op 30 juni 1960 uitschreef, waren o.a. bestemd voor de heer Jacobs van kamer 16.
12 dagen pension plus diverse consumpties ƒ157,– (incl.bediening) en op de andere nota, bestemd voor de firma Buining stond, 1 zalmsla brood, 2 Duitse bief brood, 1 uitsmijter en 8 koffie, totaal ƒ16,05 (incl. bediening).

Nini en ik zijn nog een paar dagen naar Rotterdam geweest, we logeerden er in het Rijnhotel. We bezochten o.a. de musical "Westside Story", gespeeld door een Amerikaans gezelschap. Ook namen we een kijkje op het vliegveld Zestienhoven. Toen we het parkeerterrein opreden, kwam er een man op ons af, die vroeg onze auto een schoonmaakbeurt te mogen geven en dat was wel eens nodig. Men kon er rondvluchten maken in een klein sportvliegtuigje. We kwamen een schappelijk prijsje overeen. Ik had het

Victoria Hotel in Hoogeveen

idee dat hij blij was een keer te kunnen vliegen. Exclusief de piloot konden er 3 personen mee. Een vriend van de piloot stapte ook in, zogenaamd om het toestel in evenwicht te houden. Het was onze eerste vliegtocht. We vlogen laag over Rotterdam en omgeving, erg interessant, vooral als de piloot een bocht maakte en dat deed hij graag en vaak. We hadden een prachtig uitzicht en zagen beneden ons zelfs de man die onze auto aan het wassen was.

In 1961 werd het hotelpand verkocht aan Albert Heijn. De veiling van de inventaris vond plaats op 9 en 10 mei 1961 ten overstaan van notaris Visser. De makelaars waren J. Kamminga uit Groningen en A. van Aalderen uit Hoogeveen.

Zwolle

"Paraat" in Odeon

Het gebouw Odeon aan de Blijmarkt in Zwolle was vanaf 1840 eigendom van een vereniging met aandeelhouders. Particuliere exploitatie was uiteindelijk niet langer mogelijk en op 11 december 1956 kwam in de gemeenteraad het voorstel van B&W tot aankoop van het Odeon-complex. En zo werd de schouwburg gemeentebezit. De directeur van Openbare Werken, de heer van der Wal, kreeg de opdracht om het complex te moderniseren en aan te passen aan de eisen van de tijd. De mooie schouwburgzaal kreeg een grote opknapbeurt, de zaal stamde uit 1839 en was erg verwaarloosd. De constructie liet zeer veel te wensen over. Bij belasting van het balkon door het publiek zakte de balkonvloer zover door dat de deuren van de zaal niet meer gesloten konden worden en tijdens de voorstelling geopend moesten blijven. De zaal bleef gelukkig in de knusse bonbonnière vorm, ofschoon er wel sprake van is geweest om in de zaal een recht balkon te plaatsen. Er waren mooie witte stoelen in de schouwburgzaal geplaatst, maar die kleur was niet verstandig. In een theaterzaal horen gezellig uitziende stoelen in vooral een warme kleur. Ook voor artiesten was de witte kleur niet prettig, niet bezette stoelen vielen vanaf het toneel erg op.

De concertzaal en de foyer werden afgebroken en royaler opgebouwd. De karakteristieke gevel werd vervangen door een grote vlakke stenen muur.

Grenzend aan het Odeon-complex was een oud kazerneoverblijfsel dat vroeger dienst had gedaan als excercitielokaal en in 1867 geschikt gemaakt werd als manege. Later is deze manegezaal nog voor vele andere doeleinden gebruikt. Eind 1960 werd door de gemeenteraad een bedrag beschikbaar gesteld om de zaal geschikt te maken als verlengstuk van Odeon. Het massieve hangspant moest gespaard blijven en mocht niet weggewerkt worden.

Zoals eerder geschreven, vroeg het door de gemeente aangestelde schouwburgbestuur in principe een persoon in de functie van directeur. De Zwolse Kunstkring, die het beroepstoneel en de

Stadsschouwburg Odeon - Zwolle — Schouwburgzaal

concerten organiseerde, zag liever een gerant-bedrijfsleider in het gebouw. Een verzoek waar het bestuur mee accoord ging. Het beroepstheaterwerk zou voorlopig onder beheer blijven van de Kunstkring, een instelling die bestond van de subsidie van de gemeente.

Naderhand vernam ik dat ongeveer 145 sollicitanten hadden ingeschreven op de betrekking in Odeon. Er waren mensen bij uit de theaterwereld, maar ook deskundigen uit de horeca. De reden waarom men het oog op mij had laten vallen, was voor mij een raadsel. Voordat ik werd aangenomen, had schouwburgbestuurslid de heer J. Afman, tevens secretaris en organisator van de Kunstkring, mij door het gebouw rondgeleid. Ik had toen een opmerking gemaakt over een loshangende buitenverlichting en gezegd dat dit gevaarlijk was en gerepareerd moest worden, deze opmerking schijnt in het bestuur gewaardeerd te zijn.

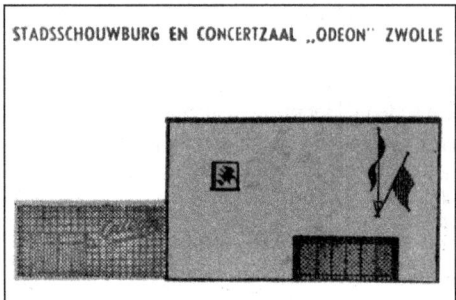

Het suikerzakje dat bij mijn komst in gebruik was

Mr. de Wit, eveneens bestuurslid van Odeon, vertelde mij later dat zijn vrouw en hij tijdens een fietstocht door Drente bij ons in Hoogeveen in "Victoria Hotel" hadden gelogeerd en dat was erg goed bevallen. Ook hadden Nini en ik bij een sollicitatiegesprek verteld dat we het normaal vonden dat bij topdrukte de echtgenote bijsprong. Later heeft men laten blijken, dat dit in goede aarde viel.

Ik was dus vanaf 16 juni paraat in Odeon, maar tegelijkertijd was "Paraat" de titel van een tentoonstelling van de Koninklijke Landmacht die half juni gedurende ongeveer een week in het gebouw stond opgesteld. In de concertzaal en de foyers stond apparatuur en hingen foto's van het leger.

De schouwburgzaal was verhuurd aan bioscoop de Kroon in de Diezerstraat, met de bedoeling dat in de Odeon zaal de zogenaamde betere films gedraaid zouden worden. Portiers waren o.a. Andries Kamp, Gemke de Wit en Willems en van de ouvreurs herinner ik mij Betty Snijder, Heleen Belles, Wim Veldhuis en Tonny Borst. De belangstelling voor deze filmvoorstellingen was niet groot. Een schouwburgzaal is ook niet geschikt voor bioscoopzaal. In de bios zijn de beste plaatsen achter in de zaal, bij toneelvoorstellingen zijn de mooiste plaatsen, dus de duurste, juist voor in de zaal. Tegen de tijd dat het theaterseizoen begon en de Zwolse Kunstkring de schouwburgzaal beperkt ging gebruiken voor toneelvoorstellingen, was het nodig om de stoelen in de zaal om te wisselen. De stoelen die gebruikt waren als de goedkoopste bioscoopplaatsen, hadden het meest te lijden gehad en moesten gewisseld worden met de onbeschadigde exemplaren om als eerste rangs stoelen verkocht te kunnen worden. De sfeer bij een bioscoopvoorstelling en het bijwonen van een toneelavond is niet vergelijkbaar. Een bioscoopje pik je, maar je gaat echt uit als je naar de schouwburg gaat voor toneel, cabaret of een concert. Bij de bioscoopkassa heb ik meegemaakt dat men, na een kaartje gekocht te hebben vroeg, welke film er draaide.

Onze woning bevond zich op de eerste etage van het gebouw en de eerste 2 weken heb ik daar geïmproviseerd alleen doorgebracht. Daarna kwam Nini met een verhuiswagen vol meubilair en niet veel later werden Henk en Rudi van de boerderij van Nini haar ouders naar Zwolle gebracht. De woning bestond uit een, aan de Blijmarkt gelegen, woonkamer met 2 grote ramen, waarvan de vensterbanken op een hoogte waren van ongeveer 1 meter 20. Zittend in de kamer konden we de wolken dan ook goed zien. Achter de woonkamer was de Bruynzeel-keuken met een stenen aanrecht en zeer weinig kastruimte. Vanuit de keuken kon men op een

> **Austin-show in Odeon**
> 1961
>
> Odeon is wel bijzonder in trek als expositiegelegenheid. De ene show is nog niet afgebroken, of de volgende exposant staat al met zijn materiaal voor de deur. Tot en met zaterdag kan men in de gecombineerde concert- en koffiezaal vrijwel de gehele „lijn" van Austin-automobielen bewonderen.

gedeeltelijk omheind platdak komen. Tussen de keuken en de eerste van de 3 slaapkamers waren het toilet en de badkamer. In de kleine badkamer was alleen een lavet, een rond zitbad, waarin een draaimechanisme als wasmachine geplaatst kon worden en er was tevens een doucheslang aangebracht. Een wastafel was niet aanwezig. Alle vertrekken van de woning kwamen uit op een hele grote hal.

De woning was niet voorzien van centrale verwarming, een oliekachel in de woonkamer was de enige verwarming. Behalve een steile trap vanuit de schouwburghal, was de woning ook te bereiken via de op de eerste etage gelegen bestuurskamer.

Door de verkoop van het hotel in Hoogeveen kreeg ik als goodwill een geldbedrag. Daarvan kocht ik bij Ruinen een 1,5 ha. groot golvend heideveld, waarop een klein bos met lage bomen. Tussen de bomen plaatste ik een houten schuurtje, waarin wat gereedschap en een strandtent konden worden opgeborgen. In het begin gingen we elk weekend naar dit prachtig stukje natuur, maar toen we hier op uitgekeken waren, verkochten we het heideveld met het schuurtje. De strandtent namen we mee, die moest grondig hersteld worden, veldmuizen hadden er grote gaten in gevreten.
In de zomer van 1961 gingen we met ons vieren naar Zeeland, waar we een week in hotel "Zeeduin" in Dishoek doorbrachten.

De vaste verhuur aan de bioscoopexploitant was de oorzaak dat deze zaal niet vaak beschikbaar was voor de abonnementsvoorstellingen van de Kunstkring en andere culturele evenementen. Wij waren in 1961 een van de eerste theaters in Nederland waar koffie geserveerd werd vóór de aanvang van een abonnementsvoorstelling in de schouwburgzaal. De Zwolse Courant besteedde er aandacht aan.

De concertzaal, de foyers en de manegezaal bleken uitermate geschikt voor veel soorten bijeenkomsten, zoals vergaderingen, examens, lezingen, modeshows, beurzen, tentoonstellingen, cursussen, sportevenementen en congressen. De meeste gezelligheidsverenigingen en muziek-, zang- en toneelverenigingen waren vaste gebruikers van Odeon.

Bijzondere gebeurtenissen waren in 1960 o.a. het wereldkampioenschap dammen, het Nederlands kampioenschap damesturnen en het Nederlands kampioenschap biljarten ereklasse 71/2.

In 1961 kwamen het theehuis en kampeer-

De Agnietenberg

centrum Agnietenberg in handen van de gemeente Zwolle. Het beheer en de exploitatie van het theehuis kwam voorlopig in handen van Odeon. Zus Mieke beheerde tijdelijk het theehuis. Later kwam Jan Reijer er in vaste dienst, kampbeheerder werd Maarten Ouwehand.
Openbare Werken zorgde voor de bouw van een kampwinkel op het kampeerterrein.
Odeon personeel heeft zomers toch niets te

doen, dacht men op het stadhuis, dus kon Odeon ook dit wel beheren. En zo ging af en toe, als het mooi weer was, iemand van ons kantoor op de fiets naar de camping om daar de repen chocola te tellen.

Het was niet bij iedereen duidelijk dat de schouwburg ook de camping Agnietenberg exploiteerde. Er kwam op het kantoor een brief binnen met als kop, "Aan de Directie van Odeon, t.a.v. de heer A.G. Nietenberg".

Op 1 januari 1967 werd het beheer van de Agnietenberg overgedragen aan de Stilo, de stichting lichamelijke opvoeding.

Aan de Molenweg lag het gebouw de Dageraad, met als beheerder de heer W.K. Bulthuis, jaar en dag een steunpunt van de Ned. Herv. Kerk. Financieel was het niet langer mogelijk het gebouw open te houden en ook hier werd de gemeente gevraagd om een oplossing. De gemeenteraad zag in dat er geld beschikbaar gesteld moest worden, want het gebouw had een belangrijke functie in de wijk, maar het beheer ervan? Dat kon Odeon wel doen, werd in het stadhuis gezegd. En aldus geschiedde. Bulthuis werd een Odeon-man. Een paar jaar later ging hij met pensioen en werd opgevolgd door Beck, een handige man uit ons technisch team.

Odeon zeer in trek

Het werd steeds drukker in Odeon, veel drukker dan verwacht was. "Odeon zeer in trek" stond in de Zwolse Courant. Wanneer het buffet open was, had Nini hiervan de leiding. Dat betekende uitgifte en controle van buffetvoorraden en later de omzet afrekenen met de ambulante kelners. Dit laatste was vaak laat op de avond. De voorzitter van het Odeon-bestuur, de heer Breunis, vond dat door het wonen en werken in de schouwburg, het noodzakelijk was om er af en toe eens een dagje uit te gaan. Hij zag in dat in het theater vaak 7, soms lange dagen in de week gewerkt moest worden. De heer Breunis wist een zomerhuisje in de omgeving van Dalfsen te huur, dat was misschien iets om er even uit te zijn. Hij bracht ons er heen, maar een huis, afgelegen en midden in het bos, dat leek ons niets.

We gingen er liever 14 dagen helemaal even tussen uit. We brachten Henk en Rudi naar Opa en Oma op de boerderij, de jongens zouden zich daar best vermaken. We hadden voor een rondreis door zuid Spanje en noord Marokko geboekt en vertrokken op 23 juli 1962 voor een vlucht naar Malaga. Op Schiphol stapten we in een 30 zitplaatsen bevattende DC-3 en om 23.00 uur stegen we op. Na 4 1/2 uur vliegen, landden we om half 4 's nachts op het vliegveld van de zuid Franse stad Bordeaux voor een sanitaire stop en bijtanken. Na een uur weer de lucht in en om 9 uur landden we op het vliegveld van Malaga. Nu nog even met een bus naar Granada, waar we om 14.00 uur bij ons hotel aankwamen.

De volgende dagen waren erg interessant. Granada, het Alhambra, Sevilla en Malaga, waar we een stierengevecht bezochten (hier kom ik in een ander hoofdstuk op terug) en in noord Marokko de mysterieuze steden Tanger, Tetuan en Xauen. We waren nog lang niet uitgekeken, maar na nog een paar dagen in de Spaanse badplaats Torromolinos doorgebracht te hebben, was de dag van de retourvlucht op zondag 5 augustus aangebroken. Om 10.00 uur steeg ons vliegtuig op, maar 15 minuten later waren we weer terug op het vliegveld van Malaga. Tijdens de landing kwam de brandweer aanrijden, maar die was niet nodig. De piloten vertrouwden een van de motoren niet. Het was zondag, dus technici waren niet aanwezig. (Het vliegtuig had nog geen drukcabine en kon geen grote hoogte bereiken en moest bij Malaga tussen de bergen door vliegen.) De piloten haalden een ladder uit een hangar en zetten die tegen de motor om de motorkap op te tillen. Na enige tijd kijken en bestuderen, ging een van de piloten naar de open telefoon om te bellen. Ik veronderstelde dat hij contact had met Schiphol en uitlegde wat hij onder de motorkap had ontdekt. Een kwartiertje later werd teruggebeld. Ik denk dat hem verteld werd wat in de instructies stond en hoe ze moesten handelen. De piloten klommen weer de ladder op en begonnen wat te sleutelen en dat bij een hitte van ongeveer 30 graden. Ondertussen was het 3 uur in de middag. We kregen een bescheiden maaltijd aangeboden door MAC ofwel Martin's Air Charter. Tegen half 5 deden de piloten de motorkap dicht, borgen de ladder weer op en zeiden ons dat ze even een proefvlucht gingen maken. Na een geslaagde test mochten we instappen, hoewel er enkele mensen waren die liever de trein namen. Direct na de start kwam een van de piloten ons vertellen dat de mogelijkheid bestond dat er tijdens de vlucht een klap te horen zou zijn, maar daar wist de bemanning van, dat leverde geen gevaar op. Bovendien zou boven Frankrijk altijd wel een vliegveld in glijvlucht te bereiken zijn. De piloot bleek een oud schoolgenoot van mij te zijn van de handels hbs. "Als het niet vertrouwd was, vloog ik zelf toch niet", zei hij. Toen hij later nog eens langs kwam, zei ik hem, dat hij bij aankomst op Schiphol meer dan 24 uur in touw was geweest. Hij antwoordde niet en haalde alleen zijn schouders op.

Bij mijn komst in Odeon bestond het perso-

Hal Odeon, begin jaren 60

neel uit een vaste kern van 6 personen. Willem Snijder was de administrateur, een functie die hij ook al vele jaren onder het verenigingsbestuur had bekleed, zijn assistente was de altijd opgewekte Truus Weijkamp. Er waren 2 toneeltechnische mannen. De ene was Jan van der Belt, een man waarvoor op toneel geen klus te veel was - zijn vrouw hielp in het buffet. De andere techneut was Johan Wevers, hij zat vol praktische ideeën en kon ze ook nog realiseren.

Voor schoonmaak en onderhoud waren Douwe Postma, een stille rustige man, en Greet Besters. Voor het oog was zij het toppunt van verlegenheid en ze werkte graag als er niemand in de buurt was. Als vrijgezel ging zij vaak alleen met vakantie naar Engeland en nam dan altijd iets artistieks, houtsnij- of smeedwerk voor mij mee. Bij mijn vertrek uit Odeon was Greet de enige van de eerste 6 vaste personeelsleden die nog in dienst was.

Op het kantoor kwamen later nog, Henny Nijenhuis, Monny Weijkamp-van de Broek, Walter Bronkhorst, Dick aan het Rot, Marianne Koopman, Willy van 't Land, Janny Bijker, Froukje Maat en Tine de Waal.

Voor toneeltechniek kwamen o.a. Adrie van Wijhe, Andries Bikker, Ronald van Kampen en Cees Grafhorst in dienst. Johan Wevers jr. werd beheerder van het Cele-complex, het naast Odeon gelegen cultureel centrum. Voor algemene dienst kwam Ton Hoes, hij was iemand die alles wilde aanpakken, maar uiteindelijk werd de horecasector zijn hoofdjob.

Verschillende van de nieuwe medewerkers in vaste dienst waren afkomstig van andere gemeentelijke diensten. Ze hadden vaak een andere werksfeer nodig en ondanks de onregelmatige tijden die in het theater meespeelden, vonden ze in de schouwburg een aangenamer en afwisselender sfeer.

In 1964 werd de voormalige Aloysiusschool bij het Odeon-complex getrokken en kon het kantoor, tot dat moment in een van de artiestenkleedkamers, nu in de school gesitueerd worden. Ook kwam er ruimte voor een zijtoneel met decoropslag en een werkplaats en kantine. De daar bovengelegen lokalen werden verhuurd als balletlokaal, zangstudio en als repetitieruimte voor toneelverenigingen. De dames Muller-van Gijen en Paula van der Zee richtten de Zwolse Balletschool op. Ze huurden van mij de piano, die ik had meegenomen uit Hoogeveen. Pianostemmer Jansen, die in Odeon verschillende piano's in onderhoud had, stemde mijn instrument altijd gratis mee.

De onderhoudsploeg werd versterkt met Bernhard Boerdijk uit Dalfsen. Door een jarenlang verblijf in Canada had zijn Overijssels dialect een stevige Amerikaanse invloed ondergaan. Hij sprak met een geknauwd dialect, wat tot gevolg had dat een buitenstaander eens vroeg, "uit welk vreemd land is die man afkomstig?"

Rob Jens werd aangenomen als mijn assistent. Hij was een op en top horecaman en iemand met veel humor, die ondanks de vaak grote verscheidenheid in publiek, het toch iedereen naar de zin kon maken. Ik werd benoemd tot directeur van de schouwburg en werd steeds meer betrokken bij de organisatie van culturele evenementen en Nini kon nu haar controle op de buffetten overgeven aan Jens. Tijdens een bestuursbijeenkomst werd Nini bedankt met een boeket bloemen voor haar honderden onbetaalde uren in het buffet, ze had liever een nieuwe fiets gehad. Jens ging ons na enige jaren verlaten, hij begon een eigen zaak in Arnhem. Zijn opvolger werd Wout Timmermans, hij exploiteerde aan het Prins Hendrikplein in Den Haag het restaurant "Victoria", een naam die mij vertrouwd in de oren klonk. Timmermans was een serieuze, hardwerkende gerant en zag er altijd gesoigneerd uit. Hij gebruikte daarbij een sterk ruikend deodorant, eigenlijk een iets tè sterk ruikend geurtje. Het voordeel was wel, dat wanneer ik hem in het grote complex zocht, ik mijn neus maar achterna moest lopen om hem te vinden. Na het vertrek van Timmermans, hij ging terug naar de randstad, werd Michel Giliam de gerant. Mies, zoals we hem noemden, was een 100 procent Zwollenaar. Hij was daarvoor, samen met zijn vader, al jarenlang ambulant kelner in de schouwburg geweest. Andere kelners, die met grote drukte dienst deden waren Massier, Huet, Mooten, Roffel, van Sloten, Beijer, van Wijngaarden, Hubers en Jitse Hoes, de vader van de vaste kracht Ton Hoes.

Gedurende de eerste jaren, toen Nini nog de buffetafrekening met de kelners deed, kwam een gedeelte van de ontvangen fooien in een apart potje. We hebben een keer het kippenrestaurant aan het Groot Weezenland afgehuurd om er met alle kelners de pot te verteren. Het eten was prima, maar doordat ieder zijn eigen keus had gemaakt en al etende zei dat zijn gerecht het lekkerst was, gingen de mannen van elkaars bord proeven. Dat krijg je, als je met deskundige vaklui gaat dineren. Maar het werd een beetje chaotisch, want de drank speelde mee. Voor het dessert ging de mevrouw van het etablissement nog even met een stofzuiger de overal rondrollende doperwten opruimen. De restaurateur had een goede avond en was zeer tevreden. Onze fooienpot was leeg, maar dat was ook de bedoeling.

Portier Andries Kamp kwam in vaste dienst en zijn vrouw hielp bij de afwas in de keuken. Ambulante portiers waren Jurrie Kamp, broer van Andries en verder o.a. Landman, Veltrop, Zandbergen, Jansen en Huls. Zijn vrouw was tevens hulp in de garderobe, evenals de dames Kinket, en de Ruiter. Mevrouw de Ruiter beheerde in mijn beginperiode ook het "schoteltje" in de toiletten, maar voor die service behoorde niet betaald te worden, vond ik en schafte dat systeem af.
Garderobedame nr. 1 was Annie Landzaat. Niemand heeft meer bezoekers "Odeon" zien binnen komen dan zij. Ze stond altijd en voor iedereen klaar, zij was het visitekaartje van de schouwburg.
Misschien heb ik een paar namen van personeelsleden uit mijn "Odeon"-tijd vergeten, maar sorry, ik moest alle gegevens uit mijn herinnering putten.

In de beginjaren vonden er veel verschillende evenementen in Odeon plaats, zoals een Austin autoshow in de concertzaal, een driedaagse kringvergadering van Jehova's Getuigen, een congres door het Contact-Centrum Voorlichtingsgebied en een congres van de Nederlandse Bond van Gemeente-ambtenaren. Het 75-jarig bestaan van Albert Heijn werd gevierd met een feestavond voor het voltallig personeel uit de 4 noordelijke provincies, waarbij optraden Cees de Lange, de Selvera's, Bueno de Mesquita en tv-omroepster Karin Kraaykamp.

In een advertentie in de Zwolse Courant werd een veiling aangekondigd van de inventaris van een naaiatelier in de Kamperstraat. Het leek mij interessant om de verkoop mee te maken. En het wás interessant. Ik werd eigenaar van 3 naaimachines, een hoge magazijnwagen met uitneembare zijwanden, een twintigtal krukjes, o.a. gietijzeren draaikrukjes, waarin "Singer" stond en verder nog ongeveer 100 meter witte stof. Van deze stof maakte Nini 12 tafellakens van 6 meter lengte en een paar kortere, geschikt voor grote koffietafels en buffetten. De wagen kwam goed van pas om de poten (gordijnen zijkant toneel) in op te bergen. Er waren veel liefhebbers voor de krukjes en de naaimachines verkocht ik aan een Turk, die in Ommen een atelier wilde beginnen.

De agenda van Odeon werd steeds voller door kleine en grote congressen. Maar die grote

De tafels zijn gedekt voor 500 gasten

drukte werd de Zwolse horeca een doorn in het oog. In de pers kwamen koppen als "Odeon-exploitatie verontrust horecabedrijven in Zwolle" en "Horeca Overijssel verbaast zich over de vele congressen in Odeon". De horeca-vereniging schreef brieven naar de Zwolse gemeenteraad en naar de VVV, waarin men zich erg verbaasd toonde over de grote belangstelling voor Odeon. Men vroeg zich af, waarom voor veel congressen en grote jaarvergaderingen, sedert de opening van Odeon, bij de horecabedrijven geen verzoeken binnenkwamen voor het maken van offertes. Na een extra gemeenteraadsvergadering, speciaal gewijd aan de klachten van de horeca, stond in de pers: "Klachten over Odeon pertinent en verontwaardigd afgewezen".

Wethouder Breunis, voorzitter van Odeon, betoogde in zijn repliek o.a.: "Als wij een hele dag mensen in de zalen hebben, moeten wij ze ook wat te eten kunnen bieden. Dit zal zich echter beperken tot koffiemaaltijden." Ook toonde de wethouder aan dat de zaalhuur- en consumptieprijzen van de schouwburg hoger lagen dan in de particuliere sector.

In een redactioneel artikel in de Zwolse krant stond: "Over de voorgevel van Odeon mag men twisten, over de inrichting hoort men nooit anders dan lof. Zo'n inrichting vindt men in geen van de andere bedrijven van de stad, ook niet zo'n gunstige combinatie van zalen. Het is daarom niet verwonderlijk dat gegadigden al spoedig de voorkeur aan Odeon geven. Dit zou de particuliere bedrijven in de stad moeten prikkelen de concurrentiestrijd sportief te beoefenen. Ze zouden de hand in eigen boezem moeten steken en concluderen, dat ze achtergebleven zijn".

8 November 1962 werd door Koningin Juliana de miljoenste na de oorlog gebouwde woning ingewijd. Er werd 's middags in de schouwburgzaal een film gedraaid, waarin de woningbouw in alle facetten getoond werd. Daarna ging het gezelschap in autobussen naar de Hogenkampsweg voor een bezoek aan de miljoenste woning. Vervolgens kwam het koninklijk gezelschap terug en kon men zich, met enkele honderden genodigden, tegoed doen aan een koud buffet in de koffiekamer, verzorgd door hotel Wientjes en een rustiek broodbuffet in de manegezaal, ingericht door Odeon. Tot besluit trad Wim Kan in de schouwburgzaal op met een aangepast programma.

Bij congressen, jaarvergaderingen en andere bijeenkomsten verzorgden wij de koffietafels. Voor vleeswaren kon ik goed terecht bij slager Borst in de Kamperstraat en bakker de Haer in de Sassenstraat zorgde voor een groot assortiment brood. Jan Giethoorn, eigenaar van tearoom Dalenoord op de hoek van de Diezerstraat en de Roggestraat, verzorgde verschillende aparte gerechten die ik samen met hem bedacht.

Eenvoudige diners van 100 tot ongeveer 200 personen werden verzorgd door restaurant Suisse, gelegen op nog geen 100 meter van Odeon, die afstand was dus geen probleem. Hotel Wientjes was ook bereid diners te verzorgen. Bij grote examens, soms tot 300 kandidaten, belden we tijdig de omliggende restaurants, opdat ze waren voorbereid op extra drukte tijdens de examenpauze.

Het was tijdens een groot congres, alles liep op rolletjes, maar bij het gesoigneerde diner van 550 personen ging het mis. De organiserende instelling had zelf, in overleg met hotel Wientjes, het menu samengesteld en een wijnhandel bezorgde een maand tevoren bij ons 2 dozen testwijn, bestemd voor de leiding van de organisatie om rustig thuis te kunnen proeven. Wij hadden met de bereiding van het diner niets te maken, dat gebeurde in de keuken van Wientjes. Wij zorgden alleen voor linnengoed, servies, opdekken en bediening. De soep kwam tijdig in een paar grote pannen binnen en werd op ons vierpits-gasstel warm gehouden. Het dessert was ook geen probleem, de fruitsalade was al lang voor de aanvang van het diner binnen gebracht en in onze koeling geplaatst. Het hoofdgerecht, bestaande uit varkenshaas met verschillende sauzen, groenten en aardappelen, werd in pannen en braadsleden in een heen en weer rijdende auto gebracht. Eerst het vlees, want dat moest uitgeserveerd worden, daarna kwamen de sauzen en een gedeelte van de groenten en aardappelen binnen. Het kon wat tijd betrof precies, maar er moest geen kink in de kabel komen en die kwam er wel. De auto met de laatste groenten en aardappelen kwam door een klein ongevalletje op de Burgemeester van Royensingel in een file te staan en kon geen kant meer op. Een gedeelte van de gasten kreeg een niet compleet diner en dat waren nou net de genodigde gasten, de journalisten van de landelijke pers. De organisatie bood de journalisten excuus aan en vertelde de oorzaak van het gebeurde. Odeon kreeg later een bedankbrief, waarin vermeld stond dat alles waar Odeon verantwoordelijk voor was, zeer geslaagd genoemd kon worden. Maar ik hield van dat diner toch een nare smaak over.

"Oerwoud verrijst in Zwolse schouwburg" was de grote kop in de Zwolse Courant, een paar dagen voor de opening van de tentoonstelling "Mamio". Op donderdag 20 juni 1963 opende Prins Bernhard deze expositie, een tentoonstelling die alle facetten van Suriname toonde. Er was zelfs een klein oerwoud gepland op de laad- en losplaats van Odeon, tussen de concertzaal en de manegezaal. Er stond een armzalig boompje dat altijd al problemen opleverde bij laden en lossen,

Mamio-suikerzakje

maar de boom mocht van de directie van openbare werken niet verwijderd worden. Deze dienst was immers verantwoordelijk voor het in goede staat houden van alle gemeentegebouwen, dus ook van de schouwburg en ook van dat boompje. Johan Wevers sr. had al een gifplannetje bedacht, maar het was niet meer nodig. Op een vroege ochtend was de boom verdwenen, in opdracht van de directie van de dienst Openbare Werken was de boom verwijderd, er moest op die plek een overdekt oerwoud worden ingericht. Het werd een fraai tropisch bosje met vogelgeluiden en werd aangelegd door de Rijks Hogere School voor tropische landbouw te Deventer. De expositie werd een succes, er viel veel te zien en er waren verschillende attracties. In de manegezaal speelde een Surinaams orkest en men kon er pinda- en groentesoep proeven en verder hete gember- en zoete tamarindelimonade drinken. Na de opening van de tentoonstelling door prins Bernhard zag hij bij een van de buffetten kleine monsterflesjes met Surinaamse rum. Natuurlijk mocht de prins er een proeven, maar de buffetchef wist niet dat er water in zat. Iedere bezoeker van de tentoonstelling kreeg een banaan aangeboden en elke dag kwam een vrachtwagen de voorraad bananen weer aanvullen. Op 3 juli, de sluitingsdag van de "Mamio", konden we geen banaan meer zien.

Henk en Rudi voor de schouwburg

In het jaarverslag over 1963 van het Provinciaal Overijssels Museum stond dat de bezoekersaantallen over dat jaar tegenvielen door de concurerende Surinametentoonstelling "Mamio" in de schouwburg.

Een paar maanden later, op 25 september 1963, bracht prinses Beatrix een werkbezoek aan de provincie Overijssel. Ze bezocht 's morgens de tentoonstelling "Ruimte voor de jeugd" in de zalen van Odeon. 's Avonds woonde de prinses in de schouwburgzaal een toneelvoorstelling bij, waar toneelgroep Theater het Franse blijspel "Luitenant Tenant" opvoerde.

Door de geringe belangstelling voor de bioscoopvoorstellingen in de schouwburg werd in 1964 het contract met de bioscoopfirma Kroon beëindigd. De schouwburgzaal was nu alleen beschikbaar voor culturele en andere evenementen die in deze zaal thuis hoorden.

Er is meer in de wereld

Het privéleven ging buiten Odeon gewoon door. Na eerst de jongens naar Ellerhuizen gebracht te hebben, zochten Nini en ik 2 weken lang in Tunesië de zomerwarmte op. De KLM bracht ons 21 juli 1963 eerst naar Kloten, het vliegveld van Zürich. Daar stapten we in de "Schaffhausen", een caravelle van Swisair en die bracht ons naar Tunis. We hadden de reis besproken bij reisbureau "Hotelplan", maar er was vanuit Nederland nog geen belangstelling voor Tunesië, zodoende bestond ons gezelschap alleen uit Zwitsers. De rondreis ging o.a. naar Hammamet, Kairouan, Médénine, het eiland Djerba, de oase Gabès, Sfax, Matmata, het Colosseum in El Djem, Monastir, Sidi Bou Saïd en de hoofdstad Tunis. In Hammamet verbleven we in hotel Fourati en sliepen daar in zo'n benauwde en hete kamer, dat we ons matras op de grond voor de deur legden om 's nachts een beetje frisse lucht op te kunnen vangen. In Tunis stonden we voor de mooie pui van de schouwburg, nog een bouwsel uit de Franse tijd. Alle deuren waren afgesloten en een kijkje binnen nemen was niet mogelijk. Een bewoner van een naast de schouwburg gelegen huis vertelde ons dat er in het theater alleen bokswedstrijden gehouden werden.

In het hotel gingen we na het diner elke gang zorgvuldig determineren en opschrijven. Dat hebben we op andere reizen door vreemde landen steeds gedaan. Zo kwamen we op "lekkere" ideeën, die we later bij het samenstellen van de rustieke buffetten gebruikten. Onze gids Mohsen Farah gaf mij de fooien, die hij in buitenlandse valuta ontving, in bewaring mee. Zo kon hij geld sparen voor een reis door Europa, want hij mocht zelf geen vreemde valuta meenemen.

Terug in Nederland hebben we Henk en Rudi opgehaald van de boerderij en zijn met ons vieren een paar dagen naar de Harz in Duitsland geweest.

In november vloog gids Mohsen Farah naar Duitsland en nadat hij daar een paar dagen had rondgereisd, kwam hij bij ons logeren in de schouwburg. Zoals afgesproken, kwam zijn moeder uit Tunesië overgevlogen om samen met

Mohsen nog verder door Europa te trekken. Wij hebben hen met de auto nog iets van Nederland laten zien. Maar het Tunesische vrouwtje had het koud in dit land, ze liep op sandalen, ze was niet anders gewend. Ze vond het land hier zo groen - ze wist niet wat gras was - en bij een rit over de dijk langs de IJssel, die buiten haar oevers was getreden, stond ze doodsangsten uit, zó dicht langs dat water rijden vond ze maar eng.

Enige weken na onze terugkomst uit Tunesië lazen we dat het vliegtuig, de "Schaffhausen", waarmee ook wij de reis hadden gemaakt, was verongelukt met aan boord tientallen boeren uit een dorpje, ze waren onderweg naar een landbouwbeurs. Het vliegtuig had voor de start de mist willen wegblazen door met grote snelheid over de startbaan te taxiën. Het moest aan het eind van de baan sterk remmen, waardoor de banden zijn gaan schroeien. Na de start hebben de ingetrokken schroeiende banden brand doen ontstaan.

Soms had ik nog veel last van de hernia, de in Indië opgelopen kwaal, vooral als het druk was geweest. Ik ging dan in onze woning languit op mijn rug op de harde vloer van de hal liggen, dan had ik de minste pijn. Als de pijn iets afgezakt was, kon ik meestal nóg niet opstaan. Daarom ging ik juist op de gladde vloer in de hal liggen en kon ik mij met de handen naar het trapgat duwen. Mijn benen vielen daar naar beneden en zo kwam ik weer in staande houding.

Een tijdelijk kwaaltje was een knobbel aan mijn linkerknie. In het ziekenhuis De Weezenlanden verwijderde dr. Eeftink Schattekerk de oneffenheid. Een jaar later moest ik weer onder het mes, de knobbel was toch terug gekomen. Ik zou 's morgens geopereerd worden en werd een dag tevoren opgenomen. Omdat ik de volgende ochtend nuchter moest zijn, kreeg ik niets meer te eten.

Toen het bericht binnenkwam dat de operatie een dag was uitgesteld, vroeg ik iets te eten, maar de keuken was dicht en er was niets meer te versieren. Dat was iets wat ik onbegrijpelijk vond.

Ik had zelf nooit een naar een hapje eten vragende gast teleurgesteld, al was het midden in de nacht.

Ik trok mijn pyjama uit en legde hem netjes onder mijn kussen. Terwijl ik mij aankleedde, kwam een zuster vragen wat mijn bedoeling was. Ik zei dat ik lekker ging eten en morgenvroeg op tijd terug zou zijn. Terwijl ik me verder aankleedde, kwam de hoofdzuster binnen en vertelde me dat ik niet zomaar weg kon gaan, zij was daar verantwoordelijk voor. Ik zei dat ze er dan ook verantwoordelijk voor was dat ik nog iets te eten kreeg. Ik vertrok en ben met Nini lekker bij de Chinees gaan eten. De volgende ochtend was ik op tijd terug en hoorde dat men net gebeld had met de vraag waar ik bleef. De operatie slaagde en er werd maar een snee zichtbaar, deze was precies over de snee van de vorige operatie uitgevoerd. De knobbel aan de knie kwam niet meer terug, maar toch moest ik weer in het ziekenhuis opgenomen worden. Nu was het voor een breuk en dat was ook niet voor de eerste keer.

Voor Henk en Rudi viel in zo'n groot gebouw als Odeon heel wat te beleven. In de concertzaal bijv. schoven ze alle stoelen achter elkaar en gingen dan, tot ergernis van Douwe Postma, treintje spelen. Maar ze hielpen Douwe ook mee met de genummerde stoelen op goede volgorde te zetten. Soms gingen ze op het tweede balkon stiekem kijken wat er in de schouwburg te doen was. Op de rustige Potgietersingel kon Henk zijn broer Rudi leren fietsen. Ook waren ze allebei op een ritmiekcursus en op zwemles en Henk was lid van een gymnastiekvereniging, die in het najaar van 1963 op het toneel van de concertzaal een demonstratie gaf. Henk mocht er, na een jaar oefenen, een sprong over een bok maken, een sprong die hij na 2 minuten oefenen ook had kunnen doen. De jongens waren allebei op teken- en schilderles bij meneer Noordenbos. Er was in het voorjaar van 1964 in de foyer van de schouwburg een tentoonstelling van werken van Zwolse kunstenaars. Op de expositiepanelen was nog ruimte voor meer werk, vonden Henk en Rudi en ze hingen een metershoog zelfportret van Henk erbij. Het heeft er niet lang gehangen, maar ik vond het toch niet zo slecht, het was net een Picasso.

Expositie van Zwolse kunstenaars

De vakantie van 1964 had als bestemming het Spaanse stadje Denia, gelegen ten zuiden van Valencia. Bij Chalet bureau Sunny Tours in Den Haag had ik vanaf maandag 20 juli voor 14 dagen in Denia een appartement gehuurd. We wilden een rustige en ontspannen reis maken en planden voor de heenreis overnachtingen in Auxerre, daarna Millau, het noord Spaanse Gerona en ten slotte nog in Vinaroz. Zowel voor de heenreis als voor de iets andere terugreis regelde de ANWB de hotels. Nini was in verwachting en de blijde gebeurtenis zou ongeveer plaats kunnen vinden omstreeks begin september en zonder pech zouden we op vrijdag 7 augustus weer terug zijn. Voor ons was dat geen probleem, maar om de naaste familie niet ongerust te maken hadden we hen verteld dat we de geboorte in de tweede helft van september verwachtten. Onze auto, een Taunus, was goed nagekeken en zo vertrokken we in de vroege ochtend van donderdag 16 juli met Henk en Rudi achterin. Echter midden in België trapte ik door de koppeling, geen probleem, een garage was gauw gevonden. Een klein speciaal model palletje moest er in, maar dat hadden ze niet, want een Duitse Taunus reed hier nooit. Met een heel dun ijzerdraadje werd een noodoplossing gevonden. Bij alle volgende garages die we tegen kwamen, vroeg ik of ze mij aan zo'n palletje konden helpen. In Frankrijk kreeg ik zelfs het gevoel dat die Franse monteurs dachten: Eigen schuld, zo'n probleem krijg je alleen met een Duitse auto. Het bleef sukkelen met de koppeling. Regelmatig, om de zoveel kilometer, dook ik de auto in om een haast versleten ijzerdraadje te vernieuwen. Tussen Valencia en Denia vonden we eindelijk een garage die ons aan het juiste palletje kon helpen, wat een opluchting.

Ons appartement was gelegen in een spiksplinternieuw klein flatgebouw, 4 etages hoog, waarvan elke etage uit 4 appartementen bestond. Wij waren de eerste huurders, het servies en de keukeninventaris zaten nog in de verpakking. We kwamen 's avonds om ongeveer half tien aan en na de auto te hebben uitgepakt, waren we wel aan ons bed toe. Maar Rudi was nog fit en ging al het serviesgoed uitpakken en afwassen. De eigenaar van het gebouw woonde in Valencia, maar had tijdens zijn vakantie intrek genomen in een van de appartementen. Het gebouw was gelegen op ongeveer 7 kilometer ten noorden van Denia en lag midden in uitgestrekte velden met muskaatdruiven, ongeveer 100 meter van het strand.

Vlakbij stonden nog een paar vakantiehuisjes van Spanjaarden en een heel klein winkeltje waar je het meest noodzakelijke kon kopen. Toeristen hebben we op het strand nooit gezien en we konden beide kanten kilometers ver kijken. We hadden een opblaasboot meegenomen, waar de jongens veel plezier mee beleefden. Maar toen Rudi eens met een kinderschopje op het strand in het zand schepte, stond er plotseling een agent met een gek hoofddeksel voor zijn neus en verbood het graven in het zand. Direct langs de kust liep een zandweg met kleine optrekjes, die eigendom waren van Spanjaarden uit de stad. Deze bouwseltjes zullen later duur verkocht zijn. De stad Denia lag tegen de voet van een heuvel waarop een kasteel stond, dat dienst deed als militaire post. De hoofdstraat met winkeltjes en kleine restaurants kwam uit op de boulevard met de havenkade. We liepen eens langs het water, waar mannen aan het vissen waren en maakten foto's van de oude, sfeervolle vissersboten. Tussen de kade en een paar huizen in aanbouw stond een bank, die goed van pas kwam om even bij te komen van de wandeling en de hitte. We besloten terug te gaan naar de hoofdstraat, de Avenida del Generalisimo, om te gaan eten in een restaurant. We hadden altijd de gewoonte verschillende gerechten te bestellen en de maaltijden zagen er dan ook heerlijk en oogstrelend uit. Daar moest een foto van gemaakt worden, maar wat een schrik, het fototoestel was verdwenen. We hadden het toestel op de bank bij de haven laten liggen. Ik rende naar de haven en in de verte zag ik het nog liggen. Een arbeider van de huizenbouw liep richting de bank, dus versnelde ik mijn pas. De Spanjaard zag mij rennen en liep in een grote boog, dodelijk onschuldig om de bank heen weer richting de huizenbouw. Na het fototoestel snel gepakt te hebben, liep ik terug naar het restaurant, waar de jongens de mooi opgemaakte plat-du-jourborden al zo geruïneerd hadden dat een foto maken geen zin meer had. Ik hing mijn toestel aan de rugleuning van mijn stoel, maar er ging iets mis. Het toestel viel op de stenen vloer en was zo ongelukkig terecht gekomen, dat het voorgoed onbruikbaar was geworden. Het was een goed fototoestel, een Zeiss-Ikon, ik had het van opa van der Werff gekregen voor mijn vertrek in 1946 naar Indië en daar had het toestel alles overleefd, van tropische regenbuien tot onderdompelingen in de vette sawamodder.

Op 3 augustus 1964 vertrokken we uit Denia voor de terugreis naar Nederland en na een overnachting in Tarragona, kwamen we de volgende dag in de uitlopers van de Pyreneeën aan in het stadje Foix. We bezochten daar het hooggelegen kasteel en hadden een prachtig uitzicht. Op de hoogste trans ervan aten we de heerlijkste perziken, ik heb ze in Nederland nooit meer zo lekker gegeten. We logeerden in "Hotel du Tourisme", een tamelijk groot hotel, maar verdere logés hebben we niet gezien. Na het diner vroeg ik naar de rekening, want we wilden de volgende ochtend heel vroeg vertrekken. "Nee, niet nodig", zei de hotelhoudster, "ik ben zelf morgenvroeg aanwezig." Maar de volgende ochtend was er niemand te bekennen. Ik heb het naar mijn mening te betalen bedrag op een schoteltje in het buffet gelegd, waarna we zijn vertrokken.

Als we onderweg een terrasje pikten, was het vaak Rudi die de bestelling deed bij de garçon. "Kat kook", zei hij dan en inderdaad kregen we altijd 4 cola.

De volgende overnachting was in Chateauroux, waar we ontdekten dat het station sprekend leek op het station in Zwolle. De laatste nacht sliepen we in Chalons sur Marne. Op vrijdag 7 augustus om 11.15 uur passeerden we de Nederlandse grens en via Arnhem gingen we richting Apeldoorn. Bij het vliegveld Terlet was het erg druk, voor en achter ons reden auto's, maar een chauffeur had kennelijk erg veel haast en wilde iedereen passeren. Echter een tegenligger werd hem noodlottig, ik reed de berm in om hem te ontwijken en reed daarbij over een kilometerpaaltje, maar onze auto werd toch nog aan de linkerzijde geschampt door de inhaler. De schrik was groot, vooral toen de veroorzaker Nini zag in haar om het lichaam spannende positiejurk. De verzekering van de inhaler heeft de schade aan onze auto vergoed. Kort erna verkocht ik de auto aan de Tania's. Cees Tania was coach van de Nederlandse hockeydames en zijn vrouw Betty Pabbruwee was een beeldend kunstenares en assisteerde mij bij het inrichten van onze artistieke buffetten.

Terug in Zwolle ging het leven in het theater weer verder. We hadden met een chauffeur van een decorwagen afgesproken dat hij 's morgens om 5 uur achtergebleven decors zou ophalen. In de inrit naar de manegezaal, ongeveer 15 m. van de openbare weg, zouden we een deur niet afsluiten. Hij kon daar binnenkomen door de deur van onderen aan te trekken, het was een nooddeur zonder kruk of slot. 's Nachts omstreeks 3 uur hoorde ik beneden iemand lopen. Voorzichtig, in het pikkedonker, ging ik de trap af en in de foyer botste ik tegen een politieagent op, hij had ontdekt dat de deur niet afgesloten was. We hadden 15 buitendeuren die 's avonds afgesloten moesten worden.

Er was een goede relatie met de politie. Het

politiebureau was achter de schouwburg in de Lombardstraat. Een enkele keer werd ik gevraagd om met een paar andere mannen en met een verdachte van iets op een rij te gaan staan, zodat een slachtoffer of een getuige vanachter een raam de schuldige kon herkennen. Ik ben nooit als verdachte aangewezen. Ze noemen dit de Osloconfrontatie.

Het was 5 september 1964, een zaterdagavond.

Hindeloper wieg in de woonkamer van Odeon

Nadat het publiek het theater had verlaten, Nini met de kelners had afgerekend en het buffet had afgesloten, was het laat toen we naar boven gingen. Er was zondag niets te doen in het theater, dus we hadden een rustige dag voor de boeg, dat dachten we. Maar in de vroege ochtend maakte Nini me wakker, de allereerste verschijnselen van een geboorte werden merkbaar. Omdat ik wist dat Nini bij alles wat ze deed niet treuzelde, leek het mij raadzaam dokter Verhagen, onze huisarts, te waarschuwen. Hij woonde vlakbij in de Koestraat.

Om half acht zag Jacoba Louise Nini het daglicht, we noemden haar Jacqueline. Het personeel was erg verbaasd toen ze 's maandags hoorden dat in de schouwburg een meisje geboren was. Bij een antiquair hadden we een originele houten Hindeloper schommelwieg gekocht. Op een praktikabel kreeg de wieg een ereplaats in de woonkamer. Na een maand of drie wist Jacqueline, door te bewegen, de wieg al aan het schommelen te krijgen.

De lopende boom van Odeon

Alles was mogelijk in "Odeon", zo ook een grote dahliatentoonstelling in alle zalen, uitgezonderd de schouwburg. Het leek één grote tuin met waterpartijen en beelden. Er was heel wat plastic nodig om de muren en houten vloeren vochtvrij te houden. Een meer dan 2 meter hoge oude boomstronk, waaruit klimplanten staken stond in de hal. Na afloop van de tentoonstelling zat het bestuur in de maag met de boom en ze waren opgelucht toen ik zei dat ze dat zware stuk hout wel mochten laten staan. Het lukte Johan Wevers om er praktisch onzichtbare wielen onder te zetten en door er nog wat extra plantjes in te plaatsen, hadden we in de hal een mooi sierstuk staan, dat gemakkelijk bij andere gebeurtenissen weggereden kon worden. De pers had het later over "de lopende boom" van Odeon.

Van de Amstel brouwerij kregen we een sponsorbedrag waar we enige serveerboys van konden kopen. Deze wagentjes bevielen zo goed, dat Johan Wevers in de werkplaats nu zelf serveerboys ging maken. Ook de grote losse bar in de hal werd voorzien van wielen en kon nu in het hele gebouw dienst doen. Om aan de grote vraag naar examengelegenheid te voldoen, maakte Johan van electriciteitsbuis en triplex ongeveer 150 stapelbare examentafels en een daarbij behorende transportwagen die de tafels zelf oppikte van de vloer. Voor de hal bedacht en maakte Johan banken en tafels met natuurstenen blad, voor het toneel schijnwerpers op wielen, verder nog een projectietafel en tafels op borsthoogte, gemakkelijk om bij recepties staande een handtekening in het receptieboek te kunnen zetten. Een katheder met verstelbare verlichting werd ook gemaakt in de eigen werkplaats. De receptietafels en de katheder waren producten die opvielen, ze werden dan ook veel door diverse instanties te leen gevraagd.

In januari 1965 wijdde de landelijke pers veel aandacht aan de koffietapkast met teksten "Toneelmeester vindt koffietapkast uit", "Wereldprimeur in Zwolle" en "Tien maal zo snel als kelners". Een tv-ploeg was op 24 januari 1965 onderweg naar Odeon om voor het journaal opnamen te maken van de koffietapkast, maar ze werden voor aankomst in Zwolle teruggeroepen in verband met het overlijden van Winston Churchill.

De koffietapkast was een heel bijzondere uitvinding van Johan Wevers. In de kast was een lift met 10 bladen met elk 11 koffiekoppen. Bovenin de lift was een reservoir waar koffie voor

De koffietapkast; koffie in enkele minuten

400 koppen in kon. In de bodem van het reservoir zaten 11 lekdichte drukkranen en met één beweging kon men alle kranen tegelijk openzetten en de koppen in een oogwenk vullen. Het dienblad werd er door een kelner uitgehaald en een tweede hendel bracht het volgende blad onder de kranen. Natuurlijk was de koffietapkast ook voorzien van wielen. Voor de pauze werd de kast gevuld en dan naar het midden van de concertzaal gereden, samen met de foyers was dit een grote pauzeruimte, groot genoeg voor alle bezoekers van de voorstelling. Om de koffietapkast plaatsten we tafels en tussen kast en tafels stond het personeel, we noemden dat het

pauze-eiland. Veel andere theaters hadden belangstelling voor deze manier van koffieverkoop, echter de grootte van de dienbladen en de juiste maat van de koppen en schotels moest allemaal aangepast zijn. De meeste theaters hadden bovendien in de pauze de koffieverkoop op verschillende plaatsen en niet op een centraal punt. In het weekblad Elsevier van 8 november 1975 stond een paginagroot artikel van Michel van der Plas, waarin hij zich ergerde over de ouderwetse manier van koffieverkoop tijdens pauzes in de schouwburgen. Hij schreef dat hij pas na een lange worsteling met bloed, zweet en tranen een kopje koffie kon veroveren. Ook klaagde hij over het lange wachten bij de teruggave van de garderobe na de voorstelling. Ik heb in een brief aan de redactie van Elsevier uitvoerig de koffieverkoop in Odeon uitgelegd, hoe de koffietapkast werkte en wat de garderobe betrof, hoe iedereen bij piekdrukte mee hielp, van buffetpersoneel tot en met de ambulante kelners. Het was voor ons zelfs een soort wedstrijd in hoeveel minuten we het publiek van hun garderobe konden voorzien. Mijn brief werd op 6 december onverkort in de Elsevier geplaatst.

Koffie, het meest verkochte artikel in het theater, kwam rechtstreeks van de Zwolse koffiebrander Algra. Gebruik van Buismanpoeder, om de koffiesmaak te versterken, heb ik nooit toegepast. Bij mijn komst in Odeon in 1960 stond in het buffet nog een groot Buismanblik met een soeplepel er in. Buisman is nu een bijna vergeten artikel. Mijn vader had vroeger een klein blikje Buisman in de keuken staan, de kok gebruikte het alleen om de jus een kleurtje te geven. De poeder werd snel keihard en de kok moest er dan een stukje afhakken.

De suikerzakjes in Odeon bevatten 10 gram suiker, tot ik bericht kreeg van de leverancier, de firma van Oort, dat de inhoud teruggebracht moest worden tot 8 gram suiker. Wij waren een van de 2 bedrijven in Nederland die nog 10 gram gebruikten en het werd te kostbaar de vulmachine voor slechts 2 klanten af te stellen.

Bij de koffie hoort een koekje, ook in de schouwburg. In het begin maakte bakkerij Dalenoord koekjes waarin de naam "Odeon" gestempeld stond. Later kwamen er goede, verpakte koekjes op de markt, dat was hygiënischer en minder verlies door breuk.

Suikerzakje

In 1965 vertoonden de fraaie natuurstenen tegels in de hal ernstige tekenen van verval. De tegels waren aan de randen afgebrokkeld onder de druk van de naaldhakjes van de dames. De kosten voor een nieuwe vloer met een hardere tegel bedroeg ƒ 27.500,–. In de Zwolse Courant stond: "Tegen deze priemen der ijdelheid is geen enkele vloerbedekking bestand. Zouden de naaldhakdames dat misschien willen betalen? Nee, dat voorstel zou het gemeentebestuur nooit durven doen, het zou teveel gehakketak geven".

In het seizoen 1964-1965 begon "Odeon" een eigen theaterserie van 4 voorstellingen onder het motto: meer toneel voor jonge mensen. Toneelgroep "Studio" speelde 3 voorstellingen t.w. "De bouwers van het rijk" van Boris Vian, de twee eenakters "Cel" en "Spel" van Genet en Beckett en tot besluit door Henk van Ulsen, "Dagboek van een gek", geschreven door Gogol. De vierde avond werd verzorgd door "Het Nederlands Dans Theater" met 4 balletten, waaronder "Omnibus" van Hans van Manen.

In 1965 werd de administratie en programmaplanning van de Zwolse Kunstkring aan "Odeon" overgedragen. Behalve de vanouds traditionele Kunstkring-voorstellingen, zorgde ik geleidelijk aan voor een groter en uitgebreider theaterprogramma met toneel, van klassiek tot klucht, met concerten, van kamermuziek tot jazz, verder cabaret, mime, operette, revues, musicals, ballet, koffieconcerten en bijzondere optredens die onverwacht aangeboden werden. Verschillende artiesten die in Groningen bij ons in Victoria Hotel logeerden, zag ik hier weer terug.

De comédienne Enny Mols-de Leeuwe zei eens tegen mij: "Ach, mien jong, in 't hotel in Groningen hest nog bie mie op schoot zeetn."

In mijn Odeon-jaren heb ik ongeveer 1500 voorstellingen door beroepsartiesten gecontracteerd, het heeft geen nut om in dit verhaal namen en titels te noemen.

Bij het beroepstoneel bood ik de hoofdrolspelers na afloop wel eens een bloemetje aan, soms was het een ruikertje van fans in de zaal. Het gebaar was tegenover het publiek af en toe wel nodig, want je kon zo'n befaamde actrice niet zonder een bloemenhulde van toneel laten gaan, vond men. Vaak kreeg een personeelslid het bloemetje mee. Een bekende actrice gooide, zo gauw het doek dicht was, het boeket in een hoek van het toneel. Ik liet in de kleedkamers voor alle medewerkers van het gezelschap een zakje Zwolse balletjes neerleggen, later werd dat een mini kruikje met Zwolse kruidenbitter, het waren slechts 2 slokjes, maar het werd heel erg gewaardeerd.

Een Zwolse journalist had het bestaan van deze kruidenbitter eens in de pers vermeld en werd daarna door lezers enkele malen geconfronteerd met de vraag: "Waar is dat drankje te koop?". Hij stelde hen gerust, het drankje was alleen voor de artiesten in Odeon bestemd. De tekst op het kruikje was afkomstig van zijn collega Willem van der Veen.

Een bijzondere gebeurtenis voor de schouwburg was op 6 juni 1963 de uitreiking van de jaarlijkse onderscheidingen voor de beste rollen, gespeeld in het afgelopen seizoen en toegekend door de vereniging van schouwburg- en concertgebouwdirecties. Burgemeester Roelen reikte de onderscheidingen uit aan Guus Hermus, Andrea Domburg, Do van Stek, Henk van Ulsen, Jules Rooyaards en Ank van der Moer.

We begonnen met het stimuleren van amateurtoneelspelers en musici door het verstrekken van adviezen en gelegenheid geven op te treden en te helpen bij de problemen die zich daarbij voordeden.

Op enkele zaterdagen hielden we af en toe, speciaal voor leerlingen van lagere scholen, limonadevoorstellingen in samenwerking met Studio L.P. Hierover vermeldde De Zwolse Courant: "Op een bijzondere leuke manier lieten drie danseressen de jonge schare meedoen aan een fantasierijk spel van beweging dat, getuige de overgave waarmee de kleintjes zich in het gebeuren stortten, sterk tot de verbeelding sprak".

In 1965 kwam de Bethlehemkerk in beheer van Odeon. De kolossale kerk was uitermate geschikt voor grote exposities en juist die tentoonstellingen wilden we liever niet meer in Odeon. Ze namen teveel vloeroppervlakte in gebruik, door een grotere bezetting van het gebouw door theaterevenementen hadden we die ruimte juist nodig. Tentoonstellingen, zoals de kampeershow van Ottink en de pluimvee- en konijnententoonstelling van Plusieko, pasten in de toekomst niet meer in de schouwburg.

Bethlehemkerk (1970)

Ik zorgde nu dat er in de foyers exposities kwamen van schilderijen, zeefdrukken, wandkleden en foto's, in elk geval van kunstwerken die voor de bezoekers van de schouwburgvoorstellingen interessant konden zijn. Zo hing er altijd veel werk van regionale artiesten, o.a. Cees Graswinckel, Han Douma en vele anderen. Een bijzondere tentoonstelling was die van Teun van der Veen, er werden maar liefst 200 werken getoond, resultaat van 60 jaar tekenen en schilderen. Ook de jonge artiesten van de Emmanuelshuizen in de Praubstraat tegenover onze toneelingang waren voor Odeon actief op velerlei gebied, zij ontwierpen en tekenden reclame en affiches. Enkele bewoners van de Emmanuelshuizen waren Willem Hofman, Dicky Booy, Henk Keijl, Ben Lammers, Agnes Lammers-Timmerman, Tom te Velde, Arie Stronks, Gerda Stronks-Hofman en Jan de Noort.

Werk van andere Nederlandse kunstenaars werd ook regelmatig getoond.

Het Goethe-instituut verzorgde in 1976 een tentoonstelling van Duitse theateraffiches, afgedrukt op metalen platen, Kodak N.V. verzorgde een prachtige kleurenfotoshow.

Bijzonder was ook een expositie van wandkleden van runderhuiden gemaakt door Roberto en Teresa Cedres uit Uruguay, een horloge modeshow en een expositie van Rosenthal porselein. In 1967 hadden we al een kleine expositie in de foyer gehad, ingericht door het Amsterdams toneelmuseum. In november 1980 had het Nederlands Theater Instituut, het vroegere Amsterdams toneelmuseum, een grote expositie ingericht getiteld "Komedianten trekken voorbij". Het was de grootste tentoonstelling die het Instituut ooit buiten het eigen museum hield. Deze expositie liep tegelijk met de tentoonstelling van Teun van der Veen en beiden hadden een overweldigende belangstelling.

In de Zwolse Courant schreef Han Douma over deze tentoonstellingen: "De directeur J. Bakker gaat er van uit dat alle kunsten iets met elkaar gemeen hebben. Hoewel het gebouw is ingericht voor toneel en muziek, meende hij gelegenheid voor het exposeren van beeldende kunst te kunnen improviseren. In zijn streven de belangstellingssfeer op een brede basis en een gezonde wijze regionaal uit te breiden past deze activiteit voortreffelijk. Een zekere mate van popularisering schuwt de heer Bakker niet. Hij vindt zijn excuus in het streven "de kunst onder de mensen te brengen" en in de poging leven te brengen in wat anders bedreigd wordt als "tempel der muzen" te worden vermeden uit onbehagen of drempelvrees."

Een traditie was de verloting van kunstwerken onder de abonnement- en chequehouders in de pauze van de laatste voorstelling van het seizoen. Van regionale kunstenaars hingen schilderijen, gouaches en grafisch werk in de foyers of er stond siersmeedwerk. Drie van deze kunstwerken werden, op kosten van de schouwburg, onder de vaste bezoekers verloot. De trekking geschiedde vaak door de wethouder van cultuur, soms door een die avond optredende artiest. In 1978 was dat Jos Brink. De eerste prijswinnaar had de eerste keus. In het begin van deze traditie hingen de prijzen van de kunstwerken erbij, de winnaars kozen dan meestal een van de duurste werken. Later heb ik de prijzen weggelaten en toen gingen de winnaars anders hun prijs uitzoeken en werd het "Wat past bij ons behang of bij onze meubels?" of "Hoeveel muurruimte hebben we beschikbaar?" Het waren toen vaak de goedkopere kunstwerken die uitgekozen werden.

Een paar keer per jaar ontving het gemeentebestuur in Odeon de nieuwe inwoners van de stad. Tijdens deze avond kregen alle nieuwe ingezetenen een vrijkaart voor een schouwburgvoorstelling naar eigen keuze, van dit aanbod werd altijd veel gebruik gemaakt.

Vanaf juli 1974 kwam het Celecomplex in beheer bij Odeon. Na beëindiging van de eerste fase van de restauratie werd op 5 oktober van dat jaar het complex door minister van Doorn geopend. Er was in het gebouw ruimte ontstaan voor het jeugdserviceburo, het educatief en creatief centrum, de filmliga, de kunstuitleen en het poppentheater van Otto van der Mieden.

Repelen en hekelen

Het publiek gaat naar het theater voor ontspanning, afleiding of om er tevens iets van op te steken.

De meeste voorstellingen en concerten heb ik bijgewoond, maar dat gebeurde ook om een andere reden. Na afloop moest ik er over kunnen oordelen, niet alleen tegenover het publiek, maar de artiesten wilden altijd graag mijn commentaar. Tijdens de voorstelling was mijn aandacht ook op veel andere dingen gevestigd bijv. of de verlichting op het toneel perfect was, een kapotte schijnwerper kon niet altijd door de technici op het toneel gezien worden. Het geluid moest soms bijgesteld worden, dat kon niet altijd goed afgesteld worden bij de repetitie met een lege zaal. Een volle zaal met "wollig" gekleed publiek vreet geluid. Als men thuis de gordijnen verwijdert, klinkt het immers ook hol in de kamer. Het kon gebeuren dat een bezoeker in de zaal onwel werd en dat is bij emotievolle voorstellingen meer dan eens gebeurd. Ik had achter in de zaal een vaste plaats en kon vandaar de hele zaal overzien. Het was mogelijk om ongezien voor de pauze en voor het einde van de voorstelling de zaal te verlaten.

Een voorstelling was daarom voor mij zeer beperkt ontspanning en afleiding. Maar wat was dan wél voor mij ontspanning en afleiding? Die zocht ik in het verleden. Ik had altijd al respect voor de levenswijze van mijn ouders en voorouders en dan vooral het leven en wonen op het platteland. Als lid van het Nederlands Openlucht Museum hebben Nini en ik excursies gemaakt naar Duitsland en Engeland, waar we veel interessante dingen zagen. We begonnen oud boerenspul te verzamelen en bij het bezoeken van boerderijen, o.a. in Overijssel en Gelderland, ontdekten we dat door desinteresse veel oud gereedschap verloren ging. We struinden in de loop der jaren een paar honderd boerderijen en boerenboeldagen af. Onze groeiende verzameling bevatte o.a. alles voor de bewerking van vlas, zoals brekers om het vlas eerst soepel te maken, repels, eigenlijk zijn dat grote ijzeren kammen waarmee de zaadknoppen van de vlasstengels getrokken werden en daarna hekels om het vlas tot fijne draden te trekken.

Voor klompenmakers verschillende boren en messen en voor het wegen en meten, grote en kleine gewichten, een schepel, een mud, een spint, unsters, balansen en bascules.

Interessant was ons complete turfmakersgereedschap. Turf was afkomstig uit de veengebieden, veen was een grondsoort ontstaan uit halfvergane plantenresten. Het enige gereedschap dat men nodig had voor het steken van turf van hoogveen, waren afstekers en opstekers, ofwel stikkers en opschotten.

Bij laagveen was meer gereedschap nodig. Eerst werd de bagger uit veenplassen opgeschept en tussen planken op de vaste wal geworpen. Nadat de natte bagger iets was ingedroogd, ging

Turfmakers gereedschap voor hoog- en laagveen

men met brede klompen of met trippers of stampers, waarbij polsjes werden gebruikt, de massa verder aanstampen. Eenmaal goed ingedroogd, kon men uit de massa turven snijden. Het moet zwaar werk geweest zijn. Voor veel gezinnen was turf vroeger de enige brandstof en een turfje was snel opgebrand.

Ik herinner mij nog dat vroeger in Groningen, in het Schuitendiep schepen lagen die tot 2,5 meter boven het dek waren volgeladen met turven. Het moeten er vele tienduizenden geweest zijn, die netjes met de hand waren opgestapeld. Onze verzameling bestond verder uit rietdekkersmateriaal, grote en kleine karntonnen, een open melkbus, melkbussen met deksel en kaaskoppen. Op een voorbijrijdende grofvuilwagen zag ik eens een mooie karnton liggen.

Na hard lopen en roepen lukte het mij de karnton te bemachtigen. Verder wisten we materiaal te verzamelen dat gebruikt werd bij het werken op het land, zoals zeisen, zichten, sikkels, haargoed en een plaggenzicht. Ook verzamelden we houten en ijzeren ploegen, eggen, een roggetrekker, verschillende grote en kleine strosnijders, een bietenhakker, dorsstokken en vlegels, wannen, een wannemolen, zaaiviolen en een zaaimand.

Een grote wannemolen die te veel ruimte in beslag nam, verkocht ik aan een Belgische verzamelaar in Turnhout.

Op het laatst had ik een te grote voorraad houten eggen. Ik zaagde een eg in 2 of 3 stukken, streek er een laagje matte lak over heen, bevestigde er 2 haken aan en zo verkocht ik ze als kapstok aan winkels die artistieke dingen verkochten.

Onze collectie bestond verder uit een grote Veluwse boerenwagen, een paar mooi beschilderde wagenachterschotten, tientallen wielen van grote en kleine boerenwagens en van een grote mallejan. Verder verschillende modellen paardentrippen, paardenbitten, sloffen voor veulens, bellentuig en een kapstok voor paardetuig. Bijzonder was een koperen kookpot voor "zwienen" met een doorsnee van 60 cm en een hoogte van 44 cm. Ook vonden we een spalk voor een gebroken koeienpoot en een stamper voor varkensvoer die zo'n 3 maal groter was dan de stampotstamper die een huisvrouw in de keuken gebruikte. En nog vele tientallen voorwerpen, zoals staven met een stempel voor het brandmerken van gereedschap, een kolomboor, een wagenkist, meerdere haalmessen, een veekoekbreker, krikken, een dommekracht (om een wagen op te tillen), een dichte biezen zaaigoedmand en een grote blaasbalg van een smidse. Ook een ossenbit met scherpe punten dat gebruikt werd als de os, voor de ploeg gespannen, niet meer wilde lopen. De boer trok dan even aan het leidsel en het gepijnigde dier liep weer.

Als we op stap waren om oud boerengereedschap te zoeken, liepen we vaak tegen heel andere voorwerpen aan. We kregen een paar mooie kachels, t.w. een oud fornuis, twee buiskachels en een duveltje. Huishoudelijke artikelen uit de keuken of woning kwamen we ook tegen, zoals vele maten ijzeren hengselpotten, sommige met een kettinghaal, een steekketel, turfbakken, ronde en rechte wafelijzers, een koffiebrander, worstvuller, worstgaffel, treeften, stoven, lantaarns, Keulse potten en jeneverkruiken, deegtroggen, wetplanken met en zonder zandbakje en een klein tinnen potje met draaideksel, bestemd voor het koken van gort. In het tv-programma Kunst en Kitsch werd eenzelfde potje getoond, het was afkomstig uit de periode tussen 1800 en 1850 en werd geschat op een waarde van ƒ600,–.

Potten van aardewerk kregen we in vele maten. Deze werden vroeger gebruikt voor het bewaren van gezouten vlees, eieren en andere voedingsmiddelen.

We kwamen eens bij een boer die in het bezit was van een abnormaal grote aardewerken pot en omdat het zo'n bijzonder exemplaar was, wilde hij deze niet aan ons verkopen. Op onze vraag hoe hij in het bezit was gekomen, was zijn antwoord: "Ik moest als jongen van mijn vader in het dorp een pot laten maken en kreeg een touwtje mee, waarin mijn vader een knoop had gemaakt. De pot moest ongeveer 40 cm doorsnee hebben. Maar later bleek dat de pottenbakker de maat van de andere kant van het ongeveer een meter lang touwtje had genomen. En sinds die tijd zitten we met dit exemplaar van 60 cm doorsnee."

Andere voorwerpen uit onze verzameling waren o.a. een ketting met een zware ijzeren kogel. Het was een bongel, als je dat ding aan een been van een paard bond, liep het dier niet weg want de zware kogel slingerde dan om zijn been en lopen was niet meer mogelijk. Ook bijzonder was een diepe vuurkorf (veenbrander), gemaakt van dunne ijzeren staven, die gevuld werd met droge veenbrokken. Met de in brand gestoken turf liep men met de korf over het veen om de bovenste laag af te branden. Het verbrande veen was met de er onderliggende laag geschikt voor de verbouw van boekweit.

Van een handige boer kregen we een zelfgemaakte anti-appelplukjuk, het was een klein juk met een naar vorengerichte stang. Als een koe in de appelgaard liep, kon hij zijn kop niet omhoog krijgen om appels te pakken.

Als een stier gewillig moest meelopen, gebruikte de boer de bolleklem. De stier kreeg de klem in zijn neus, een touw eraan en na een kleine ruk liep het beest getrouw mee.

En een kalf dat niet bij de koe mocht drinken, kreeg een spijkerhalsband om. Wanneer het kalf wilde zuigen, prikte hij de koe. Het gevolg was dat de koe met een trap het kalf wegjoeg.

Een stierenmasker werd gebruikt om de ogen van de stier af te dekken, zodat hij rustig tussen de koeien kon lopen zonder ze lastig te vallen. Van een boer kochten we een stierenmasker dat, in het model van de stierenkop, van leer was gemaakt, het zal een duur masker geweest zijn. Bij een andere boer kregen we een eenvoudig stierenmasker. Het was een stevige, iets kromgebogen ijzeren plaat met een paar gaten erin voor een touw om het aan de kop van de stier vast te binden. Bij weer een andere boer vroeg ik of hij ook een stierenmasker had. "Heb ik niet nodig", antwoordde hij, "ik gebruik daarvoor een aardappelzak, dat is goedkoper."

Om de horens van een kalf gelijkmatig en in de goede vorm te laten groeien, werd een blok hout uitgesneden in de gewenste vorm van de horens. Het model werd dan om de horens gelegd en met een riem aan de kop vastgebonden.

Bikkelen was een spelletje dat vroeger door kinderen en volwassenen werd gespeeld met 4 schapenwervels en een glazen of stenen stuiter. De spelregels en de teksten van liedjes die tijdens het spelen gezongen werden, hebben we nog in ons bezit. Elke provincie had z'n eigen liedje. Een Gronings liedje was:

Ik baauw d'r een hoes van stain en groes,
Van iezer en stoal, zo glad als een poal,
Zo glad als 'n glas, dat ik der 'n bikkel
Van bove'n op tas.

De boerenboeldagen waren altijd interessante en vaak vermakelijke gebeurtenissen voor boeren, burgers en buitenlui. Uit wijde omgeving kwam het publiek om de veiling mee te maken, maar er waren altijd veel meer kijkers dan kopers. Vaak was de reden van de openbare verkoop dat de bewoners van de boerderij naar het bejaardenhuis gingen.

Aan bod kwamen grote meubelstukken die niet meegenomen konden worden naar de nieuwe woning en in de schuur stond al het meestal oude boerengerei langs de muur opgesteld. Vooraan de nog bruikbare spulletjes, wat groot gereedschap, rollen draad, bossen ruw vlastouw en palen, staken en stokken en meestal wat verschimmeld tuigwerk. Achter in de schuur kisten en dozen vol klein verroest gereedschap, alle maten hamers, maar vooral losse hamerkoppen en stelen, kromgebogen schroevedraaiers, afgebroken messen, hakmessen. Soms zag je een kromgebogen keukenmes, een mes dat moeder de vrouw nooit heeft gemist. En kistjes en blikken met kromme spijkers, moeren, bouten en verder wat er maar in alle hoeken en gaten van de meestal kleine boerderij bijeengeraapt was. De boerderij moest leeg opgeleverd worden.

Achter op het erf stond soms een kraam waar je een bekertje koffie kon kopen en bij sommige veilingen stond een visboer een visje te bakken. Voor de veiling begon, mocht je naar binnen om alles te bekijken. Vooral de dozen en kisten hadden onze belangstelling. Zag ik in een kist wat leuks bovenop liggen, dan moest dat even naar onderen geschoven worden en wat waardeloos spul voor in de plaats gelegd worden. Misschien was er dan minder belangstelling voor die kist. Je moest ook in de gaten houden dat het publiek bij het bekijken en rommelen in de dozen, de bekeken voorwerpen weer in dezelfde doos teruglegden. Dat gebeurde niet altijd, wel of niet per ongeluk. Was het tijdstip van de verkoop aangebroken, dan moest iedereen het woongedeelte en de schuur verlaten.

Een boerenwagen werd opgesteld in de schuuropening en de afslager klom er op. Handlangers haalden de te verkopen voorwerpen te voorschijn en hielden die omhoog terwijl de afslager vroeg wie daarop een bod wilde doen, of hij begon zelf een bedrag te noemen. Voor sommige voorwerpen was heel weinig belangstelling, zoals voor de dozen met rommel. De afslager begon dan met een inzet van 1 gulden en de prijs werd dan steeds met 1 gulden verhoogd. Vanaf 10 gulden moest steeds 2 gulden meer geboden worden en vanaf 20 gulden kwam er per bod 5 gulden bij. Was de 50 gulden bereikt, dan kwam er steeds een tientje bij. De afslager wist meestal met kwinkslagen de prijs nog wel iets op te peppen. Had je een bod gedaan en was er niemand die hoger bood, dan vroeg de afslager je naam en gaf die door aan de notaris die vlak bij de wagen aan een tafeltje zat. Je kon dan direct het gekochte meenemen. Stond je achteraan, dan gaf het publiek het wel naar je door, vaak met alle mogelijke gepaste of ongepaste opmerkingen. Naast de notaris zat een meisje dat je naam, het gekochte artikel en de prijs in een blocnote opschreef. En als ze een bladzijde vol had, gaf ze die door aan iemand die binnen in de kamer zat, daar kon je dan naar toe gaan om af te rekenen. Niemand zou het hier in zijn hoofd halen om zonder te betalen weg te gaan.

Het was tijdens een boeldag in Oosterwolde. In een van de rommeldozen zag ik een kwispedoor, vroeger vooral door tabakpruimende mannen gebruikt om in te spuwen. De karakteristieke vorm was een rond kannetje met boven een breed uitlopende opening. In de doos zat, behalve de kwispedoor, alleen wat oud handgereedschap. Ik hield de doos goed in de gaten en toen deze aan de beurt was, vroeg de afslager één gulden. De dozen met rommel moesten in elk geval weg. Een boer riep: "Ja, hier!" Ik toonde me niet erg enthousiast en bood wat laat toch 2 gulden, dezelfde boer riep 3 gulden. Niemand van de omstanders zei iets, maar dat betekende niet dat er verder geen belangstelling voor was, soms moest je op het laatste ogenblik inspringen met bieden. Ik liet de afslager blijken er 4 gulden voor over te hebben, 5 gulden antwoordde de boer direct. Ik knikte en hief mijn hand op hoofdhoogte, dat betekende 6 gulden, de boer met luide stem 7, toen kwam ik nog met 8, mijn tegenhanger kwam weer terug met 9 gulden. Daarna was een knikje van mij naar de afslager voldoende dat ik door ging voor een tientje. Ik wist voor mijzelf dat dit mijn laatste bod zou zijn, vanaf tien gulden moest er steeds twee gulden meer geboden worden. De boer mocht de doos met verroeste spulletjes, met

onderin de kwispedoor, voor 12 gulden meenemen. Had ik doorgeboden, dan had het publiek gedacht: wat moet die "burger" met zo'n doos vol troep. Veel van de toeschouwers kenden ons van andere veilingen en wisten dat we geïnteresseerd waren in bijzondere dingen.
Ik wachtte tot het einde van de veiling en zag op een afstand hoe de boer een paar dozen en een kist bij elkaar zette om ze op een wagen te laden. Ik zag dat hij een beetje in de doos waarin de kwispedoor zat, had gerommeld. Hij herkende mij niet. Ik vroeg hem of hij goede zaken had gedaan. Hij antwoordde: "Harm, mijn buurman is een jaartje geleden overleden en de vrouw gaat naar het tehuis" en hij vervolgde, "Och, ik had wel eens wat van die spullen geleend. Je hebt er iets mee en er is nog wel iets bruikbaars bij en het ouwe mens krijgt zo nog een paar centen." Ik keek kwasi onverschillig in de bewuste doos en vroeg de boer, wijzend naar de kwispedoor. "Wat moet je voor dat vaasje hebben? Daar kan mijn vrouw mooi een bloemetje inzetten." Hij lachte een beetje ironisch en zei: "Wat moet ik met dat ding, neem maar mee, dan ben ik hem kwiet."

Soms gingen Henk of Rudi mee naar zo'n boeldag, we gingen dan niet samen, het publiek zag ons in elk geval niet samen. De jongens boden op leuke dingen en mensen die ons kenden van andere veilingen en zagen dat wij geen belangstelling toonden, dachten dan dat het gebodene geen waarde had. Met gedraai aan oren en gekrabbel aan de neus gaven wij Henk en Rudi seintjes door hoever ze konden gaan met bieden.
Henk heeft ook eens zaken gedaan op een boeldag. Hij kwam thuis met de fiets aan de hand en achterop torste hij een uit één blok graniet gehouwen fonteinbak, groot 65 bij 45 cm en een hoogte van 16 cm. Hij had een rijksdaalder betaald voor een haast niet te tillen stuk graniet, het was een unieke bak.

Oud hout

Bij een rondtocht door Drente zagen we bij Laaghalerveen, vlakbij de TT- baan, tegen een boerenschuur een grote boomstronk staan. Mijn nieuwsgierigheid dwong mij even te kijken wat voor stuk hout het was, de bijzondere vorm viel me op. De boer vertelde dat het een wortelpartij van een grove den was en bij graafwerkzaamheden op een diepte van ongeveer 5 meter tevoorschijn was gekomen. Deskundigen hadden hem verteld dat het hout enkele duizenden jaar oud moest zijn, bij een onderzoek op de universiteit in Groningen was dat geconstateerd. Ik vroeg of hij die wortel van de grove den wilde verkopen en wat de prijs moest zijn. Maar er was een probleem, de boer had een afspraak gemaakt met een burgemeester van een in de buurt gelegen plaats. Hij wilde de mooie stronk in de hal van zijn gemeentehuis zetten, maar er moest eerst over de vraagprijs van 100 gulden gediscussieerd worden. Ik bood hem 100 gulden contant en dat leek de boer toch beter, de haast 2 meter grote wortelpartij kon precies in onze stationcar. De grove den kreeg, rechtop gezet, een plaats op de tegelvloer in de hal van het bespreekkantoor in de schouwburg. Het heeft ongeveer een jaar geduurd voordat de wortel goed droog was en geen natte plekken meer op de vloer achterliet. Ik heb aan de bovenkant het hout een beetje bijgesneden, zodat het leek alsof het een vogel was. De wortel heb ik niet geïmpregneerd. Met zijn grillige figuren is de stronk een kunstwerk van de natuur en nog steeds een pronkstuk in onze woonkamer. De Zwolse Courant heeft er eens een foto van geplaatst.

Tijdens een paar dagen Den Haag kwamen we in de Korte Houtstraat in de winkel van Künstler, een Zwitser die handelde in tweedehands hotel- en restaurantartikelen. Zijn winkel bestond uit 3 oude samengevoegde panden. Volgens hem was het vroeger een hotel geweest, iets wat ons niet onwaarschijnlijk leek, want na hem enkele keren bezocht te hebben, nam hij ons mee naar boven en liet ons verschillende van de wat eens logeerkamers waren, zien. In een van de kamers stonden op schappen langs de muren en op tafels honderden zout- en peperstellen. De volgende kamer was afgeladen vol met olie- en azijnstellen. Er stond overal oud aardewerk, vele modellen kopjes en schoteltjes, thee- en koffiepotten, melkkannetjes, alle maten borden, terrines, aardappel- en groenteschalen enz. Künstler vertelde dat hij alle horecaveilingen afging, maar hij wilde terug naar Zwitserland om daar zijn oude dag door te brengen. Achter in de winkel gingen we een brede trap op van slechts enkele treden en kwamen tot onze grote verbazing in een prachtige zaal, totaal volgepropt met caféstoelen, tafels en buffetattributen, kris kras op elkaar. Met moeite en door steeds wat meubilair aan de kant te schuiven, lukte het ons halverwege de zaal te komen. Daar ontdekten we een grote koperen bol met een doorsnee van ongeveer 50 cm. Na het openen van het deksel zag je een paar dwarsschotten in de vertinde bol, de bol werd gedragen door een onderstel op wielen. Künstler had geen idee wat voor apparaat het was. Ik dacht even aan

De wasbol, één van de eerste wasmachines

een soort karnton, het was in elk geval een vreemd ding. Ik kocht het voor een redelijk bedrag. Nini en ik droegen het grote en zware geval tussen ons in naar het station en namen het mee in de trein.
Deze koperen bol heeft samen met 3 van onze antieke kachels eens in een etalage van Vroom en Dreesman in Zwolle gestaan voor sfeerverhoging tijdens de kerstdagen. Ongeveer 20 jaar later verkocht ik de bol, die achteraf gezien een wasmachine bleek te zijn, aan het wasmachinemuseum in IJsselmuiden. Het pronkstuk werd later een paar keer voor de televisie getoond.

Bij de verkoop van de inventaris van een herenkapper kocht ik een 2 meter hoge kast met 70 laden. Vroeger had iedere scheerklant voor zijn scheerspullen een eigen lade en daar moest heel wat in: een scheerkwast, een pot scheercrème, een paar messen met een slijpleer, een stuk aluinsteen om een bloedinkje te stoppen en soms een geurtje. De kast heeft nog jarenlang lekker geroken. Toen Nijenhuis, onze administrateur, hoorde dat ik de klantenkast van de overleden kapper had gekocht, wilde hij de kast graag overnemen. De vader van Nijenhuis had vroeger in de manege, onze latere manegezaal, een parfumfabriek gehad en de kapper was een vaste klant van hem geweest.

Trommels voor koekjes, warmhoudtrommels met vuurlade om pasteitjes warm te kunnen bezorgen, amandelschaven, vormen voor chocoladefiguren en borstplaatmatten kwamen o.a. van de zolder van Dalenoord, van een veiling van een bakkerij op de Veluwe en uit het slooppand van bakkerij Verrips. Daar moest ruimte gemaakt worden voor het nieuwe Zwolse stadhuis. Nog steeds gebruikt Nini elke decembermaand de matten met vormen van kerstblaadjes voor het maken van borstplaat.

Het zit niet altijd mee. Zo ook tijdens het handelen met een boer ergens in zuid Drente. Op de zolder van zijn schuur mochten we samen met hem wat rondsnuffelen. Hij was blij wat rommel op te kunnen ruimen en wij dachten juist een paar leuke dingen te bemachtigen, o.a. een mooie lantaarn en nog wat kleinigheden. We waren het eens over de prijs, toen een lelijk eendje het erf opreed. "Daar komt mijn dochter aan", zei de boer. Vlak naast ons kwam de auto tot stilstand en een bitse vrouw stapte uit en riep: "Pa, dat mag je niet wegdoen!" We zijn maar snel afgedropen, we wilden geen ruzie in de familie veroorzaken. We veronderstelden dat zij nooit op die zolder was geweest, stel je voor, tussen die rotzooi.

Elke boerderij had wel een rommelzolder of een hoek waar wat spul lag wat niet meer gebruikt werd. Soms werd er wel eens wat opgeruimd, dan werd alle troep in een droge sloot gegooid en daarover kwam een laag modder. We waren in Doornspijk aan de noordrand van de Veluwe op een voor ons vertrouwd adres, we hadden er al vaker mogen rondkijken. Het begon te schemeren en in het half donker vonden we een zwart geverfde stallantaarn. We mochten hem meenemen, maar veel soeps leek het me niet. Thuisgekomen begon ik met een mesje de zwarte verf te verwijderen en na voorzichtig krabben en schuren kwam een prachtige koperen stallantaarn te voorschijn met een los koperen olietankje. Het was een mooi stukje vakwerk van een kopersmid.

Vlakbij de schouwburg was ook wel eens wat te versieren. Bij venduhuis Richter, tegenover onze toneelingang, stond in de opslagruimte een linnenpers. De erbij behorende kast had Richter verkocht, de koper wilde de linnenpers er niet bij. Onbegrijpelijk. De kast was goed betaald en aan de linnenpers had Richter nu niets meer, vond hij. Ik mocht de pers meenemen, het stond hem in de weg.

Bij de ontruiming van de Emmanuelshuizen, gelegen direct naast Richter, stond bij het grof vuil het onderstel van de grote bestuurstafel. De tafel nam ik mee en deze kreeg in onze werkplaats een grondige opknapbeurt. De gedraaide houten poten werkte ik bij en er kwam een nieuw tafelblad op. Het werd een apart meubelstuk en met de linnenpers erop staat het nog steeds in onze woonkamer.

Bij het bedrijfsklaar maken van de camping "De Agnietenberg" vonden we op een vuilnisbelt een bijna compleet antiek kinderfornuisje met oven en koperen grepen. De kachelpijp ontbrak, maar die was snel bijgemaakt.

Door het bezoeken van al die oude boerderijen, kreeg ik geleidelijk aan een grote verzameling vallen en klemmen. Voor muizen waren er wurgvallen voor 1 muis en ook voor 6 muizen. Verder grote en kleine kooien van gaas en nog allerlei modellen en systemen door de boeren zelf bedacht en gemaakt. Ook ingenieus was de muizentoren. De muis rook kaas en kroop in een klein hokje. Achter hem viel het deurtje dicht, hij kon alleen nog omhoog kruipen door een gazen buisje en passeerde daar een valdeur. Uiteindelijk kwam het beestje terecht in een kamertje waar de bodem naar beneden viel en de muis in een bak water terecht kwam. Door het neerklappen van de bodem ging beneden de deur weer open en de volgende muis kon binnenkomen.

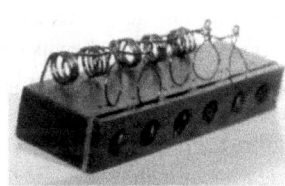

Een wurgval voor zes muizen

De vallen voor ratten waren een slag groter. Vooral de valblokken waren enge dingen, de snoepende rat kreeg hier een zwaar blok hout op zijn kop en werd verpletterd.

De verzameling bevatte verder: mollenvallen, grote en kleine klemmen voor allerlei soorten wild en een vogeltjesflap.

Het is ondoenlijk alle boerengerei dat in de loop van de Zwolse jaren bij ons terecht kwam te beschrijven. Ik heb het niet eens gehad over: hoornbekers, bargwagen, schienvat, disteltrekker, ovenkrabber, steentiller, grote en kleine slijpstenen, een gebreide geldzak van een Staphorster boerin en alles wat nog meer in ons aankoopboekje stond.

Van de rommelzolder van het stadhuis haalde ik een bijzondere Belgische kachel, waaromheen een gietijzeren hekwerk zat. Het gevaarte was niet te tillen en bij ons vertrek uit Zwolle heb ik die onhandige zware kachel maar in Odeon laten staan.

De één geniet van wat hij heeft en de ander wordt knettergek van al die spullen.

Van Cairo tot camper

Het was zomer 1965 en het was rustig in Odeon. We wilden een 14-daagse reis naar Egypte maken en boekten bij reisbureau "Fit" in Eindhoven. Het reisbureau werkte samen met Philips en de lampenfabrikant kon op deze manier de Egyptische deviezenstop omzeilen. Het reisbureau mocht al zijn rekeningen betalen met geblokkeerde Egyptische ponden, waarvan Philips nog heel veel tegoed had.

De kinderen gingen weer naar de familie in de provincie Groningen en zo vertrokken we op zaterdag 17 juli om 10 uur met een Egyptisch chartervliegtuig van Misrair voor een 8 uur durende vliegtocht naar Cairo. We zaten vlak bij de pantry en zagen dat bij het tappen van de koffie door een stewardess, de kraan van de koffiemachine afbrak en niet meer gesloten kon worden. Dat was even paniek, want de hete koffie stroomde alle kanten op, maar met behulp van alle stewardessen en beschikbare kannen en doeken werd een overstroming voorkomen. Toen de rust was weergekeerd, bracht ik mijn stoel in de achteruitstand, maar ik kreeg hem niet meer terug en halfliggend heb ik de reis vervolgd. Bij de landing in Cairo zagen we in het schemerdonker nog de resten van een week tevoren verongelukt vliegtuig vlak naast de landingsbaan liggen. Op het moment dat we het gebouw van de vlieghaven binnenstapten waar het visum nog geregeld moest worden, viel op het hele vliegveld de electriciteit uit. Het werd een oponthoud van 2 uur.

We verbleven in hotel El Borg, een nieuw hotel gelegen aan de Nijl. Onze kamer was aan de achterzijde en keek uit op een hoge televisietoren waar bovenin een draaiend restaurant was. Het restaurant schijnt inderdaad gedraaid te hebben, maar het mechanisme was kapot en ik dacht niet dat het ooit weer gemaakt zou worden. Aan de voet van de toren was een nieuw voetbalstadion. We zagen vanuit onze kamer een voetbalwedstrijd die we tegelijkertijd op de televisie zagen. Het bijbehorend commentaar ontbrak, voor ons niet zo erg, in plaats daarvan hoorden we een orkest spelen. Jaren later las ik in de krant dat tijdens een voetbalwedstrijd door een plotseling opkomende mist, de televisietoren voor de helft onzichtbaar was geworden. Omdat mist hier een totaal onbekend verschijnsel was, ontstond er paniek op de tribune. Men dacht dat de toren ingestort was. Het publiek vluchtte, met het gevolg dat er enkele doden te betreuren vielen.

Boven in de bar van het hotel, waar we moe en warm van het lopen vaak een koel drankje namen, kreeg je bij het afrekenen van je consumptie soms een kassabon, maar vaak sloeg de barbediende niets op de kassa aan. Later hoorde ik dat dit bij de directie bekend was, maar men was al blij dat er iemand in de bar wilde staan. Bij deze en ook bij volgende reizen moesten we regelmatig betalen voor het maken van foto's in musea en dierentuinen, maar als ik dan om het bewijs van betaling vroeg, kreeg ik met tegenzin het bonnetje.

We bezochten verschillende piramides, ook die bij Gizeh, waar 's avonds het klank- en lichtspel werd opgevoerd dat was aangelegd door Philips. Bij een bezoek aan het Mena House Hotel, vlakbij de piramides, gingen we, nieuwsgierig als we zijn, een kijkje in de keuken nemen. Er werd op grote fornuizen gekookt en er brandde een enorm grillvuur. Er liep een hele brigade koks rond, waarvan enkele ons vroegen of we een baantje in Nederland voor hen hadden.

Onze interesse ging ook uit naar het operagebouw van Cairo, gebouwd ter gelegenheid van de opening van het Suezkanaal in 1871, met de voor deze gebeurtenis door Verdi gecomponeerde opera "Aïda". Het bekende theater wilden wij natuurlijk niet alleen van buiten, maar als het mogelijk was ook binnen bekijken. En dat lukte, de chef-toneelmeester liet ons het hele gebouw zien en nam ons ook mee achter de schermen. De mooie grote zaal had de bonbonnièrevorm, maar was erg verwaarloosd, de bekleding van de stoelen was tot op de draad versleten. Ieder theater heeft in het magazijn veel grote doeken en gordijnen, zoals voor- en achterdoeken, poten en friezen in verschillende kleuren. Hier lagen al die gordijnen verspreid en onopgevouwen in een zaal op de grond. We kwamen dan ook al strompelend over de gordijnen bij de deur aan de andere kant van de zaal. Een trekkenwand kende men hier niet, het verwisselen van een doekendecor gebeurde hier op de trekkenzolder. Met mankracht werden op de zolder de doeken opgetrokken en vastgelegd. Behalve een kledingatelier had het theater ook een eigen schoenmakerij voor het op maat maken van speciaal schoeisel, maar het was duidelijk te zien dat het lange tijd niet gebruikt was. Enkele jaren na ons bezoek is het hele operagebouw door brand verwoest. Er zullen niet veel Egyptenaren geweest zijn die dat erg spijtig vonden.

Bij een wandeling door Cairo kwamen we op een plein waar een podium en tribunes werden gebouwd voor een bijeenkomst, waar 2 dagen later de 13e verjaardag van de Egyptische revolutie zou worden herdacht met een toespraak door president Nasser. Op deze herdenkingsdag werd ons een tocht met een motorboot over de Nijl aangeboden. Men had op deze dag het liefst zo weinig mogelijk buitenlanders in de stad. Tijdens deze boottocht kregen we motorpech en dreven een eind af, zodat de vaart langer duurde dan gepland. Opzet of niet, het was een mooie tocht. Later hoorden we dat een dag voor de toespraak door president Nasser onder het podium explosieven waren gevonden. Behalve de piramides hebben we de belangrijkste bezienswaardigheden in noord Egypte bezocht, zoals het Egyptisch Museum, de El Azhar moskee, de Albasten moskee, een Koptische kerk en de dierentuin. Dit alles in Cairo. In Memphis zagen we de albasten sphinx en bij Sakara de trappenpiramide. Een dagtocht maakten we via Ismailia langs het Suezkanaal en de Bittermeren naar Suez en ook gingen we nog een dag naar de oase van Fayoum.

De terugreis op 30 juli leverde geen problemen op. Thuisgekomen besloten we een oplossing te zoeken om de volgende keer de kinderen op vakantie mee te nemen.

En die oplossing werd gevonden. Ik kocht een nieuwe Citroën bestelauto, type A -1500, met het nummerbord VA-01-20. Deze golfplaatwagens waren ook wel bekend als politieauto en soms wel eens te zien als patatwagen. De wagen liet ik 60 cm verlengen en aan een zijde kwam een groot raam. Onze personenauto had ik inmiddels aan kennissen, de Tania's, verkocht. De Citroën was ons enige vervoermiddel. Losse stoelen, een klaptafel, een kinderbedje voor Jacqueline, alles ging er gemakkelijk in. Anno en Hielkje hadden een boerderijtje op de heide bij Dwingelo. Ze gingen er zelf niet vaak naar toe en op een zonnige zondag in augustus 1965 mochten wij er gebruik van maken. Betty en

Belangstelling van de Duitse jeugd voor onze kampeerauto

Cees Tania en slager Borst en zijn vrouw kwamen ook naar Dwingelo. Borst had uitgebreide barbecuegerechten meegenomen en onze wagen was groot genoeg om alle verdere benodigdheden voor een aangename dag mee te nemen.

Samen met Johan Wevers hebben we plannen bedacht om de wagen in te richten als kampeerwagen.

Voor in de laadruimte was een schuifdeur en aan de achterzijde een grote dubbele deur. Achter de chauffeursstoel kwam een uitneembare bank, onder het raam een klein aanrecht met spoelbak met daarboven een watertank. Aan de wand een dubbele klerenkast, waarvan de deuren naar beneden geklapt konden worden en als slaapplaatsen voor Henk en Rudi dienden, Nini en ik sliepen hieronder op de bodem. Voor Jacqueline, toen 1 jaar oud, kon een soort hangmat boven de chauffeursstoel bevestigd worden. De Zwolse Courant van 6 november 1965 besteedde een groot artikel met foto aan onze kampeerauto, campers waren toen in Nederland nog onbekend.

Het was al lang onze wens de woning in de schouwburg te ruilen voor een andere, het wonen in het theater werd ons te druk. Als het kantoor gesloten was en er verder geen activiteiten in het gebouw waren, belde men mij soms zeer laat op de avond met onnodige vragen, over kaarten voor voorstellingen bijvoorbeeld.
Begin mei 1966 verhuisden we, met medewerking van de Gemeente, naar een appartement aan de Aagje Dekenstraat 45, een woning op de bovenste etage van een 3 verdiepingen tellend complex en gelegen vlak bij het openluchtzwembad. Johan Wevers, chef van de technische dienst, kwam in de schouwburgwoning. Van de telefoon had hij geen last, hij wist alleen alles van de techniek en daarover werd nooit gebeld. Zo'n vakman die in een gebouw met veel elektronica woonde, was wel gemakkelijk. Wij moesten wel even aan onze nieuwe woning wennen, want we hadden altijd in de zaak gewoond waar ik werkte. Maar het bracht rust in het gezin. De jongens zaten op de Parkschool aan de Westerlaan en waren verder van school verwijderd. Henk ging op de fiets naar de Westerlaan en Rudi met de bus. De garage die bij de woning hoorde was zo ruim dat er 2 personenauto's in konden, maar onze kampeerauto was te hoog en kon er niet in, dus moest buiten blijven staan.

Na met de kampeerauto wat dagtochten gemaakt te hebben, vertrokken we donderdag 30 juni 1966 met ons vijven richting Gronau, om vandaar Duitsland in te trekken. Bij Haus Wiesengrund in Waldeck hebben we 2 nachten doorgebracht, we hebben er o.a. rond de Edersee gereden. Vervolgens reden we naar Hünfeld, Würgau en Nabburg, waar we op 4 juli aankwamen. We stonden op de parkeerplaats van Gaststätte zum Kulm en bleven er 4 nachten. De kinderen vermaakten zich prima met de kinderen van de waardin Frau Meier en bij de steenafslag achter het pand konden ze klimmen en klauteren. Frau Meier kookte lekker voor ons en ik goochelde 's avonds in de bierstube voor de bezoekers, overdag was er belangstelling van de jeugd voor de kampeerauto.

Donderdag 7 juli werd het druk in de Gaststätte. Na afloop van de begrafenis van een verongelukte militair kwamen er 60 bezoekers voor de nazit en een maaltijd. Nini hielp mee in de keuken, bij de bediening en de afwas. Zelfs ons bestek uit de kampeerauto kwam goed van pas. Er werd geserveerd: bouillon met dikke ballen van gemalen lever, vervolgens Kartoffelsalat, rode kool, komkommer, sla, een naar appels smakend deeggerecht en gekookt varkensvlees en Schweinebrat. Dat alles werd doorgespoeld met veel bier. Nadat men was bijgekomen, kwamen er luxe broodjes op tafel, ook weer met bier.
Frau Meier zei, dat er het komend weekend een kerkelijke plechtigheid was en ze zou het op prijs stellen als wij er dan nog waren. Het was er goed vol te houden, maar we wilden verder trekken, vooral omdat het weer de laatste twee dagen ontzettend slecht was geworden. En zo vertrokken we de volgende dag, vrijdag, uit Nabburg en reden door tot Jacking, een klein plaatsje 7 km ten noorden van Passau. Zaterdag kwamen we Oostenrijk binnen. In de provincie Stiermarken zagen we, na Graz gepasseerd te zijn, aan een smalle weg de uniek gelegen boerderijgasthof Weber met zwembad. Bij onze vraag aan boer Weber of wij hier met onze kampeerauto mochten staan en onze maaltijden bij hen konden gebruiken, was zijn antwoord positief, maar het klonk een beetje teleurgesteld. Later bleek dat een Nederlandse familie bij hem 2 kamers had besproken en wij werden door Weber voor die gasten aangekeken.
We hadden het hier prima naar onze zin, het complex lag op een heuvelrug en had in de verte uitzicht op de bergen in Joegoslavië. Het weer was fantastisch en de kinderen zaten de hele dag in en om het zwembad, wel waren er veel lastige vliegjes. De druk in bedrijf zijnde boerderij gaf

veel afleiding en het was bijzonder te zien hoe handig de 14-jarige dochter met de tractor overweg kon. En wat de jongens heel erg waardeerden waren de kolossale schnitzels, zelfs het grootste bord was er te klein voor. Na 5 dagen vertrokken we op 14 juli weer noordwaarts.
Na overnachtingen in Pfarrkirchen en in Waldfenster, ten noorden van Bad Kissingen, waren we op zaterdag 16 juli terug in Zwolle.

Dinsdag 19 juli gingen we weer op stap, via Hamburg richting Denemarken. We overnachtten bij Husum en gingen de volgende ochtend Denemarken in. Bij het zien van een garage dacht ik dat de Citroën eens doorgesmeerd moest worden en dit leek mij een goed moment. Een medewerker van de garage begon met de doorsmeerwerkzaamheden en vroeg mij in het Deens waar de accu zat, hij had kennelijk geen ervaring met dit soort auto's. Ik kende geen Deens, alleen het woord accu had ik verstaan. Ik had hem dus de accu aan moeten wijzen, maar wist ik veel waar dat ding zat. Ik maakte een gebaar dat ik hem niet begreep. Hij ging op zoek en vond hem onder de chauffeursstoel. Ik deed toen quasi verbaasd en zei: "Oh, accu" en maakte een verontschuldigende beweging.
Na deze autobeurt reden we verder Denemarken in. Het was een vlak landschap met veel scheefgewaaide bomen, een bewijs dat er altijd wind stond en ook nu waaide het erg hard. Daarom gingen we maar terug. De laatste overnachting was in Heide, een plaats ten noorden van Hamburg en zo waren we 21 juli weer thuis.

Het reizen met de kampeerauto was ons prima bevallen, voor overnachting zochten we onderweg een Gasthof. We mochten altijd in de tuin, op het erf of op de parkeerplaats achter het pand staan. Het avondeten en ontbijt in een Gasthof waren erg royaal, vaak had men een eigen slagerij en de prijs was meestal erg laag.

De Citroën kampeerauto hebben we verder in het jaar enkele keren gebruikt, o.a. als rijdend buffet van Odeon bij officiële openingen en bij een grote pakhuisbrand aan de haven, waar we de brandweer van koffie voorzagen.

> **Odeon met jeugdserie op pad** *1966*
>
> ZWOLLE — Odeon heeft de heilige poorten van de tempel der cultuur verlaten en is de boer op gegaan om de speciaal voor de jeugd bestemde Odeon toneel- en muziekserie te verkopen. Gerant H. Bakker heeft daarvoor zijn zelf-ontworpen vakantie-auto als een reizende toneel-ambassadeur verkleed. Vanmiddag stond de wagen bij de gemeentelijke HBS. Er was veel belangstelling.

In september 1966 maakte ik van de auto een rijdende schouwburg promotiewagen. De winter stond voor de deur en het theaterseizoen stond op het punt te beginnen. Aan de kampeerauto had ik voorlopig niets, de hoge wagen kon niet in de garage en een Citroën moest je in de winter niet in de kou en nattigheid laten staan. Ik plaatste een advertentie in de Telegraaf en de wagen was zo verkocht aan een industrieel uit Overveen.
Nu even weer een kijkje nemen bij activiteiten in de schouwburg.

Odeon allerhande

In de grote steden zijn speciale theaters voor toneel, cabaret, opera en operette, ballet en muziek. Kunstuitingen komen het beste tot hun recht in een theater dat speciaal daarvoor gebouwd en ingericht is. In een stad als Zwolle moest Odeon al die facetten van de kunst onderdak verschaffen. Het was een prachtige schouwburgzaal, maar met een veel te kleine capaciteit aan zitplaatsen en een veel te smalle toneelopening van slechts 6,60 meter en dan te bedenken dat een doel op een voetbalveld een breedte heeft van 7,20 meter. De overige zalen in het complex waren geschikt voor veel andere activiteiten.

De stoelen in de concertzaal waren ondingen, ze waren loodzwaar en konden niet gestapeld worden. De concertzaal was pauzeruimte bij voorstellingen in de schouwburgzaal en werd ook gebruikt bij dansavonden en veel andere gelegenheden en daardoor was de stoelzetting in de concertzaal steeds anders. Bovendien waren de stoelen van hout en begonnen te kraken. Bij een kamermuziekconcert durfde het publiek zich nauwelijks te bewegen. Nog een grote er-

gernis was de nummering van de stoelen. Op elke stoel was een nummer te laag aangebracht, terwijl die nummering zelden nodig was. Maar bij het klaarzetten van de zaal voor een concert met plaatsbespreking moest je de 380 stoelen op nummer zetten, een tijdrovend en zwaar werk. Die stoelen moeten destijds uitgezocht zijn door totaal ondeskundige mensen. In 1968 mochten we betere stoelen aanschaffen, het werden lichtgewicht, sterke metalen stoelen met armleuning, kraakvrij en bekleed met rode skai. Ze waren goed stapelbaar en met een steekwagentje kon je er een stuk of 10 tegelijk verplaatsen. Bij het zeldzame plaatsbespreken, 20 gereserveerde plaatsen was al veel, voldeed een plaknummertje boven op de rugleuning zeer goed en was op afstand te zien.

De oude stoelen gingen o.a. naar de Stilo, de tribunes van het zwembad en de sporthallen.

Op de administratie van Odeon rinkelde de telefoon en een van onze dames nam de telefoon op. Ik hoorde op een afstand dat onze medewerkster inlichtingen gaf over de zalen, de zaalhuur en de buffetmogelijkheden. Totdat onze medewerkster tegen mij zei: "Mijnheer Bakker, deze mevrouw wil U zelf even spreken." Ik nam de telefoon op en het eerste wat ik hoorde was: "Jan, je hebt correct personeel." Het was mijn moeder.

Weer even snuffelen in de Odeonplakboeken om te zien wat er nog meer in de jaren '60 en '70 in de zalen van Odeon heeft plaatsgevonden.

Tijdens de bouw van het stadhuis vonden vaak raadsvergaderingen plaats in een van de zalen van ons complex. Behalve een drankje op zijn tijd, kregen de raadsleden en het publiek ook geregeld een pittig hapje. Wij wisten nooit hoeveel publiek er kwam, dus hoeveel we moesten bestellen. Een paar dagen later stond er een ingezonden stukje in de krant, waarin een bezoeker van de raadsvergadering zich afvroeg waarom de raadsleden 3 stokjes saté kregen en hij maar 2.

Een door de gemeente georganiseerd evenement was de actie in 1965 voor de inzameling van geld voor een sporthal. Duizenden mensen kwamen naar Odeon om geld in tonnen op het podium van de concertzaal te deponeren, op de manier van de legendarische televisie actie "Open het dorp". Honderdduizend gulden was de opbrengst.

Van heel andere aard was de bijeenkomst in 1966 ter gelegenheid van de stedenuitwisseling tussen Zwolle, het Duitse stadje Lünen en het Belgische Boom.

In 1970 vond, vanwege de toewijzing van de restzetels, in de foyer de hertelling plaats van de stemmen, uitgebracht tijdens de gemeenteraadsverkiezingen. Dit gebeurde met de hand.

Odeon verzorgde in de historische Schepenzaal van het stadhuis een rustiek buffet voor deelnemers aan een excursie van de Vereniging Nederlands Fabrikaat. Een verslag in de krant vermeldde o.a. "Het gemeentebestuur oogstte veel succes bij de, op dit gebied toch wel verwende gasten. Velen van hen waren enthousiast over de originele opzet en aankleding, waarvoor de heer Bakker en zijn staf verantwoordelijk waren".

In de jaren '60 was de Commissaris der Koningin als gastheer enige keren in Odeon, o.a. voor de traditionele nieuwjaarsreceptie, voor een kennismakings- en voor een afscheidsreceptie. Voor de afscheidsbijeenkomst van commissaris ir. J.B.G.M. ridder de van der Schueren in januari 1964 was grote belangstelling. Onder de circa duizend bezoekers was de oud-minister-president J.E. de Quay. Voor de ingang van de schouwburg op de Blijmarkt brachten 5 Zwolse muziekkorpsen een muzikale hulde en daarna zorgde het Groot Mannenkoor o.l.v. Jos Franken voor een verrassing door op indrukwekkende wijze de commissaris in de concertzaal toe te zingen.

Eind juni 1973 zag het er even 'donker' uit in Odeon. Mr. W. Schenk nam er afscheid als president van de Zwolse arrondissementsrechtbank en de tientallen in zwarte toga's geklede gerechts- en andere overheidsdienaren brachten een plechtige sfeer in de zaal.

Een van de televisieopnamen die in Odeon plaatsvond was op 22 januari 1964 het VARA programma 'Top of Flop' met presentator Herman Stok en in de jury Bep Bakhuys, destijds een gevierde voetballer, Piet Backers, muziekleraar, Truus Simons, jeugdleidster en Ina Scheffer, verkoopster bij muziekhandel v.d. Wal. De publieke belangstelling voor deze uitzending was overweldigend. Veel liefhebbers voor een kaartje hadden de hele nacht voor de kantoordeur van de schouwburg doorgebracht en 's morgens werden de afzethekken in het gedrang als haarspelden verbogen.

In 1966 en 1967 werd de AVRO danstest uitgezonden, begeleid door het orkest van Willy Schobben en gepresenteerd door o.a. de tv-presentatrice Elisabeth Mooy.

Connection Films uit Amsterdam nam diverse tv-spots op in de schouwburgzaal, o.a. voor een autoreclame en één in samenwerking met cabaretier Henk Elsink.

In 1975 werd het cabaretprogramma van Sieto en Marijke Hoving opgenomen. Hieraan werd verder medewerking verleend door Rob de Nijs en een combo onder leiding van Ruud Bos, de regie was in handen van Guus Verstraete.

De NCRV maakte in maart 1977 tv-opnamen van het programma "Vriendelijk welkom bij Barend", met als gastheer Barend Barendse en verder o.a. Oscar Harris en het showorkest van Harry de Groot.

Een rechtstreekse VARA radiouitzending vond plaats in juli 1963 met reporter Henk van Stipriaan. Hij interviewde bekende Zwollenaren, zoals wethouder A. Nooter, de 84 jarige heer Rijnders, J.W. van Marle en Teun van der Veen, die vond dat het artistieke leven in zijn stad wel enige stimulansen nodig had. "Een Zwollenaar vindt een kunstenaar nog te vaak een gekke vent, die zijn brood op een twijfelachtige manier verdient", was zijn commentaar. Tussen de gesprekjes door zorgde het tango-orkest van Malando voor een muzikale afleiding.

Op 1 mei 1975 nam de TROS radio de laatste uitzending van het winterseizoen op van het programma 'Route A'. Het was een uitgebreid programma met presentator Jan Blaaser. Verder werkten mee: Mieke Telkamp, Conny Vandenbos, Nelly Wijsbek, Loeki Knol, Benny Neyman, Perry Cavello en het ensemble de Routeniers o.l.v. Peter Jongeneel en de Amsterdamse Politiekapel.

Plaatopnamen werden gemaakt van het cabaretprogramma 'Noord-West' van Paul van Vliet, ook de Dutch Swing College Band vond de akoestiek van de zaal erg goed, een mooie L.P. was het resultaat. Het jaarlijkse concert van de DSCB was een succes en steeds uitverkocht. In overleg met het orkest kon op de bühne, achter en aan de zijkanten van het orkest, publiek plaatsnemen op geïmproviseerde tribunes.

Door de televisie- en radio-opnamen kregen we

contact met mensen van de omroep. Daardoor konden we gratis de beschikking krijgen over enkele decors die voor de televisie niet meer nodig waren, maar die wij nog heel goed konden gebruiken. Transportkosten vanaf Hilversum waren voor ons, maar dat was geen probleem.
Ook werden Nini en ik uitgenodigd door een pr-man van de omroep om een dagje in de tv-studio's door te brengen. Het enige wat ik echt de moeite waard vond, waren de kolossale magazijnen met rekwisieten, meubilair en bijzondere decorstukken. Na de rondleiding wilden we vertrekken, maar de pr-man bood ons nog een etentje aan in het studiorestaurant. Wij deden een bescheiden menukeuze, te bescheiden, volgens onze begeleider. Hij zocht voor zich zelf iets royalers uit, hij zal de volgende dag wel weer andere genodigden gehad hebben.

De vergaderingen van de vereniging van schouwburgdirecteuren vonden regelmatig plaats in de Utrechtse schouwburg en voor de treinreis er naar toe, nam ik altijd een retourtje 2e klas, hoewel ik de reiskosten vergoed kreeg. Op het perron in Zwolle werd ik vanuit de 1e klas coupé weleens toegeroepen door collega's uit het noorden of het oosten van het land om bij hen plaats te nemen, ik bleef 2e klas reizen. Aangekomen in Utrecht ging ik wandelend door de binnenstad naar de schouwburg, dat vond ik ontspannend. Mijn collega's gingen met de taxi.

Naar de van Pallandtlaan

Aan het Nieuwe Kerkhof in Groningen woonden de 3 vrijgezelle zusters Liesje, Trui en Maaike Westra, nichten van moeder. Ze hadden een klein houten zomerhuisje aan het Karrepad op Schiermonnikoog. Het huisje werd een te zware belasting voor hen en Herman Zandbergen, de man van zus Lia, kocht het. Het was een twee-onder-een-dakhuisje, de linkerhelft was van Sennema, leraar aan de snieschool, de handenarbeidschool aan de Walstraat in Groningen. Begin mei 1967 huurden wij het huisje van Herman voor een paar weken. Jacqueline, bijna 3 jaar oud, vond het prachtig in het zand te scheppen en Henk en Rudi hadden veel pret met het van de duinen rollen. Enerverend was ook het rijden met de trekker, met daarachter een oude autobus, over het strand naar de oost. Maar het werd pas spannend toen het hele geval vast liep in het natte zand. Uiteindelijk lukte het de chauffeur los te komen en zo duurde de tocht een uur langer dan de bedoeling was en dat was mooi extra, vonden de jongens. Helaas kreeg Henk last van zijn astma, het klimaat op het eiland was niet zo geschikt voor hem. Daarom gingen we eerder naar huis dan de bedoeling was. Onze administrateur Nijenhuis maakte gaarne gebruik van het huisje aan het Karrepad voor de dagen dat wij er nog over konden beschikken.

Het was voorjaar 1967. We reden vanuit Zwolle over de IJssel, richting Wezep naar de van Pallandtlaan 11, voor een bezoek aan Afie Fictorie, afkomstig uit Hoogeveen, die hier woonde met haar 4 kinderen. Ze was gescheiden van Rieks Manrho, die een fotozaak had aan de Kerkstraat in Hoogeveen, een zaak die later door broer Anno werd overgenomen. Anno, Rieks en hun vriend Rob Houwer, de later bekende filmpromotor, vormden het bekende trio Hoogeveense fotofanaten. Afie vond het wonen aan de Pallandtlaan ideaal, aan de periferie van het dorp, met vrij en riant uitzicht over de landerijen en achter het huis een grote besloten tuin. Afie vertelde dat de woning op nummer 7, gelijkend op haar woning, sinds kort in de verkoop stond. Dat leek ons wel wat. De lucht en de grond in Wezep waren droger dan de Zwolse, dus gezonder en vooral beter voor Henk. De afstand, precies 10 km van Odeon, was geen probleem, ook niet voor Henk, hij prefereerde op de fiets naar zijn school in Zwolle te gaan.
We kochten het huis en verhuisden op 8 augustus 1967 naar de van Pallandtlaan 7 in Wezep, na ongeveer 14 maanden aan de Aagje Dekenstraat gewoond te hebben.
Op een huizenveiling in Odeon in 1971 kocht ik een Saksische boerderij in Oudleusen, vlakbij Ommen. Er kon een mooie woning van ge-

maakt worden, maar mijn plannen werden afgekeurd. Kleine ramen mochten niet groter worden en mijn kleurkeuze voor deuren en kozijnen werd ook afgekeurd. Toen hoefde het voor mij niet meer, dus bij een volgende huizenveiling in Odeon heb ik de boerderij weer verkocht. Ik hield er ongeveer 15 automatische veedrinkbakjes van over. Jaap, de broer van Nini, heb ik er enkele gegeven, een paar gebruikte ik als bloembakje aan de tuinmuur en de rest heb ik verkocht.

Nu wilden we van de woning met de tuin in Wezep een paradijsje maken. En dat is het in de loop der jaren geworden. Het was een twee-onder-een-kap-woning, een zgn. doorzonwoning met een grote L-vormige woonkamer met een groot raam aan de straatzijde. Aan de achterzijde keek je uit op een royale tuin. Ook de kleine keuken – tenminste, klein in onze horecaogen – was aan de tuinzijde. Naast het pand was de oprit naar de garage, die een paar meter voorbij het huis lag. Op de eerste etage waren 2 grote en 2 kleine slaapkamers, waarvan een met een balkon. Tussen de slaapkamers een zeer bescheiden doucheruimte, die door drie deuren betreden kon worden, vanuit 2 slaapkamers en vanuit de gang. De douche was het enige minpuntje van het huis, altijd natte deuren. Boven was een zeer ruime zolder, waar we later een slaapkamer van maakten.

De tuin was extra groot. Het aanleggen van een achter de tuin geplande tennisbaan was niet doorgegaan en zo kregen alle aanliggende tuinen er een stuk grond bij. Bovendien had onze naaste buurman destijds geen interesse voor deze extra lap grond, zodat onze vorige bewoner dat stuk erbij kon kopen. In het midden van de tuin stonden 9 jonge loofbomen. Die heb ik eruitgehaald, het zou een saaie tuin geworden zijn als die bomen waren uitgegroeid. Van broer Anno kreeg ik in 1977, ter gelegenheid van ons 25-jarig huwelijksfeest, een jonge lindeboom cadeau, maar ik zag die boom niet in mijn opzet passen. Hij mocht hem weer mee naar huis nemen. Anno had zelf een boerentuin waar een linde beter paste. Ik kreeg van hem diverse foto- en diabenodigdheden, attributen die ik wel goed kon gebruiken. Hij kreeg van mij wat boeren-

spul, dingen die ik dubbel had en die goed in zijn boerderij pasten. Onze tuin moest een plek worden waar we veel plezier van zouden beleven en waar we veel van onze fantasie in kwijt konden. Ik ben begonnen een muur te laten metselen tussen het huis en de garage, zodat de tuin afgesloten werd vanaf de openbare weg. Een vijver was een van de eerste projecten die we wilden realiseren. De jongens begonnen meteen te graven. Aannemer van der Veen zorgde voor een betonnen rand en bodem, met in het midden een rioleringsput met een doorsnee en diepte van 60 cm. zodat vissen de strengste winter konden overleven. Het werd een vijver in een kronkelvorm, ongeveer 4 meter lang en 2 meter op zijn breedst, rechts achter in de tuin. De uitgegraven grond vormde achter de vijver een heuveltje waarop we groenblijvende heesters pootten. Voor de rand aan de voorzijde van de vijver gebruikte ik oude kloostermoppen, die ik in de kelder onder het toneel van de schouwburg had gevonden. Van een spoorbiels maakte ik een gezellig ogende zitbank, een flagstone pad naar de vijver completeerde deze hoek van de tuin. In de vijver zetten we kleine en grote goudvissen en 2 zeelten uit, maar regelmatig bezoek van reigers noopte ons steeds weer nieuwe goudvissen te kopen. De 2 donkergetinte zeelten, die graag onder in de vijver verbleven, zagen we niet meer. Maar ongeveer 10 jaar later, in 1980, bij het leegpompen van de vijver om deze schoon te maken, ontdekten we onder in de blubber van de rioolput, de twee flink uit de kluiten gewassen zeelten.

In het verlengde van de garage lieten we door de firma van der Veen een ongeveer 5 meter lang tuinhuis bouwen met grote ramen. Op de vloer kwamen rode plavuizen en er kwam een open haard in. De muur van het huisje, die de grens met de tuin van de buren vormde, liet ik doormetselen tot het eind van de tuin. Achter het tuinhuis kregen we zo een mooi besloten terras en aan het eind van de tuin bouwde ik tegen de muur een op een schuur gelijkend bouwsel, met een dak van licht doorlatende plastic platen. Die ruimte gebruikte ik als opslagplaats en voor het herstellen van de op boeldagen gekochte boerenspullen.

De tuin was nu helemaal afgesloten. De ene zijde door de garage, het tuinhuis en de muur, aan de andere kant was een dichte beukenhaag en de achterzijde was bijna helemaal dichtgegroeid door groenblijvende heesters, waardoor een paadje liep van de schuur naar de vijver. Tussen die heesters maakten we een zitkuil met een open haard. Toen dit alles gerealiseerd was, maakten we in het bosje van coniferen en naaldbomen, tegenover het tuinhuisje een heel bijzondere futuristische zithoek van ongeveer 10 spoorbielsen, die we horizontaal en verticaal en op verschillende hoogten plaatsten.

Erg decoratief was de araucaria, een oorspronkelijk uit Chili afkomstige naaldboom, die we omstreeks 1970 plantten, toen nauwelijks 1 meter hoog. De boom, ook wel slangenden of apenboom genoemd, stak circa 14 jaar later bij ons vertrek uit Wezep bijna boven het dak uit.

De schilderachtige en fantasierijke tuin was uitermate geschikt geworden voor feestjes en voor de avonduren hadden we tientallen meters kleurige tuinverlichting aangeschaft.

Ook de straatzijde van het huis lieten we van een rustiek uiterlijk voorzien. In de voor- en zijtuin plaatste aannemer van der Veen over de hele lengte een pergola van merantihout, die al spoedig was begroeid met bruidsluier, kamperfoelie en een druivenstruik.

Maar het vrije uitzicht aan de voorzijde van het huis werd in 1969 verstoord door een woonwagen, die geplaatst was op de grond van boer Koele, met toestemming van de gemeente Oldebroek. De bewoner van de wagen werkte als opzichter bij de bouw van de IJsselbrug. Nadat deze opzichter met zijn salonwagen vertrokken was, stond er een dag later een andere wagen. Na een protestbrief van ons, deelde de gemeente mee dat deze nieuwe bewoner zou verdwijnen zo gauw de bruggenbouw, waaraan hij werkte beëindigd was. Omdat ik dit niet vertrouwde, ben ik naar de brug gegaan en stelde vast dat de bouw, op wat afwerking na, klaar was en dat de tegenover ons wonende man daar niet werkte. Na de gemeente hiervan op de hoogte te hebben gesteld, was inderdaad een paar dagen later de wagen plotseling verdwenen.

De bielsenhoek, een verscholen plekje in de tuin

In de zomer van 1969 brachten we met ons vijven de vakantie door in Neu Moresnet in België, ongeveer 10 km ten zuiden van Vaals, waar we in een vakantiepark een appartement betrokken. Het park was gelegen in de vallei van een heuvellandschap, waar in het dal een klein stroompje liep. Rudi liet hier blijken waar zijn toekomst lag. Hij liet ons zien hoe je een riviertje kon afsluiten en omleiden en hoe je met droge voeten aan de overkant van het water kon komen. Hij zat toen al vol genieachtige ideeën.

Eind jaren 70 plantten we op het zonnige en beschutte terras achter het tuinhuisje een rode druivenstek van het type "Rembrandt", ook tegen de pergola in de voortuin kwam een stek. Vooral de druif op het terras gaf al na een paar jaar een overdadige oogst. We schaften een echte druivenpers, enkele mandflessen, een paar watersloten en een alcoholmeter aan en in het najaar van 1980 begon onze eerste wijnoogst. Het persen van de druiven leverde 18 liter sap op. Met toevoeging van suiker, gist en feria druppels werden de mandflessen op zolder geplaatst, waar ze 2 maal moesten gisten. Je hoorde 's nachts in bed af en toe 'blop' als er weer een

gistbel loskwam.
De beste oogst was in september 1982. Op het terras leverde de druif 55 kilo op en die aan de pergola 20, samen 75 kilo. Na persing kregen we 53 liter sap en in april 1983, na de gisting, was dat een hoeveelheid wijn om 70 flessen mee te vullen. Het percentage alcohol was 12 procent. We hadden een mooi etiket ontworpen, maar nu moesten we nog aan 70 lege wijnflessen zien te komen, maar dat was geen probleem.

Het plukken en persen van de druiven deden we meestal in het weekend, ook Henk en Rudi hielpen mee. Het echtpaar Hoeve kwam tijdens deze druifwerkzaamheden even langs voor de gezelligheid en uit nieuwsgierigheid. Jan Hoeve was emeritus predikant, Nel Snel, zijn echtgenote, was vroeger actrice geweest en later lid van de hoorspelkern bij de omroep. Het plukken en persen gebeurde dus onder geestelijk toezicht en tegelijk kregen wij zo de noodzakelijke lege wijnflessen, want het persen was zwaar werk en daar moest op gedronken worden. Het echtpaar woonde ook in Wezep en het gebeurde eens dat Jan Hoeve, met een paar glazen wijn op naar huis rijdend, zag dat er politiecontrole was. Jan stopte ongevraagd, draaide het raampje open en vroeg aan de agent wat er gaande was. De agent, die Jan kende, zei: "Rij maar gauw door naar huis, dominee." Nel Snel logeerde voor de oorlog vaak in ons hotel in Groningen. Zij was als jonge actrice, geboren in 1908, aangesloten bij een toneelgezelschap dat regelmatig de noordelijke hoofdstad bezocht. Ze sprak onze kelner Nieuwwold altijd aan met 'meneer Thiebold'. En dan zei ze graag: "Meneer Thiebold, mag ik een potje Thik Thak Thee?" Op een vrije zondagmiddag ging Nel samen met de acteur Lou Ezerman naar het Be Quickstadion voor een voetbalwedstrijd. Nel vond het leuk om een beetje excentriek gekleed te gaan en zat met een soort herenhoed op het hoofd en een brandende sigaar in haar mond op de tribune, helemaal aan de linkerzijde. Verstand van voetballen had ze totaal niet, ze zat uiterst links en schreeuwde de aanvallende ploeg die dat doel bestookte, enthousiast toe, maar dit deed ze ook ná de rust. Een Groningse jongen, die achter haar zat, riep:

"Zeg trut, wat most doe hier, hest hailemoal gain verstand van voetballn." Nel had bij die wedstrijd een voetballer gezien die een lange, brede haarlok had en ze is er altijd trots op gebleven dat ze Abe Lenstra had zien voetballen.

In de loop der jaren hadden we van onze tuin heel wat bijzonders gemaakt, maar aan de woning hadden we nog niet veel gedaan. Dat veranderde toen we in het vroege voorjaar van 1975 een advertentie lazen van de bouwmaterialenfirma Kamphuis, die wegens verbouwing 5 toonzaalkeukens aanbood met een leuke korting. Een keuken had onze speciale aandacht. Het was een tropischgroen gekleurde keuken met: 2 ovens, een 250 liter koelkast, een inbouwvaatwasmachine, elektrische- en gaskookplaten, een 90 cm brede wasemkap, een dik massief teakhouten blad, veel extra kasten en met een totale muurlengte van 380 bij 150 cm. Het was een keuken met 34 deuren en laden.
De beschikbare keukenruimte was veel te klein. Dan maar een eind de tuin in en als je de woonkamer ook uitbouwde, werd het een mooi geheel. Onze woonkamer had een parketvloer, de muur een licht behang en het plafond had wit spuitwerk. De 4 meter aanbouw kreeg een plavuizenvloer, een ruw houten schrootjeswand en een plafond van lichtbruin geperste stroplaten. De aanbouw kreeg een aanzien dat goed bij de aangrenzende tuin paste.
Het werd een prachtige grote kamer met aan de voorzijde een ver, vrij en landelijk uitzicht met hier en daar een Veluwse boerderij. En achter, vanuit de nieuwbouw, keek je in een decoratieve tuin en we hadden een ideale keuken gekregen, die van alle denkbare gemakken was voorzien.

Wie, waar en wat in Wezep

Een oud gezegde is: "Als ge bekend wilt zijn en geen kennis vergaren, ga dan in een dorp wonen; als ge kennis vergaren wilt en niet bekend wilt zijn, vestig u dan in een stad". Een gezegde dat veel waarheid bevat.

Gedurende de jaren dat we in Wezep woonden, leerden we onze buren kennen. Aan de Grote Markt in Groningen en ook aan de Blijmarkt in Zwolle had je geen contact met de in je naaste omgeving wonende mensen. Woon- en werksituatie en aanwezigheid van een tuin, maar ook je eigen geaardheid, bepalen je verhouding met je buren. Een korte uitleg van onze situatie aan de van Pallandtlaan nr 7 geeft een indruk van ons leven in Wezep.

Onze twee-onder-een-kap-woning werd aan de andere kant, op nummer 5, bewoond door de heer en mevrouw Gonggrijp, een ouder echtpaar. Hij had een functie in het onderwijs gehad.

Het dubbele huis naast ons, nummer 9, werd eerst bewoond door de dames Gonggrijp, zusters van onze buurman. Na de verhuizing van de dames naar een bejaardenhuis in Ermelo werd de familie Jacobs onze nieuwe buur. De heer Jacobs was directeur bij de kippenslachterij Friki, maar het gezin Jacobs vertrok al weer na ruim 1 jaar. Daarna werd de familie Stam onze buren, ze hadden 5 kinderen, 3 jongens en 2 meisjes. Stam was hoofd van de christelijke lagere school. Afie Fictorie woonde in de andere helft van dat pand, op nummer 11, maar zij vertrok al spoedig naar Drente. Ze had daar een nieuwe vriend gevonden en in haar huis kwam de familie Bouma met 3 dochters en 1 zoon. Bouma was beroepsofficier en werkzaam in het Harde.

Aan de Soppeweg tegenover ons stonden een paar boerderijen, o.a. van Koele en van de gebroeders Henk en Dries Bleijenberg. Boer Dries was 25 jaar getrouwd. De ruitervereniging waar hij lid van was, kwam hem feliciteren en reden het echtpaar in een koets door het dorp. De volgende dag stond in de krant als kop boven een artikel: "Rijtoer door het dorp door artsenechtpaar" en vervolgens: "Dinsdag herdacht de heer dr. Bleijenberg de dag dat hij 25 jaar geleden in het huwelijk was getreden".

Aan de overkant van onze woning aan de van Pallandtlaan huurden Stam, Bouma en ik elk een stukje grond van boer Koele en maakten er een groentetuintje van. Het was een aangename hobby en het leverde ook nog iets op. Nini besteedde de meeste tijd aan het tuintje en ook Henk spande zich er graag voor in. Ruud was in opleiding bij de Genie in Weert en had als hij thuis was, niet veel trek om nog in de tuin te gaan wroeten, begrijpelijk. Van zo'n tuintje stak je ook nog iets op. Zo leerde je dat je uien bij wortelen moest poten, dan werden de worteltjes niet door wormpjes aangetast. Onze tomaten werden niet rood, maar dat was geen probleem vond Nini, want voor het maken van chutney moest je juist groene tomaten gebruiken. Voor Bouma was het tuintje ook een aangename afwisseling, maar Stam deed zijn uiterste best om alles uit de grond te halen wat mogelijk was, hij moest elke dag 7 magen vullen en hij had een grote diepvries.

De vogels vonden dat onze groentetuin vol zat met lekker voedsel. Maar het was niet onze bedoeling dat onze producten in hun magen terecht kwamen. Henk en Ruud bedachten en

Ruud maakt een levensechte vogelverschrikker

maakten samen een sublieme, levensgrote vogelverschrikker, ofwel een vogelverschrikster. Van een bos vlastouw werd een mooie lichtbruine pruik gemaakt, een soort mombakkes werd het hoofd, 2 halfronde plastic roomijsbakken konden als stevige borsten fungeren en een zorgvuldig opgevulde stofjas zorgde dat er een aantrekkelijk vrouwenfiguur ontstond. De vogelverschrikster werd met een grashark in haar rechterhand midden in de moestuin gezet. Of het vogels aan het schrikken bracht, hebben we niet gemerkt, maar in het schemerdonker van de zomeravond hebben we wel een paar keer gezien dat honden uitlatende mannen uitkeken wat voor vrouw daar zo laat nog in de tuin stond. Eens zagen we zelfs een man in het halfduister een eind onze moestuin inlopen, maar teleurgesteld terug komen na ontdekt te hebben dat het maar een pop was en niet een vrouw van vlees en bloed.

Op een zekere ochtend was onze pop verdwenen, tot we ontdekten dat zij tegen het woonkamerraam van boer Koele geplaatst was.

Op onze strooptochten naar oud boerengereedschap en ander interessante spulletjes kwamen we in 1969 aan de Eekterweg in Oldebroek in contact met het echtpaar Koornberg-Stroo. Ze waren allebei tegen de 70 jaar en in hun boerenbedrijf deden ze het kalm aan. Ze hadden gereageerd op een door ons geplaatste advertentie, waarin we oud boerengereedschap te koop vroegen. Het sprak hun aan dat wij die oude dingen opknapten en conserveerden om ze niet verloren te laten gaan. Ze toonden zich zeer geïnteresseerd, dus haalden we de familie op zekere dag met de auto op om hen te laten zien wat we met die oude gereedschappen deden. Ze waren verbaasd toen ze zagen dat ik de voorwerpen had schoongemaakt, gerestaureerd en geconserveerd. Het ijs was helemaal gebroken, regelmatig gingen we even op bezoek bij de familie Koornberg, meestal alleen om een praatje te maken.

Eens trakteerde vrouw Koornberg ons op een stuk rijk versierde zelfgemaakte taart, die ons voortreffelijk smaakte. Een volgende keer demonstreerde ze hoe ze deze cake op haar petroleumstelletje bereidde en hoe ze er een prachtige en heerlijke taart van maakte. Ze gaf Nini het uitgebreide, 50 regels tellende, eigenhandig geschreven recept mee, een recept dat nog jarenlang succes oogstte.

Ze schonken ons meerdere mooie nostalgische dingen, waaronder drie beschilderde trommels,

Familie Koornberg, bijzondere Veluwse mensen

een kleine voor steken, een hard suikersnoepje, een grotere trommel voor koekjes en de grootste werd vroeger voor beschuit gebruikt. Ook zijn brandmerk, met de letters H K (Hendrik Koornberg), waarmee hij zijn gereedschap merkte, iets wat men vroeger veel deed, vertrouwde hij ons toe. We vertelden eens dat wij veel van die oude gereedschappen in de schouwburg gebruikten voor aankleding van buffetten. Daar begrepen ze niets van, dat wilden ze wel eens zien. Dus haalden we de familie op en lieten hen het hele Odeon-complex zien en natuurlijk ook de grote buffettafel, opgemaakt met allerlei boerenantiek, waartussen kleurige bloemen en grote planten stonden. Al dat vreemds en al dat moois, ze hadden er 's nachts niet van kunnen slapen, vertelden ze later.

Maar Koornberg werd ziek en moest in het ziekenhuis in Zwolle opgenomen worden. Een probleem was hoe vrouw Koornberg elke dag haar man kon bezoeken. Het echtpaar had 2 dochters die in Oldebroek en Oosterwolde woonden en zorgden dat hun moeder elke dag naar het ziekenhuis gebracht werd. Een enkele keer lukte dat niet en dan ging bij ons de telefoon en vroeg vrouw Koornberg of ze niet te brutaal was om te vragen of Nini haar naar Zwolle kon brengen en dat lukte altijd. Helaas overleed Koornberg in de zomer van 1973, hij was 73 jaar geworden.

Het was herfst 1974. Nini had de weduwe Koornberg opgehaald voor een kopje thee. Wat er die dag verder gebeurde, omschreef zij een paar maanden later in een voor ons bestemd nieuwjaarsgedicht als volgt:

"Er werd binnen gepraat en thee gedronken,
Toen mevrouw Bakker opeens begon,
vanavond gaan we naar Odeon,
een mooi toneel wordt opgevoerd;
dat te zien daar had ik al eens op geloerd,
ik was even in diep gepeins verzonken,
toen zei ik, een beetje brutaal misschien,
dat zou ik ook wel eens willen zien !
En wat je zegt, of hoe je het doet,
mevrouw Bakker weet altijd hoe het moet,
want een paar uren later, 't-is raar, maar waar,
zaten we met zijn allen in de schouwburg klaar.
Die avond heeft mij niet verdroten,
van dat toneel heb ik heel erg genoten.
Na afloop werd ik netjes thuisgebracht,
Al was het toen bijna middernacht".

Het was inderdaad een bijzondere avond voor vrouw Koornberg. Ze zat in haar Veluwse klederdracht, een zwarte jurk met kanten kraag en met een grote streng bloedkralen op het eerste balkon. Beneden en boven haar, overal zaten mensen en ze wist niet waar ze moest kijken. Ze zag dat grote gordijn. Nini hielp haar uit de droom en vertelde dat het gordijn open zou gaan en dat daar het toneelspel zou gaan beginnen. Vrouw Koornberg zag die avond een voorstelling gespeeld door "Het Theater van de Lach", een pittige en een beetje gewaagde klucht.
Het hierboven geciteerde nieuwjaarsgedicht van de 73-jarige vrouw Koornberg bestond uit 86 regels en zij beschreef daarin onze wederzijdse relatie. Onder het gedicht schreef ze de volgende P.S:
"Ik wil dit u doen toekomen zoals ik het opschrijf,
om het over te schrijven heb ik geen zin aan, dus
neem het met de fouten en doorhalingen zoals het
uit de pen kwam, daag".

Maar het alleen wonen in de boerderij werd vrouw Koornberg te veel en ze verhuisde naar het bejaardencentrum in Oldebroek. Op 23 december 1983 overleed ze. Het leek of ze een gewone Veluwse boerin was, maar ze was een heel bijzondere vrouw.

In ons interieur ontbrak een bureau, een meubel waar je aan kon schrijven en de administratie in kon opbergen. Het viel niet mee iets te vinden, het moest praktisch en voor het oog mooi zijn en in onze sfeer passen. En dat schrijfbureau vonden we, na in de wijde omgeving te hebben gezocht, in Wezep bij antiquair Luth aan de Stationsweg. Luth had een winkel met werkplaats en verkocht en restaureerde speciaal grote meubelstukken. Hij had 4 mooie bureaus te koop, onze keuze viel op een mahonie rolschrijfbureau met opbouw. Het bureau had 2 schrijfbladen, 1 om zittend aan te schrijven en aan de andere kon men staande schrijven, het onderste blad kon met een rol afgesloten worden. Uit literatuur van de Haagse bibliotheek maakten we later op dat het meubel ontworpen moet zijn door de architect Karl Friedrich Schinkel. Hij leefde van 1781 tot 1841 en ontwierp meubels voor Pruisische vorsten, die waarschijnlijk gemaakt werden in de Duitse stad Halle. Voor het juist plaatsen van de laden, werden door de meubelmaker kentekens geschreven. Dit antieke handschrift is hier en daar nog zichtbaar.

Mevrouw Gonggrijp, de buurvrouw, vond het al enige tijd niet meer vertrouwd dat haar bejaarde echtgenoot nog auto reed. Op een vrijdagnamiddag in 1977 kwam dan ook het bericht dat Gonggrijp verongelukt was. Hij was bij Ermelo de verkeerde weg ingeslagen en als spookrijder op de A28 terecht gekomen. Hij kwam in een tegemoetkomende verkeersstroom, waarbij helaas ook een tegenligger, een 22 jarige militair uit Dordrecht en in 't Harde gelegerd, verongelukte.

Gonggrijp was amateur musicus geweest, hij speelde viool in een ensemble. Enige maanden na zijn overlijden vroeg mevrouw Gonggrijp ons zijn 2 violen te laten taxeren bij vioolbouwer Bouman in Amsterdam, die ze eventueel wilde kopen. In een viool stond binnenin, moeilijk leesbaar, 'Stradivarius'. We waren nieuwsgierig naar de reactie van de vioolbouwer. De tweede viool was een oud beestje. Gonggrijp gebruikte deze viool dan ook voor studie en repetitie. In Amsterdam bij vioolbouwer Bouman aangekomen, was ook hij benieuwd watvoor violen wij meegenomen hadden. Eerst opende hij de vioolkist van de 'Stradivarius', maar onmiddellijk kwam er een meewarige glimlach bij hem tevoorschijn. "Hier zijn vele honderden van gemaakt, het is een massaproduct", waren zijn eerste woorden. Bouman pakte een zaklantaarn en in de viool schijnend, konden we op een etiketje lezen "Gebouwd in de stijl van Stradivarius, Made in Germany". De vioolbouwer maakte de tweede kist open en bekeek de viool. "Ik neem de viool even mee naar mijn werkplaats, ik ben zo terug", zei Bouman. Een paar minuten later kwam hij terug, weer met een glimlach, maar nu met glinsterogen en zei: "U hebt mijn oude vader gelukkig gemaakt, hij heeft deze viool vroeger zelf gemaakt en een in het verleden gemaakte viool, zie je haast nooit weer terug." Zonder violen keerden we terug, financieel was alles tot ieders tevredenheid geregeld. Niet lang erna overleed mevrouw Gonggrijp, van de nabestaanden kregen wij de mooie, eiken muziekboekenstander, die nu dienst doet voor onze lectuur.

Het wonen in Wezep beviel ons prima. Ik ging halverwege de ochtend naar Odeon en kwam 's avonds vroeg of laat weer thuis, dat was afhankelijk van wat er in de schouwburg te doen was.
Henk ging, ondanks zijn astma, elke dag op de fiets naar school. Hij kwam soms bij slecht weer uitgeput op school aan, maar vertikte het om met de bus te gaan. In 1974, na het behalen van zijn havo-diploma, ging Henk een paar maanden als 'au pair' naar Engeland om bij een dominee zijn kreupele huishoudster te assisteren bij haar werkzaamheden en hij zorgde er ook voor dat de dominee tenminste één toehoorder had bij zijn dienst in de kerk. In 1975 werd Henk dienstplichtig militair en maakte in Drente de Molukse treinkaping mee. In het najaar van '76 liep hij stage bij de Amrobank in Zwolle. Vanaf 1 januari 1977 betrok hij een kamer aan de Valeriusstraat in Amsterdam en ging daar een opleiding volgen bij de bank.
Ruud ging in Wezep naar de Klimopschool van meester van Doorn en daarna naar de mavo. Het militaire leven trok hem aan en in november 1974 ging hij naar Weert voor een opleiding aan de KMS. In 1979 vertrok hij als kwartiermaker bij de genie naar Libanon voor een verblijf van 9 maanden.
Jacqueline ging na de kleuterschool, de lagere school en de mavo in Wezep naar Zwolle, waar ze het havo-diploma haalde op het Carolus Clusius Lyceum aan de Veerallee.

Wim Kan en Japan

In 1974 stond in het blad Harlekijn een interview met Wim Kan, waarin hij het volgende over de theaters in Nederland zei: "Ik ben geen Carréman, daar voel ik niks voor. Ik ben helemaal voor 't kleine, intieme theater. Ik moet de mensen allemaal op schoot hebben. Bovendien ligt mijn tempo veel te hoog voor een grote zaal. Als Carré eenmaal gaat lachen, dan moet je toch ongeveer 10 seconden wachten voor je weer door kunt gaan, want anders verstaan ze d'r niks meer van. En daar achterin moet ik ze ook hebben. Ik hou van die mooie ouwe schouwburgen. De koninklijke schouwburg in Den Haag, de schouwburg in Groningen, Odeon in Zwolle en die in Haarlem. Dat zijn mijn schouwburgen, die hoefijzervorm en die mensen om je heen, bijna op je schoot. Gezellig!"
Bovenstaande was de reden dat Wim Kan graag in Zwolle optrad. Eens zei Kan: "Er zijn maar 3 belangrijke steden in de wereld: Londen, gelegen aan de Theems, Parijs aan de Seine en Zwolle . . . ja, waar ligt Zwolle aan? Ik heb het de burgemeester gevraagd en hij zei: Zwolle ligt niet aan mij".

In oktober 1971 trad Kan bij ons op, juist toen

in die dagen de Japanse keizer een bezoek bracht aan Nederland. Als oud gevangene in een jappenkamp was hij zeer geëmotioneerd, tijdens de voorstelling was er echter niets van te merken. Na afloop gaf hij voor tientallen journalisten een vijf kwartier durende persconferentie. Hij gaf toe dat het een moeilijke voorstelling was geweest, maar zijn veertig jaren toneelervaring en het publiek hadden hem er door geholpen, alleen het lied over de Birmaspoorweg had hij niet kunnen brengen. Tijdens deze persconferentie las Kan nog enkele fragmenten voor uit zijn kampdagboek.

De kassa voor de kaartverkoop ging altijd om 10 uur open. Bij druk bezochte voorstellingen, zoals bij een optreden van Wim Kan, stond het publiek vaak vroeg voor de deur om ervan verzekerd te zijn een kaartje te bemachtigen. We hadden daar een oplossing voor, zoals uit deze ingezonden brief van 2 Zwolse dames in de Zwolse Courant bleek: "Woensdagmorgen 8 uur; daar stonden wij, voorzien van bont, wol en klapstoeltjes, een klein maar dapper groepje. Het was toch altijd nog 2 uur staan. Het gerucht deed de ronde, dat ze met koffie langs zouden komen. Wie schetst onze verbazing, toen om 8.15 uur de deuren open gingen. Stil van hoopvolle verwachting traden we binnen. Mevrouw Bakker hoorde onze wensen aan, deelde volgnummers en zetels uit. En om het geheel te vervolmaken kwam toen de koffie, warm en heerlijk! Het bont ging uit, de krant open, we waren volmaakt tevreden. Namens allen van het eerste uur, veel lof en hartelijk dank aan de familie Bakker en hun medewerkers".

Om enig idee te geven hoe het schouwburgprogramma in de jaren 70 er ongeveer uitzag, volgt hier een opsomming van het seizoen 1974-1975. Verschillende optredens door Toneelgroep Theater en verder toneelstukken met o.a. Coen Flink en Jules Croiset in 'Grote bek en grote buik; Henk van Ulsen met 'Het fenomeen'; Mary Dresselhuys, Willeke Alberti, Guus Hermus en Jeroen Krabbé met 'Slippers'; Georgette Hagedoorn, Marjan Berk, John Lanting en Paul van Gorcum in de klucht 'Mag ik mijn echtgenote terug'; Kitty Jansen en André v.d. Heuvel met 'Het Hemelbed'; toneelgroep de Appel met 'Macbett' van Ionesco; het blijspel 'The Sunshine Boys' met Elly van Stekelenburg, Joan Remmelts en Ton Lensink en het blijspel 'De dag waarop de paus gekidnapt werd' met Lex Goudsmit, Lo van Hensbergen en Enny de Leeuwe; 'De getatoueerde roos' met Ank v.d. Moer en verder nog toneelvoorstellingen door Luc Lutz en de Haagse Comedie.

Cabaretvoorstellingen werden in dat seizoen gegeven door o.a. Wim Kan, Jasperina de Jong, Albert Mol en Sylvia de Leur, Rients Gratama, Ivo de Wijs, Ramses en Liesbeth, Rob v.d. Meeberg, Sieto Hoving, Gerard Cox samen met Frans Halsema en verder Fons Jansen, Paul van Vliet, Henk Elsink en de Zwollenaar Marnix Kappers, die als scholier al in Odeon op de planken stond.

Amusementsprogramma's werden verzorgd door het duo Piet Muyselaar en Willy Walden als de dames Snip en Snap in de Sleeswijk revue, het gezelschap Funhouse en de Mounties met Piet Bambergen.

Het muziekaanbod in het seizoen 74 - 75 was zeer gevarieerd. Zo traden op: de Dutch Swing College Band, de Chris Hinze combination, groep Ton Hartsuiker, Amsterdams Kernensemble, het Aulos blaaskwintet, piano-duo Billard-Azaïs, het duo Anner Bijlsma-Gerard v. Blerk, het barokensemble Les Goûts Réunis, een ander barokgezelschap was Musica da Camera en verder het Residentie Strijkkwartet, het Archios Strijkensemble, het Amati Kwartet, en een piano recital door Nelleke Geesink, en door Fréderic Meinders.

Verder bevatte het seizoenprogramma een optreden door het Nederlands Danstheater, Fiësta Gitana en Poëzie Hardop met 'Lucebert'.

Dit professionele programma werd aangevuld met opvallende optredens door Zwolse amateurs. In dit seizoen was dat vooral de musical 'Man, man, man, wat een vrouw', geschreven door Willem van der Veen, maar hierover later meer.

Op 24 januari 1970 speelden Ton van Duinhoven en zijn echtgenote Ina van Faassen de honderdste voorstelling van het toneelstuk 'Het Vergeetboek'. Na afloop van de voorstelling bood ik het echtpaar een kandelaar aan met een meer dan een meter grote kaars. De kandelaar had ik gemaakt van een naaf van een antiek wagenwiel. Ton van Duinhoven had enkele maanden ervoor op mijn kantoor een paar wagenwielen geïnteresseerd bekeken.

Toneelgroep 'Theater' uit Arnhem heeft een paar keer bezit genomen van de schouwburg voor de repetities en 'try-out' van een toneelstuk. In februari 1972 werden 5 dagen besteed aan decorbouw, uitlichten en repetities met try-out van het toneelstuk de 'De Prijsuitreiking', een stuk met een merkwaardige rolbezetting, namelijk met 5 vrouwen, waaronder Henny Orri en Margreet Blanken; regisseuse was Elise Hoomans.

Vanaf 14 maart 1981 was Odeon 7 dagen in beslag genomen door toneelgroep 'Theater' in verband met de repetities van het toneelstuk 'De Voetwassing'. De première was ook bij ons, op vrijdag 20 maart.

In 1977 werd de schouwburgzaal op de monumentenlijst geplaatst. Die bescherming had in hoofdzaak plaats vanwege de in neo-Lodewijk XV-trant uitgevoerde zaal, gebouwd in 1868 en vergroot in 1883.

De manegezaal kwam eveneens op de monumentenlijst, als het uit 1867 gedateerd poortgebouw.

Naar aanleiding van de plaatsing op de monumentenlijst vroeg een raadslid tijdens een raadsvergadering of het nu geen tijd werd om de verschrikkelijke gevel van Odeon te vervangen. Het antwoord van de voorzitter was: "Misschien komt die gevel over 50 jaar ook wel op de monumentenlijst te staan." De gevel van Odeon, waarvan ik altijd zei dat hij ontworpen was door iemand die later wegenbouwer werd, dat was duidelijk te zien.

In 1978 mochten we nieuwe stoelen voor de schouwburgzaal aanschaffen. In het voorstel aan de gemeenteraad stond dat de stoelen begonnen te kraken en dat het klapsysteem niet goed meer werkte. Wat niet vermeld werd, maar wat ik ook erg belangrijk vond, was de kleur. We waren nu in de gelegenheid om de witte kleur te vervangen door een theaterkleur. Het werd een warme rode kleur en veel gezelliger en voor de spelers op het toneel was die irritante witte vlek verdwenen wanneer een stoel niet bezet was. De krant vermeldde na de vernieuwing van het meubilair, dat het rode pluche de theatersfeer had verhoogd.

De oude, nog best bruikbare stoelen gingen naar het Papenstraattheater in het Celecomplex, dat was met 80 stoelen volledig gevuld. Ook gingen er 100 stoelen naar het balkon van zaal Suisse, 50 stoelen naar het Goois Miniatuurtheater in Bussum, een honderd stuks naar het theatertje van mimespeler Rob van Reyn in Amsterdam, verder nog 12 naar een particulier theatertje in Blaricum en de rest naar de ruimte van de balletgroep Studio L.P. en de toneelschool, beide in Arnhem.

> dinsdag 12 januari 1982
> **GPV-raadslid wil verbod op optreden Long en Jongewaard**

Veel consternatie verwekte de aankondiging van een voorstelling op 16 januari 1982 door Robert Long en Leen Jongewaard, getiteld 'Tot hier toe heeft de Heere ons gehopen'. De voorstelling zou godslasterend en discriminerend zijn. In de Zwolse Courant verschenen veel ingezonden brieven met tegenstrijdige meningen. Zelfs in de gemeenteraad werd de geplande voorstelling behandeld. Maar een verbod om de voorstelling te spelen, werd afgewezen. Het schriftelijke antwoord van de burgemeester was, dat, indien de strafwetgeving zou worden geschonden, men contact moest opnemen met de officier van justitie. De burgemeester kon alleen maatregelen nemen als de voorstelling zou leiden tot een ernstige verstoring van de openbare orde en zedelijkheid.

Rustieke buffetten

Voor het houden van congressen en jaarvergaderingen was veel belangstelling en meestal moest daarbij een buffet verzorgd worden. Met onze rustieke koude en warme buffetten hadden we een naam opgebouwd. Samen met slager Borst en banketbakker Giethoorn bedachten we steeds nieuwe gerechten, die ik voorzag van lekker klinkende fantasienamen. Voor het aankleden van het buffet gebruikte ik voorwerpen uit mijn verzameling boerenspullen. De gerechten werden niet op schalen uitgestald, maar op oude stenen of tegels. Ook werden gerechten geserveerd in kleine of grote ijzeren hengselpotten en de warme gerechten werden op temperatuur gehouden op antieke kachels, stoven of testen. Gereedschap voor het maken van hoog- en laagveenturf lag ook op het buffet. Er tussen legde ik dan een paar echte turven met de tekst "Disse keuj niet ètn!", dat gebeurde dan ook niet, maar men nam wel eens een turf

De rustieke buffetten waren een succes

mee. Uit een kippenhok in Staphorst mocht ik een mooie boerenpan, die als voederbak gebruikt werd, meenemen. Een paar weken later smulden hoge autoriteiten van de soep uit het pannetje.

Langs de oevers van de Vecht bij de Agnietenberg vond ik mooi gevormde boomstronken. Bloemist Vos en de plantsoenendienst zorgden voor kleine bomen, coniferen, planten en rietmatten en dat alles voor 'the finishing touch' van de aankleding van de tafels.

Van het buffet liet ik een plattegrond tekenen, met de namen van de gerechten erbij en soms wat voor smaak men kon verwachten. Meestal waren er 3 of 4 soorten soep, maar om een rij wachtenden te voorkomen, was de soep over het hele buffet verdeeld. Enkele van de 30 gerechten die op de kaart stonden, waren: Mastenbroeker Biggebeetjes, Haerster Veertjes, Diepenveense Bloedkoek, Windesheimer Warmoes, Kamper Uienbollen, Marketenster Salade, Havezathe Sla, Kakelsla, Hete Hanze Hap, Kapoene Sop, Sallandse Jachtsaus, Katerveerse Kaasflappen, Haaksberger Rijstberg en Berenburger Bollen. Alleen van deze bollen verraad ik de benodigdheden, dat waren sinaasappels, tomaten, witte bonen, paprika, mirabellen, peterselie, cayenne, berenburger kruiden en citroensap.

Op de buffettafel stonden artistiek getekende bordjes met de namen van de gerechten. Later liet ik bij een pottenbakker langwerpige, driezijdige stenen bakken, waarin de naam van het gerecht ingebakken was. Op een zijde in het Nederlands en op een andere kant de tekst in het dialect, afhankelijk van het aanwezige publiek.

Bij een congres van het Nederlands genootschap van burgemeesters werd door de voorzitter Kolfschoten, burgemeester van Den Haag, in het slotwoord gewaarschuwd dat 't volgend jaar, als het congres in zijn stad plaats vond, het daar niet mogelijk was een dergelijk fantastisch buffet te organiseren.

Over het buffet ter gelegenheid van de opening van het nieuwe ziekenhuis 'De Weezenlanden', schreef de directeur in een dankbrief: "De lof is allerwege en ik kan u verzekeren, dat zelfs leidende funktionarissen uit het Westen van ons land mij gezegd hebben, nooit eerder een zo verzorgde receptie en buffet te hebben meegemaakt".

Bij een andere gebeurtenis stond later in een slagersvakblad: "Het rustiek buffet was in één woord magnifiek en tot op dat moment ongekend. Het was meesterlijk". Verder schreef de pers dat maandenlange voorbereidingen nodig moeten zijn geweest.

Bij een buffet voor de ESSO kreeg ik een opmerking dat het dessert op glazen schoteltjes lag die de vorm van een schelp hadden. De maaltijd van het ESSO gezelschap eindigde zo met een gezicht op de SHELL.

Heel bijzonder was 14 april 1970. Het was 25 jaar geleden dat Zwolle werd bevrijd en dit werd op die dag gevierd met een grote bijeenkomst waarbij H.M. Koningin Juliana en 500 genodigden aanwezig waren. Het rustieke buffet was opgesteld langs de wanden van de concertzaal en de koffiekamer. Koningin Juliana nam het buffetgedeelte in de concertzaal in ogenschouw. Op de foto serveer ik Koningin Juliana en de Commissaris der Koningin Jonkheer van Nispen tot Pannerden de gerechten van hun keus.

Ook nu weer een lovende pers met 'Het buffet was ongekend' en 'hier waren vakmensen aan het werk geweest' en Misset's Horeca vakblad besteedde er 2 pagina's aan met 5 foto's.
In een schrijven d.d. 20 april, bedankte de Commissaris van de Koningin, namens de Koningin, voor mijn bijdrage in het welslagen van deze dag.
Burgemeester Drijber van Zwolle schreef op 28 april: "Naast de woorden van dank, die de Commissaris der Koningin in de provincie Overijssel u reeds heeft doen toekomen, gevoel ik de behoefte u te laten weten, hoezeer de door u 'geregisseerde' maaltijd op 14 april jongstleden een onvergetelijk hoogtepunt is geweest van het Koninklijk bezoek aan de provincie Overijssel. Nog niet eerder was ik in de gelegenheid een dergelijk fraai opgemaakt banket te bewonderen.

Ik ben mij er van bewust, dat deze Overijsselse koffiemaaltijd als zodanig slechts kon slagen, doordat u zo vriendelijk bent geweest uw persoonlijke bezittingen in de vorm van de meest curieuze landbouwwerktuigen hiervoor beschikbaar te stellen.

Deze zeer bijzondere aankleding, alsmede de

H.K.H. Juliana en CdK van Nispen tot Pannerden

bekwame assistentie van uw echtgenote en van mevrouw B. Tania, hebben gemaakt, dat 'uw maaltijd' meer dan plaatselijke aandacht hebben gekregen.

Gaarne wil ik u, mede namens het gemeentebestuur van Zwolle mijn hulde betuigen en dank zeggen voor uw uiterst belangrijk aandeel in het welslagen van de viering van de 25e verjaardag van de bevrijding van Overijssel".

In september 1970 bezocht een grote groep staffunctionarissen, afkomstig uit 20 verschillende landen, in het kader van een studietoer van de International Hospital Federation, het nieuwe ziekenhuis 'De Weezenlanden'. Ook voor dit gezelschap hebben we een buffet bereid. Later stond in de vakpers:
"Het buffet was een groot succes en na afloop stonden heel spontaan 2 deelnemers, een Frans sprekende en een Engels sprekende van de stu-

dietoer op, om de directie en het personeel van Odeon te complimenteren".

Eveneens in de pers: "De rustieke buffetten van Odeon bezitten in Nederland een reputatie, een faam die zich zo langzamerhand ook over de landsgrenzen verspreidt".

Gedurende de eerste helft van 1972 hebben we nog buffetten verzorgd voor o.a. congressen van sportjournalisten, de Rotary en voor een Thomas à Kempis herdenking. Steeds met veel succes.

Een paar keer heb ik een verzoek gehad, o.a. van twee grote concerns, om elders in Nederland een dergelijk artistiek buffet te arrangeren. Een van deze ondernemingen bood zelfs aan om de gerechten per helicopter naar Hilversum te laten vervoeren. Het was om vele redenen onmogelijk aan zo'n verzoek te voldoen.

Buffet met een blaasbalg van een oude smidse

De agent van een exclusief tonic drankje was zó enthousiast nadat hij een buffet bij ons had meegemaakt, dat hij duizend gulden per jaar gaf voor ons personeelspotje. Hij heeft het een jaar of 3 volgehouden, toen bemerkte hij kennelijk dat onze omzet van zijn drankje niet steeg, maar bleef steken op een paar kratjes per jaar. Die beste man had bij het buffet in Odeon een grote drukte meegemaakt, maar normaal was koffie het meest verkochte artikel in de schouwburg en stelde de verkoop van tonic niets voor. Maar wij hebben, dankzij het tonicpotje, met het voltallige personeel, inclusief aanhang 34 personen groot, een prachtige 1-daagse boottocht kunnen maken door de kop van Overijssel.

Sponsors waren in deze jaren in Nederland nog niet erg bekend, niet in de theaterwereld en vooral niet in de gemeentelijke sfeer. Ik had het woord 'sponsor' wel eens genoemd in ambtelijke kringen, maar aan de cultuur mochten geen vreemde smetten zitten. Het was toen nog een vies woord. Maar in de jaren 70 zagen wij in New York, in de hal van The Metropolitan Opera House, met grote letters de namen van de sponsors van het gebouw. Ook in Engeland zagen we in een theater op elke stoel in de zaal een bordje met de naam van een sponsor.

De herinnering aan de kwaliteit blijft bestaan, lang nadat de prijs is vergeten.

Odeon vanaf 1960 in een notedop

Vanaf 1960 heb ik in Odeon heel verschillende episodes meegemaakt en die ga ik nu eerst in het kort samenvatten, voor ik mijn laatste schouwburgjaren op papier zet.

Alles wat in die jaren in een dergelijk gebouw kon plaatsvinden, vond er ook plaats. In het begin waren de nieuwe concertzaal en de foyers in trek voor examens, vergaderingen en congressen en dat bracht veel horeca activiteiten met zich mee, vooral koffietafels. Maar niets is saaier dan koffietafels. Het waren altijd schaaltjes vlees van slager Borst, schaaltjes kaas van Schuttelaar, brood van bakker de Haer, pakjes boter en jam en meestal nog een kop soep. Voor zo'n maaltijd hoefde je geen vakman te zijn. Maar ik bedacht de eerder genoemde rustieke buffetten, die sloegen aan en daar kon ik mijn fantasie nog een beetje in kwijt.

Dit in tegenstelling tot de cultuurvoorziening, die stond op een laag pitje en was in handen van de Zwolse Kunstkring. De schouwburg was in de eerste jaren bioscoop en beperkt beschikbaar voor een voorstelling door de Zwolse Kunstkring en voor het amateurtoneel, maar dat bestond vaak bij de gratie van het 'bal na'.

Vanaf 1964 kreeg ik iets meer armslag en kon ik beginnen met door Odeon georganiseerde voorstellingen voor jongeren. Een paar jaar later werden de activiteiten van de Zwolse Kunstkring door ons overgenomen en voorzichtig aan uitgebreid met cabaretvoorstellingen, jazz-, koffie- en middagconcerten en we begonnen met het stimuleren van podiumkunsten door amateurs, niet alleen op het terrein van toneel, maar ook van muziek en ballet.

Als steun voor de beeldende kunst organiseerde ik exposities van plaatselijke kunstenaars.

Maar elk jaar werd het duidelijker dat Odeon niet meer aan de eisen van een behoorlijk theater kon voldoen. De schouwburgzaal was in ongeveer 150 jaar nooit gewijzigd in capaciteit en vorm, 500 zitplaatsen in de zaal, een toneelopening van 6,60 meter en een toren van amper 11 meter.

Op een voetbalveld staat een doel van 7,20 en daar staat 1 keeper in, in onze toneelopening van 6,60 stond soms een heel operette gezelschap.

Jaar in, jaar uit werd door hoog en laag gesproken over het verbeteren en uitbreiden van het complex. Deskundigen merkten terecht op dat nieuwbouw de beste oplossing zou zijn. Er werd al gesproken over plaatsen in de stad waar gebouwd zou kunnen worden. De gemeente bouwde wel aan een spaarpotje voor culturele doeleinden en de dienst Openbare Werken vond dat misschien daarmee het toneel wel een beetje verbreed kon worden. Onze mening was dat verbreding alleen maar geld verspillen was, de toneelgezelschappen waren daar niet mee geholpen en het publiek kreeg slechter zicht op het toneel. We vonden dat de gemeente beter kon sparen voor een permanente verbetering. Maar de tijd draaide door en tientallen plaatsen, kleiner in inwonersaantal dan Zwolle, kregen een theater dat aan alle eisen voldeed en op ons kantoor kwamen steeds vaker brieven binnen van toneel-, ballet-, musical- en veel andere gezelschappen, die niet meer bereid waren in een te klein theater op te treden. In het seizoen 1972-1973 leek de situatie te veranderen. Het gemeentebestuur kwam met een taakverdeling tussen Odeon en de Buitensociëteit, met misschien in het verschiet een overname van de 'soos' door de gemeente, om daarna die zaal geschikt te maken voor echt theaterwerk.

Grote producties en congressen, incl. buffetten en koffietafels, verwezen we naar de Buitensociëteit en de meer specifiek kleine culturele evenementen bleven in Odeon. Ons serviesgoed ging grotendeels naar de Buitensociëteit en we planden daar ook een paar grote voorstellingen, zoals het orkest Glenn Miller en de Wiener Sängerknaben. Die konden daar, ondanks gebrek aan kleedkamers en toneeltoren, gehouden worden. We hoopten dat na een verbouwing in de Buitensociëteit een toneeltoren, een breed en diep toneel en voldoende kleedkamers gerealiseerd konden worden. Jaren lang, tot 1978, bleven de gemeente en het bestuur van de Buitensociëteit met elkaar in overleg, maar uiteindelijk werden de onderhandelingen afgebroken. Het bestuur van de soos zag meer in een oplossing buiten de gemeentelijke sfeer en bovendien wilden de leden van de soos geen afstand doen van verschillende voorrechten die men als lid had.

De horeca activiteiten hadden we zoveel mogelijk afgestoten en door het mislukken van de samenwerking met de Buitensociëteit bleef voor Odeon alleen het kleine theaterwerk over.

De Buitensociëteit engageerde nu zelf Wim Kan, hij vertelde tijdens zijn optreden dat Odeon een prachtige zaal had, maar dat de Buitensociëteit er ook mocht zijn.

Een stelregel van het theater is: de mensen kopen geen kaartje voor een bepaald theater, ze kopen een kaartje voor een bepaalde voorstelling, in welk theater de voorstelling ook gehouden wordt.

Tijd om over de grens te kijken

Onze vakanties hebben we naar onze mening altijd goed besteed. Daar bedoel ik mee, niet hele dagen op je rug op het strand doorbrengen, maar wel zien wat er in de wereld te koop was en alles in je opnemen wat de natuur en de cultuur je bood. In 1970 gingen we met de jongens enkele dagen naar Den Haag, in 1971 naar Brussel. Jacqueline bleef op de boerderij, bij opa en oma.

De daarop volgende jaren ging Jacqueline ook mee. In 1972 reisden we naar Tsjecho-Slowakije. We bezochten de 'gouden stad' Praag met prachtige gebouwen, de bekende Karelsbrug en, wat ik erg mooi vond, een voorstelling van Laterne Magika, een samenspel van film en toneel. Verder bezochten we het kasteel Karlsteyn en de steden Karlovy Vary en Mariënbad. Een jaar later maakten we een bustour naar Oostenrijk, o.a. naar Wenen met zijn paleizen, Stift Melk aan de Donau en Rohrau, de geboorteplaats van Joseph Haydn. In noord Italië hadden we tijdens een volgende reis Levico als uitgangspunt naar het Gardameer en Venetië. Op de terugreis, tijdens een lunchpauze ergens in zuid Beieren, zag ik achter het restaurant een oud vrouwtje aardappelen schillen op een nóg oudere vieze houten stoel, een boerenstoel met een mooie rondgevormde rugleuning. Ik mocht de stoel meenemen voor 20 mark en de chauffeur vond een plekje in de bagageruimte van de bus.

De reizen die we vervolgens maakten, beschrijf ik niet uitvoerig, daar hebben we een kast vol plakboeken voor. Ik geef alleen de route aan en beschrijf enkele opvallende gebeurtenissen.

In 1975 ging alleen Jacqueline met ons mee op een rondreis door Joegoslavië, Bulgarije, west Turkije en Griekenland. Tijdens deze reis maakten we kennis met een bijzonder echtpaar, de heer en mevrouw van der Vies uit Den Haag. Ze waren theaterliefhebbers en hij was ook bezeten van alles wat er zich achter de schermen afspeelde, dus het contact was gauw gelegd. Van der Vies had ook bepaalde doelstellingen in zijn leven, hij wilde bijv. alle spoorlijnen in Nederland bereden hebben en zo moest hij speciaal naar Zwolle, verdorie, om het lijntje naar Kampen ook gehad te hebben. De Waddeneilanden wilde hij ook allemaal bezoeken en dat kon toch best in een dag, dacht hij. Je kon best van het ene eiland even over wippen naar het andere. Maar, verdorie, dat kon niet, je moest steeds terug naar de vaste wal. Hij wilde ook alle Europese hoofdsteden bezoeken en deze reis was de enige mogelijkheid om Sofia, de hoofdstad van Bulgarije, te bezoeken. Dat reizen was geen probleem voor hem, de enige moeilijkheid was dat hij alleen tomatensoep wilde eten. We hebben later de familie van der Vies in de Pauwstraat in Den Haag eens opgezocht. In de op het oog gesoigneerde woning stonden in de kamer alleen een tafel, een paar stoelen en een kastje met sherryglazen. Geen plant op de vensterbank en geen versiering aan de muur, dat was allemaal overbodig, vonden ze. Alleen de muur van het toilet was van beneden tot boven volgeplakt met ansichtkaarten en foto's.

In 1976 was Marokko het doel van de reis. Jacqueline was ook mee en de eerste week bezochten we Tanger, de stad met honderden kleine winkeltjes met koperwerk, kaftans, prachtig leerwerk en tapijten. Daarna via Chaouen naar Rabat, waar het mausoleum van Mohammed V en de tuinen van Oudadaias werden bezocht. Casablanca vonden we een moderne grote stad en in Marrakech gingen we naar het bekende plein Djemaa El Fna, waar ik bij een volgende Marokko reis op terug kom. Via Meknes naar Fès, daar zagen we het koninklijke paleis met een mooi bewerkte toegangspoort.

Tijdens een koffiestop vroeg een Marokkaanse man aan onze chauffeur, een eindje mee te mogen liften. Dat werd toegestaan en de man stapte blij in. Hij haalde uit zijn reistas een fototoestel en vroeg of hij de toeristen in de bus mocht fotograferen. Hij begon met een glimlach ons in alle standen te nemen. Hij stapte uit, want hij was waar hij wezen moest. Tijdens het uitstappen klapte hij het fototoestel open en liet zien dat er geen film in zat. Schaterlachend zei hij:

"een film? Daar heb ik geen geld voor."
De tweede week kwamen ook Henk en Ruud naar Tanger, we verbleven er met ons allen nog een week en de jongens maakten een paar dagtochten in de omgeving.

Op 27 juni 1977 vertrokken we met Jacqueline voor een maand naar Indonesië. We bezochten Java en Bali, met o.a. Jakarta, Bandung, Jogyakarta, Malang en op Bali, de hoofdstad Den Pasar. Indrukwekkend voor mij was een bezoek aan Menteng Poelo, de begraafplaats van verschillende oud collega's.

De reis was georganiseerd door de SOC, de Stichting Overzeese Contacten, onze reisleidster was Mientje Risakotta. Een van de medereizigers was Pieke van Ommen. Hij veroverde het hart van Mientje, ze trouwden een jaar later en zouden niet uit ons gezichtsveld verdwijnen.
Jacqueline schrok de eerste nacht in Jakarta heel erg toen ze een dode muis voor haar slaapkamerdeur vond, maar dergelijke kleinigheden zouden wel wennen.
Op west Java kwamen we langs verschillende plaatsen die ik mij herinnerde uit mijn militaire tijd. Zo ook, het toen buiten Cheribon gelegen B.A.T.(British American Tabacco) huis, waar ik enige maanden gelegerd ben geweest. Het huis was nu omgeven door schamele woningen, die een buitenwijk van de stad vormden.
Zeer de moeite waard was de Plantentuin van Bogor, het vroegere Buitenzorg. De tuin bevat een zeer groot aantal soorten bomen en planten en de wereldberoemde orchideeënkassen. We zagen de grootste bloem ter wereld, de bijna 2,5 meter hoge Amorphophallus Titanum en boven in de bomen ontdekten we tientallen kalongs, zgn. vliegende honden, een soort grote vleermuis. Ook stond in de Plantentuin het buitenpaleis van de president van Indonesië, waar hij zijn buitenlandse gasten ontving.
Bij het passeren van de Puntjak kwamen we langs de 120 ha. grote Gunung Mas (gouden berg) theeplantages.
In Bandung bleven we drie nachten in hotel Sangkuriang, we hadden er een uitstekende kamer met kleuren-tv en een zeer luxe badkamer.

De vuile was, die we 's morgens achterlieten, lag 's avonds schoon en gestreken op de kamer.
Bij Bandung beklommen we de 2200 meter hoge vulkaan Tangkuban Prahu, in het Nederlands de omgekeerde prauw en inderdaad, op een afstand bekeken leek de berg op een Indo-

Menteng Poelo, begraafplaats Nederlandse militairen

nesische boot. De grote krater met een doorsnee van 500 meter leek dood, maar langs de helling passeerden we verschillende kleine, rokende kratertjes.
In een kampong zagen en hoorden we kinderen, die ankloenmuziek maakten. Dat is muziek gespeeld op verschillende instrumenten, gemaakt van bamboe.
Heel bijzonder vond ik de weg tussen Garoet en Tasikmalaja, nu zag ik, hoe indrukwekkend mooi de natuur in dit gebied van de Preanger was. Als militair politieman lette ik vroeger alleen op de begroeide berghellingen, vanwaar we vaak beschoten werden.
De overnachtingen waren niet altijd zo goed als in Bandung. In Linggarjati verbleven we in een eenvoudig bungalowcomplex waar we 's nacht gewekt werden door het kabaal van met elkaar vechtende ratten, door het bovenraam zagen we ze achterelkaar aanrennen.
Op midden Java bezochten we verschillende tempels, o.a. de Prambanan, maar de Borobudur in Jogjakarta was het hoogtepunt. Deze Boeddhistische terrassentempel uit de 9e eeuw met zijn terrassen, stupa's, meer dan 500 beelden en met zijn honderden meterslange reliëfs, maakte grote indruk op ons.

In Jogjakarta waren we drie dagen te gast bij particulieren. We overnachtten er bij dokter Martohusodo. Hij had nog 9 andere Nederlandse gasten, kennelijk verdiende hij meer aan zijn logés dan aan zijn patienten. In Jogja bezochten we de kraton, het paleis van de sultan. Het leek een paleis zonder muren.

Op de pasar van Selecta ontmoetten we een groepje studenten, ze vroegen ons waar we vandaan kwamen. Ik antwoordde dat we uit Nederland kwamen en dat ik militair geweest was in hun land. Dat was verleden tijd, was hun antwoord, we kijken nu gezamenlijk in de toekomst.

De laatste dag op Java voor onze oversteek naar Bali, brachten we door in Pasir Putih, een plaats aan de noord-oost kust van Java, waar we overnachtten in het bungelowpark van de politie. De ligging direct aan het strand was fantastisch, de politie was hier kennelijk niet verwend. Onze reisleidster Mientje was er op ingesteld, ze had voor ons lakens, handdoeken en toiletpapier meegenomen.

De volgende dag maakten we de overtocht naar Bali met een oud landingsvaartuig, een oorlogsveteraan. We verbleven 3 nachten in hotel Diwangkara Beach in Sanur en hebben veel van de Balinese kunst gezien en gehoord, maar de tijd was veel te kort.

Terug naar Java, waar we overnachtten op een onderneming in Kalibaru, oost Java. Via Malang, Wonosobo, Pangandaran, Garoet en Bandung reden we naar Jakarta voor de terugvlucht.

Onze 25-jarige huwelijksdag viel op donderdag 1 september 1977. Het was een van de weinige dagen dat onze familie bij elkaar kon komen en het werd een gezellig samenzijn in onze feestelijk versierde tuin.

Op zaterdagavond 20 augustus was het voltallig personeel van Odeon in de tuin present om onze huwelijksdag gezamenlijk in de feeëriek verlichte tuin te vieren. Beide dagen werd genoten van een uitgebreide barbecue

In mei 1978 gingen we met de boot naar Engeland. Henk ging mee en we huurden er een auto. We logeerden 4 nachten bij de familie Walker in Farnham. We hadden hen leren kennen toen ze het jaar ervoor, gedurende 2 weken, met onze buren, de familie Stam, van woning hadden geruild. De Walkers vertelden ons dat bij hun terugkomst uit Nederland, hun huis door Stam netjes was achtergelaten. Overal stonden vazen met bloemen, maar ze ontdekten, dat ze die uit hun eigen tuin hadden geplukt. Ze zagen de bloemen liever in hun tuin staan.

Donderdag 1 september 1977, 25 jarig huwelijk

In juli van '78 vlogen we, nu met Jacqueline, naar Istanbul voor een 2-weekse rondreis door west en midden Turkije. We bezochten o.a. Troye, Pergamon, Izmir, Ephese, Pamukkale, Konya, Kayseri en Ankara. In Istanbul logeerden we in hotel Washington, een hotel dat enige jaren later tot de grond toe afbrandde, waarbij 40 gasten omkwamen.

In september 1978 zijn Nini en ik mee geweest op een 3-daagse excursiereis naar Duitsland, georganiseerd door de vereniging 'Vrienden van het Nederlands Openluchtmuseum'. We bezochten openluchtmusea in Hagen, Detmold en Cloppenburg.

In 1979 was Amerika het land waar we met Jacqueline naar toe gingen. Het was een reis langs de oostkust, van New York naar Miami. In New York brachten we een bezoek aan de Empire

State Building. Helemaal boven aangekomen, werd Nini duizelig. Dat kwam niet van de hoogte, maar we hadden net een welkomstbijeenkomst gehad, waarbij we per ongeluk een dubbel glaasje wijn aangeboden kregen en dat op de nuchtere maag. Een bezoek aan de musical 'A New York Summer' in Radio City Music Hall, was indrukwekkend. Het theater had 6200 zitplaatsen. Je zag het orkest tijdens de voorstelling naar alle hoeken van het gigantische toneel onzichtbaar verschuiven, daarna verdween het orkest achter het toneel en kwam even later vóór het toneel weer tevoorschijn en plotseling werd er door dansers op een ijsvloer op het toneel geschaatst.

New York was een bijzondere stad, maar voor mij niet om er lang te verblijven, ik voelde me opgesloten tussen al die wolkenkrabbers.

De reis met een Greyhoundbus ging verder via Philadelphia naar Washington. Daar bezochten we het ruimtevaartmuseum, het Capitol en de nationale begraafplaats Arlington. In Mount Vernon zagen we het landhuis van de eerste president van Amerika, George Washington. Daarna reisden we via Richmond en Williamsburg naar Charleston, waar we de 'Yorktown', een vliegdekschip bezochten. Bij Charleston logeerden we in een Holiday Inn hotel, gelegen aan de South Savannah Highway. Hier aangekomen wilden we wandelend de omgeving verkennen, maar we konden alleen om het hotel lopen, het gebouw lag namelijk tussen beide rijrichtingen van de highway. Het hotel was gebouwd als een toren, de trap en de lift waren als as in het midden gesitueerd en daar omheen de kamers, een brandonveilig gebouw.

We gingen verder via Daytona Beach naar Orlando, met natuurlijk een bezoek aan Walt Disney World en het Kennedy Space Center op Cape Canaveral. De reis eindigde in Miami, met nog een tocht naar de Everglades.

Het eiland Kreta was in 1980 aan de beurt voor een bezoek. Jacqueline ging weer mee en op 26 juni vertrokken we met een vliegtuig van Olympic Airways naar Athene, waar we overstapten voor een korte vlucht naar het vliegveld bij Hania op Kreta. Daar stond een huurauto voor ons klaar waarmee we een rondreis over het eiland gingen maken. We reden van Hania, in het westen van het eiland naar Matala, Ierapetra, Sitia in het oosten en langs de noordkust terug via Agios Nicolaos, Heraklion en Rethymon en zo kwamen we na een week weer terug in Hania, waar we nog 3 nachten verbleven. Overnachtingen waren door het reisbureau voor ons gereserveerd. De middag voor onze terugvlucht gingen we nog even naar het reisbureau om te horen of alles geregeld was. Men vertelde ons dat Olympic Airways staakte. "Als u direct met een taxi naar de haven van Souda gaat, kunt u de nachtboot naar Pireus nog halen", werd ons gezegd. Hals over kop pakten we onze koffers en haalden op tijd de boot en de volgende ochtend voeren we de haven van Pireus binnen. We wilden een taxi nemen om ons naar het vliegveld te laten brengen, maar de chauffeur haalde zijn schouders op. "Dat heeft geen zin", zei hij, "alles staakt daar." Hij bracht ons erheen en op het vliegveld aangekomen bleek dat de staking net was opgeheven. Het vliegtuig naar Amsterdam was het eerste dat weer zou vertrekken. We maakten de vlucht in een bijna leeg toestel. Dat er bij Olympic Airways vaak gestaakt werd, was voor ons een waarschuwing voor de toekomst.

In 1981, van 8 juni tot en met 16 juli, maakten Nini en ik onze tweede Indonesië reis, die was samengesteld door Fermina Reizen, het reisbureau dat Mientje Risakotta en Pieke van Ommen waren begonnen. De eerste drie weken maakten we een rondreis over Java, samen met de heer en mevrouw Struiksma. Ze waren in Indië geboren en hadden er vele jaren gewoond en ze wilden nog een keer de van vroeger bekende plekjes terugzien. De route over Java hadden we in overleg met Mientje en de Struiksma's samengesteld. We kregen de beschikking over een kleine bus, die gereden werd door Wien, een gids die geen vraag onbeantwoord liet. De reis ging vanaf Jakarta langs Lingarjati, Tegal, Semarang, Tretes, Malang, Sarangang, Yogya en de Borobudur; verder naar Baturaden, Bandung en Lembang en zo kwamen we terug in Jakarta.

Er was een paar jaar geleden correspondentie ontstaan tussen ons en de familie Soetardjo op Bali en na de Java rondreis hadden we van 3 tot 13 juli nog een verblijf op Bali besproken.
De familie Struiksma reisde door naar Sumatra. Wij logeerden op Bali in hotel Tourist Beach Inn, de eigenaar was een neef van de familie Soetardjo. Het was een klein, ouderwets hotel, vlakbij het beroemde Bali Beach Hotel. Daar gingen we regelmatig naar toe om in de hal, dankzij de aircondition, een frisse neus te halen. De meeste nachten waren wij de enige gasten in het hotel en als we dan eenzaam op de galerij ons ontbijt gebruikten, zaten we altijd aan hetzelfde tafeltje en op dezelfde stoelen en die stoelen zagen er na een week prachtig en vooral glimmend uit. Elke ochtend kwam mevrouw Soetardjo met de auto en aan het stuur haar man of een van haar negen kinderen, om ons een deel van Bali te laten zien. We reden eens met haar en aan het stuur haar 24-jarige zoon Luhur, student archeologie, door een eenzaam en verlaten gebied waar totaal niets te zien was, toch begon hij luid te claxonneren. Op mijn vraag, waarom hij dat deed, was zijn antwoord dat in deze streek boze geesten zaten en door lawaai te maken, werden ze verdreven.
De dagen op Bali waren overweldigend, een mooiere vakantie was haast niet mogelijk, maar ook de rondreis over Java was uniek. Enkele gebeurtenissen die we daar meemaakten, volgen nu.

In een kampong deed ik een paar goocheltrucjes en iedereen was verbaasd. Een vrouw was driest genoeg om mij te vragen of een medicijn, een obat, te voorschijn gegoocheld kon worden, want ze had veel last van hoofdpijn. Nini stopte mij ongezien een aspirientje toe, dat ik daarna zo maar uit de lucht te voorschijn haalde. Ik gaf de vrouw het aspirientje, maar voorzichtig vroeg ze mij "Saya minta dua, toean?", ze wilde er graag twee. En ook aan dat verzoek voldeed ik en terwijl ze de tabletjes inpakte in een van de grond opgeraapte snoeppapiertje, vroeg ik waarom ze er twee wilde hebben. Ze antwoordde met een glimlach: "dan kan ik vanavond zonder hoofdpijn lekker slapen bij meneer."

Ten zuiden van Semarang waren we enige nachten in het plaatsje Bandungan. We overnachtten in hotel Rawa Pening. Het hotel was eigendom van Tjan, een rijke Chinees en directeur van een rijstpellerij. We werden door Tjan uitgenodigd op de thee in zijn buitenhuis naast het hotel. Hij woonde in Semarang, maar hij bracht hier de weekenden door. De Chinees vertelde ons dat hij niet op de wereld was om te werken, maar om commando's te geven. Hij was trots op zijn siertuin en zei: "Bij jullie staan deze planten op de vensterbank maar te verpieteren." De bedrijfsleidster van het hotel was een oudere dame, de ibu, ofwel de moeder. Ik deed een paar goocheltrucjes voor haar en daarna vroeg ze of ik dat 's avonds ook voor haar personeel kon doen. Natuurlijk wilde ik dat en ik verwachtte 4 of 5 mensen voor de voorstelling, meer personeel had ik in het huis niet ontdekt. Maar meer dan 20 mensen zaten op de voorstelling te wachten, het werd een groot succes.
Voor het diner wilden wij met de Struiksma's een aperitiefje drinken. In de open buffetkast zagen we likeur- en vermouthflessen staan en we bestelden bij de ibu 4 vermouth. Ze lachte als de bekende boer en zei: "Ik maak u blij met een dode mus." De flessen waren leeg en dienden alleen voor sier. We namen toen een zuivere Indonesische vruchtensap, heerlijk. Het diner werd in de eetkamer door de ibu met de bekende Indische glimlach zelf opgediend, ze was waarschijnlijk ook de enige die dat kon zonder te morsen.

We reden in ons busje tijdens een fikse moesonregen over een slechte weg vol plassen, maar even verderop was de weg droog geworden. Onze chauffeur Wien remde plotseling sterk om een voor ons onbekende reden en zo'n honderd meter verder remde hij weer. Op onze vraag waarom hij dit deed, zei hij dat hij eerst de remmen van de voorwielen droog remde en daarna die van de achterwielen.

In de Preanger klauterden we tegen een pittige berghelling omhoog. Ik transpireerde en zuchtte als geen ander, Struiksma keek mij aan en zei "als je most, had je 't verdomd." Dit gezegde had hij van Nini gehoord, die dat graag tegen mij mocht zeggen. Vlak achter ons klom een meisje van een jaar of tien mee omhoog, in de hoop ons een flesje cola te kunnen verkopen uit de krat cola, dat zij op haar hoofd meezeulde.

Ik schrok hevig toen ik tijdens het rijden, door de bodem van het busje rook zag komen. Wien stopte en haalde snel onze bagage uit de wagen, hij opende een luikje waaronder iets brandde. Met een bakje haalde Wien water uit de naast de weg lopende sloot en het brandje was snel geblust. Met een paar dunne stukjes bamboe en een touwtje kroop hij onder de bus en na een paar minuten was het euvel verholpen en konden we weer instappen, het zijn daar handige jongens.

Op de veranda van onze hotelkamer had het personeel mijn laken over een stoel gelegd om te luchten. Toevallig zag ik even later dat een schurftige hond zijn plasje tegen het laken deed.

Soms zag je voor een restaurant een vrouw staan met een levende kip. Kreeg de restaurateur een klant die kip bestelde, dan pas kocht hij de kip van de vrouw.
Restaurant is vaak een te dure naam, rumah makan is veelal een beter woord, dat betekent vertaald: eethuis. Zo zaten we in Wonosobo in een rumah makan, toen er een busje stopte met leden van de Nederlandse Reis Vereniging. Ze bezetten de mooiste plaatsen in de zaak en bestelden alleen een paar kannetjes heet water, ze hadden zelf theezakjes bij zich en zonder enige vergoeding vertrokken ze weer.

Tijdens de laatste dagen van de rondreis over Java kregen we een nieuwe chauffeur. Wien moest met een andere groep op stap. De nieuwe chauffeur reed ook zeer vertrouwd. We werden op een smalle weg met zachte berm en greppel gepasseerd en gesneden door een bus waarvan de chauffeur veel haast had, want hoe meer ritten, des te hoger de verdiensten. Onze chauffeur wist nog net ons busje op de weg te houden en hij gaf vol gas om de bus te achtervolgen. Bij een stopplaats stond de bus die ons ge-

sneden had. Onze man haalde uit het dashbordkastje een pistool en rende naar de wachtruimte waar de buschauffeur zich waarschijnlijk bevond, ons in grote spanning achter latend. Toen hij na enige tijd teruggekeerde vertelde hij ons dat hij inspecteur van politie was en ons reed om wat bij te verdienen. En wat die buschauffeur betrof, "Ik heb flink op zijn handen getrapt", zei hij, "want met gebroken vingers kan hij voorlopig niet meer rijden. Het rijbewijs afnemen heeft geen zin, want zijn Chinese baas koopt dan direct een nieuw rijbewijs."

Kasteel Ishak Pasa, niet ver van de berg Ararat

De laatste reis die we in onze Odeon tijd maakten, was een rondreis door oost Turkije van 13 juni tot en met 4 juli 1982. We vlogen naar Istanbul, waar we 3 dagen de stad en omgeving verkenden. Vervolgens vlogen we via Ankara naar Erzurum. Daar begon de rondreis met een bus naar Kars, Ani en, vlakbij de Iraanse grens, Dogubeyzit, waar we logeerden in een mooi nieuw hotel met uitzicht op de berg Ararat. Ook bezochten we hier het kasteel Ishak Pasa.

De reis ging verder naar Agri en het Vanmeer en via het kasteel Hosap naar Diyarbakir en Adiyman. Heel bijzonder was de 2150 meter hoge berg Nimrud Dagi. Op de top van de berg bevond zich een 150 meter hoge piramide, bestaande uit miljoenen met de hand gehakte keitjes. Op een terras, vlak onder de top van de piramide, prijkten 10 meter hoge godenbeelden waarvan de hoofden waren afgevallen.
Onder de keitjes moeten zich waarschijnlijk de stoffelijke resten van koning Antiochus I bevin-

den. De realisatie – ongeveer 50 jaar v. Chr. – van dit zeer afgelegen monument boven op die ijskoude berg waar men slechts enkele maanden per jaar kon vertoeven, deed mijn inziens niet onder voor de bouw van de Egyptische piramiden.

Daarna gingen we verder naar Gaziantep, Iskenderun, Adana en Alanya, waar we nog enkele dagen bleven om weer op verhaal te komen.

Ook van deze reis nog enkele herinneringen.
Na onze landing in Erzurum reed een autobus tot vlak bij het vliegtuig. Het bleek dat 2 lijkkisten met ons waren meegevlogen, maar de autobus was niet het ideale vervoermiddel voor de 2 kisten. Het lukte de familieleden niet, in wat voor standen ze de kisten ook manoeuvreerden, om ze waardig in horizontale stand in de bus te krijgen. Hoe het afliep hebben we niet kunnen zien, militairen maanden ons snel in onze bus te stappen en te vertrekken.

In Agri, een stadje in het uiterste oosten van Turkije kwamen een paar jongens om ons heen staan en dat werden er meer nadat ik een paar goocheltrucjes deed. Er kwamen mannen bij die de jongens verdreven. Er doken nog meer mannen op, tot plotseling met loeiende sirene, militaire politiemannen in een auto kwamen aanrijden en de menigte met sabels uit elkaar joegen.

Het was hier militair gebied en er mocht niet samengeschoold worden. Onze gids, een Turk uit Istanbul, voelde zich in dit Koerdische gebied niet erg op zijn gemak. Niet veel later zei de gids tegen mij: "Ga eens wat goochelen voor die 2 mannen die daar staan." Ik bedankte er vriendelijk voor. Maar de gids vertelde me dat een van die mannen een hoge autoriteit was die gehoord had dat een langskomende toerist toveren kon en dat wilde hij ook wel eens zien. En aldus geschiedde, nu mocht er wel publiek omheen staan.

Voor we uit Agri vertrokken, kochten we wat foerage, want onderweg zouden we geen restaurant tegenkomen. Na een paar uur rijden door een volkomen kaal en onbewoond landschap, stopten we bij een kleine woning. Het terrein waarop het huis stond was ongeveer 25 bij 25 meter en helemaal omgeven door een 1,5 meter hoge afscheiding van oliedrums. Het bleek een post te zijn van de rijkswegendienst, de post van waaruit men moest zorgen dat 's winters de wegen begaanbaar bleven. We mochten van de bewoner op het terrein ons meegenomen broodje, drank en fruit nuttigen en na afloop verzamelden we netjes de restanten in een papieren zak die we overhandigden aan de bewoner om het in een vuilnisbak te deponeren.

Maar hij liep er mee naar de muur van de oliedrums, gooide de zak er overheen en zei: "Dat is voor de beren."

In dit onherbergzaam gebied kreeg onze bus een lekke band en terwijl het hele gezelschap naar de banden verwisselende chauffeur stond te kijken, kwam plotseling achter ons en uit het niets, een jongen te voorschijn met een grote roofvogel op zijn arm, het leek op een uil. De jongen bood ons de vogel te koop aan, maar interesse was er niet.

Klandestien vullen van mineraalwaterflessen

Bij een stop in een dorpje kwam de plaatselijke fotograaf op ons af om een foto te maken van het gezelschap. Niemand van ons had daar echter behoefte aan, maar hij wilde een foto van een groep toeristen die kon dienen als reclame in zijn etalage. We hebben hem toen maar laten fotograferen.

Ons was door de reisleiding benadrukt om zuiver water te drinken, dus alleen flessenwater uit de mineraalwaterfabriek, want leidingwater was onbetrouwbaar. We dineerden in een vooraanstaand restaurant en midden op tafel stonden karaffen met waarschijnlijk leidingwater en afgesloten flessen met zuiver water uit de mineraalwaterfabriek. Dus van die flessen maakten we gebruik. Ik had de gewoonte om altijd achter de schermen te kijken. In de keuken zag ik dat iemand daar bezig was de mineraalwaterflessen te vullen met leidingwater, met een speciale klem drukte hij er weer aluminium doppen op.

We waren ergens aan de zuid Turkse kust en bezochten een van de talrijke bezienswaardigheden. Het was erg interessant, maar het was bloedheet. Direct na de rondleiding zouden we op het terras van een vlakbij gelegen restaurant, in de schaduw van een paar bomen, onze lunch gebruiken. Onze gids had met de restaurateur afgesproken dat we lekkere frisse yoghurtsoep zouden krijgen, hij zou het klaar zetten op het terras. Er kwam een klein briesje opzetten, de temperatuur werd iets draaglijker en op het terras aangekomen, lachte de frisse soep ons toe, maar toen kwam de schrik. Door het briesje waren tientallen rupsen uit de bomen op onze tafel terecht gekomen en natuurlijk hier en daar ook in de soep. Wij vonden dat vies, maar de restaurateur vond ons maar kinderachtig, hij zou de rupsen er even uithalen zodat we de soep konden nuttigen.
Ja, we zijn ook wel ergens geweest waar ze rupsen lekker vonden.

Nog zo'n geval, nu in Diyarbakir. Met ons gezelschap, ongeveer 10 personen, waarbij ook enkele dames, gingen we een theehuis binnen. De ruimte zat vol met zwaar besnorde Turkse mannen, allen vol aandacht bezig met diverse spelen. De exploitant liet hier en daar wat mannen opschuiven en zo kwamen er 10 zitplaatsen vrij. In het buffet ontbraken kennelijk theeglazen. Dat was geen probleem. De baas liep bij de tafels langs en haalde 10, merendeels nog half gevulde theeglazen bij de spelers weg, vulde ze bij en presenteerde ons de glazen.
In Diyarbakir stonden we bij een kraam waar cassettebandjes verkocht werden. 2 politieagenten gingen naast ons staan. Ik deed een goocheltrucje en zoals meestal het geval was, ondanks dat je geen Turks verstond, was het ijs gauw gebroken. Het bleek nl. dat een van de agenten een amateur goochelaar was. De agenten namen ons mee naar een geluidsstudio waar een paar ideale bandjes voor ons werden samengesteld en opgenomen, geschikt voor onze diaklankbeelden. Ik leerde tegelijk de amateurgoochelagent nog een paar trucjes. Een afspraak met de politieman voor de volgende dag konden we niet maken, onze reis ging verder.

Het was rustig in Wezep

Nu nog even terugkijken naar een onvergetelijke dag en dat was woensdag 11 juli 1973. We maakten een boottocht ter gelegenheid van het 50-jarig huwelijk van vader en moeder Nienhuis-Tabak. Vanuit de haven van Steenwijk vertrokken we met ongeveer 30 familieleden voor een dagtocht door de mooie omgeving van Giethoorn en de Weerribben. Alleen het weer werkte niet mee. Juli was tot dusverre een zonnige maand geweest, maar deze dag was een uitzondering, constant viel er regen. Dat deed niets af aan de gezelligheid in de comfortabele boot. En de culinaire voorziening met o.a. speenvarken, verzorgd door slager Borst, was perfect. Zo'n grote familie bij elkaar gebeurde niet vaak en dan valt er veel te verhalen.

Regelmatig kregen we bezoek van Corrie, ze was een klasgenote van Jacqueline, van haar had ze waarschijnlijk ons adres, want vriendschappelijke contacten had Jacqueline niet met haar. Maar Corrie voelde zich bij ons kennelijk een beetje beschermd. Haar verhouding met haar ouders was niet goed, vooral niet met haar vader, het strenge geloof van hem was een van de redenen. Ze zat soms wel een uur lang stil weggedoken op de bank, zodat haar vader, die af en toe expres door de van Pallandtlaan reed, haar niet zag.
Nog steeds, meer dan 20 jaar later, hebben we contact met Corry. Ze woont nu in Amersfoort,

is getrouwd en heeft 2 kinderen.

De voordeurbel ging, ik opende de deur en zag een man met een jong meisje staan. Het waren Jehova's Getuigen en in tegenstelling tot andere keren liet ik ze ditmaal binnen, in mijn ooghoeken zag ik Nini in de keuken verbaasd kijken. Ik liet de Jehova's plaatsnemen in de kamer en een gesprek ontspon. Zijn naam was de Vries en zijn dochter was Trientje, ze kwamen uit Zwolle. Ik vroeg nog iets en ondertussen had Nini een kopje thee ingeschonken. Ik was er van overtuigd dat ze niet vaak zo ontvangen werden. Ik draaide het gesprek in een andere richting en vroeg of hij dat tinnen potje in de open kast achter hem even wilde pakken en de envelop die er in zat, wilde openen. Ik zei hem dat daarin een briefje zat waarop zou staan dat ik al lang tevoren wist dat hij ons zou bezoeken. Een beetje verbaasd keerde hij zich om en pakte het bewuste potje. Hij opende de envelop die er in zat en las op een briefje zijn naam, de naam van zijn dochter en dat ze uit Zwolle kwamen. De totaal verbouwereerde Jehova zei niets meer, stond op en zonder de thee te hebben gedronken, trok hij zijn dochter mee en verdween. Dit mysterie leg ik niet uit, maar het was ook een manier om mijn magische kennis te gebruiken.

Dit was een kort hoofdstuk, want het was rustig in Wezep.

De laatste loodjes in Odeon

Een expositie die veel aandacht kreeg, niet alleen van het schouwburgpubliek, maar ook van de landelijke pers, was die van werken van Sylvia Quiël, de echtgenote en tevens de enige leerlinge van de schilder Carel Willink, die ook de opening van de tentoonstelling verrichtte. Na afloop van de expositie schonk Sylvia Quiël een schilderij van de acteur Han Bentz v.d. Berg in bruikleen. Het schilderij had door de gemeente gekocht kunnen worden voor ƒ4.500,- om een plaats te krijgen in de schouwburg, maar in een gecombineerde vergadering van de culturele commissie en de commissie beeldende kunst werd besloten, niet tot aankoop over te gaan.

Opening expositie Silvia Quiel door Carel Willink

Tijdens balavonden, die vaak een onderdeel waren van een verenigingsavond, kwamen meerdere malen 2 jongens die vervelend deden en herrie schopten, het waren ellendelingen. De portiers loosden ze dan voorzichtig de zaal en het gebouw uit. In de hal had ik eens een gesprek met hen over activiteiten op theatergebied die in het gebouw plaats vonden. Ik vroeg ze een keer te komen om een kijkje achter de schermen te nemen. We spraken een tijdstip af en ze kwamen inderdaad opdagen. Ze waren erg geïnteresseerd en het bleef niet bij deze ene keer.
Ze kwamen als part-timer toneelhulp in dienst. Last hebben ze nooit meer veroorzaakt, integendeel. Later vertrokken ze uit Zwolle, maar na een half jaar zagen we 1 van hen weer terug als toneelmeester van een gezelschap uit Amsterdam. Van hem hoorde ik dat zijn vriend een oud binnenvaartschip omgebouwd had tot een drijvend theatertje en 's zomers de vacantiecentra aandeed.

In een ingezonden brief in de Zwolse Courant schreef een bezoekster van Odeon dat zij een zgn. modern toneelstuk had gezien. Het was haar erg tegengevallen, ondanks aanbeveling in een voorbeschouwing door recensent Willem van der Veen. De briefschrijfster eindigde de ingezonden brief met: "Een lichtpunt was het personeel van Odeon; ze serveren lekkere koffie, zijn altijd behulpzaam en met gevoel voor humor, lach ik nog het meest met hen. En dan de kassa, nooit een zuur gezicht, als er een duplokaartje moest worden uitgeschreven, omdat ik het mijne weer eens thuis had laten liggen."

Deze brief gaf de goede sfeer tussen het publiek en de theatermedewerkers weer, ook tegenover de artiesten was sprake van een goede verhouding. De ziekmelding van Odeonmedewerkers was percentagegewijs het laagste van de gemeentediensten en dat ondanks de vele onregelmatige uren die men in een theater moest maken. Van een sociaal- en verenigingsleven kon echter bij het theaterpersoneel nauwelijks sprake zijn, er moest gewerkt worden als anderen uitgingen.

Er stond eens in de Zwolse Courant een halve pagina grote advertentie van een meubelzaak. Het bevatte een grote foto van onze schouwburg met de tekst "Resink Zwolle heeft ongeveer evenveel zitplaatsen als het hele Odeon".

In 1975 schreef Willem van der Veen zijn derde musical voor de Zwolse Mixed Hockeyclub getiteld "Man, man, wat een vrouw". De musical werd gespeeld door leden van de club en amateur toneelspelers. Dirigent Henk Meutgeert heeft veel bijgedragen om de musicals een professionele muzikale basis te geven. Het werd een succes en Willem en ik besloten er, na bewerking, een openbare voorstelling van te maken. De opzet slaagde en er werden 7 voorstellingen gegeven.

Het amateurtoneelleven lag in deze jaren een beetje op zijn gat, de vereniging Rederijkers had de geest gegeven. Maar onder auspiciën van Odeon kregen amateurtoneelspelers weer gelegenheid hun hobby uit te oefenen. Toneelgroep La Troupe werd opgericht en enige tijd later deden we een oproep aan jongeren tot 25 jaar die toneel wilden spelen. Veel jongeren kwamen zich aanmelden en er konden 2 toneelclubjes en een cabaretafdeling samengesteld worden, zo kon iedereen een rol krijgen. De leiding van de clubjes kwam in handen van Mien Lansink. In het verleden moest een nieuw lid van een toneelvereniging contributie betalen maar kreeg niet vaak een rol toegewezen, zodat de animo er gauw af was.

Het grootste succes dat ik met amateuroptredens gedurende mijn laatste jaren in de schouwburg meemaakte, waren de voorstellingen in januari en februari 1980 van de musical "Een kwartje is geen kwertien", ook geschreven door Willem van der Veen. De leden van toneelgroep La Troupe vormden de kern van de spelers, verder werkten een muziekensemble onder leiding van Henk Gunneman en een zanggroepje mee, regisseuse was Carry v.d. Dool. De decors waren van Noor v.d. Berg en Teun v.d. Veen. Van de spelers weet ik me te herinneren: Lineke en Willem van der Veen, Marjan v.d. Kolk, Jan Wittenaar met een echt Zwols dialect, Alie Oost, Mien Lansink en Frits Beunk. Onder het publiek waren o.a. de commissaris van de koningin in Overijssel en 40 burgemeesters met echtgenotes, allen uit Overijssel. Ze waren voor een congres in Zwolle. Ook was er een voorstelling voor mindervaliden. Er werden een paar rijen stoelen uit de zaal gehaald om ruimte te maken voor rolstoelen. Ook de ziekenomroep verzorgde een radiouitzending van het programma. De musical "Een kwartje is geen kwertien" werd 11 maal opgevoerd. Je mag rustig stellen een record. Vooral als je bedenkt dat het allemaal amateurspelers waren die overdag hun dagelijks werk hadden. De voorbereidingen en repetities namen ongeveer een jaar in beslag. Doordat andere optredens op het programma stonden, waren meer voorstellingen niet mogelijk.

Het is een paar keer voorgekomen dat, toen om 10 uur 's morgens het kaartverkoopkantoor open ging, er publiek in de Praubstraat voor de oude kantoordeur stond voor een kaartje voor de musical, niet wetende dat het kantoor al meer dan 10 jaar geleden was verhuisd naar de Blijmarkt.

Toen ik in 1960 naar Odeon ging, heb ik veel van mijn grote goochelapparaten verkocht, alleen de degenkist, die ik in Duitsland voor de televisie had vertoond, nam ik mee naar Zwolle. Ik bleef alleen nog wat 'micromagie' en 'kartomagie' doen. De degenkist kwam ergens op zolder boven de kleedkamers terecht. Toen het kindercircus "Santelli" uit Groningen eens een voorstelling bij ons gaf, heb ik hun de kist geschonken.

Willem van der Veen kwam met het idee om de kist in zijn musical in te passen, maar helaas had ik hem niet meer in mijn bezit. Ik had gelukkig van de kist en zijn geheimen een uitgebreide tekening gemaakt en daardoor was toneelmeester Johan Wevers in staat de kist na te maken. Alleen moest ik nog ergens 10 degens bemachtigen. En ook dat lukte, ik had een adres van een handelaar in vreemde spullen en antieke wapens in zuid Limburg. Hij was een avonturier en net teruggekomen van een reis door Afghanistan. In zijn tuin stond allerlei wapentuig, zelfs een paar kleine kanonnen. Ik kocht 10, voor mijn doel geschikte steekwapens. Hij had veel bijzondere dingen en we kochten er o.a. nog een grote waterkan gesneden uit een stuk hout, een houten trechter en een leren munitiekoffer met 150 koperen nagels, alles was afkomstig uit Afghanistan.

In de musical ging Alie Oost in de degenkist en Willem stak de degens er doorheen, het werd een geslaagde finalescene in het programma. Bij de laatste voorstelling werd Willem er tussen genomen, Alie had een potje rode verf meegenomen in de kist. Willem schrok hevig toen hij de laatste degen 'bebloed' uit de kist trok.

Later hoorde ik dat bij een brand in Groningen alle requisieten van kindercircus "Santelli", inclusief de degenkist, waren verbrand.

Ook populair was het gratis amateurprogramma "De beste wensen ...", waar in het begin van het jaar iedereen aan mee mocht doen, musici, zangers, toneelspelers enz. Het was altijd een happening, die zich in alle zalen van Odeon afspeelde met ongeveer 600 deelnemers. De meeste koren en muziekensembles uit Zwolle namen deel en er kwam een ontelbaar aantal bezoekers op af.

De Magische Kring Zwolle organiseerde van 15 tot en met 17 mei 1980 het nationale congres voor de goochelkunst, dat zich afspeelde in de Buitensociëteit en in Odeon. 500 magiërs uit de hele wereld waren 3 dagen bijeen om tips en nieuwe ideeën uit te wisselen. Voor het publiek, maar ook speciaal voor de jeugd en 65+ ers, waren er grote goochelshows. Een hoogtepunt was een optreden van de boeienkoning Moretti op het bordes voor het Zwolse stadhuis. Vakkundig geboeid door een Zwolse politieman hees een kraanwagen Moretti tientallen meters aan een touw de lucht in, terwijl een deel van het touw in brand stond. Maar het lukte de boeienkoning om zich van de ketenen te ontdoen en veilig op de grond te belanden voordat het brandende touw brak.

De Zwolse Courant schreef op 16 september 1982 over de theatersituatie in Zwolle: "Kleinere steden als Meppel en Kampen kunnen hun schouwburgpubliek een aantrekkelijk programma bieden, waarin kunst en cultuur harmonisch worden afgewisseld met puur amusement. Zwolle, centrum van een groot gebied is altijd een apart geval. Kortzichtigheid op bestuurlijk gebied heeft er in het verleden toe geleid, dat men zich in de Overijsselse hoofdstad – notabene groeistad – anno 1982 nog altijd moet behelpen met een anderhalve eeuw oud theatertje, waarin veel moderne produkties onvoldoende ruimte kunnen vinden. Een voorbeeld is, dat de nieuwe musical van Annie Schmidt – een publiekstrekker van de eerste orde – wel in kleinere steden als Kampen en Meppel te zien zal zijn, maar niet in Zwolle. Het podium van Odeon is gewoon te klein en de Buitensociëteit, waarvan het voortbestaan door onbegrijpelijke kortsluitingen tussen gemeente en een trainerend sociëteitsbestuur ernstig wordt bedreigd, heeft er de technische outillage niet voor. Ondanks alle handicaps is het de Odeon-directeur toch gelukt, een lang niet onaantrekkelijk programma samen te stellen".

Ik begon mijn rug te voelen en had nog steeds last van de gevolgen van de 2 ongelukken, 35 jaar geleden in Indië opgelopen. Ik was praktisch nooit zonder pijn, maar wist hoe ermee om te gaan. Zo gebeurde het meer dan eens dat ik tijdens een reis niet op mijn hotelbed ging liggen, maar als een hond ervoor op de grond. Ik maakte in de schouwburg te veel uren. Ik voelde me verantwoordelijk voor publiek, artiesten en personeel, zolang ze in het gebouw waren. En mijn aard gunde mijn lichaam en geest ook geen rust. Ik begreep niet dat een collega schouwburgdirecteur rustig naar huis kon gaan, terwijl zijn theater gevuld was met honderden mensen, mijn wél aanwezig zijn werd altijd door de artiesten en de medewerkers gewaardeerd.

De slechte theatertoestand in Zwolle werd alleen maar beroerder. De plannen van architect Reinalda werden de grond in geboord. Het spaarpotje, bestemd voor culturele doeleinden, werd gebruikt voor andere doelen en niet voor een betere theatervoorziening.
Naar mijn mening was een goede oplossing geweest om Odeon alleen te gebruiken voor klein beroepstheaterwerk, voor amateuroptredens en voor verenigingsactiviteiten en op het terrein van de veemarkt een nieuw theater te bouwen. Dat moest in mijn ogen een theater worden zonder poespas, d.w.z. een grote zaal met een perfecte toneelaccommodatie en om de zaal een ruime foyer, verder geen bijzalen, maar een puur theatergebouw. Andere activiteiten horen thuis in de Buitensoos en Odeon.
Ook voor het parkeren zou het veemarktterrein uitermate geschikt zijn en het nieuwe theater zou op loopafstand van het centrum gelegen zijn.

Ik voelde me in alle opzichten niet happy en maakte in november 1982 een afspraak met de gemeentearts. Bij het eerste gesprek liet de arts doorschemeren dat ik moest stoppen. Hij heeft mij daarna nog een paar keer grondig onderzocht, maar zijn eerste indruk was juist geweest, als gemeentearts kende hij mij door en door. De uitslag van het onderzoek was uiteindelijk, handel dit lopende theaterseizoen af, zoek ondertussen een opvolger en zorg dat je na een half jaar weg bent. De reactie van de arts was verder, zorg wel dat je bezig blijft, maar dat lijkt mij voor jouw geen probleem, de druk is er dan in ieder geval af. Wethouder Eskens, de voorzitter van het schouwburgbestuur, kwam me officieel de uitslag bekend maken en het pensioen zou ingaan per 1 mei 1983.
De volgende ochtend riep ik het personeel in de kantine bijeen om mijn vertrek aan te kondigen. Ze schrokken erg maar ik zei dat ik rustig door zou gaan, alleen niet in Odeon.
Mijn afscheidsreceptie werd vastgesteld op vrijdag 13 mei, de enige dag die nog beschikbaar was, want wie gaat op vrijdag de dertiende nou iets in Odeon organiseren.

In de gemeenteraad werd de benoeming van de heer H. Spanjaard tot directeur van de Stadsschouwburg Odeon met ingang van 1 mei 1983 aangenomen.
Ik moest in een paar weken mijn opvolger Hein Spanjaard inwerken.

Voor en achter het doek

Al die Odeonjaren, waarin op 't theater- en horecagebied zo veel was gebeurd, vaak onverwachte dingen, maar gelukkig meestal met een humoristische inslag, ga ik eens onder de loep nemen.
In de volgende hoofdstukken, herinneringen en anekdotes uit mijn Odeontijd.

Op een avond, van Odeon naar huis rijdend, nam ik een lifter mee. Hij was militair en moest ook naar Wezep. Het gesprek kwam spoedig op het theater. Hij was erg geïnteresseerd en ik bood hem 2 vrijkaarten aan voor een toneelvoorstelling door toneelgroep Theater uit Arnhem. Het was een van de meest vooraanstaande gezelschappen in Nederland met topacteurs. Er zou gespeeld worden het toneelstuk "Uitkomst" van Herman Heijermans. Op de avond van de voorstelling zag ik hem glunderend de zaal ingaan. Na afloop schoot ik hem aan en vroeg hoe hij het had gevonden. "Een mooie voorstelling, meneer. Ik heb wel eens vaker een toneelstuk gezien bij ons in het parochiehuis en dat stuk heette 'De man in het bruin'. Die spelers van vanavond, waren dat amateurs of beroeps?" Amateurs of beroeps, dat deed er niet toe, hij had een mooie avond gehad.

Door het felle schijnwerperlicht konden de artiesten niet ver de zaal inkijken, alleen het publiek op de voorste rijen was te zien. Het was een verrassing voor de acteurs toen ze op de schoot van een dame op de eerste rij een mooie Siamese poes ontdekten, gedurende de hele voorstelling bleef het dier rustig en geïnteresseerd de bewegingen op het toneel volgen.

Een bruidspaar met familie op de voorste rijen kwam wel eens voor. Men zocht dan natuurlijk het liefst een geschikt programma uit, bijv. "Beschuit met muisjes", "Met blijdschap geven we kennis", "Nee schat, nu niet", of zou het toneelstuk "De getemde feeks" beter geweest zijn?

Tijdens een toneelvoorstelling moest een decorwisseling plaatsvinden in het donker, bij open doek. Er waren maar 15 seconden beschikbaar om een stukje decorwand van het toneel te verwijderen. 2 toneelmeesters konden dat in die korte tijd in het donker best klaren, het lukte immers elke avond. Maar een nieuwe toneelmeester hielp die avond voor het eerst mee en toen na 15 seconden het licht weer aanging, zag het publiek hoe op het toneel een strijd gaande was. Een man was bezig een decordeur naar links van het toneel te schuiven, terwijl de andere man alle moeite deed de deur naar rechts te trekken, een ongewild, maar voor het publiek vermakelijk intermezzo.

Het gebeurde wel eens dat bij een pianoconcert

de pianist een bladomslaander nodig had. Deze persoon zat dan naast de pianist om het muziekblad tijdig om te slaan. Natuurlijk kende de pianist die muziek uit zijn hoofd, maar toch, voor de zekerheid. Een paar dagen voor het concert kreeg het theater bericht dat er een omslaander nodig was. Die was meestal snel gevonden, leerlingen van het conservatorium deden het graag. Het was immers een eer om op het podium te zitten naast zo'n bekende musicus, bovendien was 25 gulden leuk meegenomen. Maar het gebeurde eens dat het impresariaat had vergeten een omslaander te bespreken. Geen nood, onze cassière, een meisje met veel muzikaal inzicht, wilde de klus wel klaren. Het concert werd een succes. Maar na het concert hoort de bladomslaander direct achter het decor te verdwijnen. Onze juffrouw deed dat niet, ze ging tijdens het applaus naast de pianist staan om óók buigend het publiek te bedanken.

In de hal van de schouwburg bij de kaartverkoopkassa stond altijd aangegeven hoe laat de voorstelling afgelopen was. De bezoeker kon dan tijdig een afspraak maken, bijv. met de oppas of voor het afhalen. Er was 's avonds een blijspel met een bekende comédienne in de hoofdrol. Bij binnenkomst in de hal zag ik haar misnoegd naar het bordje kijken, waarop vermeld stond dat de voorstelling om half elf afgelopen was. Op mijn vraag of dat klopte, antwoordde ze: "Nee dat klopt niet, in de provincie begint men altijd te laat en de pauzes duren veel te lang. Het zal wel elf uur worden voor de voorstelling afgelopen is." Maar in Odeon begonnen de voorstellingen altijd precies op tijd en de pauzes duurden geen minuut te lang. Zoals aangegeven, was de voorstelling precies om half elf afgelopen. Na mijn opmerking dat het toch op tijd was afgelopen, was het antwoord van de actrice: "Ach, het publiek in de provincie begrijpt niet alles en de lachpauzes zijn dan ook veel korter."

Boven het toneel was de zgn. toneeltoren, de

ruimte waarin de decors omhoog getrokken konden worden. In het voorjaar waren er wel eens vogel die zich daar bovenin nestelden. Dat gebeurde ook, juist toen er een toneelstuk werd opgevoerd dat zich in een tuindecor afspeelde. Tijdens deze voorstelling kwetterden de echte vogels en een vogel vloog zelfs door het schijnwerperlicht over het toneel. Na afloop vond het publiek de achtergrondeffecten heel natuurlijk en net echt.

De toneelspeler Ko Arnoldi bleef spelen ondanks zijn ouderdom, zelfs toen hij zich in een invalidenwagen moest voortbewegen. Gelukkig was er een toneelstuk waar een oude man in een invalidenwagen voorkwam. Arnoldi werd er in gehesen en het toneel opgeduwd. In de pauze gingen alle spelers naar de artiestenfoyer en op het toneel ging de hoofdverlichting uit. Arnoldi kon in zijn invalidenwagen niet naar de foyer en werd in het halfduister ergens tussen de poten aan de zijkant van het toneel geschoven. Na de pauze werd hij het toneel weer opgereden, maar zo'n pauze was voor hem helemaal geen probleem.

Gluurders

In de schouwburg waren de kleedkamers voor de artiesten in een gang achter het toneel. Voor de hoofdrolspelers kleine kleedkamers, vlakbij het toneel, want deze spelers moeten zich vaak verkleden. De andere kleedkamers waren verder van het toneel verwijderd. De grootste kamers voor groepen, zoals balletten en orkesten, waren het verst van het toneel. Alle kleedkamers waren gelegen aan de Praubstraat en hadden grote ramen aan de straatzijde. Voor elk raam hingen vitrage en overgordijnen. Maar toch vond een van de hoofdrolspeelsters dat niet voldoende. Haar silhouet was volgens haar op de straat zichtbaar, dus toen maar een extra gordijn opgehangen. De balletgroepen van de revuegezelschappen werden in de grote kleedkamers ondergebracht. Daar werd niet zo nauw gekeken, als een schaars geklede danseres vlak bij de gordijnen langs liep, bleef zo'n gordijn wel eens hangen en vanaf de straat kon er dan naar binnen gegluurd worden. Wanneer bijv. Snip en Snap met hun revue optraden was dat algemeen bekend, er waren dan altijd wel nieuwsgierige mannen die 's avonds even door de Praubstraat liepen om een vluchtige blik langs de gordijnen in de kleedkamer te werpen. Af en toe werden we door omwonenden daarvan op de hoogte gesteld. Soms kwamen ook politieagenten kijken of er iets oneerbaars geschiedde. Maar de revuemeisjes trokken die gordijnen heus niet dicht, ze trokken zich daar niets van aan en wij lieten het maar zo.

Het werd zomer, het theaterseizoen was afgelopen. Ik kreeg vanuit de hal de boodschap of ik even wilde komen, een heer wilde mij spreken over de revues van de afgelopen winter. Het bleek dat hij een van de mannen was die tijdens revues, in de Praubstraat langs de gordijnen kwam gluren naar de schaars geklede dames. Hij beloofde dat niet meer te zullen doen. Op mijn vraag, waarom deze verklaring, gaf hij als antwoord dat hij nu vaste verkering had en binnenkort ging trouwen, stiekem gluren was dus niet meer nodig. 't Volgend seizoen wilde hij graag eens met zijn vrouw een revue bijwonen, maar dan in de zaal. Een tijdje later hoorde ik dat een psychiater de betrokken man naar de schouwburg had gestuurd om die verklaring af te leggen, hij had een soort bevrijding nodig.

De kaartverkoop voor een voorstelling door toneelgroep Centrum was begonnen. Op het programma stond het toneelstuk "Gered", geschreven door Bond. Het was een modern en vooral absurd toneelstuk. Aan het loket kwam een vrouw die wel eens naar de schouwburg wilde, ze dacht dat deze voorstelling over het Leger des Heils ging. We hebben haar maar afgeraden om voor deze voorstelling een kaartje te kopen.

Er was 's avonds een balletvoorstelling door Intro Dans, een bekende balletgroep uit Arnhem. Dit soort voorstelling had altijd een speciaal liefhebberspubliek en dat zorgde voor een fijne theatersfeer. Onder het binnenstromend publiek ontdekten we 2 dames met een groot boeket bloemen. Dat kwam meer voor, maar aan de beide dames zagen we dat ze zich niet happy voelden tussen dit publiek. Ik vroeg de onwennige dames of ik behulpzaam kon zijn met die bloemen. Ja graag, of wij het boeket na de voorstelling wilden aanbieden aan hun nicht, mevrouw X. Tijdens het optreden voor de pauze vroeg ik aan de chef van het gezelschap, wanneer ik die uitreiking het beste kon doen. Dat zal niet lukken, was zijn antwoord, want mevrouw X. is er niet, zij staat wel op het programma, want ze heeft de choreografie, de balletten, gemaakt. In de pauze kwamen de dames op me af, erg teleurgesteld, ze hadden hun nicht nog niet gezien en dat gedans vonden ze ook maar niets. Ik heb hun verteld dat hun nicht er niet eens was. Hun antwoord was toen: "Meneer, mogen wij die bloemen terug dan kunnen we de trein van 10 over 9 nog halen."

Voor een goed zicht in de schouwburgzaal liep de vloer schuin af naar het toneel. De looppaden langs de wanden waren bedekt met een dik rood tapijt, maar onder de stoelen was van achter in de zaal tot het toneel een hardhouten vloer. Het was op een van de achterste rijen, dat tijdens een toneelvoorstelling de streng parels van een dame brak. En al die pareltjes zorgden voor een rollend geluid en getik-tak tegen de stoelpoten. Je merkte, dat het publiek het geluid hoorde en niet begreep wat het was. Pas toen de parels tegen de toneelwand gerold waren, keerde de rust weer. Het is voor te stellen hoe de bewuste dame zich op dat moment voelde.

Nu een paar problemen op het toneel. Er was een actrice die tijdens haar optreden niet door het toneelpersoneel gezien wilde worden, een onmogelijke opgave. Ook wilde ze niet dat deze mensen, als er even tijd voor was, een slokje koffie of frisdrank namen, want dat stoorde haar. En dan die enthousiaste zangeres die bij een paar danspassen een van haar schoenen de zaal intrapte en na afloop van haar optreden miste ze ook nog een paar plaknagels van haar vingers. En wij met ons allen maar zoeken, de schoen was tijdens de voorstelling al teruggegooid.
Het was een winterse avond met veel sneeuw.

Maar voor de bekende cabaretier was de zaal toch vol gelopen. Het was tien minuten voor de aanvang van de voorstelling. De cabaretier stond klaar, maar zijn begeleidingscombo was er nog niet. Een telefoontje meldde dat de musici door de sneeuw oponthoud hadden. Ik had verwacht dat de niet op zijn mondje gevallen artiest het

"ALS IK GROOT BEN WORD IK OOK TONEELMEESTER"

publiek zou vertellen van het oponthoud. Dat liet hij aan mij over, het publiek kon de zaal verlaten om in de foyer, voor rekening van de artiest, een kopje koffie te nemen. 20 minuten te laat kon er toch begonnen worden.

Het gebeurde tijdens een voorstelling van Paul van Vliet. Het publiek ziet dan alleen Paul van Vliet en zijn combo. Maar achter de coulissen zijn nog 8 à 10 mensen aan het werk voor het licht, het geluid en het decor. Een deel van deze technici is in dienst bij Paul van Vliet en de anderen zijn Odeon mensen. Na afloop van de voorstelling en teruggekomen in zijn kleedkamer ontdekte van Vliet dat hij zijn portefeuille miste. Het bleek dat een man naar binnen was geslopen zonder dat iemand het had gemerkt. Het personeel van de schouwburg was in de veronderstelling dat die man bij van Vliet hoorde en omgekeerd was het evenzo. Maar gezamenlijk kon een goed signalement gemaakt worden. Na 20 minuten had de politie de man in de Diezerstraat al aangehouden, met de portefeuille.

Een collega schouwburgdirecteur uit Rotterdam belde me op en vroeg mij het telefoonnummer van het abattoir in Zwolle. Op mijn vraag waarom hij dat nodig had, was zijn antwoord dat hij voor een toneelspel een schapenkop nodig had. "Kun je die niet bij het slachthuis in Rotterdam krijgen?", vroeg ik. "Jawel", was zijn antwoord, "maar een schapenkop waar de ogen nog in zitten, hebben ze hier niet."
Een andere collega die mij wilde bellen, draaide niet ons nummer 14800, maar 14000 en dat was het nummer van het uitvaartcentrum. Bij het horen van dat woord schijnt hij gezegd te hebben: "Gossie, is het al zo ver met Odeon."

Een bijzonder toneelstuk was "Helder zien in donker" door toneelgroep Globe. Bij ons in het theater gespeeld, werd het een heel bijzondere voorstelling. De inhoud van het stuk is gauw verteld. Het speelde zich af gedurende een feestelijke familiereünie, waarbij tijdens het festijn het licht regelmatig uitviel, het was een steeds weerkerende storing. Het publiek zag in vol licht op het toneel wat er in het donker tijdens de storing op het feest plaatsvond, en omgekeerd. Als er geen storing was, zagen de toeschouwers een donker toneel en men hoorde alleen wat de familie elkaar te vertellen had. Tijdens de lichtstoring zagen de toeschouwers mensen naar de deur zoeken en tegen de tafelpoten lopen. Je zag dat mannen even een ander liefje opzochten en dat de blauweknooptante een paar flinke slokken nam uit de cognacfles. Wanneer in het spel de storing was opgeheven werd het donker op het toneel en men hoorde de geijkte familiegesprekjes, want de familie zag elkaar weer.
Licht en donker op het toneel wisselden elkaar dus steeds af, tot er in Odeon een echte storing plaats vond. Toen was Odeon in last, de totale verlichting in de schouwburg was uitgevallen en het heeft heel wat moeite gekost om het publiek aan het verstand te brengen dat het nu een echte storing was. Een kwartier later was het leed geleden en de voorstelling kon weer doorgaan, met het licht uit en aan. Maar de lichttechnici waren na afloop toch blij dat de voorstelling afgelopen was.

Op het programma stond het blijspel "Spelenderwijs". Voor de kaartverkoop kwam iemand aan de kassa die er in was geïnteresseerd.
"Wie spelen daar in mee?", was zijn vraag. Onze cassière antwoordde dat Mary Dresselhuys, Guus Hermus en Henk van Ulsen de hoofdrollen vertolkten. Zijn antwoord was: "Oh, doen er geen bekende artiesten mee?"
Titel van een ander toneelstuk was "Op zoek naar je zelf". Aan de kassa kwam iemand die een toegangsbewijs vroeg voor "Kijk naar je zelf".

In het toneelstuk "De Opvolger" speelde Ko van Dijk de rol van een kardinaal. Gekleed en geschminkt als een geestelijke liep Ko van Dijk voor de voorstelling door een aangrenzende zaal waar een pluimveetentoonstelling werd ingericht, met o.a. kooien met kardinaalduiven. Een persfotograaf zag Ko van Dijk tussen de kooien lopen en hij hoopte een aparte foto te maken. Maar 'kardinaal' Ko van Dijk wilde niet met kardinaalduiven samen op de foto.

De pianiste Ingrid Haebler had een recital in de concertzaal gegeven. De muziekrecensent van de Zwolse Courant zei na afloop: "Hu, wat speelde die dame kil en ik ben al zo verkouden."

Een voordrachtkunstenaar zou voor een culturele vereniging optreden. Hij prefereerde altijd een koude zaal, want bij een normale zaaltemperatuur was zijn spreektempo te laag en zijn optreden zou dan niet goed tot zijn recht komen. Maar een koude zaal was voor het publiek onaanvaardbaar. Mijn mening was altijd, als je een goede artiest bent, kun je je aanpassen om onder alle omstandigheden het publiek te geven wat ze van je verwachten.

Amsterdams Volkstoneel

Het Amsterdams Volkstoneel van de familie Nooy is een verhaal apart. Voor de oorlog logeerden de meeste artiesten die in Groningen en omgeving optraden in ons hotel aan de Grote Markt, zo ook de familie Nooy.

In de dertiger jaren was het crisis en de werkloosheid was groot. Het publiek bezuinigde op het uitgaan en vooral het Amsterdams Volkstoneel had er onder te lijden. Op een bepaald moment kon Jan Nooy zijn artiesten niet meer uitbetalen. Maar Nooy wist van mijn vader 600 gulden te lenen, zoals ik al geschreven heb bij mijn Groningse jaren. 600 Gulden was toen een kapitaaltje. Maar binnen een paar jaar was het terugbetaald. In 1961 trad het Volkstoneel op in Odeon en toen de oude Beppie Nooy mij daar zag, kwam ze op mij af om nog eens te bedanken voor het vertrouwen dat mijn vader 25 jaar geleden in de familie Nooy had.

Het publiek vermaakte zich altijd goed bij een voorstelling van het Volkstoneel, maar de spelers deden dat zelf ook. Zo ook met het bekende stuk "Rooie Sien", dat zich gedeeltelijk in een café afspeelde. Er stond een piano tegen de achterwand en erop stond een glas bier. De pianist had net een slokje genomen en keek weer de zaal in naar het publiek. Ongemerkt kwam voorzichtig een hand door het achtergordijn die het glas bier wegnam en verwisselde met een leeg glas. De pianist kon een glimlach niet onderdrukken toen hij merkte dat zijn glaasje verdwenen was.

Op het toneel lagen altijd zware gewichten, dat waren zgn. broodjes. Ze dienden als contragewicht van de trekken, waaraan de decors opgehesen werden. Deze broodjes waren prachtige objecten om iemand er tussen te nemen. Als een speler elke avond een caféstoel moest pakken en er een rondedans mee moest maken, dan rekende hij er niet op dat die stoel haast niet te tillen was door het erin gestopte broodje. Of iemand moest vlug van het toneel lopen met een zogenaamde lege boodschappentas, waarin ongemerkt zo'n contragewicht was gestopt. Natuurlijk behoorden deze dingen niet te gebeuren, maar ja, dat was ook de charme van het Volkstoneel. Echt schmieren kon je het niet noemen, want dat was als een toneelspeler zich niet geheel aan de tekst en het spel hield, vooral ten nadele van het publiek. Maar bij het Volkstoneel kwam het publiek wel degelijk aan zijn trekken, tenminste het echte volkstheaterpubliek.

En de kostuums bij het Volkstoneel? Op het toneel werd een grote waszak omgekieperd en ieder moest zijn eigen toneelkleding er maar uitzoeken.

Gegarandeerd een uitverkocht huis had je met de Wierdense Revue. Al zouden ze 4 avonden achter elkaar een voorstelling geven, de zaal was altijd vol. Maar het aantal optredens hielden ze erg beperkt. Het waren immers amateurs, maar wel zeer goeie. En het woord revue is ook een beetje overdreven, het enige wat ze deden was, in het Twents dialect, een aaneengeregen serie moppen vertellen, met af en toe een eenvoudig liedje. Maar de manier waarop ze het deden was uniek. De lachsalvo's van het publiek drongen soms door tot in de Praubstraat. Het grote succes was voor mij aanleiding om een bekende impresario uit Amsterdam uit te nodigen voor een avond Wierdense Revue. Zijn commentaar in de pauze was: "Hoe is het mogelijk, dat een zaal vol mensen zoveel plezier kan beleven om iets wat een normaal mens niet eens kan verstaan." Hij ging meteen terug naar Amsterdam. Jammer, wij hadden alle waardering voor het Amsterdams Volkstoneel én voor de Wierdense Revue.

Als de spelers van de Wierdense Revue binnenkwamen, gingen ze eerst bij het personeel van de schouwburg rond met een trommeltje gevuld met plakjes droge worst en blokjes oude kaas. Het was een pracht stelletje topamateurs.

De kaartverkoop voor de Wierdense Revue was bezig. De zaal was, op een paar slechte plaatsen na, uitverkocht. Voor de kassa drentelde een jongeman wat heen en weer. Het was duidelijk te zien dat hij iets wilde, maar nog niet de moed er voor had. Onze cassière vroeg hem of ze hem kon helpen. Ja dat kon, zijn moeder had hem gezegd eens naar de Wierdense Revue te gaan en ze had hem 25 gulden meegegeven. En hij had geluk, op de achterste rij in de uiterste hoek was nog een plaats vrij. De prijs, 20 gulden, viel hem mee. Op zijn vraag wat hij nog kon kopen voor 5 gulden, antwoordde onze cassière, "bewaar dat maar voor de koffie vanavond in de pauze." Om kwart voor zeven kwam hij al binnen. Hij keek nieuwsgierig om zich heen, tot zijn aandacht werd getrokken door een kelner die bezig was koffiekopjes klaar te zetten. Zijn verlegenheid was verdwenen en hij begon aan een stuk vragen te stellen: hoe laat begint de voorstelling, waar is de ingang van de zaal, hoeveel mensen komen er vanavond en zo ging het maar door. Na eindeloos geklets, besloot hij een kopje koffie te bestellen. "Kopje koffie, dat is ƒ1,50", zei de ober. "Gut, bij ons in de kantine kost het 25 cent en dat hoef ik niet te betalen, want dat wordt van mijn loon afgehouden." "Nee jongeman, dat kan hier niet", antwoordde onze buffetchef. De jongeman kwebbelde door. "Ik werk in de kantine en verkoop er ook soep, dat kost 2 kwartjes, maar die eet ik zelf nooit. Ik eet alleen soep bij mijn moeder. Ik weet hoeveel water er in de kantine door de soep gaat, want die maak ik daar zelf." Hij bleef maar door teuten en met zijn lepeltje in de koffie roerend, zei hij, naar de foyer kijkend: "Wat staan daar mooie stoelen." "Ja", zei onze buffetchef, "neem je kopje koffie maar mee, daar mag je gratis zitten." Hij twijfelde, maar het publiek begon de foyer al binnen te lopen. Hij nam nu resoluut het koffiekopje op en ging op zoek naar een plekje in de foyer. De kelner aan de koffiebar had nu tijd voor andere koffieklanten.

Pas bij het slotapplaus ontdekten we onze jongeman weer. Hij was wild enthousiast en al applaudisserend liep hij van achter in de zaal naar voren. Via een klein trapje stapte hij driest het toneel op en met een stevige handdruk bedankte hij persoonlijk Dika, Hennik, Mo en Graads, de vier artiesten van de avond. Van Dika kreeg hij later nog een grote foto van het gezelschap. Reken maar dat hij deze avond nooit zal vergeten.

Het was voorjaar 1976, gespeeld zou worden het toneelstuk "Thuiskomst" van Pinter. Het stuk handelde over een weduwnaar met kinderen. Een dag voor de première, die een paar dagen ervoor was, overleed de vader van de hoofdrolspeler en 2 weken later overleed zijn vrouw. De voorstellingen gingen gewoon door. Het publiek heeft het niet geweten, the show must go on.

Veel theaterbezoekers nemen voor het begin van het toneelseizoen een keuzeabonnement om verzekerd te zijn van een plaats. Het kwam wel eens voor dat een toneelstuk nog niet geschreven was, alleen de schrijver was bekend. En als die auteur dan Hugo Claus was, reserveerde men daarvoor. Zo was het ook als de acteurs bekend waren. Luc Lutz en Simone Rooskens waren bekende blijspelspelers en hun namen waren een garantie voor een heerlijk blijspel. Maar Luc Lutz nam een geheel ander stuk op in zijn repertoire, het was een toneelspel van de progressieve Obaldia met een futuristische inslag. Het publiek zou, na het zien van deze voorstelling, erg teleurgesteld zijn, men had immers een blijspel verwacht. Met dit in het vooruitzicht heb ik alle abonnementhouders hiervan schriftelijk op de hoogte gesteld. Men mocht een andere voorstelling uitzoeken of men kreeg de toegangsprijs terug. Alle abonnementhouders hebben de voorstelling meegemaakt. Na afloop was iedereen tevreden, niet alleen door het goede spel, maar ook had men het interessant gevonden eens kennis gemaakt te hebben met dit soort toneel.

Het samenstellen van een theaterprogramma kostte heel wat hoofdbrekens. Een jaar voor het begin van een seizoen begon je al te informeren wat er op de markt kwam. Een grote handicap in Odeon was het te kleine toneel en het aantal zitplaatsen in de zaal. Grote producties, zoals revues, operettes en balletten, konden niet op het toneel gespeeld worden. En het aantal zitplaatsen, 550, was vaak te gering om er financieel uit te springen. En je moest zorgen voor een goede verdeling over het hele seizoen van de populaire, lichte en klassieke programma's en van muziek, toneel, cabaret en ballet. Er moest heel veel vergaderd, gebeld en overlegd worden voor een seizoen rond was.

Voor een optreden van Cabaret Concert Mayol uit Parijs, een programma met gewaagd geklede dames, was een bijzonder contract nodig. Er stond o.a. in: "In verband met eventuele, speciale voorschriften, zouden wij gaarne van U vernemen, of U de voorstelling: 1. gewoon (dus met bloot), 2. meer bloot, of 3. geen bloot wilt. Het enige, waar wij rekening mee dienen te houden, is het feit, dat de Nederlandse wet ons verplicht, op de tepels doppen te dragen, voor de rest zijn wij (op de driehoek na) geheel vrij".

Het gezelschap van Tetman de Vries, een semiprofessioneel gezelschap uit Friesland, trad vaak op voor de Friese vereniging in Zwolle. In hun programma was altijd wel een sketch opgenomen waarin 'echt' gegeten moest worden. En Odeon moest altijd voor dat etentje zorgen, vanzelfsprekend voor rekening van de Friese vereniging. Onze toneelmeester was altijd benieuwd naar het telefoontje uit Friesland wat hij nu weer op tafel moest zetten.

Vanavond vestjes of blote schouders

Bij een bezoek aan het theater waren de verwachtingen van de bezoeker ingesteld op de voorstelling of het concert waarop de keuze was gevallen. Niet alleen die keuze kon tot een geslaagd bijwonen leiden, maar ogenschijnlijk kleine gebeurtenissen eromheen konden veel van het uitgaansgenot verminderen. Een prachtige toneelvoorstelling in een te koude zaal, een vioolconcert met koffiekopjesgerinkel op de achtergrond of een slechte garderobe afhandeling, zijn enkele van de problemen die voorkomen moesten worden. Maar voor het personeel van Odeon was geen probleem te groot. Iedereen deed z'n best om het de bezoekers zo goed mogelijk naar hun zin te maken.
Neem nu de schouwburgzaal, als het publiek voor een toneelvoorstelling binnen kwam, moest het er behaaglijk warm zijn. Maar als 500 mensen geleidelijk aan binnen kwamen, kwamen er ook 500 kacheltjes binnen en dan kon het gauw te heet worden, dan moest tijdig de verwarming teruggezet worden. Bij een voorstelling van de Haagse Comedie waren vaak dames met dunne kleding of blote schouders in de zaal en dan moest de zaal extra verwarmd worden. Maar bij de Wierdense Revue was het vrouwelijk publiek hoofdzakelijk gekleed in vestjes en prefereerde men een niet te warme zaal. Een probleem was verder de eersterangsplaatsen, direct voor het toneel. Deze iets verdiept gelegen stoelen boden een pracht zicht op het toneel, maar als het doek open ging, voelde men even een luchtstroom over zich heen komen. Geen wonder, bij alle schouwburgen is de kubieke meter inhoud van het toneel minstens 2 maal zo groot als de kubieke meter inhoud van de zaal. Dat komt door de zijtonelen en de toneeltoren, ruimten die het publiek niet ziet. Een zaal met 500 mensen wordt ineens vergroot met een ruimte die 2 maal zo groot is en waar gemiddeld ongeveer 20 mensen aanwezig zijn. Na het openen van het doek is de temperatuur in de zaal en op het toneel binnen een minuut dezelfde en tocht het niet meer. Trouwens, als een huisvrouw in haar woonkamer van ongeveer 6 bij 6 meter zit en de deur staat op een kier, dan kan ze al last van de tocht hebben, mag het dan in zo'n grote ruimte heel even tochten?

Het publiek kwam het eerst in contact met de garderobedames. Het was belangrijk dat de bezoekers vriendelijk en behulpzaam ontvangen werden. En dat was onze dames wel toevertrouwd. De eerste garderobedame was Annie Landzaat. Toen ik in 1960 in de schouwburg kwam, gebeurde het wel eens dat achter het garderobegordijn een kinderwagen stond met haar paar maanden oude dochtertje. Bij mijn vertrek uit Odeon, 23 jaar later, stond er ook wel eens een kinderwagen, maar toen moest oma Annie er op passen. Door die jarenlange ervaring wist Annie de neteligste problemen op te lossen, zoals bij de dame die bij het uittrekken van haar bontjas merkte dat ze haar keukenschortje nog voor had. Bij bontjassen kwam het wel voor dat de bezoekster een eigen kledinghaakje meenam om de jas netjes op te kunnen hangen. Een prijskaartje achter aan de kraag moest wel eens ongemerkt verwijderd worden. Gedistingeerd handelde Annie, toen een van het toilet komende dame erop gewezen moest worden dat haar jurk van achteren nog bij haar directoire inzat.

Na afloop van een vergadering kwam een man bij de garderobe zijn jas halen, maar zijn garderobenummertje was zoek. Alle zakken nogmaals nagekeken, maar het nummertje bleef zoek. "Geen probleem", zei de bezoeker, "ik herinner me het nummer, het is 685." Dit was onmogelijk, want onze nummering liep tot 550. Maar na heel lang nadenken gaf de man toe, nummer 685 was zijn nummer bij de melkfabriek. Na even zoeken kwam de jas toch terecht.

Er was een feestavond. Bij de garderobe verscheen een man, vergezeld door twee jongedames. Alleen de man gaf zijn jas af, maar Annie vond de jas verdacht zwaar. En inderdaad, in elke mouw was een meisjesjas gestopt. Waarom voor 3 personen garderobe betalen als het ook zo kon, uitgaan met 2 meisjes was al duur genoeg.

Voor een demonstratieavond van een supermarkt waren gratis kaarten uitgereikt. Een bezoekster van deze avond ging naar de garderobe en terwijl ze haar jas afgaf, vroeg ze of de jas hier verzekerd was. Annie keek aandachtig naar de zeer sjofele jas. De bezoekster zag de sceptische blik van Annie en vervolgde met: "Er zitten kostbare handschoenen in de jaszak." "Onze garderobe is verzekerd", zei Annie, "ik krijg van u een kwartje." "Oh, kost dat wat? Ik heb geen geld bij me." Dat kwartje heeft Annie haar geschonken en de verzekering had die handschoenen toch niet behoeven te betalen, want die zaten niet in de jaszak.

In de pauze van een voorstelling kwam een bezoeker bij de garderobe en vroeg Annie naar een pakje dat in zijn jaszak zat. De man nam plaats aan een tafeltje, opende het zakje en smulde van zijn twee meegenomen bokkingen.

In de middagpauze van een groot congres stond in de concertzaal een koffietafel klaar voor de ongeveer 300 congresgangers. Na de maaltijd gingen de deelnemers terug naar de schouwburgzaal waar weer verder vergaderd werd. Maar een persoon, een autoriteit, ging terug naar de eetzaal, liep langs de tafels en nam de overgebleven pakjes roomboter mee. Met 2 handen vol boter liep hij naar de garderobe en vroeg aan Annie: "Wilt u deze pakjes even in mijn jaszak stoppen, mijn jas hangt op nummer 126." Annie vertelde mij dit toen ik even later langs de garderobe liep. "Maar", vervolgde zij met een glimlach, "ik heb de jas een paar nummers verder opgehangen, boven de verwarming."

Annie was niet voor niets het hoofd van de garderobedames. Jarenlange ervaring had haar geleerd hoe ze alle rangen en standen op hun eigen wijze tegemoet moest treden. Naald en draad had ze altijd bij de hand voor een plotseling losgeraakte knoop, of voor een lusje aan een jas. Dit laatste kwam veel voor, vooral bij dure mantels. Annie had hierover haar eigen mening. Een aspirientje had Annie ook altijd bij zich, maar bij een feestavond met een danspartij gaf ze, vooral de jongelui, wel eens een onschuldig kalktablet. Dat merken ze toch niet, was haar mening en met alcohol in het lichaam is dit ook beter, vond ze. Bovendien was haar ervaring dat deze jongelui het 'aspirientje' niet vergoedden.

Het was 10 februari 's middags, buiten sneeuwde het, het was barre winter. Maar toch stroomden tientallen dames Odeon binnen voor een bijeenkomst van een vrouwenvereniging. De garderobe had het druk, allemaal natte jassen, hoofddeksels en overschoenen en het werd een gedrang voor de spiegels om zich weer toonbaar te maken. En tussen al die druk bezig zijnde dames, ontwaarde Annie een vreemd om zich heen kijkende man. Dat kijken bleek moeilijk te zijn, zijn bril was beslagen en van zijn pet droupte van alle kanten het water. Zijn glimmende, vetleren jas reikte tot de grond. De man voelde zich niet op zijn gemak tussen al die druk bezig zijnde dames. Annie ontdekte de man en wenkte hem vanaf de garderobebalie naar haar toe te komen. "Kan ik u helpen?", vroeg ze. De man haalde een verfrommeld briefje uit zijn zak en zei dat op zijn schoorsteenmantel deze uitnodiging stond van zijn vereniging voor een vergadering op 10 februari in Odeon. Annie bekeek het briefje en las dat hij inderdaad een vergadering had van de kunstmatige inseminatie vereniging op 10 februari 1975. "Maar", zegt Annie, "het is nu 1976." De man droop af, letterlijk en figuurlijk.

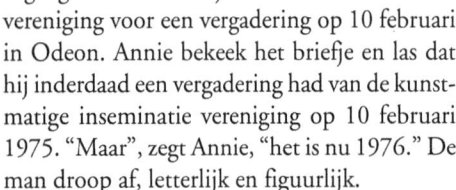

Voor de garderobedames lieten we mooie mantelpakjes maken. De dames kwamen alleen op afroep, maar ze waren honkvast en dus was een kostbaar pakje financieel wel verantwoord. Bij de portiers, ook ambulante krachten, lag het anders. Onder hen was vaak een groot verloop, maar de uniformen konden, na gestoomd te zijn, door een opvolger gedragen worden. Het waren donkerblauwe uniformen, met op de revers het wapen van Zwolle en om de onderarm een zilveren band. Toen het pak van de langst in dienst zijnde portier eens opgeknapt moest worden, hebben we om de onderarm een tweede zilveren band laten naaien. En dat viel in goede aarde.

Bij een sollicitatie voor de portiersbaan vroeg ik aan een kandidaat of hij het in een uniform lopen niet vreemd zou vinden. "Nee hoor", was zijn antwoord, "ik ben het gewend, want ik ben officier bij het Leger des Heils." Voor een andere kandidaat was niet direct een portiersuniform beschikbaar, dat was geen bezwaar, vond de kandidaat, want hij had zelf een geschikt kostuum. En dat hebben we geweten, 's avonds vertoonde hij zich in een sneeuwwit kostuum. Ook was er eens een portier die zó trots op zijn pak was dat hij als Odeonportier met zijn vrouw en dochter graag op zaterdagmiddag in de Diezerstraat, de winkelstraat, flaneerde.

Het was vlak voor de aanvang van een voorstelling dat een man de hal binnenstapte en aan een van de portiers vroeg of er voor hem een baantje in de schouwburg beschikbaar was. Zijn naam was Pietje X en vooral het portiersbaantje leek hem wel wat. Maar het leek ons helemaal niets en hij kon weer vertrekken. De volgende avond kwamen er 4 stevige mannen binnen. Op onze vraag wat de 'heren' zochten, was hun antwoord: "Hier werkt Pietje X en die willen we even apart spreken." We hebben hen moeten teleurstellen.

Bij voorstellingen met besproken plaatsen kwamen vaak jongelui als ouvreur om de bezoekers hun plaatsen aan te wijzen. Een van die ouvreuses was een aantrekkelijk, modern en altijd kort gerokt meisje. Ze was werkzaam op de reclamefotoafdeling van Wehkamp. Onze eerste portier, die de aanwijsdiensten indeelde, zorgde dat juist zij altijd dienst had op het balkon. Ze moest steeds die steile trap op, maar ze kon best tegen een plagerijtje.

De echtgenoot van Annie stond na afloop van een voorstelling te wachten om haar op te halen, hij stond met zijn auto dicht bij de uitgang van de schouwburg. Twee oude dametjes die net de voorstelling hadden meegemaakt, dachten, de auto ziende, dat het een taxi was. Als de weerlicht stapten ze in, bang dat anderen hen voor zouden zijn. "Graag naar Holtenbroek!", riep een van de dames. De eega van Annie was zo overdonderd dat hij direct met vol gas naar Holtenbroek vertrok.

Bij feestavonden met na afloop bal, hadden de portiers handen vol werk. Vanaf het moment dat het bal begon, mocht niemand meer binnengelaten worden. Alle deuren gingen op slot, tenminste van buiten naar binnen. In verband met de veiligheid werden ze van binnen naar de straat niet afgesloten. Vooral bij schoolavonden gebeurde het dat bezoekers die al binnen waren, een deur wilden openen voor een laatkomer, meestal iemand die eerst ergens anders was uitgeweest en nu gratis nog wilde nafeesten. Met 15 buitendeuren en hier en daar een raam dat opengeschoven kon worden is het te begrijpen dat de portiers druk werk hadden. Sommige jongens klommen zelfs tegen de regenpijpen omhoog, totdat er een door het dak zakte en op het plafond van de koffiekamer terecht kwam. Er was een jongen die rustig urenlang voor de hoofdingang bleef wachten, in de hoop er toch eens ingelaten te worden. Dat wachten heeft hem beroemd gemaakt, het was de persfotograaf Jan Stappenbelt, die jaren later, in 1975, bij de treinkaping in Drente dramatische foto's wist te maken door als enige fotograaf het object onafgebroken in het vizier te houden.

Dit waren gebeurtenissen in de hal van de schouwburg, de hal waar het publiek binnenkwam om even in een andere wereld te komen of iets bijzonders wilden zien of horen. Maar voor mensen die in de schouwburg werkten, was die hal alleen maar een deel van hun werkterrein. Zij konden aan de in de garderobe opgehangen kleding zien en ruiken watvoor publiek er in het gebouw aanwezig was.

Odeon alles was er mogelijk

Odeon was een complex waar een grote verscheidenheid aan activiteiten plaatsvond, meer dan menigeen dacht, zoals schoolexamens, maar ook examens voor vakbekwaamheden. Bij een horecaexamen zagen we dat een meisje uit de zaal werd gehaald. Haar verloofde, die het examen had moeten afleggen, was niet zeker van zijn zaak en het meisje had op zijn naam z'n plaats ingenomen.

Tijdens een examen kwam een telefoontje binnen, een dame vroeg onze telefoniste hoe laat het examen afgelopen zou zijn. Ze wilde haar man, die aan het examen deelnam, afhalen. Onze telefoniste antwoordde dat de beste kandidaten omstreeks 3 uur klaar konden zijn, maar ze hadden tijd tot 4 uur. "Oh", antwoordde de dame, "dan kom ik om 5 over 4."

Bij examens moest altijd rekening gehouden worden met het gebruik van het toiletpapier. Dit was bij examens 2 keer zo groot als bij andere evenementen.

Het was midzomer. Een heer en dame stapten Odeon binnen en vroegen of ze de zalen mochten bekijken. We veronderstelden dat ze belangstelling hadden om een zaal te huren. Maar dat was niet het geval. Het was een echtpaar uit Uithuizen, in de kop van de provincie Groningen. De man had 7 jaar geleden in Odeon zijn Gawalo vakdiploma gehaald en daardoor kon hij een eigen loodgietersbedrijf beginnen. Hij was nu met vakantie in de omgeving van Zwolle en wilde zijn vrouw laten zien waar hij het voor hem zo belangrijke diploma had gehaald.

Er zou een diplomauitreiking plaatsvinden van een christelijke school. Onze zaalchef vroeg aan de directeur van de school hoe het programma van de uitreiking was en hoe de zaal klaargezet moest worden. "Ik ga de jongelui toespreken", zei de directeur, "en zal hen iets meegeven." "En wat hebt u voor dat meegeven nodig, een grote of een kleine tafel?", vroeg onze chef. De directeur keek verbaasd en zei dat hij geen tafel nodig had, waarop onze chef vroeg: "Wat geeft u de leerlingen dan mee?" "Een stichtelijk woord", was het antwoord.

Een belangrijk element in Odeon was de amateursector. Zo was er een bekende toneelvereniging die een succesvol toneelspel opvoerde. Na afloop kwamen alle spelers op het toneel om het applaus in ontvangst te nemen. Maar ook de medewerkers achter de schermen kwamen te voorschijn om bedankt te worden. De voorzitter van de vereniging kwam op het podium met, voor de dames, grote boeketten. Terwijl hij met het dankwoord begon, ging achter hem een kap omhoog en de souffleuse klom uit het souffleurshok, zij hoorde er immers ook bij. De voorzitter deed een paar stappen achteruit om meer ruimte te maken. Dat had hij niet moeten doen, hij verdween in het souffleurshok, alleen zijn hoofd en wat bloemen staken nog boven de toneelvloer uit, maar het liep gelukkig goed af.

Het gezelschap van Joop Doderer had voor een personeelsvereniging een blijspel opgevoerd. Ook hier wilde de voorzitter na afloop een dankwoord uitbrengen. Maar de zenuwen hadden toegeslagen en de man begon te stotteren, hij kon geen woord meer uitbrengen. Joop Doderer redde hem door te zeggen dat hij begreep dat de voorzitter zó onder de indruk was door het blijspel, dat hij dat niet onder woorden kon brengen. "En", zei Joop Doderer, "de volgende keer neem ik voor u voor de zekerheid een souffleur mee."

Een leerling van het conservatorium, een bariton, gaf in de concertzaal zijn eerste recital. Behalve ouders, ooms en tantes en een paar buren, was er nog een tiental andere toehoorders. Na afloop van het concert, het applaus was nauwelijks verstomd, vloog hij naar de uitgang van de zaal om met een handdruk iedereen te bedanken voor hun komst.

Een buurtvereniging bestond 25 jaar en het bestuur was van plan een jubileumreceptie te geven in de koffiekamer. De dirigent van een harmonieorkest stelde voor tijdens de receptie een feestelijke serenade te brengen. Dit vond de voorzitter van de buurtvereniging een grandioos idee en hij beloofde alle leden van het harmonieorkest een fles wijn. "Uit hoeveel musici bestaat het orkest?", vroeg de praeses aan de dirigent. "Dat zijn 80 man", was het antwoord. "Och, dat is veel te veel muziek", viel de penningmeester in de rede, "komt u maar met 15 man."

Een rechercheur kwam de hal binnen. Hij vertelde de portier dat hij een getuige zocht in verband met een klein verkeersongeluk. En de getuige moet een zangeres zijn die in Odeon zou optreden. "Dat kan kloppen", zei de portier, "we hebben een concours van dameskoren en er doen ongeveer 350 zangeressen mee." De rechercheur verliet het gebouw, hij kon zijn tijd wel beter gebruiken dan een speld in een hooiberg te zoeken.

Er was in een van de zalen van Odeon een tentoonstelling van kleine dieren: konijnen, hamsters, cavia's en meer van dat spul. De zalen waren vol stof en stro op de vloer en de reuk was ook niet bepaald fris. Het was een goed voorbeeld dat het gebouw overal geschikt voor was,

maar het bestuur van een damesvereniging dacht er anders over. Morgenmiddag had die vereniging de jaarvergadering in deze zaal en de dames kwamen nog even checken of alles voor hun bijeenkomst in orde was. Ik heb zelden dames zo zien schrikken toen zij de stoffige en stinkende zaal binnenkwamen, ze waren ontsteld en hadden niet veel vertrouwen in mijn belofte dat morgen alles schoon en fris zou zijn. Maar de dames kenden ons ventilatiesysteem niet, natuurlijk kwam alles in orde. De volgende dag was de konijnenstank vervangen door de geur van uitgaande dames.

Men trof voorbereidingen voor een manifestatie voor progressieve vrouwen. Een van de vrouwen van de organisatie stond op de vierde tree van een trapje om een poster op te hangen. Een assistent van de schouwburg was behulpzaam om het kleine trapje even vast te houden. Maar ja, hij liet het trapje heel even trillen, een man is ook maar een mens. De zaalchef heeft beloofd dat het niet weer zou gebeuren. Maar onze man kon niet nalaten mompelend een opmerking te maken toen hij zag dat de dames voor eigen gebruik een zak met kleine stokbroodjes bij zich hadden. De dames hadden nóg een klacht, een flesje limonade in Odeon was net zo duur als een liter limonade in de supermarkt.

Het Odeonpersoneel was heus van goede wil en erg attent. Een voorbeeld. Balletschool Penny de Jager gaf in de manegezaal les in jazzballet. De jongedames moesten allerlei capriolen maken, zo ook op de grond zittend ronddraaien, maar de houten vloer was niet splintervrij. Onze zaalchef Giliam was dan ook steeds paraat met een pincet om, indien nodig, splinters te verwijderen.

Op het programma van een culturele vereniging stond een concert met barokmuziek. Een paar uur voor het concert kwam de auto van een van de musici van het ensemble aanrijden bij de toneelingang om daar zijn spinet uit te laden. Het ging niet geheel foutloos, want de musicus raakte met zijn auto heel even mijn auto die daar geparkeerd stond. Een heel klein deukje in mijn auto was het gevolg. "Hoe lossen wij dat op?", vroeg de musicus aan mij. Na de schade goed bekeken te hebben, zei ik: "Geef maar 25 gulden, dan praten we er verder niet over." Zo gezegd, zo gedaan. Het was niet mijn bedoeling om iets aan dat deukje te doen, de auto was rijp om ingeruild te worden. Voor die 25 gulden heb ik bij de Chinees gegeten. Ongeveer een maand later kwam de musicus weer aanrijden met zijn auto met het spinet. Hij keek terloops naar mijn wagen en zei: "Heb je er niets aan laten doen?" "Nee", zei ik, "ik heb voor die 25 gulden lekker gegeten." "Dat heb ik ook gedaan", was zijn antwoord. Ik keek hem vragend aan. Hij haalde uit zijn binnenzak een duplicaatnota, gericht aan de culturele vereniging, waarop stond: "kleine tegemoetkoming, in verband met deuk in andermans auto bij uitladen spinet bij toneelingang, bedrag 50 gulden."

Tentoonstellingen

In Odeon vonden exposities plaats op allerlei gebied. Vooral de wanden in de foyers waren geschikt voor o.a. schilderijen, aquarellen en andere kunst die opgehangen kon worden. Zwolse artiesten maakten graag gebruik van deze gelegenheid om hun producten te tonen. Ik ging wel eens op bezoek bij een van die kunstenaars om te kijken welke werken geschikt waren om te exposeren. Bij een van die bezoeken kreeg ik thee aangeboden in een theekop met het Odeonlogo erop. "Hoe kom je aan zo'n theekop?", vroeg ik nieuwsgierig. Zijn antwoord was: "Hiernaast in de galerie kun je ze kopen." Nou ja, dacht ik, beter bij deze chique kunsthandel dan bij een tweedehands spulletjeswinkel.

Op een tentoonstelling van de bekende tekenaar-schilder Teun van der Veen hing een prachtige tekening van Jan Wittenaar, een van de hoofdrolspelers in de Zwolse revue 'Een kwartje is geen kwertien'. Een bezoekster herkende de afbeelding en zei: "Die meneer deed mee aan die Zwolse liederen cyclus." Even later liet ik deze dame het schouwburgtoneel zien. Het achterdoek stelde over de hele breedte van het toneel een tuin voor en bij het zien van dit decordoek zei ze verbaasd: "Wat moet je nou met zo'n groot schilderij?"

Er hing in de foyer eens een heel groot kunstwerk, 1,70 meter breed en 2 meter hoog, geschilderd door Henk Keijl. Het was een bijna geheel zwart doek met hier en daar een grijze vlek. Onze toneelmeester zei: "Dat ding is geschikt als stopstuk op het toneel." (een stopstuk is een decorstuk op het toneel, b.v. achter een deur)

Een Zwolse tekenaar was erg goed in het tekenen van koppen van bekende personen. In de foyer hingen ongeveer 25 van zijn tekeningen, allemaal gelijk van formaat en in gelijke lijst. De tekening van een bekende artiest kostte 350 gulden, maar de tekening van een politicus was geprijsd voor 450 gulden. Ik begreep dat prijsverschil niet, maar de tekenaar hielp me uit de droom. Hij vond dat een minister een veel belangrijker persoon was dan een artiest en zo'n tekening mocht dus rustig duurder zijn.

Regelmatig was er in de foyer een Forta Maco beurs, dat was een textielbeurs voor de handel. De zaal stond vol met stands met allerlei soorten textiel. Iedere handelaar deed zijn uiterste best om zijn artikelen zo goed mogelijk te tonen. Aan hoog opgebouwde stellages en verlicht door spotjes, hingen allerlei textielproducten. Maar daarachter, aan de wanden, hingen de schilderijen van een periodieke tentoonstelling. Tot een van de kunstschilders met een kandidaat kunstkoper tijdens zo'n beurs binnenkwam om eens rustig en in een gepaste omgeving naar een van die schilderijen te kijken. Het was even schrikken, om het bewuste kunstwerk te zien, moesten eerst slipjes en bh's aan de kant geschoven worden.

2 jongetjes van zo'n jaar of negen stonden bij de hoofdingang van de schouwburg en gluurden voorzichtig naar binnen. Op mijn vraag wat ze zochten, ontwikkelde zich het volgende gesprek. "Meneer, we schrijven een toneelstuk en dat willen we gaan opvoeren, maar ik schrijf niet zo goed", zei de grootste van de jongens. Ik liet blijken hem niet te begrijpen. "Nee, ik type", was kort en krachtig zijn antwoord. "Wat voor toneelstuk schrijven jullie, wordt het een spannend of een romantisch toneelstuk?", vroeg ik nieuwsgierig geworden. "Nee, in elk geval niet romantisch, want dan moeten er meisjes meedoen en dan willen de jongens niet meer meespelen", zei de andere van de twee. Ik vroeg of ze nog meer te vragen hadden. "Ja, we willen ook graag een pauze, want u verkoopt toch ook ijs?". Ik knikte instemmend en wilde nog weten hoe lang de voorstelling ging duren. Na even twijfelen kwam als antwoord: "Nou ja, we hebben een voorstuk, een hoofdstuk en een achterstuk." "En wat wordt de toegangsprijs?", vroeg ik. "Een kwartje", zei een van de jongens. "Nee", zei de ander, "5 cent en voor baby's halve prijs." Daarna wilde ik weten of er ook reclame gemaakt werd. "Ja, we stoppen briefjes in de brievenbussen", was prompt het antwoord. Dat leek mij veel werk, maar ook hier hadden de kereltjes een oplossing voor. "Oh, dat valt wel mee meneer, we hebben carbonpapier."

Enkele historische panden naast de schouwburg waren gerestaureerd. In deze panden kwam het Cele Centrum, een creatief centrum. Het beheer viel onder Odeon en voor de interne organisatie van de cursussen kwam een coördinator in dienst. Bij de opening van het centrum vroeg de coördinator aan wethouder Tamse om een grotere kantoorruimte, hij moest er tenminste een kamer bij hebben. Het antwoord van de heer Tamse was: "Die boekhouding van jou kan wel in een aktetas en als je die niet hebt, dan weet ik wel een goeie winkel waar die te koop is." Logisch, de heer Tamse had zelf een winkel in lederwaren.

Het gezamenlijke personeel van Odeon en Cele-Centrum verstuurde eens een bloemstukje. De bloemist zou het kaartje even schrijven, alleen het woord Cele begreep hij niet. We hebben toen dat woord even voor hem gespeld. Op het kaartje stond later "Personeel van Odeon en Cornelis, Eduard, Leo, Eduard Centrum".

Tijdens een schoolavond werd een quiz gehouden. Op de vraag wie het eerst een voet zette op Australische bodem, was het antwoord: Albert Plesman. De oprichter van de KLM zal er wellicht eens geweest zijn, maar als eerste, nee. Van James Cook had men nooit gehoord. Bij de volgende vraag werd een foto getoond van het beeld van Bartje en er werd gevraagd waar dit beeld stond. Het antwoord was Brussel. Ook fout, antwoord moest zijn: Assen. Er is verschil tussen Assen en plassen.

Een toneelvoorstelling was een half uur bezig. Er kwam, ondersteund door zijn vrouw, een man de zaal uitstrompelen. Het personeel in de hal ving het echtpaar op, begeleidde ze naar een bank en vroeg of er een dokter gebeld moest worden. "Nee, nee", zei de vrouw, "mijn man heeft regelmatig van deze aanvallen en ik weet hoe ik het moet aanpakken." Ze vervolgde: "Geef mijn man onmiddellijk een dubbele cognac en mij voor de schrik een glaasje bessen en bel even een taxi." De man kreeg weer een beetje kleur en toen zijn vrouw om nog zo'n medicijn vroeg, weer voor hun beiden, was het leed geleden. Toen de taxi was voorgereden, heb ik zelden mensen zo vlug zien instappen. Die borreltjes hebben we maar afgeboekt als representatie.

De zalen van Odeon waren ook geschikt voor modeshows, kleine exclusieve shows van modewinkels, maar ook grote shows met honderden bezoekers, georganiseerd door damesbladen. Er werd een show gehouden door een bekende modezaak uit Zwolle. Achter in de zaal was een grote schuifdeur en steeds wanneer de lady-speaker een nieuw model had aangekondigd, ging de deur open en als een mannequin over het middenpad naar voren schreed, weerklonken de ooh's en de aah's van het modebewuste publiek. Maar het einde van de show naderde en het zou weer het hoogtepunt van de show worden. De lady-speaker kondigde met geëmotioneerde stem het bruidje aan. De pianist begon met steeds meer volume de bruiloftsmars in te zetten. Alle ogen waren gericht op de schuifdeur en daar kwam de ober met een dienblad vol kopjes koffie binnen. Een ontwapend gelach klonk door de zaal, alleen de ober begreep er niets van, zo was hij nog nooit in een zaal ontvangen.

Een neutrale en een christelijke vrouwenvereniging wilden gezamenlijk een modeshow organiseren. De christelijke club wilde met gebed openen, de neutrale vereniging voelde daar niets voor. Het compromis was dat er met gezang werd begonnen.

Er was een Margriet modeshow, 2 dagen lang met 2 voorstellingen per dag. De zaal was volledig uitverkocht. 400 dames zaten in lange rijen om het plankier en genoten van de nieuwste mode, gebracht door slanke mannequins. Bij het zien van dit alles droomden de dames even weg. Voor het personeel in de hal zijn dit dagen om echt een beetje melig van te worden. Een van de portiers had een ondeugend ideetje. Uit de garderobekast haalde hij een zwarte collectezak, 's zondags in gebruik bij een kerkdienst. Hij deed de glazen deur naar de zaal een eindje open en gaf de collectezak aan de dame die aan het einde van de achterste rij zat. Onze zaalchef wilde ingrijpen, maar de zak was al onderweg en ging van dame naar dame. Pas toen de zak bij een volgende rij weer terug kwam, kon onze chef hem te pakken krijgen. Er zat geen cent in.

Bij enkele modeshows werden voor de aanvang programma's verkocht. Meestal gebeurde dit door het bedienend personeel. De kelners deden dat graag, een paar dubbeltjes per programma was mooi meegenomen. Zo was het ook bij de Burda-show, er zouden twee shows achter elkaar gehouden worden. Bij de ingang van de zaal stonden een paar grote dozen met honderden programma's, niet netjes gebundeld zoals anders, maar door elkaar. Kelner van Sloten nam het op zich om ze te tellen, want dat was een eerste vereiste. Na twintig minuten was hij uitgeteld en hij had de programma's netjes op stapeltjes klaargezet voor de verkoop. Van Sloten ging naar de chef van de show om te vragen wat de programma's moesten kosten. "Het publiek mag die programma's deze keer gratis meenemen", was het antwoord van de Burdaman. Van Sloten was nu zelf uitgeteld.

Loterijen

Voor veel verenigingen waren loterijen belangrijke bronnen van inkomsten. Als een lid van een vereniging een lot kocht, dan hoopte hij een prijs te winnen. Gebeurde dat niet, dan wist hij dat hij zijn club had gesteund, maar het winnen van een prijs was natuurlijk toch de hoofdzaak. De lotenverkopers probeerden ook vaak loten te verkopen aan het personeel van Odeon. Maar zij waren voorzichtig, zij wisten bij welke vereniging wel een grote kans bestond op een prijs. Veel geluk had onze kelner Giliam sr, hij won eens de hoofdprijs, een fiets. Toch vervelend tegenover de leden van die vereniging, die zagen liever een lid van de club de hoofdprijs winnen. Maar wat een schrik toen zijn zoon, onze zaalchef Giliam jr, het volgend jaar ook de hoofdprijs won, weer een fiets.

Ik was ook eens gelukkig, mijn prijs was een stropdas en het was niet eens zo'n lelijke. Het lotnummertje zat er middenvoor op vast geplakt. Het nummertje heb ik er afgekregen, maar de lijm er onder was niet te verwijderen.

Soms lagen er wel 600 prijzen op de loterijtafel. Alleen de Friese vereniging had nooit meer dan 3 prijzen, altijd slagroomtaarten. En voor de trekking van die 3 taarten lieten ze ook nog een notaris opdraven.

Aan de loterijtafel konden we zien wat voor vereniging er die avond in het gebouw was. Bij feesten van buurt- en wijkverenigingen waren het vaak winkeldochters als prijs. Dat zijn artikelen die de buurtwinkels niet konden verkopen, zoals beschadigde blikken verf of groente en uit de mode geraakte hebbedingetjes. Verder door leden zelfgemaakte, in mijn ogen mislukte kunstuitingen, zoals schilderijtjes, van klei gemaakte gedrochten en meer van die ondefinieerbare voorwerpen.
Op de tafel van de personeelsvereniging van de dienst Openbare Werken lagen nuttiger voorwerpen. Meestal gereedschap, aangeboden door vaste leveranciers. Ook andere firma's schonken graag allerlei gerei, in de hoop nog eens zaken te doen met Openbare Werken.
De prijzen van vrouwenverenigingen bestonden vaak uit handwerk, zoals gebreide babysokjes, pannenlappen en eierwarmhoudertjes. Aan het kruissteekwerk was te zien dat veel ideeën afkomstig waren uit de Margriet en de Libelle.
Favoriete prijzen bij de Groningse en Drentse vereniging waren allerlei soorten worst en vlees en natuurlijk ook koek, koekjes en snoepgoed.

Een grote chaos was altijd de loterij bij een schoolavond. Op de loterijtafel lagen veel flessen wijn, soms halfleeg, maar aan de kurk was niets te zien. Ook lag er eens een ingebrande pijp. De eigenaar was waarschijnlijk met roken gestopt, hij had kennelijk de pijp aan Maarten

```
Schouwburg
    BUURMEISJE
Oom Wanja, Rij 3. stoel 47
afgehaald    in    auto    GA
18—59. Schrijf mij, stoel 45.
a.u.b. onder nr. 2203.
```

gegeven. Een pakje OB, dat op de grond voor de garderobe lag, zagen we even later tussen de prijzen liggen. Bij schoolavonden vond de trekking van de loterij in de pauze plaats, maar na afloop van de avond mocht je pas je prijs afhalen. De prijzen waren genummerd met een nummertje dat los op de prijs lag. Had men bijv. prijs nr. 8 gewonnen, maar nr. 6 was een mooiere prijs, dan ruilde je dat nummertje toch gauw even om en dat gebeurde vaak. De burgemeester, die als gast zo'n avond bijwoonde, wachtte na afloop rustig op het moment om zijn prijs af te halen. Het bleek een kartonnetje met 8 wasknijpers te zijn. Of hij dat echt gewonnen had, blijft een vraagteken. Het verloten van onze asbakken was ook geen uitzondering bij de schoolavonden.

Bij de ruiteravond was de eerste prijs bij de loterij een levend veulen. Het dier stond in de hal en na de pauze, als bekend werd wie de winnaar was, zou het veulen meteen naar de woning van de winnaar gebracht worden. Een bestuurslid van de vereniging won het veulen en het dier werd naar de tuin van de winnaar vervoerd. De volgende ochtend lag het veulen dood in de tuin, hij had gegeten van de tabaksplanten uit de tuin van de buurman.

Bij een grote vereniging was de organisatie van de avond in handen van verschillende commissies. Zo was er een loterijcommissie, die garderobenummerboekjes gebruikte als loten. Maar op het toneel was de ontvangstcommissie bezig aan het zangkoor gratis consumptiebonnen uit te reiken, die waren uit een identiek garderobeboekje. Er ontstond halverwege de avond een kleine paniek, want wat was een consumptiebon en wat was een lot.

Prijzen die niet bewaard konden blijven, zoals slagroomtaarten en vleeswaren, kregen een hoog lotnummer. Mochten niet alle loten verkocht worden, dan bleven deze prijzen liggen en werden de lekkernijen daarna onder het bestuur verdeeld. Dat hadden ze wel verdiend, vonden ze.

Het Odeon-virus

Behalve theateractiviteiten vond in Odeon ook een zeer grote verscheidenheid aan andere gebeurtenissen plaats. Het is moeilijk een soort evenement te noemen dat niet in het gebouw gehouden werd. Dit alles zorgde voor veel werk en vaak op onregelmatige tijden, maar de afwisseling in werkzaamheden was groot. Het werk in Odeon legde een grote druk op alle medewerkers, maar allen waren gegrepen door het Odeonvirus. Het was een fantastisch ploegje. Door de grote drukte was af en toe uitbreiding nodig. Zoals ik al eerder heb geschreven, had de personeelsdienst van de gemeente vaak bij een andere gemeentedienst wel iemand die het bij dat bedrijf niet naar zijn zin had of moeilijkheden veroorzaakte en het waren meestal mensen die ons bedrijf niet kenden. Na een paar weken op proef in de schouwburg had het Odeonvirus zijn werk gedaan, niemand wilde terug naar zijn vorige, vaak veel rustiger baan.

Op het schouwburgtoneel werd een societystuk opgevoerd, het decor stelde een prachtig terras voor. Twee chic geklede echtparen waren, in grote tuinstoelen gezeten, met elkaar in een heftige discussie gewikkeld. Af en toe werd een bediende geroepen om weer een glas bij te vullen. Tijdens dit toneelspel kwam er in ons buffet een bericht binnen met het verzoek om naar een van de kleedkamers twee kopjes koffie te brengen naar artiesten die op dat moment niet hoefden te spelen. Portier Prummel zou de koffie even naar de kleedkamer achter het toneel brengen. Onze Prummel had een gedistingeerd uiterlijk met een mooi bos grijs haar, maar hij trok met een been. Met een dienblaadje, waarop 2 kopjes koffie stonden, leek hij een butler. Maar in de wirwar van doeken en decorstukken raakte Prummel even de weg naar de kleedkamer kwijt en stevende rechtstreeks het toneel op, waar hij tussen de acterende spelers doorliep en het toneel aan de andere kant verliet. De toneelspelers konden met moeite het lachen bedwingen, het publiek zag een butler lopen en dacht dat hij bij het spel hoorde. Prummel zelf had niets in de gaten en hoorde pas later dat hij meegespeeld had.

Nu ik het over artiesten en koffie heb, nog het volgende. Het was kwart voor 7, de cabaretier die pas om kwart over 8 moest optreden, stond nog rustig in de hal aan de koffiebar. Ik ging naar hem toe en had de laatste Zwolse Courant bij me. Daar had hij om gevraagd, want hij wilde er nog enige lokale nieuwtjes uithalen voor zijn conference. Op dat moment kwamen 2 jongedames de hal binnen. Na hun garderobe te hebben afgegeven, gingen ze schoorvoetend richting de koffiebar. Ja, je bent niet vaak in de gelegenheid om aan de bar, naast zo'n bekende artiest staande, je koffie te drinken. Maar de artiest wilde even rustig in zijn kleedkamer de Zwolse Courant doornemen. Hij dronk zijn kopje koffie leeg en zei tegen de ober: "Het was heerlijke koffie, maar dat café-noirkoekje hoef ik niet, wat krijg je van mij?" "Een gulden, meneer", was het antwoord. Dat was de artiestenprijs, de normale prijs voor koffie was 2 gulden, maar artiesten betaalden altijd de halve prijs. Even later was het voor de 2 dames tijd om af te rekenen. Een van de dames legde 2 gulden op de bar en zei: "Ik betaal beide koffie." "Dan krijg ik 2 maal 2 gulden van u", was het antwoord van de ober. "Wat is dat nu", zei ze verontwaardigd, "kost zo'n rotkoekje hier een gulden?"

Tijdens de nieuwbouw van het stadhuis werden de raadsvergaderingen in een van de zalen van het Odeoncomplex gehouden. Kelner Hoes was opgedragen om het college van burgemeester en wethouders twee maal van koffie te voorzien. Een van de wethouders had onder 4 ogen met kelner Hoes afgesproken dat hij in zijn koffie een cognacje zou krijgen. Bij het tweede rondje ging het echter mis, de koffie met cognac was terecht gekomen bij de, in onze ogen, alcoholvrije wethouder. Vanaf het buffet hielden we beide heren in de gaten. Bij geen van hen vertrok een spier op het gelaat, de een zal gedacht hebben: cognacje vergeten Hoes, volgende keer dubbel hoor. Wat zou de andere wethouder gedacht hebben?

Een van de hoogtepunten van de schippersjaarvergadering was de warme lunch. Aan lange tafels zaten een paar honderd schippers. Tussen smalle rijen stoelen en balancerend met 4 borden soep serveerden de kelners de groentesoep uit. Een van de schippers zat te ver achteruitgeschoven en op verzoek van een kelner om iets vooruit te gaan, ging hij verder achteruit. Gevolg: vier borden soep op zijn schoot.

Er was een vergadering van een bejaardenbond. Men had net gestemd en de voorzitter, een beetje dictatoriale man, had een grote stapel stembiljetten voor zich op tafel liggen. De man had voor de stemming de vergadering aangeraden niet tegen het bestuur te stemmen en dat leek succesvol. Hij graaide in de stapel stembiljetten en viste er 6 tegenstemmers uit. Hij pakte de microfoon en riep enthousiast: "Het bestuur blijft, er zijn slechts 6 tegenstemmers!" Maar iemand in de zaal was daar niet tevreden mee en vroeg hoeveel stemmen er uitgebracht waren voor herverkiezing. Maar de voorzitter was niet van plan alle briefjes te tellen en vroeg fluisterend aan de kelner die net achter hem liep: "Hoeveel koffie heb je rondgebracht?" "247 koffie, meneer", was het voorzichtige antwoord. De voorzitter pakte weer de microfoon en hij rekende hardop: "247 stemmen uitgebracht, waarvan 6 tegen, dus 241 vóór het huidige bestuur."

De grote feestavond was net begonnen. Bij de bar kwam een bezoeker en bestelde een flesje sinas. "Laat ik daar mee beginnen", zei hij en vervolgde, "ik heb geen contant geld bij me, ik zal even een cheque uitschrijven van 35 gulden en trek de sinas daar maar van af." Afgesproken, één vijftig voor de sinas eraf en de bezoeker kreeg drie en dertig gulden vijftig terug. "oké", zei de man, "nu hoef ik vanavond niet op een droogje zitten." Nou, toch wel, hij heeft de hele avond niets meer verteerd.

Nog zo'n enthousiaste bezoeker. Bij verenigingsavonden duurden de pauzes altijd erg lang, deze waren immers een gezellig onderdeel van de avond. Bij het begin van een pauze kocht een bezoeker een glaasje bier. Het lange oponthoud duurde drie kwartier, maar de bierdrinker had

Suikerzakje

zijn glas nog maar half leeg. Hij liep er mee naar de bar en vroeg aan de barman of hij het biertje wilde bewaren tot na de voorstelling.

Een gemakkelijk geval voor psychologen. Het feest was afgelopen en het bestuur praatte nog wat na. De ober had een rondje gebracht op rekening van de vereniging. Even later ging de ober nogmaals rond, maar nu niet meer voor rekening van de club. Niemand bestelde nog iets, maar toen de penningmeester zei: "Ober, één rondje kan nog wel", toen had plotseling iedereen dorst. De man, die nu vermouth-whisky met tonic bestelde, had niet onze sympathie, hij nam nog gauw even 3 consumpties voor rekening van de vereniging.

Tijdens de tot laat in de nacht durende feesten zag je wel eens iets dat niet had mogen gebeuren, zoals het volgende. Een glaasje advocaat

werd weinig verkocht en door het lange staan was de kleur een beetje donkergeel geworden. Een dame, die zo'n glaasje voor zich had staan, vroeg aan de kelner waarom die advocaat zo donker was. Het antwoord was: "Een bewijs van kwaliteit mevrouw, het is advocaat van bruine scharreleieren."
"Ober, hebt u ook donker bier?" "Zeker meneer, ik zal het licht zo direct uitdoen."
Bij een balavond liep een kelner met een gladglimmend hoofd en uitpuilende ogen steunend en sukkelend achter zijn serveerwagen. Onder het roepen van: "Wie moet er nog lijkies?", probeerde hij rolmopsen te verkopen.
Er werden ook slaatjes verkocht, ze kwamen kant en klaar van een slager. De mayonaise kwam los in een potje mee, want die ging er op het laatste moment overheen. Maar er ontstond een probleem toen bleek dat er te weinig mayonaise was. De kelners Tielbaard en Hoes kregen allebei een lading slaatjes mee met een gedeelte zonder mayonaise. Niet lang erna kwamen ze terug, alle slaatjes waren verkocht. "Dat was geen probleem", zei Tielbaard, "ik zie geen verschil, ik ben kleurenblind en heb ze maar voor de mensen neergezet". Maar Hoes had een andere manier bedacht. Hij had de mensen gevraagd wie wel en wie niet aan de slanke lijn deed en degene die aan de lijn was, kreeg een slaatje zonder mayonaise. Dát was pas service.

Na een nachtfeest, als het publiek weg was, moest het personeel nog mastiek maken. Dat betekende, opruimen en asbakken controleren en er moest nog afgerekend worden met de kelners. Dán pas kon het personeel naar huis. Maar toen na zo'n feestavond, de zaalchef Jens laat in de nacht vermoeid naar huis wilde gaan, bleek zijn auto niet te willen starten. Hij moest met pijnlijke voeten naar zijn huis in Holtenbroek lopen en van nature had hij altijd al een waggelende loop. Halverwege kwam een politieauto hem achterop en stopte. Een politiehoofd stak uit het raampje en zei: "Zeg vriend, zullen we je even naar huis brengen? Je hebt zeker een stevig feestje gevierd."

Eens ging Jens op een middag vroeg naar huis om zich te verkleden. Hij moest er 's avonds gesoigneerd uitzien, want er was een soiree met veel autoriteiten. Hij vond het prachtig om af en toe zijn smoking met die glimmende revers aan te kunnen trekken. Maar om half acht kwam hij binnenlopen in zijn gewone zwarte pak. "Ben je uit je smoking gegroeid?", was mijn vraag. Zijn enigszins trieste antwoord was: "Nee, ik ben er niet uitgegroeid, maar de marmot, die mijn dochter al een paar dagen kwijt was, zat in de klerenkast en heeft een stuk uit de mouw van mijn smoking gevreten."

Stadsschouwburg Odeon was een gemeentelijke dienst en werd dus ook door de gemeentelijke accountantsdienst gecontroleerd. Af en toe moesten we de controleurs wel iets uitleggen. Voor toneeloutillage hadden we kokosnoten en grauwe erwten gekocht. Dat was de accountants eerst niet helemaal duidelijk, totdat we op het toneel een demonstratie gaven. Met halve kokosnoten kon je heel goed paardengetrappel nabootsen, erwten gebruikte je voor regengekletter, in een lange koker bevonden zich meerdere halve tussenschotjes, waardoor bij het rechtop zetten van de koker, de naar beneden vallende erwten een regengeluid veroorzaakten. Zo hadden onze technici ook een grote rol gemaakt met een soort zeildoek erover; bij het ronddraaien van de rol ontstond het geluid van een stormwind. Door het laten trillen van een grote metalen plaat kon donder van onweer worden nagebootst. Tegenwoordig zijn alle geluiden op de band vastgelegd, maar die oude apparaten zijn bewaard gebleven.
En wat de keuken betrof, kwam van de accountantsdienst de vraag, waarom er madeirawijn was afgeschreven. We bereidden zelf niets in de keuken, maar bij beurzen verkochten we veel soep uit blik en dan is een scheutje madeira in de ossenstaartsoep erg lekker.

Janny, onze cassière, maakte graag gebruik van de genialiteit van de chef-technischedienst Wevers en zijn mannen. Janny kon haar loketraampje op het kantoor niet goed afsluiten, ze had last van de tocht die door de brievenbus naar binnen kwam. Ik vroeg Janny of Johan die problemen al had opgelost. "Ja, hoor", klonk het spottend, "voor het loketraampje heeft Johan een gaatje geboord en heb ik een kromme spijker gekregen en voor de tochtige brievenbus heeft hij een lap gehangen." Janny was een fantastische hulp voor de schouwburg, ze begreep alle mensen en hun wensen. Als een oude dame zei: "Ik wil boven op een punt zitten", dan wist ze dat die mevrouw op het balkon een hoekplaats wilde hebben.

Andries Kamp, de buffetchef, ging de trap af naar de voorraadkelder. Beneden voor de houten hekwerkdeur gekomen, rook hij iets abnormaals, het was een zoete lucht. Hij had nauwelijks de deur geopend of een rode kat vloog hem voorbij en wilde de trap oplopen. Maar dat lukte niet want het beest kon de trap niet meer opkomen, hij was volledig beneveld. Het bleek de kater van een oude dame uit de Praubstraat te zijn, die ongemerkt de kelder was binnengeslopen, daar een fles vermouth had omgooid en de inhoud had opgeslobberd. We hebben het rode beest naar zijn bazin teruggebracht, maar hij had de smaak te pakken, want vanaf dat moment was hij niet meer bij ons weg te slaan. Als de buitendeur van de keuken maar even open stond, vloog het beest naar binnen, hij was alcoholist geworden.

En nu dit nog ...

Het amateurtoneel had wel eens problemen met de aankleding van hun toneelvoorstellingen. Het benodigde meubilair en de kleine attributen moesten door het toneelgezelschap zelf bij elkaar gescharreld worden. In de Praubstraat tegenover de toneelingang van de schouwburg was het Venduhuis van Richter waar regelmatig huisraad uit diverse inboedels voor verkoop werd binnen gebracht. Dit was dus een adres voor amateurtoneelgezelschappen om hier het benodigde meubilair vandaan te halen. En de huurprijs die Richter vroeg, was nooit hoog. Geen wonder, want hij verhuurde andermans meubilair. De ochtend na de voorstelling kwam Richter de spulletjes weer terug halen. Odeon schoot de meubelhuur, die later op de rekening van de toneelvereniging kwam, wel even voor. Het gebeurde wel eens dat, een paar dagen na de voorstelling, iemand van de toneelvereniging nog iets kwam halen wat hij vergeten had. Maar als het niet te vinden was, bleek soms dat Richter dat ook meegenomen had, hij wist nooit precies wat hij verhuurd had. Het is eens voorgekomen dat een paar stoelen van de toneelclub die per ongeluk bij Richter terechtkwamen, door hem waren verkocht.

Ook gebeurde het eens dat, een jaar na een voorstelling, een amateurspeler aan toneelmeester Jan v.d. Belt vroeg of zijn broek nog ergens in een hoekje lag. "U gelooft toch niet dat na een jaar een achtergelaten broek hier nog kan liggen?", zei v.d. Belt verbaasd, "maar laten we nog even goed zoeken, naast en achter het toneel zijn veel plekken, waar wij ook niet elke dag kijken." Na geen broek gevonden te hebben, bedankte de man voor de moeite en vertrok. De man had niet de broek herkend die v.d. Belt op dat moment droeg, namelijk het gezochte kledingstuk.

In de manegezaal stond een heel oude versleten piano, het instrument stond bovendien door droogte op punt van instorten. Met spijkers werd de piano bij elkaar gehouden. Maar voor een nieuwe had de gemeente voorlopig geen geld beschikbaar. Was er een concert in de manegezaal, dan moesten we maar een piano uit een andere zaal halen. Maar we zagen een oplossing, er moest voor de zomermaanden een van onze piano's naar het theehuis van de camping "De Agnietenberg". Het theehuis viel ook onder ons beheer. En het was logisch dat we het oude instrument naar "De Agnietenberg" brachten. Onze technicus Johan verwijderde eerst alle spijkers uit de oude tingeltangel. Wij hielden er rekening mee dat de kampeerders in het theehuis niet al te zuinig zouden zijn met het instrument en dat de piano wel gauw uit elkaar zou vallen. Maar het vochtige klimaat op de camping zorgde dat alles wat hout was aan de piano weer uitzette en van uit elkaar vallen was geen sprake meer. Na de zomer haalden we de piano weer op en kreeg het zijn plaats terug in de manege-zaal. 1 maand later moest Johan met spijkers alles weer vastzetten, een nieuwe piano zat er voorlopig nog steeds niet in.

Onze zaalchef Jens wilde een tweedehands piano kopen. Zijn dochter zou pianoles krijgen en dan moet je thuis zo'n instrument hebben. Toevallig had Richter, de man van het Venduhuis, een prachtige piano staan. Maar je moest een deskundige zijn om te weten of het een goed instrument was. Geen probleem, de heer Jansen was de vaste pianostemmer van Odeon en als er iemand was die verstand van piano's had, was hij het wel. En zo gebeurde, Jansen keurde de piano goed en de koop kwam tot stand. Nu nog het transport naar zijn huis. Daar wist ik wel een oplossing voor. Mijn Citroën bestelauto was omgebouwd tot een camper, in het midden was genoeg ruimte om een piano te plaatsen. Met een paar sterke mannen die de piano in de auto hadden getild, reden we naar het huis van Jens. Van de parkeerplaats naar de ingang van de flat van Jens was een ongeveer 30 meter lang, zeer slecht tegelpad. Als je daar dan tamelijk snel overheen reed met de piano op kleine ijzeren wieltjes, dan was het niet verwonderlijk dat er af en toe een stukje piano achter bleef. De lift kon gelukkig in de brancardstand gezet worden. Het muziekinstrument ging erin en op de derde etage aangekomen, moest de piano nog even over een slechte galerijvloer geduwd worden en zó kwam hij op zijn plek. De dochter nam direct plaats aan het klavier en testte het, ze was zeer tevreden. "Wat een pracht geluid", zei ze, maar ze kon nog geen notenbalk spelen. Later hebben we Jens verteld dat pianostemmer Jansen zelf die piano naar Richter had gebracht om te verkopen.

Een jaar later ging Jens verhuizen naar een eengezinswoning. De piano liet hij achter in de flat, hij schonk het instrument aan de buurvrouw. Hij wilde dat ding niet weer verhuizen en kocht nu van een particulier een andere, een betere piano. Jens huurde een aanhangertje en haalde zelf de piano op. Hij had zijn nieuwe woning prachtig ingericht, de gezellige woonkamer had kasten langs alle wanden, op maat gemaakt.

Maar nu ontdekte hij, toen hij het nieuwe instrument naar binnen duwde, dat er eigenlijk geen plaats was voor de piano, hij moest óf midden in de kamer óf voor het raam staan. Van de kastenwand wilde de meubelmaker niets terug nemen, het was maatwerk geweest en een stuk terugnemen, dat kon niet. Enkele dagen later werd in de Zwolse Courant een piano te koop aangeboden.

Finale in Zwolle

Op zaterdag 7 mei werd in de Zwolse Courant een hele pagina gewijd aan mijn vertrek uit Odeon. Hierin werden ook verschillende van de anekdotes beschreven. Nu resteert nog een korte beschrijving van mijn afscheidsreceptie als directeur van de gemeentelijke stadsschouwburg Odeon op vrijdag 13 mei 1983.

Voor de receptie werden we van huis opgehaald door bestuurslid Visser, hij werd hiervoor gevraagd vanwege de mooie auto die hij had. Voor het verslag van de receptie, citeer ik uit de Zwolse pers:

"J.H. Bakker moest goochelen met beperkte middelen".

"De rij wachtenden was tientallen meters lang en het echtpaar Bakker zal zich aan het einde van deze druk bezochte afscheidsreceptie ongetwijfeld doodmoe, maar tevens voldaan en dankbaar voor de vele blijken van belangstelling hebben gevoeld".

"De heer H. Eskens, die het woord voerde als wethouder van culturele zaken, kenschetste de langdurige loopbaan van de heer Bakker als de episode Bakker. In het Zwolse culturele leven was Bakker altijd en overal aanwezig. Hij was directeur en gastheer. De heer Eskens richtte woorden van dank tot mevrouw Bakker, die jarenlang elke avond als gastvrouw fungeerde. Samen hebben de heer en mevrouw Bakker veel gedaan om Odeon een goede sfeer te geven. Toen de heer Bakker, in de tijd waarin Odeon pas een gemeentelijke schouwburg was geworden, werd benoemd, was hij niet alleen hotelier en restau-

rateur, maar ook goochelaar. Misschien heeft het gemeentebestuur hem benoemd omdat werd verwacht dat hij als directeur van Odeon zou moeten goochelen. Van lieverlede werd hij steeds meer programmamaker. Ook als zodanig moest hij goochelen, meende de heer Eskens. Het enige, dat hij niet tevoorschijn heeft kunnen toveren is een nieuwe schouwburg".
"We hebben hem leren kennen als een bijzonder rustige en kalme directeur van een bruisende schouwburg".
"Het handendrukken werd verscheidene malen onderbroken door toespraken en optredens door kindertheatergroep Odeon en de jongerencabaretgroep van Odeon, beiden een initiatief van de heer Bakker".
"De heer en mevrouw Bakker werden bijna bedolven onder de vele bloemstukken, flessen wijn en andere cadeaus".

De receptie werd bezocht door ongeveer 325 personen en na de receptie namen we mee naar huis: 35 flessen wijn, 22 bloemstukken en verder kunstwerken op allerlei gebied, zoals keramiek, een tegeltableau, litho's, pentekeningen enz. en tientallen boeken, waarvan vele over de Nederlandse, Vlaamse en Franse schilderkunst en diverse andere geschenken. Ook via de PTT kreeg ik stapels telegrammen en post.

Na de receptie bood de gemeente Zwolle ons, onze familie en het hele personeel van de schouwburg, een uitgebreid diner aan in Hotel Wientjes. Het werd een geanimeerde bijeenkomst en het bleek dat de Odeonmedewerkers ook konden optreden. Ze hadden les gehad van de Zwolse goochelaar Zuydwijk, met goocheltrucs namen ze mij er nu behoorlijk tussen.

Een paar dagen later kwam de Jongerentheatergroep van de schouwburg naar Wezep om bij ons in de tuin nog even na te praten onder het genot van een uitgebreide barbeque.
Willem van der Veen schreef later over de geschiedenis van Odeon: "Ik moet nog weleens terugdenken aan de woorden die oud-directeur Jan Bakker mij bij zijn afscheid in 1983 toevertrouwde." "Eigenlijk hebben we Odeon altijd veel te goed onderhouden. Als we de zaak hadden verwaarloosd, had er allang een nieuw theater gestaan".

Een schuur vol oude boeren spullen

Omdat het voor de hand lag dat we in de toekomst Wezep zouden verlaten en de grote voorwerpen uit onze collectie boerengereedschap niet konden en wilden meenemen naar elders, had ik die al eerder verkocht. Zo ook een Gelderse boerenwagen die ik had volgeladen met bietenzaai- en schoffelmachines, eggen, karntonnen, meelmolens en een bergwaag. Een gehuurde tractor reed het hele spul naar een boeldag in Oosterwolde.

Toen ik terug van deze verkoop in Wezep nog even bij garage Klaaysen langs reed om benzine te tanken, stond daar de net door mij in Oosterwolde verkochte boerenwagen. Klaaysen had hem gekocht en meteen naar Wezep gesleept. Andere grote objecten van mijn verzameling landbouwgereedschap heb ik verkocht op een boeldag op woensdag 29 februari 1984 op de boerderij van broer Jaap in Ellerhuizen.

Geen baan meer en mijn grote hobbyspulletjes grotendeels verkocht, ik was klaar voor een nieuwe periode.

Den Haag

Via Schiermonnikoog naar Den Haag

De gemeentearts van Zwolle was van mening dat ik me niet zou vervelen en daar was ik zelf ook van overtuigd. Odeon en Zwolle had ik direct in mijn vergeetboek geschreven, 23 jaar Odeon was ook lang genoeg geweest. Er zaten in die Odeonjaren verschillende perioden. In het begin was het de opbouw van de horeca, daarna een geleidelijke uitbreiding van de theater- en culturele activiteiten, maar die kwamen tot stilstand. Een lange tijd van consolidering lag in het verschiet en dat lag niet in mijn aard.

We gingen er eerst even een paar weken tussenuit, maandag 6 juni '83 vertrokken we voor 3 weken naar Madeira. Vanuit hotel "Sao Joao" in de hoofdstad Funchal maakten we verschillende tochten. Dat we een huurauto hadden besproken, was kennelijk niet doorgegeven. Achteraf gezien was dat niet erg. We hebben 2 dagen een taxi gehuurd en werden zo langs de mooiste plekjes van het eiland gereden. We kregen van de chauffeur, een Zuid-Afrikaan, alle bijzonderheden van Madeira te zien en te horen.
Op de boulevard liepen we langs de kiosk van een schipper die 8 uur lange zeevistochten aanbood. Er werd gevist op tonijnen, haaien, zwaardvissen, dolfijnen en barracuda's. Dit leek mij heel wat anders dan die vistochten vanuit IJmuiden op een oude trawler waar je met 60 man naast elkaar staande, ieder met zo'n klein hengeltje, een harinkje probeert te vangen. We gaven ons op voor de volgende dag. Het leek mij wel spannend, Nini twijfelde.
Wij moesten zelf iets te eten meenemen. Een drankje was wel aan boord en dus kochten we lekkere broodjes en voor de zon schafte ik een pet aan. Een met zo'n grote klep, want je zat de hele dag in de subtropische zon. Je hoefde geen verstand van vissen te hebben, had de schipper ons verteld en vistuig was aan boord.
De volgende ochtend om 9 uur waren we op de pier en stapten aan boord van een ongeveer 8 meter lang, verveloos uitziende schuit. Op het grote open achterdek stond een vastgesnoerde, soort oude tandartsstoel met een zeer solide voetsteun om je af te zetten als je een haai aan de lijn had. Verder lag op het dek een lege oliedrum die tijdens het varen van stuurboord naar bakboord rolde. Het dek liep door in een overdekt gedeelte, waar tegen de wand een smal houten bankje met losse kussens stond. Boven op dit overdekte gedeelte was de stuurhut, opdat de kapitein de vissen op afstand kon zien. Behalve de kapitein-stuurman waren nog 2 mannen aan boord, die de hengels voor ons verzorgden. Als amateur vissers gingen, behalve Nini en ik, ook 3 Zweedse mannen mee, maar dat bleken geen amateurs. Ze haalden uit de kajuit al gauw 2 boeken tevoorschijn met foto's van grote vissen, door lieren omhoog gehouden, met de visser ernaast en daarvoor een schoolleitje met de datum van de vangst en het gewicht van het slachtoffer. Zo'n foto was een over-

tuigend bewijs.

Na 10 minuten varen voelde Nini zich niet lekker; ik dacht, even wennen, dan gaat het wel over.

We waren een heel eind van de kust van Madeira, toen de matrozen de hengels uit de kajuit haalden. Die dingen vielen me tegen, ze waren zeker niet groter dan de hengels van de vissers op een trawler in de Noordzee. Nini bleef misselijk en hing de meeste tijd aan de reling. De Zweden hadden ondertussen de kussens van het smalle bankje gepakt en waren daarmee op het dek gaan zitten en liggen, nog steeds de hengelboeken bestuderend. Voor ons was er alleen dat harde bankje. Een voordeel was, dat er flesjes drank aan boord waren en we hadden lekkere broodjes bij ons, dachten wij. Ze leken mij lekker, maar het waren knoerharde droge bollen. Het weer was prachtig, geen wolkje aan de lucht en er was geen windje te bekennen. Toch slingerde de boot van links naar rechts en die lege oliedrum gleed steeds mee. Nini bleef zeeziek en toen zag ze ook nog hoe een van de Zweden een blikje opende, waarin een soort kleine inktvis zat die hij naar binnen probeerde te werken. Een paar tentakeltjes bleven uit zijn mond steken.

Ik weet nu wat hier zeevissen betekent; als je beet hebt, waarschuwen de matrozen je en dán wordt je pas actief. De dag was half om en we hadden nog steeds geen beet, maar dat bleek geen probleem. Verderop voer een boot en onze kapitein zocht er contact mee. Het was een gewone netvisser, zal ik maar zeggen, en onze kapitein kocht een paar haringachtige vissen van hem. Onze matrozen sneden deze haringen open en stopten in elke vis een grote haak. Daar zouden de haaien vast wel in happen, maar nee hoor, de hele dag geen beet gehad. Na 8 uur varen stapte Nini doodziek van boord, maar na 2 stappen op de vaste wal was ze weer kiplekker en hebben we in een restaurantje heerlijk gegeten. Het enige wat we van deze dag overhielden, was het bovenstaande verhaal.

Maandag 27 juni 1983 vertrokken we, na een verblijf van 3 weken, van het prachtige eiland Madeira en na 10 minuten landden we op het strandeiland Porto Santo voor bijtanken, de startbaan van Madeira was te kort om met een volle tank op te stijgen.

Nu ik geen contact meer had met Zwolle, was er geen behoefte om nog langer in Wezep te blijven wonen, ondanks het woongenot dat we daar hadden.

In augustus gingen we een paar dagen naar Schiermonnikoog. Het was prachtig weer en we huurden een tandem waarop we het eiland rondreden. Onderweg zagen we op Martjeland nr 7 een huis te koop. Het was een semibungalow op een behoorlijke lap grond met twee vijvers. Dat leek ons wel wat, het eiland was voor ons geen onbekend terrein. Het huis was snel gekocht en stukje bij beetje brachten we geleidelijk aan meubilair over van Wezep naar het eiland. Bij meubelzaak Resink in Zwolle bestelden we een bankstel. Dat was over enkele maanden leverbaar en zou dan gratis aan huis bezorgd worden, beloofde de verkoper. Maar toen ik Schiermonnikoog als woonplaats noemde, knipperde hij wel even met zijn ogen.

Op het gemeentehuis van Schiermonnikoog werd een secretaresse gevraagd. Jacqueline solliciteerde en was een van de 2 kandidaten die werden opgeroepen. Maar zij greep er naast, de andere jongedame was een eilandse en die ging voor. Maar Jacqueline was nauwelijks weer thuis, toen wethouder Schut haar opbelde om te vragen of ze bij hem in de winkel wilde helpen, maar daar moest ze nog wel even over nadenken.

In de loop van de winter bleek dat ik niet helemaal vrij was van astma. De dokter achtte de plek waarop het huis stond te vochtig. De grond was een gedeelte van de polder geweest. Een huis op zandgrond, in de beschutting van de duinen, zou beter geweest zijn.

Dan maar op zoek naar wat anders. Den Haag trok ons altijd al, dus gingen we eind januari 1984 daar rondkijken en vonden er een geschikt appartement dat we konden huren. Het was aan de Cath. van Rennesstraat nr. 99, een zeer ruime woning op de vierde etage van een 7 etages hoog appartementengebouw. Een woonkamer van 4 bij 7 meter, 4 slaapkamers en een keuken van 3 bij 3.30. Verder de normale natte hoek. Een van

Catharina v Rennesstraat 99

de slaapkamers was door een schuifwand met de woonkamer verbonden en zo bleven er nog 3 slaapkamers over, het balkon was niet groot. De ligging van het appartement was gunstig, vlak bij het einde van de Laan van Meerdervoort en een kwartiertje lopen van Kijkduin. En zo verhuisden we, nadat we ons huis in Wezep verkocht hadden, op 7 april 1984 naar Den Haag. Jacqueline bleef op het eiland, ging werken bij Schut en paste op ons huis aan het Martjeland zolang het nog niet verkocht was. Ze verveelde zich er niet en zo leerde ze ook de familie Kok kennen van het appartementenhotel tegenover hotel van der Werff.

De firma Reesink was aangenaam verrast te horen, dat het bankstel niet op Schiermonnikoog, maar in Den Haag afgeleverd moest worden.

Reizen, doe het zo lang je het kan doen

Dinsdag 10 september 1985 vertrokken we naar Cyprus. Het was een vlucht via Tel Aviv in Israël, rechtstreeks vliegen naar Cyprus was toen nog niet mogelijk. De controle op Schiphol was extra streng omdat de vlucht via Israël ging. We moesten aantonen dat met ons fototoestel inderdaad een foto genomen kon worden. Vanuit Limasol, de grootste havenstad, hebben we het eiland doorkruist.

Ik heb, als we op een terras zaten voor een drankje of om iets te eten, wel eens een goocheltruc gedaan voor omstanders en personeel. Dit sloeg altijd aan. Toen we in 2000 voor de zevende keer op Cyprus waren, werden we op straat aangesproken door een onbekende man, die zei: "Daar heb je de goochelaar, die voor ons op mijn terras heeft gegoocheld." Hij had mij herkend als de persoon die 15 jaar geleden bij hem op zijn terras had gegoocheld.

Iets dergelijks had ik eerder meegemaakt. In de herfst van 1945 gaf ik op Schiermonnikoog een voorstelling ten bate van het Rode Kruis en op 5 juni 1991 had ik een goocheloptreden in het bejaardenhuis op het eiland. Er was een toeschouwer die nog precies wist wat ik 46 jaar daarvóór had laten zien, o.a. de truc van het slikken van scheermesjes. Hij griezelde er nu nog van, zei hij. Het goochelen heeft bij onze reizen vaak leuke en nuttige reacties opgeleverd.

Op het vliegveld van Larnaka zag ik bij ons vertrek van Cyprus in een kiosk een spel kaarten met Cypriotische afbeeldingen. Ik haalde de kaarten uit het doosje en voor de kioskjuf deed ik een paar goocheltrucjes. Ze was erg verbaasd en haalde er een paar vliegveldemployées bij, met het verzoek om nog een paar trucjes te doen. Toen ik de kaarten wilde betalen, bleek dat ik net geen ponden genoeg had, maar lachend zei ze: "Neem ze maar mee."

Zaterdag 4 januari 1986 vertrokken we voor een reis van 3 weken naar zuid Marokko. Vanuit Agadir maakten we een kasbahrondreis van 7 dagen langs Taroudant, Quarzazate, Zagora, Tinerhir en Erfoud. Na een paar nachten in Marrakech, weer terug naar Agadir. Tijdens de rondreis waren we de enige Nederlanders in het gezelschap. De 10 andere medereizigers waren Duitsers, waarvan 1 steeds duidelijk liet blijken dat hij in de oorlog als Duitse officier in het verwende Nederland was geweest. Helaas had Duitsland geen tijd genoeg gehad om de mentaliteit van de Nederlandse bevolking te verbeteren, was zijn mening. Hij had wel zijn best gedaan. De 9 andere Duitsers, inclusief zijn vrouw, ergerden zich aan deze ex-officier. Maar ik ergerde me het meest en dat was iets wat niet goed voor me was. Vanaf dat moment besloot ik niet meer naar Duitsland te gaan. Ik wilde voorkomen een oude Duitse veteraan tegen te komen, waarvan velen nog menen te behoren tot het edel-Germaanse ras, mensen die zich verheven voelen boven alle niet-Duitsers. Er waren genoeg andere landen om te bezoeken.

In het plaatsje Rissani bezochten we een tapijtverkoper. De man bood ons een glas thee aan en wilde demonstreren hoe je een theeglas kon vullen door de pot hoog te houden en de thee precies in het glas te schenken. Nini wilde daar een foto van maken, juist toen op dat moment een politieofficier om de hoek kwam kijken. Hij zag Nini met haar fototoestel in de aanslag, slaakte enige Arabische kreten, vloog op haar af en eiste de film uit het toestel. Nini had niet gefotografeerd. Maar de man geloofde dat niet en veronderstelde dat hij gefotografeerd was en een politieofficier mocht niet gefotografeerd worden. De politieman haalde onmiddellijk 100 dirham uit zijn zak voor de kosten van de film. Nini weigerde het geld, maar op aandringen van de gids, om de politieman niet te beledigen, accepteerde ze toch 25 dirham. Als er geen verkeerde opnamen op de film zouden staan, zou hij de film naar Nederland sturen – im galllah – (als Allah het wil), maar de film hebben we nooit ontvangen.

In Marrakech brachten we een bezoek aan de Djemaa El Fna, de grootste markt en schouwtoneel van noord Afrika. Overdag was er markt, maar tegen de avond veranderde het plein in een openluchtvermaakcentrum met acrobaten, toneelspelers, muzikanten, boeienkoningen, vuurvreters, slangenbezweerders, apendresseurs, goochelaars, maar ook met tandartsen, kappers, amulettenverkopers, kruidendokters en koranuitleggers. We zagen ook een kraam met kunstgebitten. Ik vroeg mij af waar die koopman die gebitten vandaan haalde.

We stonden bij het café waar we wat gedronken hadden te wachten op onze bus. Ondertussen ging ik wat goochelen voor om ons heen staande mensen. Een berbervrouw met een kind op de rug was erg geïnteresseerd en bleef verbijsterd staan kijken. Onze gids vertelde ons dat de bus hier niet kon komen en dat wij naar een volgende straat moesten gaan. Terwijl wij in die richting liepen, bleef de berbervrouw naast mij lopen en probeerde mij steeds papier- en muntgeld in de hand te stoppen. Ze bleef bij ons staan totdat de bus kwam en wij instapten en wegreden.

Bij een bushalte was men bezig levende schapen in een autobus te laden, eerst in de kofferbak en toen die vol was, werden er nog een stuk of 5 schapen boven op het dak van de bus gehesen.

Onze eigen bus wilde eens niet starten, waarop onze Marokkaanse gids commandeerde dat alle 12 toeristen even moesten duwen. Hijzelf bleef kijken, ik ook en maakte van deze actie een foto. Op een markt in Agadir stond elke dag van 3 uur 's middags tot zonsondergang een slangenbezweerder. Het was een jongeman die met zijn fluit de slangen uit een kist liet komen. Na de voorstelling deed hij de slangen terug in de kist en sloot die af. Nadat het publiek verdwenen was, ging ik naar hem toe en deed enkele goocheltrucs. Hij stond versteld, deed zijn kist open, haalde er een slang uit die hij aan mij gaf en zei dat ik de slang mocht houden als ik hem een truc wilde verklaren. Nini maakte ondertussen hiervan een foto, maar durfde niet dichterbij komen. De onderhandelingen liepen op niets uit, je mag nooit een goochelgeheim verraden.

Ibiza was onze volgende reisbestemming van 27 april tot en met 11 mei 1986. We verbleven in Cala LLonga, in appartementencomplex El Pinar. Het werd een rustig en zonnig verblijf.

Van 11 tot en met 15 juni 1986 maakten we met de vereniging van "Vrienden van het Nederlands Openluchtmuseum" een excursiereis naar openluchtmusea in Engeland. We gingen van Hoek van Holland met het m.s. Koningin Beatrix naar Harwich. In Engeland bezochten we the Black Country Museum in Dudley, het Warwick Castle, Stratford upon Avon, the Blits Hill Museum en de vlakbij gelegen eerste gietijzeren brug ter wereld, gebouwd in 1779. Vervolgens naar de beroemde kathedraal van Coventry en via Cambridge naar Harwich voor de terugvaart naar Nederland.

Menorca was het vierde reisdoel in 1986, waar we vanaf woensdag 1 oktober 2 weken in een bungalow in Cala Blanca verbleven. Per bus en fiets hebben we het hele eiland verkend.

De volgende reis was van 29 januari tot en met 10 februari 1987. We vlogen naar Eilat in Israël en reden vandaar in 2 landrovers met totaal 10 personen door de Sinaï. Vervolgens met de boot naar Aqaba, vanwaar we vertrokken voor een rondreis door Jordanië. Via de Allenbybrug bereikten we Israël. Na een overnachting in Jeruzalem reden we naar Eilat, waar we nog een week verbleven.

De reis verliep als volgt. Van Eilat gingen we met de landrover naar Taba, waar bij de Israëlische douanepost onze koffers van onder tot boven werden doorzocht, we moesten 8 dollar per persoon betalen. We zeulden 200 meter met onze koffers naar de Egyptische post bij een temperatuur van 40 graden. Opnieuw werden onze koffers doorzocht en weer moesten we betalen, nu 6 dollar. We konden plaatsnemen in onze landrover, ook deze was 2 maal grondig geïnspecteerd.

In de Sinaï bezochten we het Catharinaklooster, gelegen aan de voet van de Horeb, de Mozesberg. We overnachtten in Hotel El Salam, een zeer eenvoudig hotel, vlakbij een verlaten vliegveld. Het hotel leek meer op een woestijngevangenis, niet alleen van buiten, maar ook binnen. De kamers leken op eenvoudige cellen, een lampje van 15 Watt voor de verlichting en een zak zand om de 10 cm. grote kier onder de deur af te sluiten tegen de koude woestijnwind en niet tegen de woestijnratten, zoals enige dames van ons gezelschap dachten.

In de Jordaanse havenstad Aqaba viel ons de grote drukte in de haven op. Door de oorlog tussen Irak en Iran en het probleem dat Irak daardoor zijn haven aan de Perzische Golf niet kon gebruiken, ging de olieuitvoer van Irak via de autoweg door de Jordaanse woestijn naar Aqaba. Zo gingen honderden volle tankauto's dagelijks naar deze haven. We zagen dat grote trailers, afgeladen met personenauto's, richting Irak reden. Men vertelde ons dat deze auto's bestemd waren voor families waarvan een vader of zoon aan het front gesneuveld was.

Naar het noorden reizend kwamen we in het woestijngebied van de Wadi Rum, waar we een post van de woestijnpolitie bezochten.

Jordanië, Wadi Rum. Een woestijnpolitieman zet koffie voor ons

Op een open vuur zette een politieman meteen koffie voor ons.

De indrukwekkend geklede politiemensen patrouilleerden er op kamelen op zoek naar smokkelaars van wapens, elektronica en verdovende middelen. De bekende film "Lawrence of Arabia" werd destijds in dit gebied, bestaande uit zandvlakten afgewisseld met rotspartijen, opgenomen.

In Petra, de in bergen uitgehouwen stad, maakten we kennis met de bedoeïen Mohammed Abdulah. Hij was getrouwd met Fatma, een vrouw van Nederlandse afkomst. Haar oorspronkelijke naam was Margarite van Geldermalsen. Zij was op vakantie in Petra verliefd geworden op Mohammed en trouwde met hem. Ze kregen drie kinderen en verdienden de kost o.a. met de verkoop van flesjes, die ze decoratief vulden met zand afkomstig van het veelkleurige zandsteen van Petra. Ze vertelde ons dat ze het in deze bedoeïenenwereld erg naar haar zin had. Ze gaf ons een pakje mee voor haar familie in Hoek van Holland.

Door een kloof naar Petra

Onderweg zagen we in een koffiehuis een mooi wandkleed, voorstellende een idyllisch dorpstafereel met kleine huisjes en ervoor een drijver met een dromedaris, een oude man bij een ezel en een vrouw met een waterkan op haar hoofd. Het was zeer knappe volkskunst en gemaakt in prachtige kleuren. We mochten het kleed kopen en het heeft een goede plaats in onze woning gekregen. In toeristenwinkels hebben we veel wandkleden gezien, maar nooit zo'n mooie, terwijl ze ook nog veel duurder waren dan het onze.

Na een zeer interessante reis door Jordanië, waar we o.m. ook de hoofdstad Amman, de berg Nebo en de stad Jerash met zijn Grieks-Romeinse bouwwerken bezochten, verlieten we het land via de Allenby-brug over de rivier de Jordaan om Israël binnen te rijden. Maar de Israelische douaniers maakten weer problemen. Koffer uitpakken, flessen mineraalwater en fruit moesten we in een afvalbak werpen, want die konden besmet of vergiftigd zijn. Daarna werden ons in een aparte ruimte vragen gesteld, o.m. waarom wij Jordanië wilden bezoeken en of dat wel verstandig was, we hadden in dat land toch niets te zoeken.

Ons 35-jarig huwelijk was de reden om van 20 september tot 4 oktober 1987 samen met Henk, Ruud en Jacqueline en hun aanhang 14 dagen door te brengen op Ibiza. Jacqueline was er al vanaf 13 september. We verbleven weer in El Pinar aan de baai van Cala Llonga. Het waren gezellige dagen en er werd veel gezwommen, getennist, gevist en in de zon gelegen. Met een huurauto werd het hele eiland verkend, van massatoerisme hebben we toen niet veel gemerkt.

Van 20 januari tot en met 1 februari 1988 gingen we voor de tweede keer naar Jordanië, nu met een rechtstreekse vlucht naar Amman. In Petra bezochten we weer de familie Abdulah-van Geldermalsen, nu bij hun thuis. Jarenlang woonden ze met hun 3 kinderen in een grot zonder waterleiding en zonder electriciteit. De staat bouwde huizen voor de bedoeïenen en de grot moest verlaten worden, dat was eerst wel wennen. Ze ontvingen ons op hun terras en we namen plaats op matrassen die ze uit het huis haalden, stoelen waren onbekend. Het was voor hun een verrassing dat we een pakje van familie uit Nederland hadden meegenomen.

Ook op deze reis heb ik hier en daar een beetje gegoocheld. Ik wilde een foto maken van een grote open winkel, maar de baas stond het niet toe. Ik deed een paar goocheltrucs en toen was het ijs gauw gebroken. Ik mocht de winkel fotograferen en nu wilden personeel en klanten ook op de foto.

De koning van Jordanië had een zomerpaleis in Aqaba, vlak aan zee. We liepen de straat in, waaraan het paleis stond. Een soldaat hield ons staande en ook hier deed ik een goocheltruc en de militair liet ons ongestoord doorlopen. Bij de poort van het paleis aangekomen, kwam meteen de wachtcommandant op ons af. Hij was kennelijk door de soldaat aan het begin van de straat gewaarschuwd. Quasi ongemerkt een vingervlugheidtrucje doen, dat sloeg altijd aan, ook bij deze wachtcommandant. Hij nodigde ons uit mee naar binnen te gaan, naar het wachtlokaal. Helaas hadden we geen tijd en moesten we de uitnodiging afslaan.

Tijdens het diner in ons hotel hadden we steeds alle kelners om onze tafel staan, in de hoop dat ik weer iets magisch zou gaan doen. Er kwam een gast bijstaan, hij was kapitein of stuurman. Hij hoorde dat wij uit Nederland kwamen en vertelde ook al eens met zijn boot in een Nederlandse haven te zijn geweest. Hij wist alleen de naam van de haven niet meer. Ik vroeg: "Was dat Rotterdam?" "Nee, nee, dat was het niet", antwoordde hij. Ik zei: "Dan was het zeker Amsterdam?" "Die haven was het ook niet", zei hij. Ik dacht, dan kan het misschien Delfzijl zijn, maar voor ik hem dit gevraagd had, zei de zee-

man: "De naam schiet mij net te binnen, het was Katendrecht."
De dag voor onze terugvlucht via Amman naar Nederland hadden we nog ongeveer 70 gulden aan Jordaans geld over. We besloten nog een paar overhemden te kopen bij een kleermaker, waar we al een mooi overhemd hadden gekocht. 's Middags gingen we naar de kleermaker, maar helaas, de man had geen overhemd meer. Dat was geen probleem, ik maak voor f 70,– een kostuum, zei hij, zoekt u maar een stof uit, ik neem uw maat en morgenvroeg is het kostuum klaar. Wij gingen accoord en zochten een mooie stof uit. Hij nam mijn maat en ik vroeg hem of hij een voorschot wilde hebben. Dat was niet nodig en hij vroeg ook niet naar mijn naam en het adres van ons hotel. 's Avonds na het diner besloten we even bij de kleermaker te kijken, hoever hij gevorderd was. De man was blij dat we langskwamen, hij was vergeten welke stof we hadden uitgezocht.

De kleermaker vertelde dat hij afkomstig was van de West Bank, de bezetting van dit gebied door Israëlische troepen in 1967 noopte hem te vluchten. Na de wapenstilstand verboden de Israëlische autoriteiten hem terug te keren en doordat zijn woning daardoor onbewoonbaar bleef, werd zijn huis geconfisqueerd. Hetzelfde lot trof zijn stuk landbouwgrond, want land mocht niet onbewerkt blijven liggen.

De volgende ochtend was het kostuum op de afgesproken tijd klaar. Een paskamer was er niet. Dat was geen probleem, de oude moeder van de kleermaker keek bedeesd de andere kant op en toen bleek dat het pak naar volle tevredenheid was gemaakt.

Portugal stond op ons programma van 3 oktober tot en met 17 oktober 1988. De rondreis ging van Lissabon, langs Sintra, het vestingstadje Obidos, de badplaats Nazaré en van Coimbra naar de havenstad Porto aan de rivier de Douro. Daarna weer naar het zuiden langs het bedevaartsoord Fatima, via Tomar naar Evora, gelegen in een gebied waar veel stierengevechten gehouden werden. Maar de stieren werden in het gevecht niet gedood zoals in Spanje, hier gingen ze direct na de strijd naar het slachthuis. De stieren, zowel in Spanje als in Portugal, hebben een topleven gehad. In onze ogen mag je geen stieren ter vermaak afmaken, maar de miljoenen varkens en kippen in Nederland kunnen slechts dromen van de omstandigheden, waaronder de stieren hier worden grootgebracht en leven. Een Nederlands varken staat zijn hele leven in een stal, kan zich nauwelijks bewegen en zich alleen maar volvreten.

Van Evora gingen we terug naar Lissabon, waar we nog een week bleven. Eigenlijk te kort om deze mooie stad goed in ons op te nemen. Lissabon, met de winkelcentra Baixa en het Amoreiras, met z'n mooie parken en botanische tuinen, gezellige pleinen en schilderachtige stadswijken, zoals het kleurrijke Alfama, inderdaad een week was te kort.

Lissabon. Stadswijk Alfama

Syrie en Jemen

Van 13 tot en met 21 mei 1989 bezochten we Syrië. We brachten eerst een bezoek aan de hoofdstad Damascus met zijn imposante Omajjaden moskee, waarin o.a. een tombe met het hoofd van Johannes de Doper. In een voorportaal van de moskee staat Nini, in verplichte kleding, bij een vele eeuwen oude strijdwagen.

Damascus was een bijzondere stad, zó liep je door antieke wijken en dan weer was je tussen hedentijdse gebouwen. Het was een zonnige, heldere dag en toch kwamen we door een straat waar een dichte mist hing. Op mijn vraag hoe dat mogelijk was, zei onze gids dat men last had van muggen en de straat volgespoten had met DDT. In Europa is dat spul verboden, maar ja, als er buiten Europa nog kopers voor zijn.....

"Cham Palace", ons hotel in Damascus, deed niet onder voor de beste hotels in west Europa.

Nini in verplichte kleding bij oude strijdwagen

Het had op de 15e etage een draaiend restaurant, je overzag vandaar de hele stad.
Onze rondreis door Syrië begon in het plaatsje Maaloula, waar de bevolking nog Aramees sprak, de taal van Jezus, (ik heb nog een stukje tekst op een cassettebandje staan. Aramees wordt vaak verward met Armeens). Daarna bezochten we de kruisridderburcht Krak des Chevaliers, met een oppervlakte van 3 hectare het grootste en meest intact gebleven kasteel ter wereld. We reden naar Lattakia aan de Middellandse Zee en vervolgens naar Ugarit, waar 1400 jaar voor Christus een alfabet van 30 tekens werd gemaakt, waaruit ons alfabet van 26 letters werd samengesteld.
De reis ging verder naar het klooster van Simeon, de kloosterling die jarenlang op een hoge zuil verbleef. De fascinerende stad Aleppo met zijn beroemde Arabische citadel was ons volgend doel. Tijdens de bezichtiging van dit imponerende bouwwerk kreeg Nini last van de hitte. Onze gids hield een taxi aan en deze zou ons naar het hotel brengen. Na een lange rit, volgens mij een veel te lange rit, kwamen we eindelijk bij het hotel aan, maar de taxikosten bedroegen een paar kwartjes. Terwijl Nini bijkwam, bracht ik nog een bezoek aan de souks, 12 kilometer lang en overdekt. Het grootste centrum van winkeltjes en werkplaatsen van de Oriënt.
Zeer interessant waren de antieke ruïnes van de hellenistische stad Apamea. De hoofdas van de stad was de ongeveer 2 km lange en 36 meter brede colonnadestraat, een zeer indrukwekkend gezicht. Rond het begin van de christelijke jaartelling moet het inwonersaantal ongeveer 500.000 geweest zijn.
In het garnizoen waren 500 krijgsolifanten gestationeerd en er was een stoeterij met 30.000 merries en 300 hengsten.
Vervolgens gingen we naar Homs en Hama met zijn noria's, waterraderen, waarvan sommigen met een doorsnee van 20 meter. Door de Syrische woestijn reden we naar Palmyra, 2000 jaar geleden een belangrijke stad op de zijderoute van China naar Europa.

De ruïnes lieten nog zien dat Palmyra een grote en belangrijke stad moet zijn geweest. Het was er ontzettend heet, onze thermometer kon max. 50 graden aangeven en dat deed hij gemakkelijk. Tot besluit van de reis door Syrië gingen we naar het zuiden, naar Bosra, vroeger na Petra, de tweede stad van het Nabateïsche rijk.
We hebben in de loop der jaren veel tochten door woestijnen gemaakt en zagen, terwijl de oase nog niet in zicht was dat de woestijn soms al bezaaid was met plastic zakken.
In een oase ontdekten we een klein groentetuintje, dat afgezet was met een hek, niet gemaakt van palen, maar men had uitgebrande t.l. buizen in de grond gestoken.
150 km ten zuiden van Damascus in een zwart

Palmyra, belangrijke stad op de zijderoute

lava landschap ligt de stad Bosra, vroeger een knooppunt van karavaanroutes. Midden in een Nabatese burcht werd in de 2e eeuw een Romeins theater gebouwd met 15.000 zitplaatsen.

De toenmalige "vips" hadden een zitplaats met rugleuning, voorzien van hun naam. Het scena,

Syrische dames in Bosra lachen ons vriendelijk toe

het decor, stelt een paleisgevel met Corinthische zuilen voor. In de Middeleeuwen heeft men het theater opgevuld met aarde en daardoor behoort het tot de best bewaard gebleven Romeinse theaters ter wereld.

Syrië, voor toeristen nog een tamelijk onbekend land, maar zeker de moeite waard. Een historisch land boordevol cultuur.

Een heel bijzondere reis maakten we van 23 september tot 7 oktober 1989 naar Noord Jemen, gelegen in de zuidwesthoek van het Arabisch schiereiland, met als hoofdstad Sana'a, gelegen midden in het land, op een hoogte van 2200 meter. In Jemen waanden we ons in een Oriëntaals land uit de Middeleeuwen en af en toe ondervonden we die vroegere leefwijze aan den lijve.

We gingen kris kras door het land en maakten bijzonderheden mee die de moeite waard zijn om op papier te zetten.

We reisden samen met een jong stel uit Rotterdam. Onze gids was Saeed en de chauffeur van onze landrover heette Lotz. Noord Jemen, ongeveer 5 keer zo groot als Nederland, telde plusminus 10 miljoen inwoners. Het land was verdeeld in 3 regio's. Ten eerste, Tihama, de kuststrook langs de Rode Zee waar een tropisch klimaat heerste, ten tweede, een bergrug van noord naar zuid, midden door het land met een gematigd klimaat en ten derde de oostelijke regio, een woestijn bestaande uit zandduinen en rotsformaties.

Jemen was een heel apart land. Zelden zagen we zulke mooie huizen, meestal door de bewoners zelf gemaakt, soms gebouwd op bergrichels, alleen bereikbaar langs smalle rotspaadjes en vaak 7 of 8 etages hoog.

De huizen waren gemaakt van rechthoekige blokken steen, los op elkaar gestapeld, zonder cement. De eerste etages hadden alleen schiet- en kijkgaten, erboven waren mooie ramen met boogvensters, z.g. camaria's, gemaakt van gips en gekleurd glas. De huizen hadden op elke verdieping een toiletruimte, waarin via een gat in de vloer de fecaliën beneden terecht kwamen, om daar te drogen en later als brandstof gebruikt te worden. Hier was ook ruimte voor de geiten en schapen. Op het platteland en bij bergwoningen stroomden de uitwerpselen gewoon langs de muur naar beneden. Maar dan wel langs de muur aan de zuidzijde, want de muur aan de noordzijde moest rein blijven, die was gericht naar Mekka.

De huizen werden door meerdere generaties bewoond, de mannen hadden hun eigen kamers

Jemen. Al Hajarra is alleen bereikbaar via deze trap

Jeminitische kinderen kijken vol belangstelling

en de vrouwen met hun kinderen woonden in de vrouwenkamers.
Helemaal boven in de woning was de mafradj, de mooie kamer, waar de mannen hun bezoekers ontvingen.
Alle mannen liepen met een djambia, een kromdolk, voor op de buik in de gordel gestoken. Alleen als men betrokken was geweest bij een rechtzaak, moest men zijn djambia tijdelijk inleveren. Buiten de steden mochten de mannen met vuurwapens lopen en dat deden ze dan ook graag, vooral de Russische Kalasjnikov's waren geliefd. Voor elke stad of dorp was een militaire post en daar moesten we een schriftelijke vergunning van doortocht tonen of afgeven, dat was afhankelijk van de stemming van de wachtpost. Soms zag ik dat de wachtpost bij het bestuderen van de vergunning het papier op de kop hield. Onze gids had een hele stapel vergunningen bij zich. Hier en daar was de weg versperd met oliedrums, gewapende dorpelingen hielden de wacht. Wij mochten doorrijden, maar dat zou niet het geval geweest zijn met bewoners van een nabij gelegen dorp, waarmee ze in onmin leefden. Ook was er een dorpje in de bergen, waar we niet naar toe mochten. Regeringstroepen waren er net geweest om even te laten zien wie er de baas was. Ver buiten de hoofdstad zag je auto's rijden zonder het verplichte nummerbord. Ik vroeg onze gids wat de politie of militairen deden, als ze zo'n auto zagen rijden. "Ze proberen de banden lek te schieten", was zijn antwoord. "En dan?", vroeg ik. "Dan schieten ze van die auto weer terug", zei Saeed. Het was op veel routes verboden om 's avonds te rijden, vooral de woestijnweg naar Marib was niet veilig. Er was altijd wel een stam die geld of bepaalde voorrechten van de regering wilde hebben en dan had je de kans een paar dagen "te gast" te zijn bij zo'n stamhoofd. Dus bleven wij 's avonds rustig in ons hotel, want buitenlandse toeristen waren vooral een geliefd object bij ontvoerders.

Het was een nationale feestdag, de staatshoofden van omliggende landen waren op bezoek geweest en gingen van de hoofdstad terug naar het vliegveld. Wij moesten de weg tussen de hoofdstad en het vliegveld oversteken om bij ons hotel te komen. Maar dat was verboden, want om de 15 of 20 minuten kwam er een auto voorbij met een of andere hoge piet. Na 2 uur en 10 minuten mochten wij, omdat we buitenlandse gasten waren, oversteken.

In Sa'ada, in het noorden van het land, zagen we nog veel joden. Het waren meest zilversmeden, ze mochten geen wapens dragen en hun traditionele haardracht, haarlokken langs de slapen, was verplicht.
In ons hotel in Sa'ada zaten we 's avonds in de ontvangstruimte na te praten over de belevenissen van de afgelopen dag. Zonder aandacht aan ons te besteden kwamen er drie Jemenieten binnen, die tussen hun in een laken droegen, waarin iets opgeborgen was. Ze namen naast ons plaats en op een tafel vouwden ze het laken open. We zagen een onvoorstelbare hoop papiergeld die de mannen begonnen te tellen. Wij keken elkaar vragend aan, geruisloos stonden we op en zijn naar onze slaapkamer gegaan.

De hotels in Jemen waren van heel goed tot niet aanwezig. Dit laatste was het geval in Al Kokha, een plek aan de Rode Zee. Dit gebied staat bekend als een van de heetste plekken op de wereld en heeft bovendien een hoge vochtigheidsgraad. Tussen palmen, direct aan zee stonden, als slaapplaats voor de komende nacht, voor ons 4 stretchers, gemaakt van 4 boomstammetjes als poten en wat vlechtwerk van riet en touw, met een totale lengte van hooguit 1,50 meter. Bij onze aankomst zaten op elke stretcher 3 of 4 Jemenieten met opgetrokken knieën ons op te wachten, maar ongemerkt waren de mannen verdwenen. Aan drie zijden van onze slaapruimte was een poging gedaan om met rietmatten de ruimte wat af te schermen, maar we hadden, onder de palmen liggend, vrij uitzicht op de Rode Zee. Een aggregaat zorgde tot 10 uur 's avonds voor licht van een 40 watt lamp. Water konden we met een emmer aan een lange stok uit een put halen. Een toilet was er niet, onze gids zei dat de Rode Zee een zindelijke oplossing was. En toen de zon verdwenen was, kwam de dierenwereld tot leven, krekels begonnen te sjirpen, wilde honden, die hier in groepen rondliepen, begonnen te blaffen, het ritselde aan alle kanten en het bleef broeierig benauwd. Onze chauffeur, dat ontdekten we de volgende morgen, had op het strand op de imperiaal boven op de landrover geslapen. We bemerkten nu ook dat 2 politiemannen de nacht hadden doorgebracht achter de rietmatten bij de ingang, ze moesten ons bewaken.

Even ten zuiden van Al Kokha lag het tot ruïnes vervallen en verlaten stadje Mocka, vroeger een belangrijke koffieuitvoerhaven van de VOC.

We hebben ook enige malen gelogeerd in een funduk, een particuliere woning, waar een kamer beschikbaar was voor logés, meestal de mooiste kamer, de mafradj op de bovenste verdieping. Je sliep er op dikke tapijten met kussens die langs de wanden lagen. De vrouw des huizes bereidde het eten en bracht het tót de deur, zij mocht niet binnen komen.

Tijdens een overnachting in een hotel bij Sana'a zouden wij 's morgens gewekt worden door de man achter de receptiebalie, maar dat gebeurde niet. Toch waren we op tijd wakker. Beneden aangekomen, zagen we de receptionist nog slapende op een matrasje liggen. Wakker geworden zei hij: "Sorry, dat ik jullie niet gewekt heb, ik was te moe."

Bij een restaurantje kwamen we in gesprek met een jonge vrouw, ze was 21 jaar en had 4 kinderen. Ze keek ons verbaasd aan en toen onze gids haar vertelde dat Nini 60 jaar was en 3 kinderen had tussen 25 en 34 jaar, wilde ze dit niet geloven.

Het eten in Jemen was overal lekker van smaak. Het vlees stond de hele dag op het vuur en was door en door gaar. Bij een eethuis ging de super dikke kok op een stoel staan om ons zijn uitpuilende buik te tonen als bewijs van zijn succesvolle kookkunst. In het midden van de zaak, op een grote gloeiende aslaag, stonden zo'n 50 kleine stenen potjes, gevuld met schapenvlees in een bouillon, te pruttelen.

We hebben zelden eerder zo heerlijk gekruid en mals schapenvlees gegeten als uit zo'n potje. Op alle reizen die wij maakten, had Nini last van haar maag. Alleen in Jemen heeft zij die problemen nooit gehad, rauwe groenten werden hier niet gegeten.

Op een klein lapje grond tussen een paar huizen liep een ezel vrij rond. Dichterbij gekomen zagen we dat de achterpoten van de ezel met een touw stijf tegen elkaar vastgebonden waren, hij kon geen stap vooruit komen.

Op weg naar Marib liep een dromedaris in een kleine cirkel in het rond, hij hield een molen aan het draaien die olie perste uit sesamzaad. De dromedaris was geblinddoekt. We zagen het vaker, erg diervriendelijk was men hier niet.

Potjes met heerlijk gekruid mals schapenvlees

In de woestijn bij Marib staken uit één steen bestaande zuilen 10 meter uit het zand omhoog. Het waren resten van tempels en paleizen uit de tijd van de koningin van Sheba.

Archeologen probeerden steeds de ruïnes verder bloot te leggen, maar de in deze omgeving wonende stammen werkten dit tegen, zodat het werk soms jarenlang stil lag en de restanten weer onder het steeds oprukkende zand verdwenen. Ook zagen we in de woestijn resten van de oudste dam ter wereld, gebouwd ongeveer 600 jaar voor Christus. De dam had destijds een lengte van 680 meter en zorgde voor de bevloeiing van 10.000 ha. grond. Zo ontstond hier toen een grote groene oase midden in de woestijn, Arabia Felix, Gelukkig Arabië genoemd. Na een dijkdoorbraak in 575 na Christus is de dam niet meer hersteld. De uitroeping van de Jemenitische Arabische Republiek in 1962 werd beloond met financiële hulp van de Arabische Emiraten voor het bouwen van een nieuwe dam, die in 1986 werd voltooid. Er ontstond opnieuw een groot meer dat zorgde dat, net als in de oudheid, grote droge woestijngebieden weer vruchtbare akkers konden worden.

Bij een open winkeltje kochten we vruchtensap in een kartonnen verpakking, een zuiver en heerlijk sap. Nadat we het leeggedronken hadden, wilden we het kartonnetje niet op straat gooien en gaven het terug aan de winkelier. Hij gooide het wel op straat, daar hoorde het thuis, vond hij. In een bergdorp was dat niet erg, met een flinke regenbui spoelde de papiertroep wel naar een lager gelegen dorp. En dat het hier flink kon regenen hebben we meegemaakt in Taiz, een stad in het zuiden, waar een straat, tijdens een tropische regenbui, veranderde in een wild stromende rivier. Maar als daarentegen de straat voor je winkel droog en stoffig is, kun je met een gieter water gaan sproeien. Hier zagen we een winkelier die water sproeide uit een plastic zak, waarin met een speld gaatjes geprikt waren.

Zuilen uit de tijd van Sheba

Zoals ook in andere Islamitische landen bevonden zich in de steden weinig vrouwen op straat. Vrouwen hoorden thuis te blijven, alleen op het platteland waren ze wel aanwezig. Daar mochten (moesten) ze, met toestemming van de mannen, werk op het land verrichten.

Alle steden en grote dorpen op het platteland zijn ommuurd en bij sommige gaan de poorten 's avonds nog dicht.

In Amran liepen we door een stoffige straat, waar we vanuit een getralied keldergat werden toegeroepen. Het waren gevangenen, een man of tien, die zich vanuit hun kerker verdrongen om ons, vreemdelingen, te kunnen zien. Ze vroegen ons een foto van hen te maken, maar dat durfden we niet. Het is verboden officiële gebouwen, zelfs scholen, te fotograferen.

Toen we een dorp binnenreden, zagen we bewoners die stenen wierpen naar een troep wilde honden om ze te verhinderen het dorp binnen te dringen. Onze gids riep de mensen toe het

Sana'a, de hoofdstad van Jemen

gooien te stoppen, want hij begeleidde toeristen uit Nederland, een land waar honden huisdieren waren.

Geld wisselen was in Sana'a geen probleem, op straathoeken zag je hier en daar een geldwisselaar met handen vol papiergeld op een kistje zitten. We konden onze dollars hier voordeliger omwisselen dan bij een bank.

Praktisch alle mannen kauwden 's middags qat. Ze gebruikten daarvoor jonge blaadjes van de qat, een plant die op de liguster lijkt. Om ongeveer 2 uur 's middags stopten alle mannen hun wangzakken vol met qatblaadjes en kauwden het, tot het één dikke prop werd en vanaf dat moment gingen de mannen over in een lichte roes en het liefst tijdens een zalig niets doen en dat duurde uren lang. Moest een chauffeur rijden, dan kauwde hij tijdens het rijden. Had een soldaat dienst, dan kauwde hij tijdens de dienst. Ik heb een paar blaadjes gekauwd, het had geen smaak en na een minuut had ik er genoeg van. Onze chauffeur Lotz kocht elke middag voor minstens 10 gulden aan qat. Lotz was een vrolijke man, hij zong graag onder het rijden en had dan een hand aan het stuur en met de andere hand zwaaide hij met zijn kromdolk boven zijn hoofd. Lotz sprak geen woord Engels, dat deed alleen onze gids Saeed. Maar Lotje wist de naam van Nini en dat woord schijnt in zijn taal 'klein' te betekenen. Hij had er schik in om Nini op de schouder te kloppen en "Nini, Nini" te roepen. Dit was niet naar de zin van Saeed, hij was de gids die met de gasten contact moest houden. Wat er precies gebeurd was, zijn we niet gewaar geworden. Het boterde in elk geval niet tussen Saeed en Lotz en op de tiende dag van onze rondreis stonden er 's morgens een nieuwe gids en een nieuwe chauffeur op ons te te wachten.

Het minder belangrijke land Zuid-Jemen met als hoofdstad Aden is in 1990 door Noord-Jemen, na een oorlog, geannexeerd. Noord-Jemen was een islamitische staat en Zuid-Jemen een marxistische republiek. Er waren grote verschillen. In Noord-Jemen mochten de mannen qat kauwen en wapens dragen, geen alcohol gebruiken en de vrouwen moesten gesluierd zijn. In Zuid-Jemen mochten de mannen geen qat kauwen en geen wapens dragen, alcohol was niet verboden en de vrouwen waren niet verplicht sluiers te dragen. Die grote verschillen zullen nog steeds problemen opleveren.

Jemen was voor ons een openbaring, maar het land is niet geschikt voor massatoerisme en zal het ook nooit worden.

Algerije, we deden er het licht uit

Een land niet zo heel ver weg, maar toch onbekend, was Algerije en om onze nieuwsgierigheid te bevredigen, trokken we 2 weken, vanaf 13 mei 1990 door dit noord Afrikaanse land. Het land is 70 keer zo groot als Nederland, 85% van Algerije is woestijn. Met onze bus legden we een afstand van ruim 4000 km af.

Ook dit land is zeker de moeite waard om extra aandacht aan te besteden.

In de hoofdstad Algiers hebben we de belangrijkste bezienswaardigheden bekeken, de binnenstad, de kasbah en de botanische tuin met het 92 meter hoge vrijheidsmonument. In westelijke richting rijdend, kwamen we in Tipasa, in de Romeinse tijd een belangrijke havenstad. Daarna naar Oran, de tweede stad van Algerije met z'n brede boulevards en in Franse stijl gebouwde huizen. Tegenover het stadhuis stond de schouwburg, waarvan de zaal veel op de bonbonnière van Odeon leek, maar hier had de zaal, vooral de balconranden, fijn stucwerk. Het exterieur van het theater was in stijl, een gevel met grote bogen en boven in de timpaan een prachtig beeld, waarvan links en rechts een ook in Griekse stijl gebouwde toren. Oran is bekend om zijn musici en zangers die de raimuziek, een mengsel van Arabische lyriek en Westerse pop, populair gemaakt hebben. We reisden verder, nu in zuidelijke richting via Tlemcen naar Aïn Sefra, waar de uit 5000 jaar voor Chr. daterende rotstekeningen werden bekeken. Daarna naar

Slachtoffer regenbui in de Algerijnse Sahara

Taghit, 400 km door de bloedhete Sahara, die hier bestond uit grillige bergen in afwisselend blauw rood en bruin, kleuren, die aangaven dat ze ertsen bevatten.

Nini kreeg last van de hitte, een marteling voor haar. En dan ook nog een verschrikkelijk vies oasehotel, een stoffige kamer, vuil linnengoed, aircondition kapot, lichtknopje kapot, je moest het lampje vastdraaien. Het diner bestond uit een vette schapenbout met warme olijven. Nini had een rot nacht, maar dankzij ORS poeder kwam ze er bovenop.

Van Taghit gingen we naar Timimoun, een afstand van ongeveer 600 km. We kwamen langs oasen waar duidelijk te zien was dat ze bedreigd werden door de zandduinen, die zich heel langzaam door de wind verplaatsten en niet waren tegen te houden. Het gebied waar we doorheen reden was de Saoura, vroeger een laagvlakte met een grote brede rivier, nu was het een klein stroompje. Plotseling stonden we voor een meertje, de weg liep er doorheen. Langzaam rijdend, met het water tot de assen van de wagen, konden we er door. We zagen een grote vrachtwagen op zijn kant, half onder water liggen en dat midden in de Sahara.

Bij Beni Abbes bezochten we de kluizenaarswoning van Pater de Foucauld, een Franse priester die de taal van de Toeareg leerde. Ondanks een ander geloof deed hij veel goeds voor de islamitische woestijnbewoners. Verder rijdend over de woestijnweg, soms langs zo'n 300 meter hoge zandduinen, kwamen we plotseling voor een bord waarop vermeld stond dat 40 km verder de weg versperd was. Een afslag was er niet, dus terugrijden of links of rechts de woestijn in. Onze chauffeur gokte erop en reed toch door tot vlak voor een brug, de weg was er met stenen afgesloten. De regen van een paar dagen geleden had ook hier toegeslagen, de wadi was volgelopen. Door een onverwacht grote waterstroom was de brug zwaar beschadigd, 2 pijlers stonden er scheef onder. Aan de overkant zagen we een politieauto met de lichten knipperen. Na overleg met de politie mocht de bus, zonder passagiers en bagage, heel voorzichtig over de brug. Wij volgden te voet. We konden verder rijden en in een onafzienbare zandvlakte kwamen we bij een wegsplitsing. Een weg ging rechtdoor, de ander rechtsaf, maar beide wegen gingen op in het oneindige. Bij de driesprong was een stenen bouwsel, ongeveer 5 bij 5 meter, met alleen een deur en daarvoor een rieten afscherming. Hier bestond de mogelijkheid onze dorst te lessen, want bij een hitte van zo'n 45 à 50 graden droog je snel uit. Twee vrouwen, waarschijnlijk moeder en dochter, begonnen met de voorbereidingen om thee te zetten. Een kan werd met water gevuld, een handvol mintthee en een paar grote scheppen suiker erbij en op een gasstel werd de thee aan de kook gebracht. Ondertussen zat een op de grond gezeten, tegen een paal leunende man ons te observeren. Kennelijk was hij de baas van het etablissement. De mierzoete thee kostte 20 cent. Er was ook een flesje lauwe orange à 30 cent verkrijgbaar en dat leste mijn dorst. Koeling was hier onbekend, we waren hier midden in Algerije, op ongeveer 1500 km zuidelijk van de hoofdstad Algiers.

De reis ging verder naar Timimoun, de rode stad genoemd. De huizen en poorten waren in Soedanese stijl gebouwd, waar de rode kleur de boventoon voerde. Het was een stad met 80.000 inwoners en gelegen in een grote oase met honderden palmen. Toen we door een straatje liepen gooiden kinderen ons met zand, maar na wat goochelen waren ze niet meer bij ons weg te slaan. Een jonge vrouw riep ons binnen in haar huis. Het huis bestond uit één kamer, er stond alleen een koelkast, verder meubilair was er niet. Op de grond stond nog een radio. De vrouw woonde er met wat broers en zusters, helemaal duidelijk is het ons niet geworden. Ze sliepen op het dak, zoals dat hier de gewoonte was. Ze was een 19-jarige studente en sprak een paar woorden Engels. Ze schatte Nini op 30 en mij op 35 jaar, ze was 30 jaar mis. We mochten eerst geen foto van haar nemen, maar nadat we zeiden dat ze een mooi uiterlijk had, gaf ze toestemming.

Van Timimoun vertrokken we richting El Golea. Onderweg bezochten we nog de El Mania skar. Een skar is een rots, waarop in vroegere tijden huizen werden gebouwd waar de bevolking een toevlucht kon vinden bij invallen door vreemde stammen. Even voorbij El Golea zagen we midden in een grote zandvlakte een paar palmen staan met daartussen een klein kerkje. Het was het kapelletje gesticht door pater de Foucauld. Enige dagen geleden hadden we in Beni Abbes zijn kluizenaarswoning bezocht. De door een vijandige stam vermoorde pater lag naast de kerk begraven.

De hotels in de oasen waren heel verschillend. Soms was het een verademing, met zeer goede voorzieningen en zeer vriendelijk personeel, maar soms was het een en al kommer en kwel. Bij het diner kregen we twee dagen achter elkaar een soort bief tartaar, gehakt rauw vlees. Bij deze grote hitte hebben we het niet durven eten. Bier of wijn was meestal niet aanwezig. Op de kamer gaf de kraan niet altijd water, bij een van de hotels kreeg je 's morgens een fles water om je te wassen. In de meeste hotels kon je bij het bedienend personeel voordelig Nederlands geld omwisselen in Algerijns geld.

We reden verder naar het noorden en kwamen in de M' Zab, een dal met een paar steden met bijzondere architectuur en een bevolking die streng godsdienstig was. Wij bezochten Beni Isguen, de heilige stad van de Mozabieten. Het stadje lag op een heuvel en was omgeven door een hoge muur, door slechts 3 poorten kon men de stad binnen komen. Gedurende gebedstijden en 's nachts mocht een vreemdeling zich niet in de stad bevinden. Aangekomen in de stad, mocht je niet fotograferen, niet roken, niet gearmd lopen, je mocht eigenlijk niets. Zonder gids mocht je het stadje niet in en omdat onze groep klein was, kregen we maar 2 gidsen mee. 1 gids bleef achter ons lopen om te zien of er niet gefotografeerd werd. Het was een gesloten gemeenschap waarvan de inwoners onder elkaar trouwden. Bijna iedereen was familie van elkaar en dat was inderdaad te zien.

Tegen het einde van de middag was op het plein, een driehoek van ongeveer 30 x 30 x 30 meter, een veiling, een verkoop bij opbod. Langs de muren zaten alleen mannen en iedereen die iets wilde verkopen, rende steeds met het te verkopen artikel langs de meute. Een liep al schreeuwende met een ratelende wekker rond, een ander torste een oude stoel mee en riep ondertussen wat er al voor geboden was, zelfs liep er één krijsend met een tl-buis. En dan die man met een kappertondeuse, ondanks geschreeuw en geloop kreeg hij geen bod. Een uniek en vooral vreemd schouwspel, je zag de mannen lopen in hun seroual, een wijde pantalon met het kruis tussen de knieën. We hebben van de meest vreemde dingen onderweg foto's genomen, maar hier lukte het niet. We werden te veel op de vingers gekeken.

Algerije, de Sahara kan prachtig zijn

We gingen verder naar Ghardaia,

waar we in een modern en groot hotel met veel personeel overnachtten. Gasten hebben we er niet gezien, wij waren de enige. De volgende oasestad was Quargla, een stad met duizenden palmbomen. Op het marktpleintje werden grote hoeveelheden woestijnrozen aangeboden. Deze vreemd gevormde stenen onstaan doordat de woestijnwind eeuwenlang gips, kwarts en silicaten vermengt. Daarna ging de reis naar Touggourt en Temecine, heel oude stadjes met lemen huizen en enge, verlaten boogsteegjes. We zagen op een straathoek een paar jongens spelen, ze vermaakten zich met autootje spelen. Dat deden ze met een stok waaraan een conservenblik was bevestigd. Ze wilden zelf niet op de foto, alleen hun 'auto' mocht er op, maar zoals meestal, na een paar trucjes wilden ze wel poseren. Behalve de jongens en een oud mannetje, dat angstig in een hoek kroop, hebben we hier niemand gezien. We waren er van overtuigd dat men ons wel zag.

De volgende stad was Touggourt. De hele oase waarin de stad lag was één grote dadelpalmentuin. De dadel wordt dan ook wel "het brood van de mensen uit de Sahara" genoemd. In deze stad zagen we verkiezingsborden voor de eerste vrije verkiezingen sinds de zelfstandigheid in 1962. Er was kiesrecht voor mannen en vrouwen, op de verkiezingsborden stonden ook vrouwen afgebeeld, zonder sluier.

Na ons vertrek uit Touggourt liepen we vast in door de wind ontstane zandheuvels op de weg. Met behulp van mankracht en andere auto's kwamen we weer los.
Hier en daar zagen we een buswachthokje dat verdeeld was in 2 afdelingen, een voor wachtende mannen en de ander voor wachtende vrouwen.

We arriveerden in El Oued, de stad van de 1000 koepeltjes, een koepeldak schijnt minder warmte vast te houden en er blijft geen zand op liggen. El Oued werd ook duidelijk bedreigd door oprukkende zandduinen. De stad was gebouwd op warmwaterbronnen. Water was er volop, maar de temperatuur van het water, tussen de 60 en

Mannen bekijken verkiezingsborden.

70 graden, was te hoog om de kranen doorlopend open te houden. Een paar uur per dag kon er getapt worden, daarna moest het buizenstelsel weer afkoelen. Voor drinkwater was het niet geschikt, het was te zout. Drinkwater werd aangevoerd over een afstand van 300 km en kostte 40 cent per liter.

Verder naar het noorden trekkende, kwamen we langs grote zoutmeren die helemaal uitstrekten tot in Tunesië. Geleidelijk aan verlieten we de woestijn en kwamen in Biskra, waar het Aurès gebergte begon, een woest en fascinerend gebied. In diepe ravijnen, hier de Algerijnse "Grand Canyon" genoemd, groeiden veel dadelpalmen. Na de kloof van El Kantara gepasseerd te hebben, kwamen we in Timgad. Deze ruïnestad werd ongeveer 50 jaar na Christus gebouwd in opdracht van keizer Trajanus en is de meest zuidelijk gelegen plaats door de Romeinen in Algerije aangelegd. In de 8e eeuw werd de stad door een aardbeving bedolven, nu was men bezig de stad weer uit te graven.
Onderweg naar Constantine kwamen we langs een indrukwekkende graftombe van ongeveer 60 meter in doorsnee, het was het graf van een berbervorst.
In een kleine stad wandelden we langs een winkel met, in de etalage, dameskleding, zoals japonnen, schoenen en sieraden, maar boven en achter in de etalage, moeilijk zichtbaar, zagen we ook bh's, slipjes en ondergoed met kant. Dat was hier toegestaan, het was geen islamitisch, maar een berbergebied.
En zo kwamen we in Constantine, de derde stad

van Algerije. De stad lag als een adelaarsnest op twee hoge krijtrotsen. 4 bruggen over een diep ravijn verbonden beide stadsdelen met elkaar, een heel bijzondere stad. We kwamen langs het universiteitsgebouw op de Boufrika-heuvel, een imponerend bouwwerk van de Braziliaanse architect Oscar Niemeyer. Een jaar later las ik in de krant dat het gebouw door islamitische fundamentalisten in brand was gestoken en verwoest.

Vanuit Constantine, gelegen in het noordoosten van het land, hadden we nog 500 km voor de boeg naar Algiers en zo reden we door het groene en vruchtbare berglandschap van Kabilië naar de hoofdstad van Algerije. Het was het einde van een fascinerende rondreis.

Een paar weken later, in juni 1990, vonden in Algerije de gemeentelijke en provinciale verkiezingen plaats die gewonnen werden door de FIS, de fundamentalistische islamieten. Het gevolg was grote onrust en bloedige ongeregeldheden. Het was gebeurd met het toerisme in Algerije, onze rondreis was de laatste die nog doorging. Wij hebben er het licht uitgedaan.

Met hete lucht de lucht in

Een ballonvlucht leek me iets om een keer mee te maken en een aanbieding van Ad Ballon in Breda was aanleiding ons aan te melden. Op 15 april 1991 bracht Ruud ons van Den Haag naar Breda, maar er was te veel wind, de vlucht kon niet doorgaan, dus we trokken weer huiswaarts. Een nieuwe poging was op 26 april, maar een tijdig telefoontje behoedde ons voor nóg een vergeefse reis naar Brabant. Maar op 22 mei besloot Ad Ballon, ondanks een stevige wind, de vlucht door te laten gaan. Henk en Janny brachten ons nu naar Breda.

Na de windrichting bestudeerd te hebben, besloot Ad op te stijgen bij het dorpje Dorst.

Met een ventilator werd de op de grond uitgespreide ballon opgeblazen en vervolgens werd de lucht erin met gasbranders verwarmd waardoor de ballon rechtop kwam te staan. Toen vlug erin gestapt en om half 9 gingen Nini en ik de lucht in, Henk Broeders was onze piloot. Henk en Janny volgden ons op de grond voor het maken van foto's.

We voeren over het dorpje Molenschot en zagen in de verte de startbaan van het vliegveld Gilze-Rijen, waar men op de hoogte was gesteld van onze vlucht. Daarna over Chaam, over bossen en kampeerterreinen en via Baarle-Nassau naderden we de Belgische grens. Zo boven het land te zweven, soms laag over de bossen, dan weer op een hoogte van 700 meter en aan de wind te zijn overgeleverd, was een bijzonder gevoel. Onze piloot wilde proberen op het Belgische, niet meer in gebruik zijnde militaire vliegveld te landen. Nini en ik moesten door de knieën en ons goed vast houden aan de handgrepen aan de binnenkant van de mand. Door de stevige wind, ongeveer 25 km per uur, viel de mand om bij de landing en werd ongeveer 25 meter meegesleurd. Nini slaakte een gil. Ik had de recorder laten lopen, zodat het geluid is

Geland op Belgisch vliegveld Weelde

vastgelegd. Een paar dagen na onze vlucht las ik in een tijdschrift het volgende: De bekende Nederlandse ballonvaarster mevrouw Boesman vroeg eens aan Neil Armstrong, de man die als eerste een voet op de maan zette, een ballonvaart met haar mee te maken, zijn antwoord was: "Al die touwtjes en al die lapjes, nee voor geen miljoen dollar ga ik mee."

Van 12 tot en met 23 juni 1991 maakten we een rondreis door de republiek Ierland en door het onder Engels bestuur vallende, Noord Ierland. Met de KLM vlogen we naar Belfast, vandaar met de bus via Newcastle naar Dublin.

Daarna door het binnenland van Ierland naar de Ring of Kerry en verder naar het noorden, langs de klippen van Moher en het stadje Galway, naar Conamara. Tot besluit bezochten we county Donegal, om daarna weer noord Ierland in te trekken. Langs de stad Londonderry en de Giant's Causeway gingen we naar Belfast voor de terugvlucht.

Later spraken we een dame die precies dezelfde rondreis had gemaakt, maar bij het zien van onze diaserie herkende ze niet veel. "Dat heb ik allemaal niet gezien", zei ze. Tijdens een busreis werd altijd veel geslapen, gepraat en gelezen, gordijnen dicht gedaan en uitkijken deed men niet. De doorsnee bustoerist genoot te weinig van wat hij tijdens de reis kon zien. De koffiestop van een uur gebruikten wij om 3 kwartier daarvan de naaste omgeving te verkennen. De rest van het gezelschap vermaakte zich al die tijd in het horeca-etablissement en stapte de bus weer in zonder te kijken waar men geweest was.

Tijdens het rijden maakte ik altijd veel diaopnamen vanuit de bus. In Ierland kocht ik een kunstkalender waarop ik, thuisgekomen, ontdekte dat daarop een foto was afgebeeld van eenzelfde plek, waar ik vanuit de bus een dia van had gemaakt. Naar mijn mening was mijn dia mooier dan die kalenderfoto waarvoor de fotograaf speciaal zijn positie had ingenomen.

Onze eerste reis naar Malta was van 6 tot en met 13 mei 1992. De republiek Malta is een kleine eilandengroep, bestaande uit het hoofdeiland Malta en verder, Gozo, Comino en een paar onbewoonde rotseilandjes. We verbleven in de hoofdstad Valletta in het Castille hotel, direct naast de Auberge van Kastilië, de zetel van de minister-president.

Valletta is als een vesting gelegen op een schiereiland en heeft een stratenplan in de vorm van een dambord. Bijna alle huizen, kerken en paleizen zijn gebouwd van kalksteen, bouwmateriaal afkomstig uit steengroeven midden op het eiland. Veel huizen hebben balkons en mooie erkers. Op Malta en Gozo zijn sfeervolle oude stadjes en dorpjes. In het stadje Mdina zagen we op de toren van de Sint Petrus kathedraal 2 uurwerken, waarvan één de juiste tijd aangaf.

Een manier om de boze geesten in verwarring te brengen. Voor de kerk stonden 2 kanonnen, een met inschrift "gegoten in 1641 in de republiek der Verenigde Nederlanden". In Mosta bezochten we een grote koepelkerk. Op 9 april 1942 viel een Duitse vliegtuigbom dwars door het koepeldak en kwam op de kerkvloer terecht tussen de 300 aanwezige bezoekers, de bom ontplofte niet en niemand raakte gewond. De moeite waard om te bezoeken waren ook de opgravingen van oude tempels, zoals de tempel van Tarxien en op Gozo, de tempel van Ggantija. Bouwsels uit ongeveer 3000 jaar voor Chr.

Van 15 tot en met 22 juni 1999 brachten we nogmaals een bezoek aan Malta, want er viel nog veel meer te zien.

Op 1 juli 1992 vlogen we naar Glasgow voor een 8-daagse rondreis door Schotland. Eerst bezochten we Edinburgh, een stad gedrenkt in historie met in het midden, op een rots, het kasteel waar de stad zijn naam aan te danken heeft. We bezochten in Schotland veel indrukwekkende kastelen, zoals het romantische Inveraray Castle en het grote spierwitte Blair Atoll Castle, nog bewoond door de 10e Duke of Atoll. Hij was homofiel, dus het geslacht was gedreigd uit te sterven. We mochten een kijkje nemen in 32 kamers, de overige 60 kamers waren in privégebruik bij de hertog. In een van de slaapkamers stond een groot hemelbed. De Japanse keizer schijnt hier eens geslapen te hebben. Als Japanners het kasteel bezochten, holden ze eerst naar deze slaapkamer en bogen eerbiedig naar het bed. In de hal van het kasteel bevond zich een grote wapenverzameling. De hertog is de enige Britse staatsburger die er een eigen leger op na mag houden, maar deze Atoll Highlanders functioneerden alleen nog bij speciale gelegenheden. Op het eiland Arran gingen we naar het op een Vikingvesting gebouwde Brodick Castle, niet alleen bekend om het bezienswaardige interieur, ook de tuin was beroemd om de prachtige rododendrons. We maakten een tocht over een van de bekendste meren van Schotland, Loch Lomond, dat bezongen werd in het Schotse lied "Bonny Banks of Loch Lomond". Vanuit de haven van Oban voeren we naar het stille en verlaten eiland Mull en vandaar naar Iona, een klein eiland met nog geen 100 bewoners. In 563 landde St. Columba er vanuit Ierland en stichtte er een klooster, ruïnes ervan waren nog te bezichtigen, evenals de graven van Schotse koningen en koningen van andere landen.

Natuurlijk bezochten we een van de 300 Schotse whiskydistilleerderijen, het was "The Edradour", een van de kleinste bedrijven van Schotland met slechts 3 personeelsleden. Deze whisky is ook in Nederland te koop, een fles kost ruim ƒ100,- (in Ierland maakt men whiskey).

De laatste reis die we maakten gedurende de tijd dat we in Den Haag woonden, was een reis naar Cyprus, die het reisburo Isropa voor ons had geregeld. Dinsdag 23 maart 1993 vlogen we naar Larnarka. Een taxi bracht ons naar hotel Flamingo, waar we per huurfiets de omgeving verkenden. We brachten een bezoek aan de Hala Sultan Tekke moskee met de graftombe van Umm Haram, een tante van Mohammed. Na een verblijf van twee dagen in Larnarka bracht een taxi ons naar de hoofdstad Nicosia. De stad was in tweeën gedeeld door de Green Line, een grenslijn die het Griekse en Turkse gedeelte van Cyprus gescheiden moest houden en door een VN vredesmacht bewaakt werd. Interessant in Nicosia was de in 1567 gebouwde stadsmuur met de mooie Famagustapoort, nu ingericht als cultureel centrum. Midden in de oude stad bevond zich het in Venetiaanse stijl gebouwde paleis van de aartsbisschop van Cyprus. Erg geslaagd vonden we de restauratie van de oude stadswijk Laiki Yitonia. Het was een artistiek verantwoorde buurt geworden, gerenoveerd in de stijl van de jaren 20. Weer 2 dagen later gingen we met een taxi naar Pafos. Via een mooie kustroute kwamen we o.a. langs de rots van Aphrodite, de godin van de liefde, die hier uit het schuim van de zee geboren moet zijn. In Pafos bezochten we ondergrondse koningsgraven en het zeer bezienswaardige privémuseum van mevrouw Eliades, een museum dat helaas niet door de doorsnee toerist werd bezocht. Na 3 dagen Pafos was de rondreis per taxi over Cyprus ten einde. Het was een prachtige manier van reizen.

Tussen onze buitenlandse reizen door gingen we korte binnenlandse reisjes maken en zo ontmoet-

Oud premier Lubbers en Jan op Vredenhof

ten we op Schiermonnikoog oud-premier Lubbers die een paar dagen op het eiland doorbracht. Het was de eerste keer dat hij een waddeneiland bezocht. Ik nam de gelegenheid waar hem op het kerkhof Vredenhof iets te vertellen over het doen en laten van opa van der Werff.

Ik vervolg nu mijn verhaal met wat we verder in Den Haag meemaakten.

Waarom naar Den Haag?

Het wapen van Den Haag is een ooievaar, hoog op de poten, kaal in de veren en een grote bek

Vele malen is ons gevraagd waarom wij in Den Haag gingen wonen. Wezep was toch een rustige plaats en de woning aan de van Pallandtlaan was prachtig gelegen, had een unieke tuin en voor stedelijke voorzieningen was Zwolle vlakbij.

Door de grote verscheidenheid van het publiek in Odeon en door het reizen en trekken door vreemde landen, had ik veel ervaring en mensenkennis opgedaan. Het was een prachtige tijd geweest, maar het waren wel slopende jaren. Ik was nu niet meer gebonden aan mijn werk en wilde gewoon iets nieuws, anders leven, anders wonen, het liefst in een vreemde omgeving, dan leek alles nieuw en spannend. En bovendien was mijn aard te onrustig om lang aan een activiteit alle aandacht te blijven besteden. En waarom dan juist naar Den Haag, waarom niet naar Amsterdam, Rotterdam of zelfs naar Groningen. Op de uitnodigingskaart voor mijn afscheidsreceptie stond een tekening die voorstelde dat men mij het bos instuurde. De bedenkers van deze ironische kaart, de mensen van de administratie van de schouwburg, wisten wel degelijk dat ik graag door een bos liep. Ik hield van de natuur, maar ik zag toch liever mensen die bezig waren en iets tot stand brachten op kunstzinnig gebied. Ik had respect, niet alleen voor schilders, beeldhouwers, tekenaars, musici, maar ook voor mensen die andere bijzondere prestaties verrichtten. Dat konden sporters, architecten, uitvinders, maar vaak ook anderen zijn. Om dit alles mee te maken, moest je niet midden in een bos tussen de bomen gaan wonen, ver van de bewoonde wereld of in een uithoek van Nederland.

Den Haag kreeg onze voorkeur. De sfeer lag ons goed, nog een beetje Indisch. Het was een grote stad met veel groen en de zee was dichtbij voor een frisse neus. Verder was het natuurlijk een pre dat aan de Segbroeklaan tante Grietje Withagen-Westra woonde. Zij was een nicht van moeder, oom Georg H. Withagen was vroeger onderwijzer in Batavia en was tijdens de bootreis naar Nederland overleden. Aan de Piet Heinstraat woonde nog een achternicht van mij, Ans (vroeger Annie) Dekker-Westra.

Vanuit Zwolle brachten we vroeger regelmatig een paar dagen door in Den Haag, meestal met ons tweeën en een enkele keer met Henk, Ruud of Jacqueline. We overnachtten dan bij tante Grietje of in het kleine hotel van mevrouw van Zom in de Passage en later in hotel Bali in Scheveningen.

En zo kwamen we terecht in het huurappartement aan de Catharina van Rennesstraat, aan het eind van de Laan van Meerdervoort, vlakbij Kijkduin. Op elk van de 7 woonlagen van ons gedeelte van het appartementencomplex waren

7 april '84; Ruud en collega helpen bij verhuizing

2 woningen. Wij deelden de vierde etage met een Oost-Duits gezin, een echtpaar met een dochtertje. Ze vertrokken 's morgens gezamenlijk naar de Oost-Duitse ambassade en kwamen tegen de avond weer thuis. Nooit hebben we één woord met hun gewisseld. Toen Oost-Duitsland op het punt stond in te storten, waren ze plotseling verdwenen en was het huis leeg, op een paar zakken afval en een verdroogde plant in ons trappenhuis na. De meeste bewoners van ons gedeelte van het complex waar we contact mee hadden, waren hoofdzakelijk bewoners van de bovenste etages, zoals Alie Zuidberg, een weduwe, getrouwd geweest met een diplomaat, waarmee ze o.a. in Zuid-Afrika had gewoond. Verder Bert en Els Koorenhof, ook bekend met de diplomatieke wereld. Oogarts Walburgh Schmidt was vroeger werkzaam geweest op Celebes in Indonesië. Na zijn overlijden in april 1988 kregen we van zijn zoon 2 uit hout gesneden beeldjes en 2 olieverf schilderijen. Eén voorstellende een sawalandschap, met op de achtergrond de vulkaan Tangkuban Prahu en de ander het berglandschap bij Lembang met de sterrenwacht. Ook woonden in ons complex Gerrit en Heleen Hardeveld Kleuver en mevrouw van Waning-Heemskerk, die vaak naar het buitenland ging voor een of andere ministerie. Ze was familie van de beeldend kunstenaar Martin van Waning, bekend van Schiermonnikoog. Ook woonde er het Franse echtpaar Philosoof met 2 kinderen, hij werkte op het octrooiburo. Verder het echtpaar Dekker, het echtpaar Jonker, met een Indische achtergrond en Mach Delhaas. Beneden ons waren verschil-

lende woningen gehuurd door de Shell en ook nog 2 door de Oost-Duitse ambassade, maar door de vele mutaties in de bewoning hadden we geen contact met deze bewoners.

De eerste maanden in Den Haag besteedden we aan het verkennen van de stad. Met tramlijn 3, die de Laan van Meerdervoort volgde, waren we in 20 minuten in het centrum, waar het fijn winkelen was. En de mogelijkheid om al die buitenlandse restaurants te testen was een zeer lekkere bezigheid. Om tante Grietje ook eens mee te laten genieten van een culinair uitstapje hadden we haar gevraagd, het was op 10 oktober 1984, mee te gaan naar het Griekse restaurant aan het Buitenhof en dat aanbod sloeg ze niet af. Maar wat ze wel afsloeg, direct na binnenkomst bij de Griek, was het glaasje ouzo dat de kelner ons aanbood. "Dat spul is niet goed voor mij, het is veel te zoet, neem maar weer mee", zei ze een beetje bits. Rauwkost hoefde ze ook niet, maar ze at haar eigen schaaltje wel voor 3/4 leeg. De hoofdschotel vond ze veel te zout en welk restaurant serveert nou zoveel vlees, dat is niet gezond, je krijgt teveel eiwitten binnen. Tante Grietje vroeg een extra servetje, de Griekse kelner wist dat wel vaker een stukje vlees meegenomen werd voor het hondje thuis. Bij het verlaten van het restaurant moest ze toch nog even kwijt dat ze hier nooit weer zou gaan eten. Maar ze had in elk geval voor de volgende dag nog een stukje vlees. Bij een telefoongesprek, de volgende dag, kreeg Nini van tante Grietje te horen dat ze dat vlees van die Griek maar weggegooid had.

Af en toe gingen we een dagje naar het noorden. Onderweg naar Ellerhuizen gingen we dan in Groningen even langs bij de vrijgezelle tante Liesje en tante Trui, nichten van moeder, tevens nichten van tante Grietje. Deze bezoekjes hebben we lang vol moeten houden, want tante Liesje werd 103 1/2 jaar (overl. 6-6-1993) en tante Trui bijna 102 (overl. 14-1-1995). Hun zus Maaike, de pianolerares, die nog geprobeerd had om mij in mijn jeugd piano te leren spelen, was niet zo oud geworden. Liesje en Trui woonden de laatste jaren in het verzorgingshuis "Het Hoornseheem" in naast elkaar gelegen kamers, maar er heerste een koude oorlog tussen hun beiden. De een vond het altijd onverstandig dat we bij de ander op bezoek gingen.

Liesje, oud-lerares naaien aan de huishoudschool, kon goed tekenen en ze maakte gedichten voor het blad van het verzorgingshuis. Ze vroeg Nini tijdens een bezoekje eens zo'n ongeveer 15 coupletten bevattend gedicht hardop voor te lezen en toen heeft Nini ontdekt hoe kwaad een vrouw van over de 100 jaar kon worden als je "per ongeluk" een paar coupletten van haar gedicht oversloeg. Liesje wist van politiek alles af, ze volgde het laatste nieuws en ze keek op de tv naar verschillende politieseries. Ze geloofde in wichelroede en in reïncarnatie en in die zaken duldde ze geen tegenspraak.

Tante Trui was gemeentelijke vroedvrouw geweest, maar vanwege haar slechte gezondheid met pensioen gestuurd toen ze ongeveer 40 jaar was. Mijn vooroorlogse herinnering aan haar was een kleine, rondborstige en gezellig pratende tante, gelegen op een divan. In het verzorgingshuis bleef het beeld hetzelfde, alleen was de divan vervangen door een bed. Maar als je op bezoek kwam, mocht ze graag haar stevige beentjes over boord gooien en rechtop zittend haar tekeningen laten zien, want ook zij kon goed tekenen.

Van mijn verzameling antiek boerengereedschap had ik alleen nog kleine voorwerpen, inclusief allerlei soorten vallen en klemmen, samen ongeveer 150 stuks, uit Wezep meegenomen. De grote objecten had ik al verkocht op boeldagen. In de Haagse Courant las ik artikelen over het museum van onderwijs in de Hemsterhuisstraat, dat op punt stond te verhuizen naar het Museon, de nieuwbouw bij het Haags Gemeentemuseum. Wij gingen eens kijken in de Hemsterhuisstraat waar men druk aan het inpakken was en maakten kennis met de museummedewerkers, de heren Lelyveld, Bettenhaussen en van Bergenhenegouwen. We vertelden hen dat we antiek gereedschap hadden en al spoedig bleek dat het museum wel geïnteresseerd was. Een paar dagen later kwamen ze naar de Cath. van Rennesstraat om de spulletjes te bekijken. Een museum heeft nooit veel geld, men kreeg vaak spulletjes gratis aangeboden, maar dankzij een sponsor had men een potje om wat aan te schaffen. De directeur van het museum, drs. W.G. van der Weide, bevestigde op 16 oktober 1984 schriftelijk het grootste gedeelte van de verzameling te kopen. Het merendeel van het gereedschap kwam eerst in het depot terecht. Ik moest bij elk voorwerp een kaart invullen wat het voorstelde en waar het vandaan kwam. Later, bij een bezoek aan het museum, zagen we er altijd wel iets van terug. De rest van de verzameling heb ik verkocht in het venduhuis aan de Nobelstraat.

Voorstellingen in Den Haag

Tijdens de onderhandelingen met de Museonmedewerkers kon ik het soms niet laten om af en toe een goocheltrucje te vertonen en het gevolg was een goochelvoorstelling op 30 januari 1985 bij de familie Lelyveld. Het zoontje werd 6 jaar en moest met zijn vriendjes beziggehouden worden, een privé optreden van een goochelaar was iets bijzonders. De heer Lelyveld haalde mij op en bracht me weer thuis. Dat was later ook mijn voorwaarde, voor vervoer moest gezorgd worden en verder vroeg ik niets, alleen als de kas het toeliet werd een onkostenvergoeding op prijs gesteld. De vergoeding bij deze voorstelling bij de familie Lelyveld bestond uit 2 flessen wijn.

Het was de eerste voorstelling in de 10 jaar dat wij in Den Haag woonden, er zouden er nog honderden volgen.

Een paar maanden later verzorgde ik voor de kinderen van de Museonheren Bettenhaussen en van Bergenhenegouwen ook een goocheloptreden, met 2 maal 2 flessen wijn werd mijn wijnvoorraad aangevuld.

Op 26 juni 1985 gaven we een voorstelling voor de openbare- en kleuterschool in Kijkduin, dit was het eerste niet besloten optreden. Niet veel later ging ik goochelen in het Zeehospitium, eveneens in Kijkduin. Deze instellingen hadden waarschijnlijk ons adres gekregen van horen zeggen.

Begin 1987 stelde ik de eerste programmafolder samen, met, behalve een goocheloptreden, ook het vertonen van diaklankbeelden van Java/Bali, Marokko en Sinai/Jordanië. Tijdens het laatste jaar van ons verblijf in Den Haag bevatte ons programma 25 diaklankbeelden, gemaakt van hiervoor beschreven reizen. Later in Leusden liep dit aantal op tot 38.

Uit het telefoonboek en de gele gids van Den Haag haalden we adressen waarvan we dachten dat we daar voor bejaarden en patiënten voorstellingen zouden kunnen geven.

En zo gingen we op de fiets door heel Den Haag, Rijswijk en Voorburg. Zo hebben we tijdens het rondbrengen van onze folders de stad goed leren kennen, beter dan menig Hagenaar de stad denkt te kennen. De gevolgen waren boven verwachting.

De eerste voorstelling waarbij we een diaklankbeeld vertoonden, was op 3 juni 1987 in het verzorgingstehuis Dekkersduin in de Campanulastraat. Er waren 50 personen die veel interesse hadden voor het klankbeeld over Java en Bali en ook het goochelen sloeg aan. Nini en ik kregen elk een lichtblauwe sweater met het logo Dekkersduin, het was waarschijnlijk sportkleding voor het personeel. In latere jaren zijn we 3 maal terug geweest in dit tehuis. De leiding van de recreatie was toen in handen van een mevrouw die in Gouda woonde, onze beloning werd toen ook prompt een pakje Goudse stroopwafels.

Van de parochie Teresia van Avila van de Westeindekerk kreeg ik een telefoontje. Zuster Rosalie had een folder van ons onder ogen gekregen en nu moesten we eens langs komen om te vertellen wat we precies deden. Zo kwamen Nini en ik terecht in een straat achter de kerk, waar we aanbelden bij een oud huis met alleen het gezochte huisnummer. Een mevrouw deed open, het bleek zuster Rosalie te zijn. We hadden eigenlijk een nonnetje verwacht. Ze bracht ons naar een hoge donkere kamer, zeer schaars gemeubileerd met een tafel in het midden, waaromheen een paar oude houten stoelen stonden. Maar alles in deze ruimte werd overheerst door een immens hoge donkere houten kast. Zuster Rosalie liet ons plaats nemen aan de tafel en zei even weg te gaan, ze zou zo weer terug zijn. Zittend in het half donker keken we om ons heen, we hielden onze mond, misschien konden we afgeluisterd worden. Zuster Rosalie kwam inderdaad gauw terug. Ze had een dienblad in de hand waarop een theepot stond, die ze midden op de verder kale tafel zette. Rosalie ging voor de grote kast staan en opende voorzichtig de beide krakende deuren. We zagen van boven tot beneden alle kastplanken gevuld met oude zwarte ordners, op een zagen we staan "Huwelijken 1946 - 1947". Maar tussen al die ordners wist de zuster theekopjes te voorschijn te halen. Er werd op de deur geklopt en er kwam een dame binnen met een suikerpotje en een schoteltje met een paar mariakoekjes. Ze stelde zich voor als mevrouw van der Zalm en vertelde dat ze samen met de zuster culturele middagen organiseerde voor een clubje ouderen. Bij het kopje thee ontspon zich een aangenaam gesprek. We maakten de afspraak om op donderdagmiddag 7 april 1988 een voorstelling te geven in het zaaltje, ingang Westeinde, voor het clubje dat eenmaal per maand bijeenkwam. We werden opgehaald door mijnheer v.d. Bol, oud-leraar van de Hogere Hotelschool. Toen hij vernam dat we een horecaverleden hadden, raakte hij niet uitgepraat over zijn culinaire ervaring.

Aan het pand aan het Westeinde was de oude glorie te herkennen. We kwamen in een brede gang met een marmeren vloer en in de ernaast gelegen grote, hoge kamer zou de voorstelling plaatsvinden. Aan de straatzijde waren hoge ramen, die afgesloten konden worden met houten blinden. Onder de schoorsteenmantel brandde een gaskachel. Ook hier een zeer gevarieerd meubilair, allerlei modellen, meest wankele stoelen en wiebelende tafels, waarschijnlijk afkomstig van erfenissen. Het publiek bestond uit ongeveer 25 oudere dames en heren die zeer geïnteresseerd waren in onze activiteiten. Zoals vaak bij dit soort clubjes had iedere bezoeker zijn eigen plaats in de zaal. Soms gebeurde het dat op de plek waar onze projectietafel moest staan, de plaats was waar iemand altijd gewend was te zitten. Vooral in bejaardenhuizen kwam dat vaak voor. Maar bij de club van Teresia van Avila deden ze niet zo moeilijk.

Een ander probleem bij vooral nieuwe bejaardencentra waren de dunne overgordijnen, het kon dan vaak niet goed verduisterd worden bij de middagvoorstelling. Ook een probleem bij de nieuwe bejaardencentra waren de lage plafonds, waardoor het filmscherm niet hoog genoeg geplaatst kon worden.

Bij Rosalie hadden we daar geen last van. Het

4. **Noord-Jemen**.
Het land van de Koningin van Sheba. Een land van ongekende schoonheid. Woeste berggebieden, en eeuwenoude architectuur in de steden.
Duur 75 minuten.

5. **Syrië**.
Een land met een schat aan culturele erfenissen. Damascus, Aleppo, Palmyra, Ugarit, Krak des Chevaliers, allemaal namen met een grote geschiedenis.
Duur 60 minuten.

10. **Menorca** en **Ibiza**.
Niet waar het massatoerisme heerst, maar een kijkje in het rustige binnenland met zijn prachtige natuur en zijn oude boerderijen.
Duur 25 minuten.

11. **Algerije**.
In oppervlakte 65 x Nederland. Een fascinerend land met een mysterieuze aantrekkingskracht.
Duur 70 minuten.

12. **Marokko**.
Langs de Koningssteden naar het diepe zuiden met zijn lemen kasbahs.
Duur 50 minuten.

Enkele voorbeelden uit de programmafolder

was een oude troep, maar de sfeer was hier uitstekend. Als je dit huis binnenkwam, viel de buitendeur achter je weer in het slot. In de kamer, vlak bij de gaskachel, was een knopje en als de bel van de buitendeur ging, was een druk hierop voldoende om de voordeur voor een volgende bezoeker te openen. En bij dat knopje zat altijd dezelfde dame, een vlotte, praatgrage mevrouw die dat knopje indrukken als haar taak beschouwde. Ze vertelde ons dat ze weduwe was en dat ze onder haar meisjesnaam verder leefde. En die meisjesnaam was de Mol, ze was de trotse tante van Linda en John de Mol. Over Linda zei ze dat Linda nooit over collega's roddelde, over politiek en geldkwesties praatte en nooit minirokjes of gewaagde kleding droeg.

De voorstelling bij Teresia van Avila sloeg aan. We kwamen er vele malen en mochten op het laatst zelf het programma samenstellen, want wat wij vertoonden, was immers altijd interessant. Bij de 14e voorstelling nam Rosalie ontroerd afscheid, ze moest terug naar het klooster. Vlak voor ons vertrek uit Den Haag gaven we er op 3 maart 1994 de 15e en onze laatste voorstelling en hoorden dat Rosalie, nu als non gekleed, niet aan het kloosterleven kon wennen. Ze leefde daar niet meer in de wereld en ze miste Den Haag.

Wat kregen we als dank voor deze 15 voorstellingen? Voor ons eerste optreden ontvingen we een blikje met biscuitjes, ditmaal geen mariakoekjes. Voor de volgende voorstellingen kregen we steeds ƒ15,–. Dat vond men kennelijk toch een beetje krap, want na ons 5e optreden kwam er steeds een kleinigheidje bij, soms een stuk toiletzeep, een flacon body melk of baddouche, soms een plant of een boeket bloemen en niet te vergeten dat pakje thee uit Tanzania, dat zal wel via een gift aan de zending bij ons terecht gekomen zijn.

Het vervoer ging een keer mis, meneer v.d. Bol had vergeten ons op te halen en hij was niet meer te bereiken. We moesten een taxi nemen en dat kwam voor 2 ritten op ƒ60,–. Maar Rosalie leegde de buffetpot en betaalde daar de taxi mee. Voor ons bleef er ditmaal geen 15 maar 6 gulden over.

Bij Teresia van Avila waren het altijd hele prettige en dankbare middagen.

Er waren 3 psychiatrische inrichtingen, waar we regelmatig kwamen. Na een goochelvoorstelling in Woutershof bij Monster kwam een jongeman naar mij toe en zei: "Ik zeg altijd toveren, maar u zegt goochelen, hebt u dat woord goochelen zelf bedacht ?" Ik zei: "Nee, dat woord stond in het woordenboek". "Oh", was zijn antwoord, "dan was dat zeker een buitenlands woordenboek."

In de inrichting Rozenburg gaven we 5 voorstellingen. Goochelen werd in psychiatrische instellingen erg gewaardeerd, zo ook hier. Bij de eierzaktruc liet ik eerst het zwarte zakje zien en zei tegelijk dat ik daarbij een ei nodig had. Voordat ik mijn goochelei uit mijn zak had gehaald, sprong een man op uit zijn stoel en riep: "Ik haal wel een ei uit de keuken."

Bij Rozenburg zat altijd op de voorste rij een man met een ouderwetse grote hoed op. Ik schrok toen hij eens bij een applaus zijn hoed voor mij afnam, hij miste de helft van zijn schedel.

Psychiatrisch centrum Bloemendaal was een grote inrichting met, toen, 600 patiënten en evenveel personeelsleden. In zalen en in de openlucht gaven we er in totaal 13 voorstellingen. Bij de voorbereidingen moest ik altijd bij de tafel met goochelattributen blijven staan, de patienten liepen graag naar de tafel om te kijken hoe alles in elkaar zat. Tijdens een feestmiddag in de tuin stond een viskraam naast het podium. Voor ik het in de gaten had, legde een patient zijn half opgegeten haring op het kleed van de goocheltafel en pakte met zijn super vette handen de goochelstok en begon er mee te zwaaien. Het goochelstokje rook nog dagen naar vis.

Voor een diavoorstelling kwam een patient vragen wat wij gingen vertonen. Mijn antwoord was: "Het is een diaklankbeeld over het eiland Schiermonnikoog." "Dat vind ik erg leuk", was zijn antwoord, "want daar heb ik vlakbij gewoond." "Waar hebt u dan gewoond?", vroeg ik nieuwsgierig. "In het Bezuidenhout", was resoluut zijn antwoord.

Het Gilde, de landelijke organisatie waar 50-plussers hun veelzijdige kennis kunnen overdragen aan een ieder die daarin geïnteresseerd is, heeft ons meerdere malen gevraagd om diaklankbeelden te vertonen. Evenementen waarvoor het Gilde-bestuur ons vroeg, waren o.a. tentoonstellingen op het terrein van creativiteit. Ze werden gehouden in de Grote Kerk in Den Haag op 4 dagen in januari 1988 en 1989. Wij gaven daar voor vele honderden bezoekers 24 voorstellingen, met als gevolg veel nieuwe contactadressen. Onze prospectussen met programmagegevens vlogen de kerk uit.

Voor Radio West heb ik eens, namens het bestuur van het Gilde, uitgelegd wat de activiteiten van het Gilde waren en verteld welke rol onze voorstellingen daarbij speelden.

Via Wieteke van Dort, zangeres en actrice en ook bekend van Indische programma's, kwamen we in contact met Wies van Maarseveen, de voorzitter van de IKK, de Indische Kulturele Kring. Het was een vereniging die in Huize Modjo aan de Stadhouderslaan regelmatig bijeenkomsten organiseerde met altijd wel iets cultureels, maar de gezelligheid was voor de oud-Indische bezoekers ook zeer belangrijk. Mr. Wies van Maarseveen was een autoriteit op het gebied van contacten met Indonesië. Zij had het druk met veel activiteiten op allerlei gebied, haar kamer was dan ook bezaaid met paperassen, kranten, tijdschriften enz. Toen we eens bij haar thuis waren in de van Beuningenstraat, ging haar telefoon. We hebben gezamenlijk de telefoon op moeten zoeken en uitgraven voor ze kon opnemen. Wies deed vaak een beroep op ons om op een IKK bijeenkomst iets ten beste te brengen. Dat was nooit een probleem, maar haar vraag om bestuurslid te worden, heb ik afgewezen. Ik ben vaker door verschillende instanties, vooral op cultureel gebied, gevraagd voor een bestuursfunctie, maar daar lag mijn ambitie niet. Ik wist dat 90 % van de tijd die je aan vergaderen besteedde, verloren tijd was. Ik was geen vergaderbeest. Vroeger heb ik weleens een vergaderzaal verlaten toen 2 minuten na de afgesproken aanvangstijd van de vergadering nog niemand van de 10 personen aanwezig was.

Tegenover onze flat stond een klein appartementengebouw, aan de achterkant begrensd door een gracht. Aan de oever ervan nestelde begin april 1991 een zwanenpaar. Het nest, dat bestond uit wat bijeen geschoven takken, was slechts een paar meter verwijderd van een parkeerruimte, dat alles was geen probleem voor de trotse vogels om een gezin te stichten. Vanuit onze woning volgden we met een verrekijker de situatie. Eind april zagen we 7 eieren in het nest. Tijdens het broeden moest je niet het lef hebben in de buurt van het nest te komen, de zwaan werd dan furieus en een zwanenbeet kan hard aankomen. De banden en de achteruitkijkspiegel van een te dichtbij geparkeerde auto werden eens door vaderzwaan beschadigd. Half mei waren 6 eieren uitgebroed en met z'n allen gingen ze het water in. De kleinste, nog geen dag oud, kon met veel moeite weer de wal opkomen. Een uur later gingen ze opnieuw het water in en bleven weg. Een paar dagen later kwamen ze even terug. Ondertussen had Nini het 7e ei uit het nest gehaald. Ik heb het uitgeblazen en had een week lang een vieze smaak in mijn mond, het ei was rot. Het zwanenei woog 350 gram, terwijl een kippenei 75 gram weegt. Een maand later zagen we de zwanenfamilie elders in de wijk terug.

Ik heb van deze episode van het zwanenleven van veraf en ook van dichtbij mooie diaopnamen gemaakt, het werd een veel gevraagd diaklankbeeld.

Ach lieve tijd

Bij voorstellingen in bejaardenhuizen en ouderensociëteiten kregen we vaak dia's aangeboden. Het waren meestal weduwen die nog dia's in een oude doos hadden, dia's waar niemand van de kinderen belangstelling voor had. Het waren vakantieopnamen, vaak familiekiekjes, gemaakt in Duitsland, België, Frankrijk en vooral Oostenrijk. Foto's die we niet zelf genomen hadden, konden we niet gebruiken, er viel niets bij te vertellen.

Maar een ander geval was een telefoontje van

mevrouw Bazlen. Ze had een voorstelling van ons bijgewoond en vertelde dat ze nog dia's had, waar wij misschien iets mee konden doen. Wij bezochten haar thuis, aan de Pioenweg. Mevrouw was weduwe en kinderloos gebleven. Haar man was van geboorte Zwitser, had in Nederland een ingenieursopleiding gevolgd en kreeg later een topfunctie bij Rijkswaterstaat. Hij had intensief meegewerkt aan de inpoldering van de Zuiderzee gedurende de jaren 1940 tot ongeveer 1965. In die jaren gaf hij lezingen met dia's over de Zuiderzeewerken, in binnen- en buitenland. Ook vond de heer Bazlen, als Zwitser, het vlakke Nederlandse landschap indrukwekkend. Met veel artistiek inzicht maakte hij sfeervolle opnamen van meren, molens en kerken, met daarboven de erbij behorende Hollandse luchten.

Door zijn functie bij Rijkswaterstaat kon Bazlen prachtige opnamen maken, o.a. vanuit een vliegtuig. Hij had verklarende gegevens op de diaramen geschreven. Uit vakliteratuur, gehaald van de bibliotheek, haalde ik de finishing touch voor een duidelijke en begrijpelijke tekst. Met bijpassende achtergrondmuziek ontstonden 2 succesvolle diaklankbeelden, elk van 30 minuten. "Van Zuiderzee tot IJsselmeer", waar we de inpoldering van de Zuiderzeewerken op een populaire wijze weergaven en "Holland, anno 1960", een tocht langs typisch oud Hollandse plekjes met op de achtergrond muziek uit de jaren 60.

Bij ons vertrek uit Den Haag wilden een paar instanties, o.a. het Museon, de serie's overnemen, maar we wilden er geen afstand van doen.

Bij veel voorstellingen, vooral voor ouderen, kregen we vaak de vraag of we ook diaklankbeelden hadden over Den Haag.

Zoals over veel steden, had uitgeverij Waanders uit Zwolle ook een serie "Ach lieve tijd" gemaakt over Den Haag, met als ondertitel "750 jaar Den Haag en de Hagenaars". Het was een uit 15 delen bestaande uitgave die in tekst en vooral met mooie afbeeldingen de geschiedenis van Den Haag weergaf.

In oktober 1990 kreeg ik van de uitgeverij Waanders schriftelijke toestemming om de afbeeldingen van "Ach lieve tijd" te gebruiken voor een diaklankbeeld. De heer Waanders was mij trouwens niet onbekend, veel reclamedrukwerk van schouwburg Odeon werd door zijn drukkerij verzorgd. Van 380 afbeeldingen uit de "Ach lieve tijd"-serie heb ik dia's gemaakt, maar omdat de afbeeldingen verschillend van maat en vorm waren, groot en klein, rond en rechthoekig, was het een hele klus om er goede en aangepaste dia's van te maken. Uiteindelijk werden het vier diaklankbeeldserie's, elk van circa 30 minuten.

Bij ons vertrek uit Den Haag was ook voor deze serie's belangstelling om ze over te nemen, maar niet alleen dat we daar niets voor voelden, ook in mijn afspraak met de uitgever was afgesproken dat de dia's alleen door ons gebruikt zouden worden en niet voor commerciële doeleinden, dit in verband met reproductierechten.

Onder de adressen in Den Haag waar we voorstellingen hebben gegeven, waren veel wooncentra voor ouderen, zoals bejaarden- en verzorgingshuizen. Hele grote, maar ook kleine, met slechts enkele bewoners en verder voor alle rangen en standen.

Zo'n klein privéhuis was aan de Nieuwe Parklaan. Het was een villa met 5 of 6 bewoners, het waren ouddames van de hofhouding en oud-ambassadeurs. Als we een voorstelling gaven, werden de buren ook uitgenodigd. Er waren dan ongeveer 12 personen aanwezig. De vertoning vond plaats in de grote privésalon van de eigenares. Bij het binnenkomen begroetten de bewoners elkaar met handdrukken en buiginkjes. Men zag elkaar maar een enkele keer per jaar, bij onze voorstelling en bij het gezamenlijk kerstdiner. De bewoners werden altijd in hun appartementen bediend en de kok zorgde voor een dagelijks keuzemenu. Mevrouw des huizes waardeerde het als ik, na de voorstelling, haar 10-jarig zoontje een goocheltrucje leerde.

Nu wat kleine gebeurtenissen die we bij onze Haagse voorstellingen meemaakten.

We waren bezig met de voorbereidingen voor ons eerste optreden in het bejaardencentrum Huize Eykenburg in de Kruisbesstraat. In de deuropening van de reeds halfvolle zaal stond een echtpaar ongeïnteresseerd naar binnen te kijken. We hoorden de man brommend tegen zijn vrouw zeggen, "Het zal wel weer niks wezen", waarop haar antwoord was: "Laten we toch even gaan kijken, als er niets aan is, gaan we direct weer weg." Het echtpaar is tot het eind gebleven. Ook kwam na afloop een dame op ons af met de woorden: "Zo'n mooie voorstelling was een feest voor mij, eergisteren had ik ook al feest." "Was hier toen ook een voorstelling? Hier is toch maar 2 maal in de maand iets te doen?", was mijn vraag. "Dat klopt", zei ze, "maar eergisteren was ik jarig, ik ben toen honderd jaar geworden."

In het verpleeghuis "De Lozerhof" aan de Randveen gaven we 9 voorstellingen waarvan de meeste in de afdeling van de alcoholverslaafden. Als we ons bij de receptie meldden, kwam een verpleger ons halen om ons naar de bovenste etage te brengen waar de speciale behandelafdeling was voor de patienten met het syndroom van Korsakow. Zonder begeleiding van een verpleger was het onmogelijk binnen te komen, alle deuren waren afgesloten en geen patiënt kon ontglippen. De patiënten kenden ons vrij snel, wij waren de enige levende afleiding voor hen en we werden dan ook gek gezeurd om een volgende keer een zakflesje alcohol mee te nemen. We hebben nooit een ruimte meegemaakt waar zoveel gerookt werd als hier, alle patiënten waren kettingrokers. Thuisgekomen moest onze kleding geruime tijd op het balkon luchten.

Huize Helena was een klein gemeentelijk bejaardenhuis in Scheveningen, niet ver van het Kurhaus. Er werd begin september 1987 een openluchtfeest georganiseerd op het terras direct aan de straat. Het werd goochelen voor de 50 bewoners en tevens voor alle toevallig langslopende voorbijgangers. De bewoners vermaakten zich opperbest en bovendien zorgde de kok voor slaatjes, grote ijsjes, kroketten en nog meer lekkernijen. Ook kwamen er alcoholische drankjes op tafel met als gevolg dat de interesse voor ons optreden steeds minder werd, de ene na de andere bewoner viel in slaap.

Korte tijd later werden de bewoners van Huize Helena overgeplaatst naar andere instellingen, want het huis werd gesloten in verband met bezuinigingen. Zo duur was die middag toch niet geweest, de vrijwillige vergoeding van onze onkosten kon niet de oorzaak zijn.

Viljoen Basisschool 20-5-1988

In 11 Haagse bibliotheken gaven we voorstellingen, 's middags goochelen voor de jeugd en 's avonds diaklankbeelden voor volwassenen. De bibliotheken waar we optraden waren in Berestein, Mient, Nieuw Waldeck, Loosduinen, Regentessekwartier, Acasiastraat, Hobbemanplein, Sophialaan, Mariahoeve, Schilderswijk en Morgenstond.

Kindervoorstellingen gaven ons veel afwisseling. Bij de familie Purperhart waren het allemaal Surinaamse krullenkopjes, die met grote donkere ogen bewondering toonden voor het geheimzinnige getover. En bij een familie aan de Laan van Meerdervoort was meneer getrouwd met een slank Chinees vrouwtje en hier waren het allemaal hele en halve Chineesjes met sluike bosjes haar, waaronder spleetoogjes ons guitig aankeken.

In het Transvaalkwartier zagen we bij een schoolvoorstelling alleen donker getinte kinderen en we hoorden veel vreemde talen spreken. We hadden respect voor de, ook getinte, onderwijzers, hoe zij met de kinderen omgingen. We schoten het enige blanke jongetje aan die er was, maar in gebrekkig Nederlands vertelde hij uit Egypte afkomstig te zijn. Bij deze voorstellingen deden we hoofdzakelijk visueel verhalende trucs. Wij hadden er veel meer succes mee dan die Sinterklaas die na ons kwam, die vonden ze maar een saaie griezel.

Bij een voorstelling voor een kleuterschool met veel Surinaamse en Indische kinderen waren altijd meer moeders en oma's dan kleuters aanwezig, het werden familiefeesten. Daar hielden we altijd rekening mee en we namen de moeders en de oma's er dan ook graag even tussen met een paar pittige manipulaties. Ik stopte dan in zo'n moederhand een konijntje van schuimplastic en zei dat het een vrouwtje was; het mannetjeskonijn hield ik in mijn hand en ik vertelde dan dat het mannetje naar het vrouwtje wilde, maar dat het vrouwtje zei dat ze hoofdpijn had en geen bezoek wenste. Ik liet daarna de bezoekster haar hand met het vrouwtje er in dicht knijpen. Bij het openen van haar hand kwamen het mannetjes- en het vrouwtjeskonijn te voorschijn en na wat sim-sala-bim bleken er ook nog 12 kleine konijntjes in haar hand te zijn bijgekomen.

Bij het vertonen van deze act in een bejaardenhuis gebeurde het eens dat, nadat ik had gezegd dat het vrouwtje geen bezoek wenste vanwege hoofdpijn, enthousiast uit de zaal een damesstem riep: "Ik had nooit hoofdpijn."

Bij voorstellingen op scholen stelden we altijd als voorwaarde dat we niet optraden voor kinderen met een te groot leeftijdsverschil. Een sprookjestruc werd mooi gevonden door kleuters, oudere kinderen vonden dat flauw. Een optreden voor kinderen van een jaar of 7 moet weer anders zijn dan voor de jeugd van een jaar of 10 tot 12. Zo waren er scholen waar we in 2 of 3 dagen, achter elkaar 5 tot 8 totaal verschillende voorstellingen gaven. Het veroorzaakte meer werk, maar ook meer succes.

Wie tegen moeite opziet, zal nooit iets bereiken dat de moeite waard is

In 7 jaar 600 voorstellingen op 239 adressen

Het werden in Den Haag en omgeving uiteindelijk in 7 jaar ruim 600 voorstellingen op 239 verschillende adressen waar we optraden, o.a. voor de meeste kerkgenootschappen, de hervormde, de gereformeerde en de katholieke, maar ook voor luthersen, remonstranten, baptisten en de zwinglibonders. Islamitische instellingen hadden belangstelling voor onze klankbeelden van het Midden-Oosten. Er was een islamitische vrouwenclub waar we een voorstelling gaven voor Turkse vrouwen en de volgende dag voor de Marokkaanse, dat mocht niet samen. Het was een uitzondering dat ik als man deze voorstellingen mocht brengen (voor adressenlijst, zie achterin).

Andere namen op onze adressenlijst waren het humanistisch verbond, de vrijmetselaars, het hoofdkwartier koninklijke luchtmacht, met o.a. een reünie van Moveo, een bijeenkomst van veteranen in de Alexanderkazerne, het congresgebouw met een reünie van Kedirianen en verder de sociëteit de Witte op het Plein, de Nivon, het Museon, Rijkswaterstaat, verenigingen lichamelijk gehandicapten, invaliden sportverenigingen, de NCR(reis)V, het blijf van mijn lijfhuis (waar ik ook de enige man was), Riagg-instellingen, volkstuin- en speeltuinverenigingen, huizen met beschermd wonen, telefooncirkels, gepensioneerden van de Haagse tram mij., de Zonnebloem en nog vele andere. Ook bijzonder waren 2 diaklankbeeldvoorstellingen voor een vereniging van slechtzienden en blinden. Deze bezoekers zagen niet veel maar de muziek en de gesproken tekst maakten alles goed. We hadden folders rondgebracht, maar op de meeste plaatsen waar we optraden, had men ons adres van horen zeggen. Dit deed me denken aan een optreden in wijkgebouw de Uilebomen. Terwijl we daar met onze voorbereidingen bezig waren, kwam de beheerder van het gebouw bij ons staan. Hij knoopte een gesprek met ons aan en zei: "U bent hier al vaker geweest. Ik heb gehoord dat u veel voorstellingen geeft, ook hier tegenover in het verzorgingshuis de Rivierenbuurt komt u regelmatig." Ik moest het beamen, maar hij praatte enthousiast door en zei: "Optreden voor publiek lijkt mij zo mooi. Maandenlang ben ik aan het oefenen met mijn gitaar en ik zing er bij, mijn familie vindt het prachtig en ze zeggen dat ik nu voor publiek moet gaan optreden, maar hoe moet ik dat aanpakken." Daar kon ik zo direct geen tevredenstellend antwoord op geven, wel zei ik hem dat hij als beheerder van een wijkcentrum toch wel eens in de gelegenheid was om op te treden en alles wat goed is, komt dan heus wel bovendrijven.

Aan de Wassenaarseweg was een groot servicecomplex waarvan de voorzitter, een dame, een avond door ons wilde laten verzorgen. Wij adviseerden haar een diaklankbeeld te vertonen, maar dat stond haar niet aan. "Dia's, geen sprake van", was haar antwoord, "als ik 5 dia's heb gezien, ben ik er al misselijk van." Wij hebben er dus een goochelprogramma gebracht, waarbij ik de voorzitter nog even behoorlijk van haar stuk bracht door een door haar volkomen vrijwillig gekozen en geheim gehouden kaart, dus ook bij mij onbekend, door middel van een telefoontje bekend te maken. Onder de bezoekers van deze avond bevond zich de vader van Paul van Vliet, hij had wel graag ook een diaklankbeeld van ons willen zien.

Voor een Turkse club vertoonden we het diaklankbeeld over Turkije. We lieten het hele land zien, van de Bulgaarse grens tot het uiterste oosten, de berg Ararat. De natuur en de historie waren de belangrijkste facetten die we toonden. Na afloop zei een Turk teleurgesteld dat hij van zijn geboorteplaats Erzurum maar 5 'plaatjes' had gezien.

Onze klankbeelden waren door Nini ingesproken. We kregen steeds te horen dat het zo duidelijk en goed verstaanbaar was. Maar het beetje Gronings accent was altijd te horen en dan ontdekte je dat bij veel voorstellingen ook oud-Groningers aanwezig waren. Westerlingen dachten ook wel eens dat Nini uit Friesland kwam, maar dat was duidelijk een gebrek aan taalgevoel. Het toppunt was dat, na afloop van het klankbeeld Java en Bali, een bezoeker tegen mij zei: "Je kunt wel horen dat uw vrouw uit Indonesië komt." Bij een themadag van een kerkgenootschap vertoonden we op verzoek slechts een paar dia's over de stad Petra in Jordanië. Het was een kwestie van een paar minuten, maar het publiek vond het toch zeer de moeite waard. Wij ook, na de financiële afrekening. Dit zijn van die bijzondere activiteiten die afwisseling brengen in de reeks voorstellingen. Maar niet alle verzoeken waren even gemakkelijk. In een verpleeghuis moest tijdens een goochelvoorstelling een geliefde verpleegster, die een tijd afwezig was geweest, weer te voorschijn getoverd worden. Het verpleegstertje werd in een waszak gestopt en op een transportwagentje de zaal binnengereden.

> **Vijftigplus in Museon**
>
> DEN HAAG - In het kader van het 50+programma van het Museon wordt op 11 januari door Jan en Nini Bakker het eerste en tweede deel van het vierdelige diaklankbeeld 'Ach, die lieve tijd; 750 jaar Den Haag' verzorgd. Aanvang 13.30 uur.

Het had natuurlijk niets met goochelen te maken, maar de patiënten vonden het prachtig toen de gewaardeerde hulp plotseling weer in hun midden stond.
Soms werden we gevraagd te goochelen voor publiek dat aan tafels zat. Er langs lopend, deed ik dan bij elke tafel een paar trucjes. Tijdens een contactdag van leden van een reisvereniging kwamen op onregelmatige tijden bussen met deelnemers binnen bij een van-der-Valk-zaak. Aan tafeltjes gezeten, kregen ze dan hun kopje koffie met een gebakje en om ze even bezig te houden, deed ik een paar trucjes tot de volgende bus kwam.

Aan de Maurits de Brauwweg was een zeer

gesoigneerd tehuis voor ouderen. Ook hier gaven we een voorstelling met goochelen aan tafels. Ik kwam bij een tafeltje waaraan twee grijze dames achter hun kopje thee zaten. Ze keken mij een beetje argwanend en vragend aan. Ik begroette hen en legde ondertussen wat goochelspulletjes voor me neer. "Ik zal u wat bijzonders laten zien", zei ik en liet ze een vingerhoed zien die ik wilde laten verdwijnen. Maar voor ik verder iets gezegd of gedaan had, zei een van de dames: "Kost dat wat?" Ik stelde hen gerust en zei dat het gratis was. Dat waren ze hier niet gewend, voor elk bleek kopje thee in de ontspanningsruimte moest betaald worden.

In de Perponcherstraat was het verzorgingshuis Duinstede, een adres waar we al verschillende keren waren geweest. Ook hier zouden we eens het tafelgoochelen vertonen, maar aangekomen bleek dat men alle tafels aan elkaar had geschoven tot een lange tafel. De patiënten, verschillende in een invalidenwagentje, zaten stijf naast elkaar aan beide zijden van de tafel. Dat was niet de bedoeling want achter de mensen staande kan er niet gegoocheld worden. Met behulp van de medewerkers werd de tafelzetting veranderd en konden we de mensen vermaken met trucjes waar ze met hun neus boven op zaten. Van de leiding van het huis hoorden we dat op de 2e etage een MS-patiënt op haar kamer was gebleven, ze had zich zo verheugd weer een programma van ons te zien, maar ze kwam niet meer uit bed. Met een tas vol attributen zijn we naar boven gegaan en op de rand van haar bed gezeten heb ik een privévoorstelling gegeven. Ze was niet meer in staat veel te zeggen, maar haar ogen zeiden genoeg. Haar blik was een grootse beloning.

Bijeenkomsten van christelijke sociëteiten begonnen, na de opening door de voorzitter, meestal een vrouw, altijd met het zingen van een psalm of een gezang. Na het zingen las de voorzitter een hoofdstuk uit de bijbel voor, daarna werd nog een lied gezongen en dan was het onze beurt. Zo ging ik eens naar het spreekgestoelte om de bezoekers te vertellen wat we gingen vertonen en teruglopende naar onze diaprojector hield een dame mij aan en vroeg: "Het is mij even ontkomen, maar welk gezang hebt u nu aangekondigd?"

Na de zomervakantie waren wij uitgenodigd door de sociëteit het Geuzenhonk in Scheveningen om bij de eerste bijeenkomst na de vakantie 2 diaklankbeelden, elk van een half uur te vertonen. Het was een van de weinige verenigingen waar nog dames kwamen in originele Scheveningse klederdracht. Ook was het hier de gewoonte dat de dame of heer, die na de laatste bijeenkomst jarig was geweest, een gezang mocht uitzoeken dat dan gezongen werd. Maar door de lange vakantieperiode waren er 7 personen jarig geweest. Na de normale openingsceremonie van zang, bijbelhoofdstuk, daarna weer zang, kwamen er nu nog 7 liederen extra achteraan. Uiteindelijk hebben we er, wegens tijdgebrek, maar één diaklankbeeld kunnen vertonen. Het publiek stemde ermee in, maar we moesten gauw terug komen om het 2e diaklankbeeld alsnog te vertonen.

Tijdens een goocheloptreden in een bejaardenhuis zat aan de zijkant van de zaal een dame, die vol belangstelling het goochelen volgde, maar af en toe haar gezicht afwendde en dan met haar zakdoek een traan wegpinkte. In de pauze kwam ze op mij af en zei: "Ik kreeg het af en toe even te pakken." "Dat zag ik", merkte ik op. "Hebt u Niberco gekend?", vroeg ze. "Jazeker", was mijn antwoord. "Niberco was een bekende goochelaar, die met een assistent onder de naam de Niberco's de hele wereld afreisde, maar hij is net 2 weken geleden plotseling overleden", vervolgde ik. "Hij was mijn zoon", zei ze.

Proefstrippen

Na afloop van een voorstelling voor een invalidensportvereniging vroeg ik de secretaresse hoe ze aan ons adres was gekomen. Ik vertelde dat een verenigingsbestuur vaak eerst iets van ons programma wilde zien, voor ze een afspraak met ons maakten. "Dat vond mijn bestuur niet nodig", was haar antwoord, "We hebben van een andere vereniging gehoord dat uw programma geschikt was voor onze club. Morgenavond heb ik trouwens thuis wel een proefvoorstelling voor een feest van onze club van vrouwenstudenten. Ik krijg dan een man op bezoek die komt proefstrippen."

In het huis Waterhof deden we een diapresentatie met na afloop wat tafelgoochelen. Een succes was altijd Manneke Pis, een truc met drie speelkaarten die ik in waaiervorm liet zien, eerst de open zijde, met bijv. klaverboer in het midden. Ik keerde de kaarten om en men zag dan de rugzijde. De middelste kaart trok ik er uit en men ontdekte dan dat er in deze kaart een gat zat. Daarna liet ik iemand van het publiek zijn pink in dat gat steken. Het moest wel zijn pink zijn, de andere vingers waren meestal te dik. Het publiek dacht dat de andere zijde van de kaart de klaverboer was, maar als de man zijn hand omkeerde, was de boer veranderd in een bloot mannetje en door de pink leek het op het bekende Brussels mannetje. Nadat ik deze truc aan een tafeltje had gedaan, kreeg ik het verzoek van de omzittenden deze truc ook te doen met een aan de andere kant van de zaal gezeten persoon. Het bleek een vrolijke man te zijn en als zo iemand mee doet aan een dergelijk pikant experimentje, is er vaak dubbele pret. Ik voldeed aan het verzoek en ging naar de aangewezen persoon. Het was een vriendelijke man die best bereid was aan deze truc mee te werken. Na de kaarten getoond te hebben, vroeg ik hem zijn linkerpink in het gat te steken, maar tot mijn schrik zag ik dat hij aan zijn hand 4 vingers had en z'n pink miste. De man zag dat ik even schrok, maar met een glimlach stelde hij me gerust met de woorden: "mag het mijn rechterpink zijn?" Tegelijk hief hij zijn rechterhand op, maar tot mijn verbazing zag ik dat ook hier de pink ontbrak. De buurman van de pinkloze man bood zijn kleine vinger aan. De toeschouwers van het eerste tafeltje waren er ondertussen bijgekomen en zo had het publiek dubbel plezier.

In een bejaardenhuis in Rijswijk kregen we van de bewonerscommissie het verzoek om de ontspanningsavonden in de toekomst voor hen te organiseren. De leiding van het huis had er kennelijk geen tijd voor of geen trek in. Onze voorstelling werd door de bewoners zelf georganiseerd. Ze hadden ons adres gekregen van een ander, in de buurt gelegen, bejaardenhuis waar we onlangs waren geweest. Het lag echter niet op onze weg om in een tehuis de recreatie te organiseren.

De meeste voorstellingen die wij verzorgden waren besloten. Soms was het voor een vereniging, dan waren alleen de leden welkom en voor bejaardenhuizen of andere instellingen kwamen alleen de bewoners. Een vaste bezoekster van onze openbare voorstellingen was mevrouw Schippers, een weduwe die kennelijk onder de indruk was geraakt van onze optredens en waar mogelijk, kwam ze die meemaken. Maar bijzonder was haar 60ste verjaardag, zij had voor een familiediner een chique privérestaurant aan de Javastraat gehuurd. Wij waren er voor uitgenodigd en gaven voor aanvang van het diner een magicshow voor familieleden, jong en oud.

We hadden een goocheloptreden voor de "werkgroep interne solidariteit" in het wijkgebouw in de van Mierisstraat, het publiek bestond uit Koerden. Nini en ik deden daar de stropdas truc. We gebruikten daarvoor een schaar waar je mee kon knippen, maar je kon er ook een knipbeweging mee maken zonder de das door te knippen. Een bezoeker, een Koerdische man, die assisteerde, was radeloos en helemaal de kluts kwijt toen hij mocht knippen en een stuk van mijn das in zijn hand hield. Hij had niet verwacht dat de schaar echt knipte. Met een beetje sim-sala-bim werd de das hersteld en opgelucht en ongelooflijk blij vloog de Koerd enthousiast Nini om de hals. "Neem de volgende keer maar weer een vrouw voor deze truc", was de reactie van Nini.

In de Twickelstraat zijn we 2 keer in het grote gemeentelijke verzorgingshuis Moerwijk geweest, de eerste voorstelling was op woensdag 13 april 1988. Voor de pauze vertoonden we een goochelshow, daarna het diaklankbeeld Java-

Bali. In de pauze werden door dames loten verkocht. Wij kochten meestal geen loten, maar het bestuurslid Pohl, de man die ons met zijn auto had opgehaald, vroeg ons of wij 2 loten voor hem wilden kopen als de lotenverkopende dames langs kwamen. Hij had het zelf te druk met de leiding van de bingo, die ook in de pauze plaats vond. En dus kochten we voor hem 2 loten en ook maar 2 voor ons zelf. De trekking van de loterij vond plaats voor wij met ons diaklankbeeld begonnen en geschiedde door de heer Pohl zelf. Het was een loterij met veel prijzen en bij het trekken van een van de hoofdprijzen waren wij de gelukkigen. We wonnen een grote fruitmand. Tot onze schrik wonnen we ook de volgende fruitmand, maar we hadden immers ook de loten van Pohl onder ons beheer en riepen toen maar gauw dat hij die prijs zelf had gewonnen. Na afloop van de avond bedankte Pohl ons publiekelijk voor de voorstelling. Hij hield een kadobon, onze beloning voor de voorstelling, hoog in zijn rechterhand. In zijn linkerhand hield hij de 2e, ook voor ons bestemde kadobon en hij wees tegelijk nadrukkelijk met zijn linker wijsvinger naar de door ons gewonnen fruitmand en zei: "Is dat voldoende?" Ik schudde maar instemmend, hij vond kennelijk behalve de fruitmand, 1 cadeaubon genoeg.

Dinsdag 8 mei 1990 bestond het verzorgingshuis Moerwijk 10 jaar. 's Middags verzorgden we er een goochelprogramma. Men had geen tijd om ons op te halen en we moesten maar een taxi nemen. Het taxibonnetje vermeldde ƒ26,– voor de heenreis. We kregen ƒ55,– reiskosten, dat moest voldoende zijn, maar we gingen met de tram terug en hielden zo ƒ24,– over plus een boeket en een kadobon. We gingen vaker met openbaar vervoer terug, maar dit kon alleen met goochelvoorstellingen, wij hadden dan slechts één koffertje bij ons.

Een Vrije School in Zoetermeer hield een open dag en als extra attractie was afgesproken dat wij in de ochtend twee goochelvoorstellingen zouden geven, om 10.30 en 11.30 uur. Het succes was erg groot, 2 maal een vol lokaal met meer dan 100 personen. Dat betekende een flinke financiële meevaller voor de school, want er werd entree gegeven voor onze voorstelling. Na ons optreden kregen we een bescheiden kadobon en toen we op het punt stonden terug gebracht te worden, kregen we van het bestuur het verzoek om 's middags om 14 uur nog een voorstelling te geven. We gingen hiermee accoord en men verwees ons naar de kantine waar we een kop

28-4-1988 Zoetermeer "Startblok"

soep konden nuttigen. Ook het derde optreden was weer voor een volle bak, maar de beloning bleef bij dat kopje soep. Enkele maanden later kregen we een telefoontje van dezelfde Vrije School, om weer zo'n optreden te verzorgen tijdens een open dag, we hebben er maar voor bedankt.

Zuidhoorn was een bejaardenhuis van het Leger des Heils en hier wilde men de bewoners ook eens iets aanbieden. Tijdens het goochelen in Zuidhoorn ging een dame – later hoorden we dat ze 99 jaar was – naast mij staan en begon met luide stem te zingen, ze wist niet van ophouden. Wij hebben haar op het podium haar gang maar laten gaan en deden hoofdzakelijk visuele trucs. Ik stak daarbij een bankbiljet in brand met de bedoeling dat het biljet ergens anders weer tevoorschijn kwam. Echter de brandmelder boven het podium stond wel heel scherp afgesteld, een telefoontje voorkwam nog net de komst van de brandweer.

In een verzorgingshuis met veel oude Indische vrouwtjes zouden we het diaklankbeeld over Java en Bali vertonen. Alle 12 bezoeksters werden in invalidenwagens door verplegend personeel binnen gereden. Er werd hier nooit iets aan recreatie gedaan, er was geen geld en geen tijd voor en er was personeelsgebrek. Men was blij dat wij iets voor de oudjes wilden doen. De verpleegsters waren dan een uurtje van de oude, constant zeurende dames bevrijd en konden nu eens rustig een kopje thee drinken. We merkten inderdaad dat het kwebbelende dametjes waren, maar al spoedig nadat het licht was uitgedaan, de diabeelden zichtbaar werden en de begeleidende Indische muziek weerklonk, werd het geleidelijk aan rustig. Erg rustig, want nadat we de laatste dia hadden getoond, de muziek zachtjes lieten wegglijden en het licht hadden aangedaan, zagen we 12 vredig slapende Indische dametjes. "Dat is ons nooit gelukt", zei even later een van de verpleegsters en een van de wakker geworden dametjes uitte: "Heerlijk om zo bij bekende beelden en zalige muziek weg te doezelen."

We kwamen in contact met de heer Boonstoppel, een gepensioneerde loodgieter, hij wilde graag tegen vergoeding ons vervoer verzorgen. Tijdens de voorstelling bleef hij op de achtergrond, maar hij was zeer geïnteresseerd in onze dia's. We hadden er dan ook geen bezwaar tegen dat hij bij sommige voorstellingen zijn vrouw mee nam.

In het verzorgingshuis Sustermole aan het Oranjeplein hadden we al 2 maal een voorstelling gehouden en in verband met een jubileum vroeg men ons weer. Onze loodgieter/chauffeur vroeg of hij zijn vrouw deze keer mee mocht nemen. Het leek mij geen bezwaar, ze bleven immers altijd beleefd op de achtergrond. Aangekomen in het verzorgingshuis zagen we dat de recratiezaal voor deze gelegenheid was veranderd in een feestzaal. Terwijl Nini en ik bezig waren met de voorbereidingen voor de voorstelling, zagen we dat alle bewoners van het huis een aperitiefje kregen aangeboden. Ons chauffeursechtpaar nam plaats op de voorste rij en liet zich rijkelijk bedienen met drank en zoutjes. Voor de voorstelling zou er een gezamenlijke maaltijd worden aangeboden. De maaltijd, het was eigenlijk een copieus diner, werd rijkelijk besprenkeld met wijn en na de bavaroise serveerde men nog een kopje mocca met, wanneer men dat wenste en wie wilde dat niet, een flinke scheut cognac. Toen wij met onze voorstelling begonnen, was de helft van het publiek al lichtelijk bedwelmd weggedommeld. Maar toch was ons optreden succesvol en onze chauffeur en echtgenote hadden een gezellige avond. Ze hadden heerlijk gegeten en gedronken en bovendien nog taxivergoeding gehad.

Een paar maanden later lazen we in de Haagse Courant dat het verzorgingshuis Sustermole op korte termijn gesloten zou worden wegens financiële problemen. Dat haden we eerder meegemaakt.

Tijdens een feestje in een verzorgingshuis stond midden in de recreatieruimte een grote koelkast. Iedereen die trek had in een drankje, ook pittige, kon deze avond de drankjes onbeperkt uit de kast halen. Maar veel van de bewoners van het huis konden niet zelf naar de kast lopen. Geen probleem, dat deed het personeel wel. En dat personeel was er die avond in grote getale.

Bloemetjes en flessen wijn

In principe vroegen we geen financiële bijdrage, we lieten iedereen vrij in een eventuele onkostenvergoeding. Zo konden we voorstellingen geven voor clubjes die geen kas hadden, bijv. een telefooncirkel, meestal bestaande uit alleenstaande ouderen die eenmaal per jaar door vrijwilligers werden opgehaald om naar een wijkgebouw gebracht te worden. Wij zorgden dan voor een gezellige middag, die een welkome afwisseling was in hun eentonige en eenzame leven.

Wanneer we bij een vereniging voor een volgende keer terugkwamen, ontvingen we meestal een hogere onkostenvergoeding dan voor het eerste optreden. We zijn er van overtuigd dat wanneer we een bedrag hadden gevraagd, we minder voorstellingen hadden gegeven, dus ook minder mensen een plezierige middag of avond hadden bezorgd.

Snuffelend in ons kasboekje, ofwel ontvangstenboekje, kom je bijzondere notities tegen, zoals bij een klein damesclubje waar we werden beloond met een hazelnoottaart. Bij het antroposofisch verpleeghuis Rudolf Steiner ontvingen we een fles duindoornelixer. Van bejaardenhuizen en invalidenverenigingen kregen we een paar keer boodschaptassen of paraplu's, waar met grote letters de naam van de gever, zoals een psychiatrische inrichting op stond. Deelnemen aan een maaltijd, bijv. een koffietafel of een buffet, gebeurde meerdere malen. In buurthuis de Kruin aan de Acasiastraat kregen we 2 maal 6 eieren als beloning. Bij een andere voorstelling keken de bestuursleden na afloop elkaar verwijtend aan, een van hen had kennelijk bloemen voor ons moeten kopen.

Voor de eerste voorstelling in een bejaardenhuis even buiten Den Haag werden we door de kok van het huis opgehaald. Behalve een verlegen verpleegstertje hebben we alleen de bezoekers van de avond gezien. Na afloop kwam de kok weer te voorschijn om ons terug te brengen en bij ons huis aangekomen, bedankte hij ons namens de directeur met het geven van een handdruk en daar bleef het bij. Maar we moesten terug komen en bij de telefonische afspraak die we enige tijd later maakten, werd ons een kadobon in het vooruitzicht gesteld.

Flessen wijn en boeketten kregen we volop, soms stonden er wel 5 vazen met bloemen in onze kamer. 1 of 2 boeketten viel mij soms niet eens op. Onze kamer stond al vol met grote en kleine meubelstukken, met allerlei, in onze ogen, verantwoorde reissouvenirs en interessante antiquiteiten en mooie kunstwerkjes.
Na een voorstelling kreeg het publiek vaak de gelegenheid om vragen te stellen. Meestal werd hetzelfde gevraagd, zoals: "Hoelang bent u daar geweest?" Ons antwoord was vaak verrassend, want zoveel zien was toch onmogelijk in zo'n korte tijd, dacht men. Onze reizen duurden meestal niet langer dan 14 dagen.

Een andere vraag was: "Reisde uw vrouw ook mee?" Bij elk reisverslag was Nini wel 1 of 2 maal in beeld, maar ja, men zag ook zoveel. Onze diapresentaties verliepen zeer vlot, men zag gemiddeld 3 dia's per minuut en we zorgden voor een grote afwisseling in onderwerpen. Vaak kregen we te horen dat bij andere dia-

> ### Dia-klankbeeld over Noord Jemen
>
> Dinsdag 7 april komt de heer J.H. Bakker een dia-klankbeeld presentatie geven over Noord Jemen, het land van de Koningin van Sheba, een land van ongekende schoonheid. Woeste berggebieden en eeuwenoude architectuur in de steden. Na de pauze wordt u iets heel anders getoond, nl. "Holland, anno 1960". Nederlandse molens en kerken, meren en plassen, gefotografeerd in de jaren '60. De heer Bakker heeft heel veel gereisd door interessante landen en heeft daar ontspannende en boeiende programma's kunnen maken.
> De aanvang van deze avond is 19.30 uur, de toegang bedraagt ƒ 3,— per persoon (inclusief kop koffie/thee).

presentaties de vertoners soms een minutenlange explicatie gaven bij 1 dia. Bij een gevarieerd publiek kan dat voor velen verveling veroorzaken. Het samenstellen van een klankbeeld beschrijf ik in een ander hoofdstuk.
Ook gebeurde het dat iemand van het publiek ons na een voorstelling uit dankbaarheid iets toestopte. Zo kreeg Nini eens van een bezoekster een doos met gember en een paar keer van een oude dame een tientje in de hand gedrukt. Waarschijnlijk wist deze dame dat we de voorstelling pro deo brachten. Dat waren dankbare momenten.

Na een voorstelling werden we met de wijkbus naar huis gebracht, met ons mee reed een oude dame die de avond had meegemaakt. Ze was tijdens de voorstelling onwel geworden en bij haar woning aangekomen, was ze niet meer in staat te lopen. Samen met de chauffeur hebben we haar opgetild en de bus uitgedragen. Ze woonde alleen op de eerste verdieping en hoe we haar langs de smalle en steile trap omhoog hebben gekregen, is me nog een raadsel. Van de meest knellende kleding hebben we haar verlost en haar in een fauteuil neergezet. Ze gaf ons het telefoonnummer van de 2 huizen verder wonende dochter en toen deze enige minuten later binnenkwam, vertrokken wij.

We werden vaak opgehaald door een bestuurslid van de instelling waarvoor we optraden. Meestal waren dat gepensioneerden en we merkten meteen of we met een goede chauffeur te maken hadden of dat hij een twijfelgeval was. Ik zat meestal voor in de auto en was de chauffeur een twijfelgeval, dan tikte Nini me voorzichtig op de schouder ten teken dat ik mijn mond moest houden. Maar bij een voorstelling in Rijswijk was het bar en boos, de chauffeur reed regelmatig tegen de trottoirband en een eindje over de stoep. Toen ik hem op een rustig moment durfde te vragen wat zijn beroep was geweest, kreeg ik trots te horen: "Ik was bij de verkeerspolitie en dagelijks bij de weg"

Luisteren en afluisteren

Tijdens een lange taxirit naar Mariahoeve voor een voorstelling zat onze chauffeur kennelijk op de praatstoel en hij vertelde enkele ervaringen die hij bij zijn taxiritten had meegemaakt en daarom laat ik nu deze gezellige prater zelf aan het woord:

"Ik kreeg op een mooie zomeravond twee dames in mijn wagen, het waren beauty's, de jongste ging naast mij zitten, de ander nam achterin plaats. Met hen kwam een zwoele, bedwelmende parfumlucht de wagen binnen zweven. Ze moesten naar Scheveningen, ze wilden daar even in het casino een gokje wagen. De oudste dame, ze zal 36 of 37 jaar geweest zijn, vroeg mij tijdens de rit of ik een man voor haar dochter wist en ze begon haar, de naast mij zittende schoonheid, op allerlei manieren aan te prijzen. De dochter was resoluter, haar handen verdwenen onder haar wijde roze blouse en na een paar handige bewegingen hield ze haar bh omhoog en gooide het super kleine stukje textiel op mijn schoot met de woorden: "Bewaar het zo lang even, want ik moet bij het casino door het poortje en hier zit ijzer in." Bij het casino aangekomen heb ik de dames verteld dat ik vanwege een afspraak geen tijd had om de wachten en het bh-tje van de dochter heb ik maar bij haar moeder in de tas gestopt.

Ik heb eens een man naar het casino gebracht en moest op hem wachten. Hij zou met een kwartiertje terug zijn en duwde me een tiental briefjes van honderd gulden in mijn hand, met de boodschap om het even voor hem te bewaren. "Want", zei hij, "als ik dat geld meeneem naar binnen ben ik het zo kwijt, mijn 250 gulden zakgeld is voldoende." Binnen 10 minuten was hij terug. "Ben blut", zei hij, "rijd maar gauw naar mijn hotel." Hij kon me de rit royaal betalen.

Een lichtelijk aangeschoten man wilde naar huis gebracht worden, maar moest eerst nog even langs de Doubletstraat om daar vlug even een dame te bezoeken. Hij rekende met mij af tot zover de rit nu geduurd had en gaf 25 gulden extra voor een wiel aan de kinderwagen. Ik moest even wachten, zei hij en dat deed ik graag, want ik wist dat het hier nooit lang duurde. Inderdaad was mijn passagier snel terug, maar hij wist nóg een adres waar hij even langs moest, ook een adres waar het oudste beroep van de wereld werd uitgeoefend. Het korte ritje werd ook nu rijkelijk beloond en even wachten was ook nu voor mij geen probleem. Maar ook na dit bezoek had hij nóg een adres. Nu was het een adres waar Bacchus de scepter zwaaide. Weer betaalde hij vlot de rit met weer een flinke extra voor een kinderwagen. Een kwartiertje later kwam hij, nog iets meer aangeschoten, de kroeg uit en met een vallende beweging kwam hij op de achterbank van mijn wagen terecht. Na de motor gestart te hebben, vroeg ik mijn passagier of ik hem nu maar naar zijn huis zou brengen. "Ja, naar Katwijk", antwoordde hij lallend, "hoeveel moet je hebben?" en hij haalde weer wat papiergeld uit zijn jas en betaalde me ruim, een hele mooie kinderwagen was nu mogelijk. Vlak voor Katwijk vroeg ik zijn adres, maar hij gaf geen antwoord, hij was volkomen van de kaart. Zelfs nadat ik de wagen had stilgezet en daarna probeerde hem met heen en weer schudden uit zijn halve bewusteloosheid te krijgen, kreeg ik geen enkel woord. Maar de agenda in zijn binnenzak bracht de oplossing, hij woonde in een chique landhuis in de duinen en daar aangekomen moest ik eerst de vrouw des huizes uit haar bed bellen. Toen ze tevoorschijn kwam, heb ik haar maar verteld dat haar man de bus had gemist. "Dat kan je mij niet wijs maken", was haar antwoord. Samen hebben we de man uit de auto gesleurd, maar halverwege liet ze los en de man viel naast het tegelpad in het zand. "Laat maar liggen, hij wordt morgen wel wakker", zei ze sarcastisch. De vrouw betaalde mij de taxikosten. Ik vond het niet nodig haar te vertellen dat de rit al dubbel en dwars betaald was. Zo'n trip mocht ook wel goed betaald worden.

Vele tientallen taxichauffeurs hebben ons naar al die verschillende adressen gebracht, maar deze was wel een heel gezellig kletsende, maar misschien een beetje fantaserende taxichauffeur. Heel anders dan wanneer we werden opgehaald door zo'n 80-jarig bestuurslid van een vereniging die, door zenuwen overmand, bij een verkeerslicht geen verschil zag tussen rood en groen en mij noodzaakte hem hierop attent te maken.

De titel van dit hoofdstuk is "Luisteren en afluisteren". Naar de taxichauffeur heb ik geluisterd. Nu het afluisteren, dat deed ik met een oude radio waar ik de politiezender mee kon afluisteren totdat men in crypto ging uitzenden. Het afluisteren was toen afgelopen. Het betrof steeds gesprekken tussen de meldkamer, kennelijk op de eerste etage van het politiebureau, en een politieagent ergens in de stad, laten we die Kees noemen.

Meldkamer: Kees, waar ben je?
Kees: Ik zoek een aanrijding.

Meldkamer: Kijk even in de Vaillantlaan, daar zijn Turken zeer luidruchtig aan het schoonmaken.
Kees: Oh, dan doen ze tenminste nog wat.

Meldkamer: Kees, waar ben je op dit moment?
Kees: (net aangekomen bij het hoofdbureau) Als ik omhoog kijk, kijk ik precies in je broekspijpen.
Meldkamer: Zo kan het wel weer.

Meldkamer: Voor in de Frans Halsstraat roept en gilt een vrouw.
Kees en collega: We zijn aangekomen in de Frans Halsstraat, het kind is er bijna.

Kees: Ik kijk rond in het pand van de inbraak. Er wordt alleen een radio vermist, maar de inbreker heeft zijn pantoffels achtergelaten.
Meldkamer: Ga even ruiken.
Kees: Ik kijk wel uit, daar krijg je aids van. Daar hebben we toch honden voor.

Meldkamer: ('s avonds ongeveer 8 uur) Kees, van het bejaardencentrum waar je vlak bij bent, is een telefoontje binnengekomen dat er een junk naar binnen wil.
Kees: (even later) Ik heb niemand en niets ontdekt. Voor de zekerheid heb ik op alle 20 deurbellen gedrukt, maar het blijft rustig.
Meldkamer: (weer even later) Kees, wat heb je nu geflikt, alle bewoners bellen dat ze lastig gevallen worden en vragen ons om hulp.

Meldkamer: Kees, ga naar de van Ostadestraat. Een dame is er erg bang geworden, ze denkt dat haar ex-vriend in een kast zit.
Kees: Gezocht, maar niets gevonden.

Meldkamer: Kees, kijken jullie even op het Plein bij de demonstratie.
Kees en collega: Oké, we zijn gek op geitenwollen sokken.

Meldkamer: Hoe heet de man die je aangehouden hebt?
Kees: Op het ene papier staat Sion Tien en op een ander briefje staat Tien Sion.

Meldkamer: Maar hoe is zijn achternaam?
Kees: Dat weet hij zelf ook niet.

Meldkamer: Kijk even in de Jan Hendrikstraat. Daar loopt iemand die problemen met zichzelf heeft.
Kees: Daar heeft hij mij toch niet bij nodig.

Kees: Hier loopt een man rond met een afgezakte broek.
Meldkamer: Ziet hij het niet meer zitten?
Kees: Ik wel.

Kees en collega: Kunnen we een kraanwagen krijgen voor een wegsleping?
Meldkamer: (even later) Kees, ik heb een goed bericht en een slecht bericht voor jullie. Het goede bericht is dat de kraanwagen klaar staat om naar jullie toe te rijden, het slechte bericht is dat de chauffeur er niet is.

Haags allerlei

Tijdens onze Haagse jaren bezorgden de interessante buitenlandse reizen en de vele voorstellingen die we gaven, ons een nuttige en aangename tijdspassering die zorgde dat de jaren voorbij vlogen.

De eerste jaren bezochten we zelf ook veel optredens, zoals in het Circustheater in Scheveningen, waar we concerten meemaakten van Pia Beck en de Dutch Swing College Band. In het nieuwe muziek- en danstheater waren we present bij een openingsconcert door het Residentie-orkest.
In Diligentia organiseerde Coen Pronk vaak lunchvoorstellingen en ook zagen we er o.a. Wieteke van Dort, het Deep River Quartet, het cabaretprogramma "De grijze plaag" met Gerard Cox en Rients Gratama en "Het orakel" met Seth Gaaikema.
Onvergetelijk was de première van een programma door Marjol Flore en Robert Kreis. Tijdens het zingen deed Marjol een paar te enthousiaste danspassen, met als gevolg dat ze haar evenwicht volkomen kwijt raakte en hopeloos verward kwam te zitten in de microfoonkabels. Maar ze wist zich met een paar voor haar volslank figuur knappe slangachtige, draaifiguren, weer te bevrijden. Abrupt was haar optreden afgebroken, maar Marjol haar schaterende en ontwapende lach werkte zo aanstekelijk op het publiek dat de hele zaal ongegeneerd meebrulde. Na afloop van de voorstelling gaven Marjol en Robert een ontvangst in het schuintegenover Diligentia gelegen, Hotel Des Indes. Het was er gezellig met lekkere drankjes en veel, nog lekkerder hapjes. Het moet een kostbare nazit geweest zijn. Robert Kreis was een zeer goede pianist en hij was uniek met zijn imitaties en zijn parodieën van kleinkunstartiesten uit de periode tussen de beide wereldoorlogen. In Nederland was voor dit soort optredens weinig belangstelling, maar Robert is in Duitsland een bekende en veel gevraagde entertainer geworden.

Af en toe bezochten we tentoonstellingen van beeldende kunst in de Pulchri Studio aan het Lange Voorhout.
Zeer regelmatig gingen we naar de kijk- en verkoopdagen van het Venduhuis der Notarissen aan de Nobelstraat. Zoals eerder beschreven, hebben we nog restanten van onze boerenspullen via het Venduhuis verkocht, zoals een karnton, een wagenschot van een boerenwagen, een kapstop voor paardentuig, een broodsnijmachine en nog een paar kleine voorwerpen. Ook hebben we er enkele aankopen gedaan, zoals een olieverfschilderij in een lijst van Indisch houtsnijwerk, 95 bij 65 cm, voorstellende een pasar op Bali, voor de prijs van slechts f100,–. Verder een 95 cm hoog eiken oud Hollandse kast op balpoten met veel houtsnijwerk, twee kleine Jepara tafeltjes en drie stijlvolle schemerlampen, gelijk van vorm maar verschillend in grootte. We zagen later in Antwerpen eenzelfde lamp bij een antiquair, erg beschadigd, maar duurder dan onze 3 lampen samen.
Tijdens een curiosamarkt in hotel Atlantic in Kijkduin verkochten we een oude potkachel, de opbrengst van f150,– viel niet tegen.

In de 10 jaar dat we in Den Haag woonden, hebben we veel van de stad gezien. Niet alleen door de fietstochten door alle stadswijken, maar we hadden een grote belangstelling voor typisch Haagse monumenten en andere interessante dingen. Zo bezochten we aan de Dagelijkse Groenmarkt het oude stadhuis, aan het Lange Voorhout het paleis waar koningin-regentes Emma heeft gewoond en dat nu als museum is ingericht. Onbekend voor de meeste Hagenaars was het hofje Rusthof, met als ingang een moeilijk te vinden deur aan de Parkstraat. Deze oase van rust, midden in de stad, was in 1840 gesticht door mevrouw Groen van Prinsterer. Andere hofjes waren het Heilige Geesthofje aan de Paviljoensgracht en het Hofje van Nieuwkoop aan de Warmoezierstraat. Bekende objecten in de binnenstad waren verder verschillende musea en kerkgebouwen en het was altijd gezellig om even door de in 1885 gebouwde Passage te lopen en natuurlijk liepen we vaak over het Buiten- en Binnenhof, waar altijd wel mensen, getooid met gekke petjes en T-shirts met onduidelijke teksten, stonden te demonstreren.

In de maand mei stond af en toe een bezoek aan de Japanse tuin in het park Clingendael op het programma. Deze bijzondere tuin was alleen in die periode voor het publiek open.
Een ander mooi park was het Westbroekpark met een kleurig en fleurig rosarium.
In Delft was een bezoek aan het Prinsenhof en aan het Legermuseum de moeite waard.
Een geliefd fietstochtje was van Kijkduin naar Scheveningen, door het Westduinpark. Een iets langere rit was naar Hoek van Holland, even kijken naar de langsvarende schepen in de Nieuwe Waterweg.
Op een van onze fietstochten door het Westland zagen we de brandweer bezig een brand te blussen, het was het nieuwe ketelhuis van een kwekerij. Aan de muur van het in brand staande gebouw stond nog "Verwarming wordt hier verzorgd door de Firma Jansen".

Den Haag was een stad met veel contacten met Indonesië, het vroegere Indië. Dat bleek uit de vele inwoners met Indisch bloed, de Indische clubjes en op inboedelveilingen zag je veel tropisch meubilair. De grootste pasar-malam van Nederland stond op het Haagse Malieveld. Op culinair gebied was ook de Indische invloed zeer groot. Alleen in Den Haag en nergens anders vonden we zo'n grote verscheidenheid aan Indische restaurants en eethuisjes. Enkele bekende namen waren Garoeda en Poentjak, allebei aan de Kneuterdijk, Sarinah aan het Goudenregenplein en Raden Mas aan het Gevers Deynootplein, tegenover het Kurhaus. Het van ouds bekende restaurant Tempat Senang aan de Laan van Meerdervoort is er in onze Haagse tijd mee opgehouden, maar enkele jaren later weer heropend. Een van de vele kleine Indische eethuisjes was Keraton in de Raamstraat, tussen de Vlamingstraat en de Grote Marktstraat. Het echtpaar Jos en Harry Haris exploiteerde het kleine restaurant, Josje in de keuken en Harry was de gastheer en deed de bediening. De Indische gerechten die zij op tafel brachten, waren heerlijk en traditioneel. Het Chinees-Indonesisch echtpaar was naar Europa gekomen vanwege de slechte economische toestand in Indonesië en ze konden dit verlopen restaurantje overnemen. Jos kon fantastisch koken en haar geroosterde saté's waren onovertrefbaar. We kwamen er regelmatig eten en er ontstond een vriendschappelijke relatie. Het echtpaar had een in Indië geboren dochter Selly, zoon Frans was in Den Haag geboren. We konden Jos en Harry tips geven op allerlei gebied. Af en toe gingen we met hen in verschillende restaurants eten, je kon immers overal wat leren.
Het werd steeds drukker in Kraton, het restaurant werd te klein en de omgeving van de Raamstraat ging er niet op vooruit. Harry ging op zoek naar een ander pand, groter en beter gelegen.
Hij kocht een herenhuis aan de Groot Hertoginnelaan, waar het echtpaar Haris het pand omtoverende in het Indonesische restaurant Keraton Damai (Vredespaleis). Het interieur kwam in containers rechtstreeks uit Indonesië, o.a. wanden met prachtig authentiek houtsnijwerk met ingebouwde spiegels. Bij de officiële opening op 30 oktober 1992 zijn Nini en ik behulpzaam geweest. Al na enkele maanden had het nieuwe restaurant een vaste klantenkring, waaronder vooral gasten van de in de nabijheid

gelegen ambassades. De pers besteedde aandacht aan het restaurant en ook de televisie heeft er opnamen gemaakt voor een culinair programma.

In maart 1992 hield het Koninklijk Nederlands Genootschap voor Munt- en Penningkunde in het Museon een bijeenkomst, waarbij de mogelijkheid bestond om vreemde en onbekende munten te laten onderzoeken naar herkomst en op waarde. Dit was voor ons de gelegenheid een paar oude muntjes te laten beoordelen, erg kostbaar waren ze niet, maar het was interessant de herkomst ervan te vernemen. We hadden ook een biljet met een waarde van 1 gulden, het was Duits noodgeld, tijdens de oorlog op Schiermonnikoog uitgegeven door de Duitse commandant. Door de strenge winter in 1941 had het eiland enige tijd geen verbinding met de vaste wal en toen de Duitse bezetters geen geld meer

Noodgeld Schiermonnikoog 1941

hadden, hebben ze noodgeld gestencild. En juist dit biljet was een grote verrassing, het bestuur van het Genootschap en ook een vertegenwoordiger van het Koninklijk Penningkabinet uit Leiden hadden nog nooit van Duits noodgeld gehoord, laat staan gezien.
Deskundigen van het Penningkabinet hebben contact opgenomen met de Duitse oud commandant van het eiland en alles uitgezocht, ook hebben ze oude archieven nagesnuffeld. In het numismatisch maandblad "Muntkoerier" van januari 1995 stond over twee pagina's een artikel met als kop "Duits noodgeld op Schiermonnikoog". Hieruit bleek dat mijn guldenbiljet kennelijk nog de enige was. Er schijnen ook biljet-

ten van 10 gulden in omloop te zijn geweest, maar daar is er niet een van teruggevonden.

De tenniswedstrijd Nederland tegen Uruguay voor de Davis-Cup in september 1992 in de Houtrusthal hebben we meegemaakt, evenals de wedstrijd in 1993 op het Malieveld tegen Zweden. De toegangsbewijzen werden gratis beschikbaar gesteld door Radio West.

We gingen met een bus van lijn 14 naar Scheveningen. Plotseling riep de buschauffeur: "Passagiers, ik trakteer jullie allemaal op een gratis rondje!" en op een rotonde reed hij 1 maal extra rond. Langs een vermaakcentrum rijdend vertelde hij dat je je in dit gebouw 's avonds best kon vermaken. Dit moet een chauffeur geweest zijn die met plezier zijn werk deed.

Je denkt er eigenlijk nooit bij na, maar het leven is een aaneenschakeling van zulke kleinigheden en van toevallige gebeurtenissen.
Nog zo'n kleine onbelangrijke toevalligheid. Ik reed op de fiets naar het postkantoor en deed hem op slot. Dat was een automatische handeling, met mijn linkerhand duwde ik de hendel van het fietsslot naar beneden en met mijn rechterhand ving ik het sleuteltje op. Maar er viel geen sleutel in mijn hand en op de grond was ook niets te vinden. De fiets stond op slot en thuis lag het reservesleuteltje. Na een telefoontje bracht Nini mij de sleutel. Zou de sleutel er misschien uitgetrild zijn? De avond ervoor hadden we in de Vlierboomstraat in een Indisch eethuisje gegeten en bij het vertrek deed ik mijn fiets van het slot. De volgende avond maakten we een gebruikelijk fietstochtje en in de buurt van de Vlierboomstraat besloten we toch nog even te kijken bij het eethuisje waar we een paar dagen ervoor gegeten hadden. Op enkele tientallen meters van het restaurantje stapten we af en liepen met de fiets aan de hand over het trottoir om, zonder verwachting, de grond af te zoeken. We passeerden een dame die haar hondje uitliet, ze had ons in de verte al gezien en vroeg ons of wij iets misten. We zeiden dat we niets kostbaars kwijt waren, alleen maar een fietssleuteltje, helemaal niet belangrijk. Het ding kon

overal in de wijk liggen. "Toen ik eergisteravond mijn hond uitliet", zei de dame, "zag ik hier in de straat een fietssleuteltje liggen en zonder er bij na te denken, raapte ik het op." Ze stak haar hand in de jaszak en haalde er een fietssleuteltje uit. "Toevallig, dat ik hem nog niet weggegooid heb", zei ze lachend. Het was inderdaad mijn sleuteltje.

Op 21 november 1984 hadden we onze auto, een Opel Record, overgeleverd aan de sloper. Er mankeerde van alles aan en repareren werd te kostbaar. Ik had net voor 100 gulden benzine getankt en dat bedrag bracht de wagen bij de sloper op. In Den Haag hadden we geen wagen nodig, misschien later wel weer. Een auto voor de deur die weinig gebruikt werd, was een kostbare zaak en toen we met voorstellingen begonnen, bepaalden we dat men ons haalde en weer thuis bracht.

Vrijdag 6 december 1985 werd een heel vervelende dag. Om half drie 's middags gingen we met de tram naar de binnenstad voor ons wekelijkse uitstapje. Het was half zeven toen we, thuisgekomen, ontdekten dat onze voordeur opengebroken was. De deur had aan de binnenzijde een ketting, die wanneer de deur 10 cm. geopend was, van buitenaf ontsloten kon worden. De deur was ontzet. Het alarm van de ketting moet afgegaan zijn, maar onze buren, de Oost-Duitsers, waren niet thuis. We ontdekten dat inbrekers de hele woning doorzocht hadden, losse laden o.a. van het bureau, lagen op de grond en waren doorzocht. De laden van het bureau waren gelukkig niet erg beschadigd omdat de sleutels erin zaten. Het waren alleen gouden sieraden die we misten, een zakhorloge met ketting en sleuteltje, een armband horloge, 3 armbanden, 2 kettingen, een paar hangers en een paar broches. Zilveren voorwerpen, die met de gouden sierraden in dezelfde lade lagen, bleven onaangetast. Het waren allemaal erfstukken van de familie Nienhuis. Een ijzeren geldkistje was opengebroken, maar het muntgeld was kennelijk niet de moeite waard om mee te nemen. Vingerafdrukken heeft de politie niet gevonden. We hebben nooit de hoop gehad, het gestolene terug te krijgen. De politie had een groepje zigeunervrouwen in die dagen in de omgeving waargenomen, maar die waren ook plotseling weer van de aardbodem verdwenen.

De onderhoudsdienst van de huurbaas heeft de schade hersteld en de deur voorzien van een anti-inbraakstrip. Inbraak in ons complex was geen uitzondering, vooral de boxen voor fietsen werden regelmatig door inbrekers bezocht. Onze fietsenbox is dit lot gespaard gebleven.

Sinds mijn Indische jaren waren er al verschillende reünies geweest van oud-Indiëgangers, maar nooit had ik zo'n bijeenkomst meegemaakt. Mijn enthousiasme voor dergelijke evenementen is nooit erg groot geweest. Maar een reünie van mijn marechausseeonderdeel in de Frederikkazerne in Den Haag, dus vlakbij, bracht mij op het idee dit eens mee te maken. Ik had een uitnodiging voor vrijdag 16 oktober 1987, aanvang vanaf 10.30 uur, er zou tevens een rijsttafel worden aangeboden. Nini en ik waren op tijd in de mess van de kazerne aanwezig, waar geleidelijk aan de oud-militairen binnen kwamen, maar bekenden van mij, oud-collega's, kwamen niet opdagen. Eigenlijk geen wonder, ik was in Indië 3 jaren meestal op wisselende kleine buitenposten gestationeerd geweest, waarvan een groot gedeelte uit Indische jongens bestond en ik heb er hoogstens met circa 20 Nederlandse jongens langere tijd samengewerkt.

Van de uiteindelijk slechts twee bekenden die ik op de reünie ontmoette, was een destijds een hielenlikker geweest en in Indië door alle collega's onsympathiek gevonden. Wel vernam ik dat er veel oud MP-ers waren overleden, geëmigreerd of geen interesse hadden in een reünie. De in het vooruitzicht beloofde rijsttafel was een bordje nasi poetih met een schepje ondefinieerbaar bijgerecht, waarin mijn smaakpapillen niet iets Indisch herkenden. Ik was nu helemaal genezen om een bijeenkomst van oud-militairen te bezoeken.

Leusden

De Zeilmakerij

Op dinsdag 30 oktober 1990 overleed moeder Bakker op 92-jarige leeftijd in Emmen, waar zij de laatste 11 jaren van haar leven doorbracht in het verpleeghuis "De Bleerinck". De laatste jaren was ze door dementie niet meer aanspreekbaar. Ik was voor haar een vreemde meneer, die zij graag vertelde dat ze in een goed hotel verbleef. Het was zus Mieke, die vanuit Pesse moeder regelmatig in Emmen bezocht en namens de familie het contact met de leiding van het verpleeghuis onderhield.

Zo ging moeder eens met een paar patiënten onder begeleiding van enkele verpleegsters een wandeling maken door Emmen tot men plotseling ontdekte dat moeder verdwenen was. Ze was in geen velden of wegen te vinden. Onmiddellijk werd de vermissing aan Mieke doorgebeld, die op haar beurt de leiding de tip gaf om langs de wandelroute in alle horecabedrijven te gaan kijken. En inderdaad, ze zat ergens rustig van een kopje koffie te genieten.

Zondag 14 juli 1991 kreeg ik een acute doofheid aan mijn rechteroor. De volgende ochtend ging ik naar het spreekuur van de huisarts, die mij, na contact met de oorarts dokter Hoogerwerf, onmiddellijk verwees naar het Leijenburg ziekenhuis in Den Haag. Het gevolg was dat ik die maandag om 12 uur, eigenlijk gezond en wel, het ziekenhuisbed indook. Direct werd begonnen met een histaminekuur. Opname een paar dagen later, zou voor herstel van het gehoor te laat geweest zijn. "Het is een paardenmiddel" zei de hoofdverpleegster. Elke dag kreeg ik een infuus, 6 dagen achtereen en steeds een grotere dosis histamine. Bezoek dat tijdens een behandeling binnenkwam, zag mij pimpelpaars in bed liggen. Om de oorzaak van de plotselinge doofheid te achterhalen, werden er o.a. cardiogrammen, foto's van het hoofd en audiotesten genomen. De verpleging was de hele dag in de weer met allerlei pillen en injecties; maar ik was fit genoeg om de verpleegsters 's avonds

Moeder Bakker - v.d. Werff

op mijn beurt van een magische oppepper te voorzien. Woensdag 24 juli mocht ik naar huis. Het gehoor was geleidelijk aan voor 100 procent teruggekomen. Een paar weken lang moest ik nog terugkomen voor een histamine-injectie.

Het wonen in Den Haag beviel ons erg goed. Het appartement was geriefelijk en zeer ruim en de hofstad bood verder veel aspecten die wij erg waardeerden. Zoals het gezellige winkelen, het ronddolen in de oude binnenstad en je kon in Scheveningen en Kijkduin je longen volpompen met frisse zeelucht.

Maar al vanaf de eerste dag in Den Haag beschouwden we deze stad als een tijdelijke woonplaats. Omdat de jaren begonnen te tellen, gingen we uitkijken naar een geschikte woonplek, iets dichter bij de kinderen.

Ruud en Nelleke waren in Leusden gaan wonen, een ruim en rustiek aangelegde plaats vlakbij Amersfoort en zo gingen we hier eens rondkijken. Henk en Janny woonden in Nieuwegein, dat zou dan ook in de buurt zijn en Jacqueline was op Schiermonnikoog ook iets beter te bereiken. Via een makelaar hebben we in Leusden enkele woningen bekeken, maar iets geschikts was er niet bij.

Eind 1992 stond in de Leusder Krant een advertentie dat in het voorjaar van 1993 in Leusden begonnen zou worden met de bouw van een halfrond gebouw waarin 55 terrasappartementen met vrij uitzicht op het natuurgebied "de Schoolsteegbosjes" en op 200 meter afstand van het winkelcentrum Hamershof. De appartementen bevonden zich in een 3-tal woonlagen op een onderbouw, waarin een afgesloten parkeergarage, de bergingen en de 5 entreehallen, met elk een lift. Om in aanmerking te komen voor zo'n koopappartement moest men inwoner van Leusden zijn of ouder dan 55 jaar en een kind in Leusden hebben wonen. Wij schreven in en na aan alle voorwaarden te hebben voldaan, kregen we een appartement op de eerste woonlaag toegewezen. Het was een woning die als derde op onze voorkeurlijst stond. Het appartement had een woonkamer van 47 m2 met een open keuken van 16,5 m2, verder een grote en een kleine slaapkamer, een bergruimte en een grote badkamer. Het terras van 23 m2, was gelegen op het zuid-oosten.

De nieuwe straat waaraan het complex gelegen was, werd "De Zeilmakerij" genoemd en ons huisnummer werd 14.

De oplevering zou plaats vinden omstreeks medio 1994, dus hadden we een jaar de tijd om ons verblijf in Den Haag af te bouwen.

Start in Leusden

Op 22 juni 1994 reed de grootste verhuiswagen die ooit ons meubilair had vervoerd van Den Haag naar Leusden. Bij elke verhuizing hadden we een grotere wagen nodig, ondanks dat Henk, Ruud en Jacqueline de deur uit waren.

Gelukkig waren de darmklachten verdwenen, waar Nini de laatste maanden in Den Haag last van had. De klachten, die ze vanaf januari had, waren volgens de specialist van ziekenhuis Leijenburg waarschijnlijk veroorzaakt door een virus, opgelopen tijdens een verblijf op Cyprus. De typisch Cypriotische maaltijd mezze, bestaande uit circa 15 verschillende kleine hapjes, kan de oorzaak geweest zijn.

Onze nieuwe woning was zeer geriefelijk en heel goed geïsoleerd, dus geen overlast van geluid en van binnendringende kou. Er waren extra brede deuren en geen drempels. De voordeurbel was voorzien van een video-intercom. De ligging van het appartementengebouw was vlakbij het winkelcentrum met 100 winkels, waaronder 3 supermarkten. De streekbushalte was op loopafstand en de busreis naar het centrum van Amersfoort vergde 15 minuten. De tram in Den

Appartementencomplex in Leusden

Haag had 20 minuten nodig om ons van de halte Laan van Meerdervoort naar het Spui te brengen.

Het ruime terras met vrij uitzicht

Vanaf de zomer 1994 tot en met het jaar 2000 hebben we de wijze van ons Haagse leven voortgezet. We hebben de woonomgeving verkend, adressen bij elkaar gezocht om voorstellingen te kunnen geven en interessante reizen gemaakt om weer nieuwe diaklankbeelden te kunnen samenstellen.

Het eiland Wight aan de Engelse zuidkust was in september 1994 ons eerste reisdoel vanuit Leusden. Met een KLM Cityhopper vlogen we naar Southampton, waar een taxi klaar stond om ons naar de haven te brengen. Vanuit de haven vertrok ieder half uur een hydrofoil catamaran naar Wight. Met een snelheid van ongeveer 75 km per uur kwamen we na 25 minuten aan in de haven van het eiland waar de hotelhouder ons stond op te wachten. De tocht van 25 km naar het stadje Shanklin bracht ons bij het Keat Green Hotel, prachtig gelegen aan de Esplanade op de krijtrotsen, 50 meter boven het strand en de zee.

Wight stond in de reisgidsen vermeld als het bloemeneiland en inderdaad waren er veel mooie tuinen en parken. We vonden de aankleding van onze slaapkamer wel een beetje overdreven. Bloemetjes behang, bloemetjes gordijnen, bloemetjes sprei en zelfs de lampekapjes waren gebloemd.

Interessant was de Shanklin Chine, een plantenrijke kloof. Door uitslijting van de kalkbodem door een riviertje was na duizenden jaren een kloof ontstaan met een diepte van 100 meter en een breedte van circa 60 meter. Als gevolg van de beschutte situatie ontstond er een weelderige plantengroei. Vroeger konden vermoeide reizigers een weldadig bad nemen in nu nog aanwezige kuipen die werden gevuld met zout zeewater en heilzaam water uit de Chine.

Uit een recenter verleden van de Chine lag er nog een stuk pijpleiding. Het was het begin van een leiding die tijdens de 2e wereldoorlog was aangelegd over de zeebodem naar Normandië om de invasietroepen van brandstof te voorzien. Deze pijpleiding werd toen Pluto genoemd. Dit betekende "Pipe Line Under The Ocean".

Op veel plaatsen op het eiland proefden we nog de echte oude Engelse sfeer. Een verleden waar veel Engelsen nog graag met nostalgische gevoelens aan terugdenken. Overal zagen we prachtige Anton Pieck-achtige huizen met dikke rieten daken en met rozen en andere bloemen begroeide muren. En de gezellige intieme tearooms waar allerlei soorten heerlijke homemade cakes verleidelijk op een showtafel lagen. Diverse handwerkwinkeltjes, helemaal volgehangen met allerlei Engels kantwerk, grote en kleine kleedjes, antimakassars, kraagjes en manchetten, allerlei frutsels, waarbij wij ons afvroegen, hoe ze dat spul nog kwijtraakten.

Het dorp Godshill op het eiland Wight

In het stadje Ryde zagen we in de hoofdstraat op de gevel van een kapperszaak staan "Barber-

shop for men", een paar huizen verder stond op een andere kapperszaak "Barbershop for gentlemen". Ja, verschil moet er zijn. Ook typisch Engels. Bij een deurbel zagen we een briefje hangen met de tekst: "Wij doen niet open voor liefdadigheid, niet voor kooplui en niet voor Jehova's" Maar dát vonden we niet typisch Engels. Het openbaar vervoer werd op Wight verzorgd door dubbeldeks bussen die de verbinding onderhielden tussen alle belangrijke plaatsen.
Boven in een bus gezeten, hebben we zo het hele eiland verkend.
Van Shanklin liep een 18 km lange spoorlijn naar de 800 meter lange pier van de haven van Ryde. De trein uit 1930 was een afdankertje van de Londense metro.

Het eiland Wight vonden we interessant genoeg om er op 13 mei 1995 nog een weekje door te brengen. Weer in hetzelfde bloemetjes hotel. Nu bezochten we o.a. het Osborne House, de vroegere zomerresidentie van koningin Victoria. Op 12-jarige leeftijd liet, de toen nog prinses, Victoria tijdens een bezoek aan Wight weten dat ze een woning op dit eiland wilde bouwen. Het bezoeken van het paleis was een belevenis. Al dwalend door de kamers en zalen voelde je hoe hier vroeger geleefd werd. Je kwam door de grote kinderkamer (de koningin had 9 kinderen en 39 kleinkinderen) en dan haar kleedkamer met een badkuip en een douchehokje en in een klein kamertje de geelkoperen badkuip met mahoniehouten rand voor prinsgemaal Albert. Deze privé vertrekken bevonden zich op de eerste etage waar de koningin door middel van een door mankracht gehesen lift naar toe gebracht werd. Op 22 januari 1901 overleed Victoria in haar geliefde Osborne House.

Voor een tuinenrondreis door het Engelse graafschap Kent vertrokken we op vrijdag 11 september 1995 met een bus naar Calais, vanwaar we met een boot van de Sealink Line naar Dover voeren.
Onze standplaats werd het Stakis Hotel in Maidstone en van hieruit bezochten we 10 heel verschillende tuinen o.a. die van Goodnestone, Great Comp, Church Hill, Walnut Tree, Rock Farm, Great Dixter en van Chilworth Manor. Heel bijzonder waren de tuinen van Sissinghurst Castle en van Wisley. Vooral de laatste tuin was een voorbeeld voor elke tuinliefhebber in Engeland. Het ongeveer 100 ha. groot complex was een belangrijk centrum voor onderzoek en onderwijs in de hovenierskunst. Men kon er worden ingelicht over het aanleggen van sier- en moestuinen door middel van modeltuinen, maar er was ook ruimschoots gelegenheid voor de gejaagde stadsmens om tot rust te komen.
Bij het Leeds Castle was het kasteel interessanter dan de parken en bossen er omheen. Het kasteel is het oudste en, naar men zegt, het meest romantische van Engeland. Het gebouw lag op 2 eilandjes in het midden van een door de natuur gevormd, meer.
Erg bijzonder vonden wij het bezoek aan het in Georgian stijl gebouwde landhuis Finchcocks, dat werd bewoond door het echtpaar Richard Burnett. Hij was concertpianist en zijn hobby was het verzamelen van oude klavierinstrumenten. In de kamers en zalen van het huis stonden 80 virginalen, spinetten, clavecimbels, huisorgels en antieke piano's. Burnett gaf in de grote hal concerten en verhuurde instrumenten voor film- en tv-opnamen. Ook liet hij ons, met humoristisch commentaar, horen hoe verschillende oude instrumenten klonken.
Bij een rondreis door Kent was een bezoek aan de stad Canterbury natuurlijk een must. Het was een historische stad met middeleeuwse straatjes en vakwerkhuizen, met als hoogtepunt de wereldberoemde kathedraal, de zetel van de aartsbisschop van Engeland. Het gebouw, waarvan de bouw begon in 1067, was indrukwekkend en de gebrandschilderde ramen behoorden tot de mooiste van Europa.

Libanon en Wales

Het leven in Leusden was veel rustiger dan in Den Haag, maar wij waren nog niet rijp om achter de geraniums te gaan zitten. We hadden nog steeds reislust en zo zagen we in een krantenadvertentie, dat de KLM in oktober 1995 drie rondreizen door Libanon had gepland. Het waren zogenaamde ontdekkingsreizen. Na jarenlange onlusten en oorlogen was het weer verantwoord om met toeristen een rondreis door dit land te maken. De belangstelling was echter te gering voor 3 reizen, maar met wat samenvoegen kwam toch één groep tot stand en zo vertrokken we op 12 oktober 1995 naar Beiroet. Libanon was een heel klein, maar bijzonder land. In oppervlakte was het maar 1/3 van Nederland, ofwel gelijk aan de provincies Noord-Brabant en Gelderland samen. Het aantal inwoners werd geschat op 5 miljoen, verhoudingsgewijs gelijk aan Nederland. De bevolking van Libanon was voor 60 % islamiet en 40% christen. Het land bestond hoofdzakelijk uit het van noord naar zuid lopend, dun bevolkt Libanon Gebergte. Langs de Middellandse Zee lag een smalle vruchtbare landstreek en in het oosten was de bekende en beruchte Bekaa Vallei.

Het was nog goed te zien dat vooral het centrum van Beiroet veel had geleden van de 17 jaar durende burgeroorlog die in 1975 uitbrak. Vroeger was het een gebied met veel winkels, theaters en hotels. Een stad in Libanese stijl met veel West-Europese facetten. Voor de oorlog was het Martyrs square het commerciële centrum met vele banken, winkels en terrasjes. Nu was er nog slechts één gebouw en een standbeeld uit 1915, doorzeefd met kogels, ter ere van de overwinning op de Turken.

Doordat de strijdende partijen hoofdzakelijk lichte wapens gebruikten, ontstond er een andere schade dan bij artillerie en luchtbombardementen het geval zou zijn geweest. Een typisch voorbeeld was het "Holiday Inn" hotel. Op een afstand leek het ongeveer 30 etages hoge hotel onbeschadigd. Dichterbij gekomen zag men het betonnen skelet intact, maar alle kamers waren uitgebrand. Onze gids vertelde dat de strijdende partijen elkaar op elke etage hadden bestreden. Inmiddels werd er alweer volop gebouwd en kon men in Beiroet al weer winkelen o.a. in prachtige modemagazijnen. We zagen een etalage van een banketbakker met een assortiment gebak dat kon wedijveren met de producten van de beste banketbakkers in Den Haag. Er waren koekjes van ragfijn deegwerk waarvan wij ons afvroegen hoe die gemaakt werden. Door een steegje liepen wij naar de achterzijde van de bakkerij. De bakkers stonden ons eerst een beetje vreemd aan te kijken maar na wat goochelen was het ijs spoedig gebroken. Men liet ons alles zien waar we belangstelling voor hadden, zoals de grote molens waarmee het bijzondere bakwerk gemaakt werd. Voor we vertrokken moest er nog veel geproefd en gefotografeerd worden.

Het verkeer in Beiroet was drukker dan in onze grote steden. Verkeerslichten hebben we echter niet gezien, evenals witte strepen op de weg en ook een politieagent was een zeldzaamheid. Soms stonden we op een rotonde in de file met 5 rijen auto's naast elkaar en probeer dan maar op de goede rijbaan te komen. Handige garagehouders hadden bij de rotondes takelauto's gestationeerd. In het hart van een rotonde zagen we een monument gewijd aan de oorlog. Het was een in doorsnee circa 12 meter ronde en tot 2 meter hoog oplopende betonvlakte, waar op allerlei manieren auto's uitstaken. Het moest een herinnering oproepen aan de slachtoffers van de vele tientallen autobommen.

De zuilen van de Jupiter tempel in Baalbek

Ons hotel was gelegen in Broummana, een dorpje in de bergen, 12 km oostelijk van Beiroet. Als we met de bus het land introkken, moesten we eerst naar Beiroet.

Het hotel "Le Crillon" was voor Europese begrippen een 4-sterren hotel. We hadden een kamer en suite met televisie, een koelkast en 2 tweepersoonsbedden. De badkamer was voorzien van alles wat je maar bedenken kon. Toch vonden wij 6 badhanddoeken wel erg royaal. De keuken van het hotel was erg goed. Trouwens, overal in Libanon hebben we heerlijk gegeten.

Langs de kust ten noorden van Beiroet bezochten we Jounie, een moderne stad, hoofdzakelijk bewoond door christenen. Jounie was een badplaats met alle nodige faciliteiten, inclusief een casino. Op een parkeerplaats zagen we tientallen autobussen uit Syrië. Het was vrijdag en op deze voor de moslims vrije dag mochten de jongelui graag even genieten van de luxe van deze christelijke stad.

Met een kabelbaan gingen we vanuit Jounie naar de 620 meter hoger gelegen plaats Harissa, waar zich een kolossale, hypermoderne kathedraal bevond, de "Notre Dame van Libanon". Alle kerkbezoekers hadden, als in een theater gezeten, uitzicht door een 15 meter hoog raam op een groot Mariabeeld en over de Middellandse Zee.

Verder naar het noorden kwamen we in Byblos, volgens zeggen de oudste, doorlopend bewoonde stad van de wereld. De stad gaf zijn naam aan ons woord 'bijbel'. Omstreeks 1100 bouwden de kruisridders hier een groot kasteel dat nog grotendeels in tact was.

Tripoli, 85 km ten noorden van Beiroet, was met 800.000 inwoners de tweede stad van het land. Meer dan Beiroet, heeft Tripoli het karakter van een oriëntaalse stad. In het centrum een wirwar van straatjes met nog een oude souk en een door de kruisvaarders gestichte grote citadel. Toch had Tripoli ook moderne wijken met veel hoogbouw en mooie winkels. Ook hier viel onze aandacht op een banketbakkerij maar deze zaak was wel het summum. In de speciale inpakafdeling van de winkel telde ik wel 20 keurig in het wit geklede medewerkers. Bij de koekjesafdeling kochten we van enkele soorten een paar ons. Men deed elk koekje apart in een zakje, waarop de naam en in kleur het product was afgebeeld. Daarna kwam onze bestelling in een verpakking, geschikt voor verzending per luchtpost en men stopte er een kostbare kleuren prijslijst bij in voor eventuele nabestelling.

Ten zuiden van Beiroet, langs de kust, bezochten we Sidon. Ook hier bevond zich nog een kruisvaarders kasteel. De vesting was gedeeltelijk in zee gebouwd. In Sidon zagen we veel tijdens de oorlog door kogels doorzeefde huizen maar ook hier veel hoge nieuwbouw.

De meest zuidelijk gelegen plaats die we bezochten was Tyrus, een stad met ongeveer 300.000 inwoners, overwegend Palestijnen. We zagen er veel herinneringen uit het verre verleden. 2000 jaar voor Chr. was Tyrus al een belangrijke handelsstad. Zuilenstraten, de necropolis, de hypodroom en nog veel andere restanten uit het verleden hebben we op de foto vastgelegd.

We waren hier op circa 20 km. afstand van de Israëlische grens. Een strook van 10 km. Libanees gebied werd nog door Israëlische troepen bezet. Vissers uit Tyrus mochten van Israël niet verder dan 2 km de zee in om te vissen.

Ook werden nog af en toe door Israëlische vliegtuigen aanvallen uitgevoerd op veronderstelde centra van Palestijnse vrijheidstrijders. De aangevallen doelen bevonden zich in dorpjes, gelegen aan de kustweg, de hoofdweg tussen Beiroet en Tyrus. Wij hebben er gelukkig geen last van gehad. Wel werden we onderweg bij Syrische

Hizbullah heette ons van harte welkom in Baalbek
De regering had hier niet veel te vertellen

en Libanese road-blocks regelmatig gecontroleerd op onze papieren maar dat leverde nooit problemen op.

Tussen Tyrus en Sidon hebben we een lunch gebruikt die toch apart vermeld moet worden. Op een kunstmatig aangelegd eilandje aan de kust kregen we op het terras van het Mounes Hotel een Libanese mezze voorgeschoteld. Deze maaltijd bestaat uit schalen salades, diverse rauwe groenten, verschillende soorten humoes o.a. met bonenkruid en ui, een kipkaneelhap, kroketten van schapenvlees en kaas, grote en kleine frieten, diverse soorten saus en vellen brood. Verder gebakken kip en vis en allerlei soorten fruit. We dronken er "Sohat" mineraalwater bij en "Almaza" bier van een brouwerij, geassocieerd met de Amstel brouwerij.

In het Chouf gebergte ten zuid-oosten van Beiroet, brachten we een bezoek aan het paleis van Beiteddine. Een perfect voorbeeld van klassieke Libanese architectuur. Het in 1788 door emir Bechir el Chehabi gebouwde paleis was gerestaureerd en tot nationaal monument verklaard.

60 km hemelsbreed ten noorden van Beiroet, maar meer dan 100 km over de weg, kwamen we in het Libanon gebergte door een cederbos. De ceder is het symbool van Libanon en is in de nationale vlag opgenomen. De cederboom kan 1000 tot 1500 jaar oud worden en 30 tot 40 meter hoog, werd ons verteld. Het gebergte hier reikte tot 3000 meter. De bomen stonden op een hoogte van 2200 meter. De omstandigheden schenen hier ideaal te zijn voor deze mooie bomen. Van het grote cederwoud uit het verleden was echter niet veel meer over. Er stonden nog ongeveer 12 kolossale bomen, waarvan men schatte dat ze 1000 jaar oud waren. Koning Salomo heeft omstreeks het jaar 950 voor Chr. hout laten kappen voor zijn paleis in Jeruzalem. In de bijbel wordt tientallen keren gerefereerd naar dit cederhout. Men was weer begonnen met nieuwe aanplant. 's Winters werd hier geskied tussen de bomen door.

Hizbullah kok in de Bekaa vallei

Oostelijk van het Libanon gebergte kwamen we in de Bekaa vallei. Het was een zeer vruchtbaar gebied. Men verbouwde er tarwe, groenten, olijven, tabak en, voor een erg lucratieve handel, hennep en papaver bestemd voor het maken van marihuana en opium. We zagen er ook wijngaarden.

Hoofdstad van de Bekaa vallei was Baalbek. Deze stad was bekend om zijn Romeins tempelcomplex, die behoorde tot het grootste die er ooit gemaakt is. Aan het complex moet gebouwd zijn tussen ca. 50 en 250 jaar na Chr., maar het is nooit afgebouwd. Oorlogen en aardbevingen hebben dat verhinderd. Het heiligdom werd gewijd aan Jupiter en Bacchus. De Jupiter tempel zou hebben bestaan uit 54 kolommen met een doorsnee van 2 meter en een hoogte van 22 meter, waarvan er nu nog 6 omhoog stonden. Deze hoogste zuilen van de wereld werden gemaakt uit slechts 3 steenblokken. Het dak was destijds van cederhout. De Jupiter tempel was 15 meter langer en 14 meter breder dan het Parthenon in Athene. Achter de tempel stond nog een stuk niet afgebouwde muur met steenblokken van circa 1000 ton.

De Bacchus tempel was het best bewaard gebleven Corinthische gebouw uit de Romeinse wereld. Het interieur van deze tempel had cellamuren, muren met nissen voor beelden, waarop nog te zien was hoe rijk versierd ze vroeger waren.

In het restaurant waar we lunchten was in de open keuken een donkere, zwaargebaarde man met een zwart hoofddeksel op en in zwarte kleding, bezig onze maaltijd te bereiden. Hij vulde deeglapjes met stukjes lamsvlees, ui en tomaat, sfiha baalbaki genoemd, een typisch Bekaa vallei gerecht. Verder kwam een schaal met plat brood en humoes op tafel. De lunch smaakte ons prima. Nini dronk er thee bij en voor mij was er, ondanks de hizbullah sfeer, een lekker koud pilsje. Het deed mij even denken aan een bezoek, jaren geleden aan het Turkse Konya, waar we een biertje bestelden en na drie kwartier wachten, een glas yoghurt kregen.

Van Baalbek reden we door de Bekaa vallei, waar nog ongeveer 30.000 Syrische militairen gelegerd waren, verder naar het zuiden. We kwamen langs Syrische road-blocks. Libanese soldaten waren hier niet gewenst. Ons laatste bezoek was aan de ruïnes van de Omajjadenstad Anjar in het zuiden van de vallei en 56 km oostelijk van Beiroet gelegen. Pas in 1950 werd begonnen met het blootleggen van Anjar. Duidelijk was te zien dat het een grote stad geweest was met twee brede hoofdstraten, die elkaar kruisten bij het tetrapylon. Achter de arcaden van de straten bevonden zich destijds een paar honderd winkels. Ook moeten hier twee paleizen zijn geweest.

Dit was een lang verhaal van slechts één week verblijf in Libanon, maar het heeft zo'n indruk op ons gemaakt dat ik mij er niet met een paar regels van af kon maken.

Bij het uitzoeken van een reis, keken we altijd naar wat ons interessant leek wat cultuur en natuur betrof en niet naar plaatsen waar massatoerisme was. Wales was dit keer het gebied dat ons geschikt leek en aan onze wensen kon voldoen.

Zo vertrokken we op 24 april 1996 met een vliegtuig van British Midland en landden op het vliegveld bij Birmingham. Met een bus reden we naar Hay on Wye, een plaats op de grens van Engeland en Wales en bekend om de tientallen winkeltjes in 2e hands boeken. Een 12e eeuws kasteeltje waar in alle vertrekken rekken stonden, was zelfs volgepropt met boeken. Ook in de tuin stonden rekken vol lectuur. Boeken met een harde kaft voor 50 pence en 30 pence voor een paperback. Het bedrag moest je in de gleuf van een kastje aan het tuinhek deponeren.

De volgende dagen bezochten we het Brecon Beacons park in het zuiden van Wales en verder naar het noorden de Cambrian Mountains, waar we een wolspinnerij bezochten. We reden langs 5 stuwmeren met een totale hoogteverschil van 400 meter. De stuwdammen zorgden voor de watervoorziening van de stad Birmingham.

We reden door het Snowdonia National Park en bezochten er leisteengroeven en een oude fabriek waar de leisten werd bewerkt. De machines werden er aangedreven door een waterrad met een doorsnee van 15 meter.

Bij het passeren van een gietijzeren brug lazen we dat deze brug gemaakt was in het jaar van de slag bij Waterloo, 1815.

In het noorden van Wales overnachtten we in Llandudno, een badplaats in Victoriaanse stijl. We reden over de Menai brug naar het eiland Anglesey en kwamen in een heel klein plaatsje met de langste naam: "Llanfairpwllgwyngyllgogerychwyrndrobwllllantysiliogogogoch".

Vertaald betekende dat: "De kerk van St. Mary in een dal bij de witte hazelaar, vlakbij de snelle draaikolk bij de rode grot van St. Tysilio".

Terug van het eiland brachten we een bezoek aan het in 1283 gebouwde Caernarfon Kasteel. Van buiten leek het een grote en indrukwekkende vesting. Binnen gekomen ontdekten we dat de 5 meter dikke muren het enige was, wat van het kasteel was overgebleven. Binnen die muren was een grasveld met in het midden een rond stenen plateau. Het was de plek waar koningin Elizabeth op 1 juli 1969 haar zoon prins Charles kroonde tot Prins van Wales. Een titel alleen voorbehouden aan de oudste koningszoon.

Op 1 mei vlogen we met een Fokker 70 terug naar Schiphol.

Engelse tuinen en Spaanse vlakten

In de reisfolder stond: "Een reis naar de mooiste tuinen van zuid west Engeland". Dat lokte niet alleen ons maar ook Nini haar zusters Zus en Klazien met haar vriendin Trudy. Het gevolg was dat we met ons vijven en nog een twintigtal medereizigers op woensdag 3 juli 1996 met de bus vertrokken richting Calais voor een tocht door de Eurotunnel om, aangekomen in Engeland, direct door te rijden naar de eerste van de 13 tuinen, die we gingen bezoeken.

Die eerste tuin was Marle Place. De eigenaar hiervan was tevens bedreven in de houtsnijkunst en zo waren de honden die hier wél in de tuin mochten verblijven, van hout. De tweede tuin, Iford Manor, was de woonplaats van tuinarchitect Harold Peto. Door de vele loggia's, standbeelden en pilaren had de tuin een Italiaanse sfeer.

Knighthayes Court, ten noorden van de stad Exeter, was de volgende tuin. In het midden stond een grote Libanese ceder zonder top. Die was er in de oorlog door een vliegtuig afgevlogen. Forde Abbey was een oud klooster met een 13 ha. grote tuin met mooie vijvers. Daarna gingen we naar de kleine Tintinhull tuin, met veel keurig geknipte buxussen.

De eigenares van East Lambrook Manor was van mening dat de planten en niet de mensen de baas in de tuin moesten zijn. En dat was duidelijk te zien. Het wandelpad was overwoekerd door allerlei planten en nauwelijks begaanbaar. In het graafschap Devon gingen we eerst naar Marwood Hill, een mooie en artistiek aangelegde tuin met vijver en vervolgens naar de Rosemoor tuin. De eigenares Lady Anne Berry had de Rosemoor, een tuin van 3,5 ha. en 12 ha. weidegrond, in 1988 cadeau gegeven aan de Royal Horticultural Society. Deze organisatie heeft de tuin uitgebreid tot één grote tuin, in perfecte conditie.

De negende tuin was die van Hadspen House, waarin een voormalig waterreservoir werd veranderd in een lelievijver maar die was nu totaal dichtgegroeid.

Interessanter was het bezoek aan de landschapstuin van Stourhead. Het werd de fraaiste landschapstuin van Engeland genoemd. Het idyllisch landschap was een verzameling van klassieke tempels, beeldhouwwerken, grotten en eeuwenoude boompartijen. De tuin was gelegen om een reusachtig meer, dat ontstaan was door het afdammen van het riviertje Stour. Direct naast deze landschapstuin lag de kleine charmante tuin van Stourton House van mevrouw Bullivant. Opvallend waren hier de prachtige vormen van de Lleylandi hagen.

De Heale House Garden was een complex, waarvan het huis en de tuin een beetje verwaarloosd waren. Het was te zien dat onderhoud van beiden tekort schoot. Men liet blijken dat er financiële problemen waren. Vijvers waarvan de randen op instorten stonden, terrassen overwoekerd door allerlei begroeiing en met mos bedekte beelden. Toch gaven al die dingen een aparte en romantische sfeer. Ook de appeltunnel was bijzonder. De appelbomen waren zo gebogen dat ze een tunnel vormden. Het moet vele jaren geduurd hebben voor zo'n doorgang gerealiseerd was.

De dertiende en laatste tuin van deze reis was de Longstock Water Gardens, gelegen oostelijk van Salisbury. De tuin werd aangelegd tussen 1946 en 1953. Door gebruik te maken van het riviertje Test ontstonden er, na veel graafwerk, meertjes en eilandjes die met bruggetjes met elkaar waren verbonden. Zo werd het een paradijselijke tuin. In het heldere water, tussen de prachtige waterplanten, zwommen grote goudwindes en karpers.

Naast tuinen, bezochten we ook enkele steden. Bath was een stad met een deftig Georgian uiterlijk. Sommige straten waren lijnrecht, andere weer in een kromming, maar alle huizen waren als een paleiswand aan elkaar geregen in de stijl van eind 1700. Vooral bekend was de Royal Crescent met een halvemaanvormige facade, die een lengte had van 184 meter. Maar de stad had zijn naam te danken aan het Romeinse badhuis uit de 1e of 2e eeuw na Chr. Het werd in 1878 teruggevonden, gerestaureerd en er werd een gebouw in Victoriaanse stijl omheen gebouwd. Ook bekend in Bath was de Pulteney brug over de rivier de Avon. Aan beide zijden op de brug waren winkeltjes.

In de stad Exeter logeerden we in de gevangenis. Althans, het kolossale gebouw was in 1620 als gevangenis gebouwd en had 250 jaar lang gediend om boeven onderdak te verschaffen. Nu was het Rougemont Hotel een super gesoigneerd en groot horecabedrijf, te vergelijken met de beste hotels in Nederland. Exeter had in de oorlog veel geleden door bombardementen. Verschillende oude gevels waren echter gespaard gebleven, zoals enkele vakwerkhuizen en "The Turks Head", een pub uit 1500, één van de oudste van Engeland. Ernaast was de "Guildhall", het Gildehuis, waar nog raadsvergaderingen werden gehouden. Ook onbeschadigd bleef de, tussen 1260 en 1380, in Engelse gotische stijl gebouwde kathedraal. Bijzonder waren de 50 grote beelden aan de voorzijde van de kerk. Een andere mooie kathedraal was die van Salisbury. De toren hiervan was 123 meter hoog, de hoogste van Engeland. Heel iets anders zagen we in het dorpje Castle Cary, namelijk de kleinste dorpsgevangenis van het land, een rond gebouwtje van 2 meter doorsnee.

Na het groene en natte Engelse landschap gingen we in september van 1996 naar het dorre en droge Spaanse binnenland. Tijdens de 8 daagse vlieg-busreis werden de steden bezocht die de fundamenten vormden van de Spaanse natie.

Eerst een bezoek aan Madrid met de botanische tuin, het museum El Prado en de stationshal met een palmentuin.

Tijdens de wandeling werd ik beroofd door een jongen, die uit mijn tas mijn paperassen meepikte; maar hij had niet verwacht dat wij vlugger reageerden en renden dan hij.

Op een rotsplateau in de bocht van de rivier de Taag lag de wereldvermaarde stad Toledo. Van de vele prachtige kerken is de kathedraal de belangrijkste kerk van Spanje. De bouw van deze Catedral Primada was begonnen in 1227 en duurde ongeveer 250 jaar. Eigenlijk is Toledo één groot museum: het atelier van de schilder

Aquaduct van Segovia

El Greco, de Griek, het Alcázar en nog veel meer bezienswaardigheden.

De volgende steden die we bezochten waren Burgos, Palencia, Valladolid en Salamanca. Allemaal steden met indrukwekkende kerken, universiteitsgebouwen met rijk versierde en grandioos bewerkte facades en hun eigen Plaza Mayor.

Uniek was het kleine stadje Avilla, geheel ommuurd door een 12 meter hoge muur met een lengte van 2,5 km. Waar Avillla nogal streng overkwam, was de stad Segovia veel frivoler.

Het bijzondere van Segovia was het grote, op een hoogte van 28 meter over de stad lopende, aquaduct. Deze waterleiding, gebouwd tussen de 1e en 2e eeuw na Chr., was oorspronkelijk 16 km lang. Nu resteerde nog 700 meter. Het is een respect afdwingend bouwwerk geweest met nauwkeurig in elkaar passende steenblokken, zonder gebruik van cement.

De vele amandelbomen in de omgeving van Segovia hebben de stad ook bekend gemaakt om zijn marsepein. Grote winkels vol zoetigheid waren het gevolg. Boven één hiervan zagen we dat er een tandarts was gevestigd. Een goed voorbeeld van samenwerking.

30 km oostelijk van Madrid kwamen we door Alcala de Henares, een universiteitsstad. In de Romeinse tijd, voordat Madrid bestond, was hier al een instelling voor hoger onderwijs.

Ten noord-westen van Madrid gingen we tot besluit van de reis naar El Escorial, een enorm kloosterpaleis dat beschouwd werd als één van de grootste gebouwen ter wereld. Behalve klooster was het complex koninklijke residentie, pantheon, waar de Spaanse koningen werden bijgezet en ook fungeerde het als museum met een grote collectie kunstschatten, waaronder schilderwerk van de Vlaamse meesters.

8 km ten noord-oosten van El Escorial in het Guadarrama gebergte bevond zich op een hoogte van 1400 meter een 150 meter hoog kruis als monument van de gevallenen van de burgeroorlog 1936-1939. Het kruis, voorzien van een lift, had aan de voet sculpturen van de 4 evangelisten, gehouwen uit zwartachtig kalksteen. Dictator Franco liet in de rots door politieke gevangenen een pompeuze tunnelachtige kerk uithouwen met een lengte van 262 meter. In deze kerk ligt o.a. de op 20 november 1975 overleden dictator begraven.

De bewaking van een hotelparkeerruimte vonden we heel apart. Deze parkeerruimte was omgeven door een gang van hekwerk, waartussen 3 grote honden heen en weer liepen die 's nachts bij onraad dieven moesten afschrikken en de nachtportier moesten waarschuwen.

En zo bezochten we in de zomer van 1996 idyllische en kleurrijke Engelse tuinen en enkele maanden later trotse en cultuurrijke Spaanse steden. Niet met elkaar te vergelijken, maar beide reizen waren voor ons bijzonder mooi en onvergetelijk.

Korte reizen duurden maanden

Korte reizen duurden maanden, betekende voor ons dat we, nadat een reisdoel was uitgezocht en besproken, eerst van de gekozen bestemming zoveel mogelijk informatie verzamelden. Na de reis, die meestal 8 tot 14 dagen duurde, waren we druk bezig om alle foto's, dia's, geluidsopnamen en notities te rangschikken. Nini maakte een uitgebreid fotoalbum en ik was ongeveer 1 tot 2 maanden bezig om een diaklankbeeld van de reis samen te stellen. Het moest een lopend en afwisselend verhaal worden, een duidelijke uiteenzetting in korte zinen, met af en toe een humoristische noot. Belangrijk was ook dat het naar een hoogtepunt ging. De tekst moest kort, eenvoudig en toch informatief zijn en de door Nini ingesproken tekst moest duidelijk zijn. Dat dit uiteindelijk inderdaad het resultaat was, kregen we bijna na elke voorstelling te horen. De achtergrondmuziek moest aangepast zijn, vaak gedeeltelijk muziek van ter plaatse gekochte cassettebandjes, afgewisseld met straat-, markt- of andere ter plekke opgenomen geluiden. Bij klankbeelden van Arabische landen lieten we niet constant Arabische muziek horen. Om hoofdpijn te voorkomen, zorgden we ervoor, dat die klanken werden afgewisseld door in westerse oren gezelliger klinkende muziek. Door de vele voorstellingen die we gaven, maakten we de reis steeds zelf weer mee.

In Leusden hadden we al spoedig veel adressen verzameld waar we onze diaklankbeelden zouden kunnen vertonen. Er kwam veel respons op onze folders, dit kwam mede door de pers. De plaatselijke huis aan huisbladen hadden uitgebreide artikelen over onze voorstellingen geschreven. De eerste voorstelling vanuit Leusden gaven we in augustus 1994, de laatste, ongeveer de 250-ste, vond plaats in Huis ter Heide bij Zeist. De afstanden waren hier groter dan in Den Haag en ook hier moest men ons ophalen en weer thuisbrengen. Ondanks die afstand gaven we ook voorstellingen in Hilversum, Utrecht, Oosterhout, Doetinchem en Leiden. Ook het Museon in Den Haag liet ons nog eens terug komen.

Enkele reacties van voorstellingen vanuit Leusden. We vertoonden dia's over Schotland en Nini droeg een Schotse broek met een origineel tartanruitdesign. In de pauze liet ze een kleurenmap aan het damespubliek zien met tientallen andere tartanvoorbeelden. Een aanwezige dame moest toen vertellen, dat ze nog wel 4 tartankledingstukken ergens in een kast had hangen. Na afloop van een voorstelling in Utrecht zei een bezoekster, dat de commentaarstem van mevrouw Bakker zo duidelijk was, maar het accentje kon ze niet thuis brengen. Voor we konden antwoorden zei de voorzitster, dat je wel kon horen dat mevrouw Bakker uit Den Haag kwam.

Net als in Den Haag zaten ook in deze regio altijd wel een paar Groningers in de zaal. Ze kwamen na afloop vragen, of ik de een of andere meneer Bakker in Groningen kende.

In de pauze van een voorstelling in een bejaardenhuis pakte een dame mij stevig bij de arm en zei: "U lijkt sprekend op mijn onlangs overleden man." Ik had niet direct een antwoord klaar.

Op 14 maart 1997 vlogen we met Alitalia via Rome naar Catania op Sicilië en maakten een 8-daagse rondreis door het oosten van Sicilië. Onze standplaats werd het aan het strand gelegen plaatsje Letojanni, niet ver van het toeristenstadje Taormina. De eerste excursie ging naar de vulkaan de Etna. We kwamen via een kronkelende, stijgende weg bij een woning waar een lavastroom op slechts 1 meter van het huis tot staan was gebracht. De eigenaar had als dank een groot Mariabeeld bij zijn huis geplaatst. We reden halverwege de Etna, tot een hoogte van 1900 meter. Het was slecht weer, winderig en ijzig koud. De besneeuwde toppen van de Etna waren in de wolken verdwenen. De door de laatste eruptie vernielde kabelbaan maakte het ons onmogelijk om hoger te komen. Toch hadden we op deze hoogte een indrukwekkend zicht op de gestolde lavastromen, met hier en daar kleine kraters waaruit rokende gassen omhoog stegen. Tussen de wolken door zagen we af en toe de dreigende rookpluim uit de grote krater.

Rondom de Etna was de grond erg vruchtbaar door de lava en de asregens. We zagen uitgestrekte plantages met sinasappel- en citroenbomen. De bekende Siciliaanse citroenen kunnen 3 maal per jaar geoogst worden.

De volgende dagen bezochten we o.a. Messina, de door aardbevingen en tijdens de Tweede Wereldoorlog geteisterde havenstad, gelegen tegenover de punt van de Italiaanse laars. Aan de noordkust kwamen we bij de antieke stad Tindari. Vervolgens naar de in het binnenland gelegen stad Enna, gelegen op een ongenaakbaar rotsplateau, precies in het hart van Sicilië. Bijzonder was een bezoek aan de opgravingen van de grote Romeinse villa Piazza Armerina. Vanaf 1950 was men al bezig om het door aardbevingen vernielde complex te reconstrueren en de wereldberoemde 4.000 m2 grote mozaïekvloeren veilig te stellen. De onvoorstelbaar mooie mozaïeken toonden, gelijk schilderijen, verschillende taferelen van jacht op groot en klein wild, vispartijen met hengel en spies, gevechten met mens en dier, wagenrennen, met ballen en gewichten sportende vrouwen en op de vloeren van slaapkamers waren erotische voorstellingen aangebracht.

Ten slotte gingen we naar Siracuse, een stad met een schat aan oudheden uit de Romeinse en Griekse tijd met grote en kleine tempels en kerken. In de Paradijsgrot, een steengroeve die eeuwenlang werd geëxploiteerd om bouwmateriaal voor de stad te leveren, werden krijgsgevangenen te werk gesteld.

Indrukwekkend was het in een rots uitgehouwen Grieks theater, dat met zijn 42 rijen 15.000 bezoekers kon herbergen. Siracuse had in zijn bloeitijd, volgens zeggen, ongeveer 1 miljoen inwoners.

Vrijdag 21 maart 1997 kwamen we terug van Sicilië en donderdag 29 mei vertrokken we weer. Nu naar het vliegveld East Midlands voor een 6-daagse tuinenreis door midden Engeland. Onze standplaats werd The Grand Hotel in Leicester en vandaar bezochten we 12 tuinen. Eerst naar Long Close, een 5 ha. grote tuin. De vijver was helemaal dichtgegroeid. Iets wat niet had gemogen, erkende de tuineigenaar.

Haddon Hall met hagen geknipt in figuren uit het familiewapen

Daarna gingen we naar het goed bewaard gebleven 17e eeuwse kasteel Haddon Hall met een tuin met 150 jaar oude buxushagen. Sommige waren geknipt in vormen van dieren die in het familiewapen voorkwamen, zoals een pauw en een everzwijn. Het kasteel lag op de top van een heuvel. De tuinen lagen op verschillende niveaus en de vaak ommuurde terrassen hadden prachtige klimplanten. Het was dan ook geen wonder dat het kasteel en de tuin, die beiden een romantische sfeer uitstraalden, meer dan eens gebruikt werden als decor voor films.

De derde tuin was uniek. Het was Chatsworth, een majestueus buitenhuis omgeven door een park en tuin van 40 ha. Er was een eeuwenoude cascade, een watertrap. Verder grote en kleine vijvers met zeer hoog spuitende fonteinen en verschillende soorten coniferen, cypressen en ceders. Voor een oranjerie had men een landhuistuin aangelegd, op een manier zoals die er omstreeks 1800 uit moet hebben gezien. En we zagen een grapje van de tuinman, hij had buxussen en andere heesters bijgeknipt in de vorm van huiskamer meubilair. In het midden een tafel, er omheen 2 stoelen en een bank en daarachter een open haard. Je zou er zo plaats willen nemen. Het grote, in Palladianstijl gebouwde huis, werd nog bewoond door de hertog en hertogin van Devonshire en bevatte een schitterend interieur met talrijke kunstschatten waaronder enkele werken van Frans Hals en het schilderij "Koning Uzzia met melaatsheid geslagen" van Rembrandt. Het in 1639 gemaakte kunstwerk werd in 1742 door de hertog van Chatsworth gekocht voor 78 pond.

De volgende tuin was de Lea Rhododendron Gardens, een bostuin, waar onder bomen en tussen coniferen meer dan 500 rododendronsoorten stonden; dat vermeldde tenminste de beschrijving. Er waren inderdaad heel veel soorten, veel te veel. De ene heester had een bloemetje dat iets rozer was dan dat van de heester ernaast, maar die had misschien bloemen met een bloemblaadje meer aan de stengel. Wij keken niet zo nauw. Het totaalbeeld was mooi en dat was voor ons voldoende.

Een lachertje was de Dove Cottage Garden, direct gelegen aan het riviertje Dove. Deze kleine tuin stond in de vooraankondiging beschreven als: "aangelegd in de beste cottage-tradities met een uitbundige beplanting". De tuin was vorig jaar ondergelopen door een extreem hoge waterstand, maar de rommelige en zich in slechte staat bevindende tuin was volgens ons niet veroorzaakt door die hoge waterstand. De eigenares, mevrouw Liverman, die de tuin zelf onderhield, was niet aanwezig. Al heel lang niet dachten we, al rondkijkend. Mevrouw had haar man opdracht gegeven ons rond te leiden. Tekst en uitleg had zij voor hem op een papiertje geschreven, maar aangezien de man geen boom van een heester kon onderscheiden, was het gevolg dat enkele mensen van ons gezelschap zelf maar vertelden wat er in de tuin te zien was.

Bij de tuin van Darm Farm House was het geheel anders; een prachtige tuin vol afwisseling met gezellige en romantische hoekjes, van elkaar gescheiden door rozentunnels en hagenpoortjes. Mevrouw Player, een kordate dame van midden in de 70, vertelde ons, al doorwerkende, dat ze 8 dagen in de week in haar tuin bezig was. Personeel had ze niet, alleen kwam er 2 dagen per week een man om het gras te maaien en de heg te knippen. Haar terras stond vol potten en bakken met bloemen en planten en ook het groen dat tussen de tegels door omhoog kwam, werd door haar gekoesterd. Dit bracht ons er toe om haar te zeggen, dat het wel vol was. "Maar je kan overal omheen lopen", was haar antwoord. Bij de schuur was een stenen trap die naar de zolder leidde; elke tree was volgezet met bloempotten. Op mijn vraag, hoe zij op die zolder moest komen, zei ze, dat dat niet nodig was, de zolder was leeg.

De Dorothy Clive Gardens waren gelegen op en onderaan de helling van een heuvel; vroeger was het een kaal en eentonig terrein. Het boven op de heuvel gelegen huis werd bewoond door Colonel Clive en zijn echtgenote Dorothy. Mevrouw Clive had een zwakke gezondheid en moest veel wandelen. Ze werd daarbij trouw begeleid door haar twee honden. Maar de saaie omgeving begon niet alleen mevrouw, maar nog meer haar 2 honden te vervelen. Die wilden op het laatst niet meer met haar mee. Dat was voor de kolonel de aanleiding om op de helling tuinen aan te leggen. Onderaan de heuvel kwamen een moerastuin en een vijver met veel soorten waterplanten. Altijd moest er wat te genieten zijn, in het voorjaar veel soorten bollen, daarna de rododendrons en azalea's, dan de lupinen en voor later in het seizoen een grote verscheidenheid aan kleurrijke heesters. Uiteindelijk zorgden wintergroene coniferen ervoor dat er gedurende alle seizoenen in de tuin kleur aanwezig was. De honden gingen toen weer graag met Dorothy de tuin in. Wij hebben er ook met veel plezier rondgelopen.

Daarna kwamen we in een tuin die niet echt exclusief was, het was de Manor Cottage van mevrouw Joyce Heywood. Het bestond uit een oude villa met een niet al te grote tuin, een beetje gewoontjes aangelegd. In het midden een gazon, omringd door borders die beplant waren met heesters en ervoor kleurige bloemen, een mooie tuin. Maar het was een tuin zoals honderden tuinliefhebbers in Nederland ook bezitten. Alleen mevrouw Heywood liet haar, vanaf de straat onzichtbare tuin, niet gratis bekijken.

De negende tuin was daarentegen weer iets bijzonders. Het was de in 1840 gecreëerde Biddulph Grange Garden. Het was een van de merkwaardigste en meest innoverende tuinen uit het tijdsbeeld van de negentiende eeuw. Het grote terrein, met in het midden een kolossaal landhuis, bestond uit een serie kleinere tuinen, gescheiden door van nature aanwezige rotspartijen, tunnels en hagen. Veel van de tuinen hadden een oriëntaalse sfeer. In de Egyptische tuin zagen we beelden van een sfynx en verschillende mythologische figuren en in de Chinese tuin een vijver, waaraan een theehuis, gelegen tussen een weelderige plantengroei. Bij een zogenaamde ruïne groeiden heel bijzondere varens en er was een bos van araucaria's, bomen, die ook slangenden of apenboom genoemd worden. In Wezep hadden we zelf ook een mooi exemplaar van deze soort in de tuin.

Bij Newstead Abbey was het de Japanse tuin die onze aandacht vroeg. De tuin behoorde in Engeland tot de beste in dit genre. Inderdaad gaven de Japanse esdoorn, de mossen, de beelden en vooral het water en de bruggetjes een oosters sprookjesgevoel. Veel indruk maakten ook de metershoge dichte taxushagen. Behalve de langs de hele tuin lopende vijver, was er vlakbij de abdij een "stew pond", een viskweekvijver, waar de monniken vroeger hun maaltje vis uit haalden. Het interieur en het meubilair van de abdij was deels 18e, deels 19e eeuws en was boeiend en interessant om te zien.

In 1976 kocht mevrouw Chaworth Musters het landhuis Felly Priory, dat in de 19e eeuw was gebouwd op de ruïnes van een klooster. De omliggende maisvelden liet ze geleidelijk veranderen in tuinen en door het aanleggen van taxushagen ontstonden tuinkamers. Hagen gaven de hooggelegen tuinen beschutting en het hoogteverschil zorgde tegelijk voor een landelijke aanblik over de lager gelegen akkers. In buxushagen waren leuke knipresultaten te zien, mooie vogels zoals kippen en pauwen. Bij een enkele vogel was de staart nog niet compleet, deze moest nog een jaartje bijgroeien. Ondanks dat was de tuin van Felly Priory nu al het bekijken waard.

De laatste tuin die we bezochten was Wartnaby Gardens, een veelzijdige tuin, die uit perfecte "English garden" tuinkamers bestond, met elk een eigen thema; een grijze tuin, daarnaast een purperen border, hoofdzakelijk met rozen, en een verzonken tuin met veel soorten vaste planten. Voor het prachtige, in 1934 gebouwde landhuis stond een bijzondere boom. Het was een Fagus sylfatica, een beuk met bladeren in de vorm van varens. Tegen een oude muur groeide een enorme kamperfoelie, een plant, die alles in huis heeft wat men wenst; hij klimt, hij hangt, heeft bloemen en bessen, heeft vroeg in het voorjaar blaadjes en hij geurt bovendien.

In de omgeving van Leicester hebben we 12 tuinen bezocht. Bij vorige reizen hadden we in zuid Engeland ook al enkele tientallen tuinen bekeken. Onze tuinenreizen maakten we altijd in een gezelschap van tuin- en natuurliefhebbers. Bij een bezoek aan een mooie tuin met veel keurige borders nam de tuineigenaar ons tot slot mee naar een achter de tuin gelegen grote weide. Op afstand leek het een stuk grasland dat in geen tijden was gemaaid. Slechts een smal kronkelend paadje was er doorheen gebaand. De eigenaar vertelde trots dat dit stuk land puur natuur was. Er was tientallen jaren niets aan gedaan, er werd niet gemaaid en gezaaid en ondertussen hadden honderden verschillende gewassen er een plaatsje gevonden. Ons gezelschap bleek alleen uit tuinliefhebbers te bestaan, voor deze pure natuur hadden ze geen belangstelling; ze liepen in versnelde pas door de weelderige wilde plantengroei.

Zaterdag 30 augustus 1997 stapten we in een Cityhopper, een Fokker 50 van de KLM, voor een vlucht naar het eiland Jersey voor een 5-daagsverblijf. We brachten er onze 45-jarige huwelijksdag door. Gedurende het verblijf zijn we met de Jersey Bus naar alle hoeken van het eiland gereden en hebben de belangrijkste bezienswaardigheden bezocht, zoals de 15 ha. grote dierentuin, bekend om het fokken en uitzetten van door uitsterven bedreigde dieren, het Duitse ondergrondse hospitaal dat tijdens de Duitse bezetting in de rotsen uitgehakt was door dwangarbeiders uit o.a. Rusland en Frankrijk. Van de bij de haven gelegen vesting had men een groot pret- en ontspanningscentrum gemaakt. Ook het Jersey Museum was de moeite waard, het liet op attractieve wijze het verleden van het eiland zien. Verder bezochten we nog een grote pottenbakkerij, gelegen in een prachtige subtropische tuin.

Tijdens ons bezoek aan Jersey verongelukte op 31 augustus in Parijs de Engelse prinses Diana. Haar dood liet op de op Engeland georiënteerde eilandbevolking, een grote indruk achter. Bij het parlementsgebouw werden honderden boeketten en schriftelijke bewijzen van medeleven neergelegd.

Vierkante bomen

Geleidelijk aan kreeg ik de leeftijd dat de belangstelling voor het reizen er een beetje af ging. Jaren lang waren we in de gelegenheid geweest om veel van de wereld te zien en vooral om alles wat we zagen en hoorden goed in ons op nemen. Vooral onze manier van reizen werd te zwaar, we wilden altijd veel zien en meemaken en niet achterover in een luie strandstoel zitten.

We hebben het leven in Nederland leren waarderen omdat we in andere landen zagen hoe daar geleefd werd, hoe kinderen daar blij autootje speelden met een stok met een conservenblik eraan als auto. We moesten een foto van een autokerkhof naar Indonesië sturen, want ze geloofden niet dat zo'n kerkhof bestond. In veel landen was nog steeds geen verzekering mogelijk, nergens voor, als je daar ziek werd, moest je door blijven werken, anders was je je baan kwijt en het woord 'uitkering' kende men niet. Een huis zonder meubilair was geen uitzondering, evenals geen water en geen electriciteit, alleen een tampatje om te slapen. Men was altijd aan het werk en men was alleen thuis om te slapen. Voor haar hutje zat een vrouw op haar hurken en zij liet ons trots haar enig bezit zien, een kleine aftandse batterij-radio, maar batterijen had ze niet. Ik moest toen denken aan Den Haag.

We zaten eens in de tram en een naast ons gezeten man vertelde ons dat hij onderweg was naar de Sociale Dienst om geld voor een nieuwe videorecorder te halen, zijn oude was kapot.

Het is prachtig dat men steeds gemakkelijker en verder kan reizen, dat men kan genieten van zonnige stranden en alles wat daar verder aan verleidelijks geboden wordt. Veel van deze zongenieters kunnen, thuis gekomen, niet op de kaart aanwijzen waar ze geweest zijn. Maar achter veel van deze stranden valt in het binnenland veel te zien en te genieten. Wij hebben ervaren hoe en waarvan men leeft; een zogenaamde jeepsafari is daarvoor heus niet voldoende.

Vliegreizen waren in de jaren 60 nog grote uitzonderingen, maar als de tijd en financiën het toelieten, gingen we op stap. In 1962 duurde een vliegreis naar Malaga nog 9 uur. Ik moet wel eens denken aan mijn vader die in zijn jonge jaren verschillende Europese landen en de Verenigde Staten bezocht. Toen niet voor zijn plezier, maar hoofdzakelijk om aan de kost te komen en voor het opdoen van ervaring. Voor díé tijd was hij al een bereisd man. Buitenlandse vakanties bestonden nog niet, laat staan vliegreizen. Eenmaal in het bezit van een eigen zaak, had mijn vader geen tijd meer voor reizen, hij kon zijn geld wel beter gebruiken. Hij vond dat hij genoeg had gezien, gelezen en meegemaakt en hij was er van overtuigd geraakt dat er nergens vierkante bomen bestonden. Vrije dagen heeft vader nooit gehad, 's avonds moest hij altijd weer in de zaak zijn. Ik kan me herinneren dat mijn ouders één nacht samen zijn weggeweest.

Tegenwoordig is even een weekje naar China geen bijzonderheid meer, maar die ene nacht dat mijn ouders er even tussen uit waren, werd gegarandeerd door hen net zo gewaardeerd dan zij, die nu een reis maken naar de andere kant van de wereld.

In september 2000 vlogen we voor de zevende keer naar Limasol op Cyprus. Vooral om in het stadspark het gezellige, 10 dagen durende wijnfeest te bezoeken, een evenement dat hoofdzakelijk door de plaatselijke bevolking werd bezocht. Het was een soort braderie met o.a. mooie grote stands van de Cypriotische wijnfabrieken. Een van de attracties was het gratis wijndrinken. Bij de ingang van het park kon je voor een klein bedrag een wijnglas kopen, om dat gratis onbeperkt te laten vullen op een van de 4 wijnschenkpunten. Er liepen hier maar enkele toeristen rond en het waren juist zij die hier elk glaasje wijn in een literfles schonken. Op het terrein waren 2 openluchttheaters met doorlopend muziek en dansoptredens. Dit alles speelde zich af vlak voor "Chrielka", ons appartementencomplex en na een bezoek aan het evenement konden we vanaf ons balkon de rest van de avond van bovenaf meemaken. Om 11 uur 's avonds was het feest afgelopen en een eindeloze rij taxi's bracht de bezoekers naar huis. Zonder problemen was de rust om half twaalf weergekeerd.

Tijdens een wandeling door een villawijk van Limasol bleven we even staan voor een mooi, groot huis. Er kwam een auto aanrijden, die de bij het huis behorende garage inreed; een dame stapte uit, ze zag ons kijken en na een kort gesprek met haar, nodigde ze ons uit voor een drankje. Haar man zat op het terras te lezen; hij was mr. Michaelides, de landsadvocaat van Cyprus. Onder het genot van een drankje, praatten we wat en ik deed een paar goocheltrucjes. Mevrouw was enthousiast en vroeg, of ik de volgende dag voor haar kleinkinderen een paar trucjes wilde doen. Toen ik de volgende middag voor de kinderen wat gegoocheld had, wilden we vertrekken, maar mevrouw had met Sria, haar dienstmeisje uit Sri Lanka, een fantastische maaltijd bereid. De tafel werd gedekt op het terras en met hun dochter en man en kinderen, die op de verdieping van de villa woonden, genoten we mee van de heerlijke Italiaanse, Cypriotische en Griekse gerechten.

Het was onze laatste reis naar Limasol, want de eigenaar van "Chrielka" had het contact verbroken met alle Nederlandse reisburo's, een financiële kwestie, bleek ons; hij nam alleen nog Finse gasten aan. Een ander geschikt appartement in de naaste omgeving was er niet, alle toeristenhotels lagen 5 km buiten het centrum.

Het was nu echt gebeurd met onze verre reizen; het werden nu korte tripjes van 2 á 3 dagen door eigen land of door België.

In "Vrede" varen

Het lag al lang in onze bedoeling om met ons allen, d.w.z. met Henk, Janny, Ruud, Nelleke, Jacqueline en de kleinkinderen een paar dagen op stap te gaan. Het was moeilijk om iets geschikts te vinden in een periode waarin iedereen zich vrij kon maken. Maar het lukte toch en het werd een 5-daagse bootreis met het motorpassagiersschip de "Vrede". En zo gingen we op woensdag 31 mei 2000 met ons elven in Nieuwegein aan boord van de "Vrede", een tot passagiersboot omgebouwde vrachtboot, met 6 hutten. Elke hut had 2 bedden, een wastafel, douche en toilet. Eigenaar en kapitein was Jan Tolsma. Zijn vrouw Mieke, geassisteerd door een hulp, zorgde voor de inwendige mens en dat geschiedde op een zeer professionele wijze. Elke ochtend een uitgebreid ontbijt en bij de koffietafel was altijd een warm hapje of een salade. Het avondeten was zeer gevarieerd, heerlijk van smaak en zeer royaal. Het was perfect. We voeren over de Hollandse IJssel en kwamen langs IJsselstein, Montfoort en Oudewater waar we aanlegden om te overnachten. De volgende ochtend voeren we bij Gouda het Gouwekanaal in. We passeerden het aquaduct over de A12 en voeren verder langs Waddinxveen, Boskoop, Alphen aan de Rijn en Ter Aar voor de tweede overnachting. De derde dag kwamen we via de Amstel in Amsterdam. Langs het Amstel Hotel en Carré en via de Nieuwe Heerengracht voeren we naar het IJ. De reis werd vervolgd door het Amsterdam-Rijnkanaal om bij Nigtevecht af te buigen naar de Loosdrechtse Plassen. Hier werden 2 motorsloepjes van boord gehesen en kon er wat rond gevaren worden door kreken en inhammetjes.

De derde overnachting was midden op de plassen. Tot besluit een tocht door de Vecht met zijn prachtige landhuizen en grote villa's en in deze mooie omgeving de laatste overnachting. Via het Amsterdam Rijnkanaal terug naar Nieuwegein, waar op zondag 4 juni tegen 12 uur de zeer geslaagde reis, waar ook het weer goed aan meegewerkt had, werd beëindigd.

Het wonen in Leusden is ideaal. We hebben een appartement dat aan alle eisen voldoet en op een unieke locatie ligt. Vanuit onze zeer ruime woonkamer met een 11-meter breed terras hebben we uitzicht over de Schoolsteegbosjes, een natuurgebied waar in de beginjaren een aantal half-wilde Dexter runderen en een groepje Exmoor pony's rondliepen. Nu zijn ze vervangen door een grote kudde Flevolanderschapen, een kruising tussen Swifter en Tesselse schapen, en door Lakenvelder koeien, een zeer oud Nederlands runderras. Het zijn zwarte en rode koeien, waarbij het lijkt, alsof er een wit laken overheen gespannen is. Op schilderijen uit de Middeleeuwen werden ze al afgebeeld en waren toen meestal in bezit van de adel. Ze werden kasteel- of parkrunderen genoemd.

We maken geen grote reizen meer en het geven van voorstellingen is ook voorbij. De diaklankbeelden staan nu in de kast en het goochelen is gebeurd, maar de verveling slaat heus niet toe.
Een reden om geen grote reizen meer te ondernemen, had te maken met mijn gezondheid. De rugklachten kunnen af en toe nog steeds de kop opsteken. Het 55-jarig bestaan van deze in Indië opgelopen kwaal is al lang achter de rug, maar ik weet hoe ik ermee om moet gaan. Mijn ogen hebben allebei een beurt gehad, in 1995 is mijn rechteroog aan staar (cataract) behandeld door dokter Geerdink en in 2001 was bij oogarts Blok het linkeroog voor zo'n operatie aan de beurt.
Net als in Den Haag had ik ook hier af en toe last van korstvormige vlekjes in mijn gezicht, maar met een stikstofbehandeling was dat voorlopig weer genezen. Zo'n behandeling kreeg ik voor het eerst in het Haagse ziekenhuis Leijenburg. Bij een bezoek aan huidarts Flinterman in het Amersfoortse ziekenhuis, was een van zijn eerste vragen: "Bent u enkele jaren als militair in Indië geweest?" Volgens hem is het normaal dat deze,

meestal goedaardige, huidverandering pas tientallen jaren later tot uiting komt. Later las ik in een veteranenblad dat veel oud Indiëgangers er last van hadden.

In verband met het opgeven van bloed moest ik een longonderzoek ondergaan. Onder verdoving

Jan is klaar met het boek

werden met bronchoscopie de longen bekeken. Dokter Huidekoper vond mijn longen perfect, alleen de bronchiën waren door 2 soorten bacteriën aangetast. Met medicijnen werd de kwaal succesvol bestreden.

Te hoge bloeddruk heb ik altijd al gehad, het schijnt een familiekwaal te zijn. Bij een onderzoek in een ziekenhuis kreeg ik eens te horen, nadat de verpleegster mijn bloeddruk opgenomen had, dat ze de stand op de meter zo abnormaal hoog vond, waardoor ze veronderstelde dat de meter kapot was. Na verschillende medicijnen op doktersadvies te hebben getest, gebruik ik nu een middel, waardoor mijn bloeddruk op normale hoogte gehouden wordt.

Maar verder, op een paar ouderdomsverschijnselen na, zoals duizeligheid, is hoofdpijn mij onbekend. Kiespijn is niet meer mogelijk, ik heb een gezonde slaap en mijn eetlust is onder alle omstandigheden nog opperbest. Volgens Nini echter alleen naar iets wat ik lekker vind.

Waarom heb ik af en toe mijn medisch verleden beschreven? Ik vind dat bij een levensbeschrijving horen. Vaak werd mij door een arts gevraagd watvoor kwaaltjes er in mijn familie voorkwamen, maar daar werd vroeger nooit over gesproken.

Als je ouder wordt, kun je je lichaam vergelijken met een oude auto. Die komt ook moeilijk op gang; de assen raken versleten en de wielen lopen niet meer synchroom, de versnelling komt niet verder dan de tweede. Verder begint alles te ram-

Nini

melen, de accu raakt snel leeg en de uitlaat gaat problemen opleveren. Maar is de wagen van degelijke kwaliteit, dan houdt hij het nog lang vol.

Gezondheid is een geluksfactor.

"Het Nieuwsblad van het Noorden" helpt

Eigenlijk is het verhaal over mijn 75 jaar nu ten einde, maar ik wil tot slot nog op papier zetten hoe ik veel van het vergetene, vooral uit mijn Groningse tijd, weer heb opgediept, zodat ik dat in mijn verhaal heb kunnen verwerken. Ook andere interessante feiten, die mij anders onbekend zouden zijn gebleven, kwamen mij daardoor ter ore.

Al enige tijd liep ik met de gedachte rond om iets van mijn jeugd op papier te zetten en dan vooral over de oorlogstijd. De oorlog had mijn jeugd verdrongen, 10 jaren van mijn jonge leven maakte ik de oorlog mee, vaak direct om me heen, heel dichtbij. Ik was 14 jaar toen ons huis bezet werd door Duitse militairen en op 24 jarige leeftijd kwam ik, na een verblijf van ruim 3 jaar als miltair, terug uit het Verre Oosten. Ik wilde wel eens met Groningse leeftijdgenoten praten en dan natuurlijk met Groningers waar ik vroeger contact mee had gehad op school, bij de padvinders of bij de atletiek of oude buren. Maar na 50 jaar kende ik bijna niemand meer. Ik herinnerde me een uit 4 jongelui bestaande burenclubje, één ervan was Emmy Meijer, haar adres was ik kwijt geraakt en zij was in Groningen niet terug te vinden. De tweede van het burenclubje was de vriendin van Emmy, maar van haar was ik zelfs de naam kwijt. De derde was Jan Jens, die in de oorlog tegenover ons woonde in café De Waag, een bedrijf dat ook door de oorlogshandelingen totaal werd vernield. Jan Jens was nog een van mijn 2 getuigen bij ons huwelijk in 1952, maar hij verhuisde naar Amsterdam en het contact werd verbroken. Vele jaren later, toen we in Den Haag woonden, ben ik op zoek gegaan naar zijn adres. Ik vond uiteindelijk zijn telefoonnummer en heb hem opgebeld. Zijn vrouw nam op, ik kende haar niet, en ik vertelde wie ik was. Toen gaf ze de telefoon over aan haar man. Het gesprek liep ongeveer zo: "Met Jens", "Met Jan Bakker, je oude buurman uit Groningen", zei ik. "Oh, dat kan wel", was het stuurse antwoord. Ik wilde zijn hersens even wakker schudden en zei: "Je was getuige bij mijn huwelijk in Bedum." "Dat kan ik mij niet herinneren", vervolgde hij. Daarna vertelde ik hem dat het mijn bedoeling was om gebeurtenissen uit de oorlog op papier te zetten en om gezamenlijk eens wat oude koeien uit de sloot te halen. "Daarin ben ik totaal niet geïnteresseerd", was zijn commentaar. Ik maakte toen maar een einde aan het telefoongesprek.

In het voorjaar van 1999 bracht ik de stadsredactie van het Nieuwsblad van het Noorden in Groningen telefonisch op de hoogte, dat ik, behalve plakboeken, ook vele oorlogsherinneringen bezat, die vooral het hotelbedrijf tijdens de oorlog betroffen. Misschien kon een artikel over "Victoria Hotel tijdens de oorlog" in de krant geplaatst worden, waarbij ik de kans groot achtte dat zich oud-kennissen zouden melden. Het resultaat was een bezoek van verslaggever Theo Zandstra op donderdag 29 april 1999. Hij dacht 's morgens een uurtje te komen, maar de tijd ging snel en wij hadden veel te bepraten en te laten zien. Het was kwart over één toen Theo Zandstra onze woning verliet, op het moment, dat de auto, die ons naar Utrecht zou brengen voor een voorstelling, op ons stond te wachten. Op 4 mei 1999 besteedde het Nieuwsblad van het Noorden een paginagroot artikel met foto's aan de oorlogsgeschiedenis van "Victoria Hotel" met als kop "Weddenschappen als kleine zeges in grote oorlog", waarin o.a. de weddenschappen die mijn vader met S.D. officieren afsloot over de te verwachten loop van de oorlog.

Van Theo Zandstra kreeg ik te horen dat er veel reacties op het artikel bij de redactie waren binnengekomen. Men wilde nog een artikel plaatsen met andere gebeurtenissen uit de oorlog die zich zouden hebben afgespeeld in en om ons hotel.
Zandstra had hierover contact opgenomen met zijn collega Willem Brinkman, columnist van "Rondje Stad", een serie waarin herinneringen uit het verleden van de stad werden opgehaald.
Met Brinkman maakten we een telefonische afspraak om ons op 4 februari 2000 te bezoeken.

Op vrijdag 7 januari stond er een voorpublicatie in het "Nieuwsblad van het Noorden", waarin vermeld stond, dat er de volgende maand weer een artikel over de gebeurtenissen in en om "Victoria Hotel" geplaatst zou worden. Deze publicaties zorgden voor veel, vaak verrassende reacties.

Verrassende reacties

Direct na de plaatsing van een artikel in het "Nieuwsblad van het Noorden" in januari 2000 kwamen de eerste telefoontjes binnen. Eén ervan was van mevrouw Buiter-Koning. Zij bleek Martha Koning te zijn, de vriendin van Emmy Meijer. Martha's naam was mij helemaal ontschoten. Ze was nog steeds de vriendin van Emmy Graaf-Meijer. Ook de naam Graaf was ik vergeten, ondanks dat wij Emmy en Gerrit Graaf nog gezien hadden bij de crematie van tante Hekma in juni 1976.
Een week later kwamen Emmy en Martha met echtgenoten ons in Leusden bezoeken. Er werden heel wat herinneringen opgehaald. Zo bleek dat Martha onlangs het adres van Jan Jens in Amsterdam had gevonden. Maar een telefoontje met Jens maakte Martha duidelijk dat hij geen contact meer wenste met oude bekenden. Hetzelfde antwoord dat ik enige jaren geleden ook van hem had gehad.

Tientallen bezoeken, telefoontjes en brieven hebben we gehad van oud klasgenoten, oud padvinders en van sportvienden, maar ook van onbekende Groningers, die mij nog veel interessante gegevens wisten te melden. Enkele van die terugblikken volgen hierna.

Telefoon en bezoek hebben we gehad van Rein Brongers met echtgenote, van het vroegere restaurant Schortinghuis aan de Vismarkt. Op de jongensschool aan de Jacobijnerstraat hebben we jarenlang bij elkaar in de klas gezeten. Na meer dan een halve eeuw was het fantastisch om veel oude schoolherinneringen op te halen. Rein woont nog boven de zaak, de restaurantruimte is nu in gebruik bij Dechesne mode(hoeden)magazijn. Nini zat op de meisjes H.B.S. in de klas bij Lena, de zus van Rein. In de pauze ging Nini vaak, met nog een paar meisjes, naar Schortinghuis waar ze een glas fosco dronken bij hun meegenomen boterham.

Een bijzonder telefoontje kwam van een dame uit Helpman. Ze was in de oorlog verpleegster in het R.K. Ziekenhuis en had dienst toen mevrouw van der Werff, afkomstig van Schiermonnikoog, ernstig gewond werd binnengedragen. Door een bombardement in 1943 was een ontelbaar aantal glassplinters haar lichaam binnengedrongen, ook had ze meerdere botbreuken. De verpleegster was heel lang bezig geweest om alle splinters te verwijderen en, vertelde deze dame, ze wist zich te herinneren, dat mevrouw van der Werff twee hele lange vlechten had. Inderdaad, opoe van der Werff was altijd trots op haar lange vlechten.

De heer Kooi vertelde dat zijn vader, eigenaar van bouwbedrijf Jacob Kooi en in 1929 bouwer van het complex Burmann en "Victoria Hotel", na de oorlogshandelingen in 1945 opdracht kreeg van Burmann om alle deuren van de vernielde winkel dicht te spijkeren. De winkelkelders waren ondergelopen door bluswater en Kooi jr., hij was toen 19 jaar, mocht van mijnheer Burmann verschroeide en natte verfomfaaide lingerie meenemen.
Hij heeft toen zijn plusfour volgestopt met hemdjes, broekjes en bh's (plusfour, ook wel drollenbroek of hbs luier genoemd, was een brede broek van onder met een elastiek afgesloten). De meegenomen kleding bleek echter veel te groot te zijn voor zijn 4 jongere zusjes.

Op 8 februari 2000 kregen we bezoek van L.W. Rienks uit Haren. Hij logeerde omstreeks het jaar 1955 wel eens met zijn vader in ons hotel in Hoogeveen. Hij wist nog te vertellen waar ik toen mijn goochelstudio had, namelijk op een donker zolderkamertje in Victoria Hotel. Hij gaf mij nog een fotokaart die ik omstreeks 1952 verspreidde als reclamekaart voor mijn goochelvoorstellingen.

Bijzonder was het contact met Sjoerd de Vries, de zoon van de bij onze voordeur van het hotel doodgeschoten brandweerman Jan de Vries. Sjoerd, nu zelf ook brandweerman, was in 1945 vijf jaar oud en wist zich nog veel van deze oorlogsdagen te herinneren. Hij stuurde mij o.a. kopieën van dagrapporten van de brandweer, betreffende hun inzet tijdens de oorlogshandelingen op 14, 15 en 16 april 1945.

In maart 2000 verschenen in het Nieuwsblad van het Noorden 2 grote artikelen over "Victoria Hotel tijdens de oorlog". Enige weken daarvoor had journalist Willem Brinkman mijn plakboeken doorgesnuffeld.

Willem van der Veen, journalist bij de Zwolse Courant, heeft in mei 2000 3 maal een artikel geplaatst in zijn serie "In de achteruitkijk spiegel", waarin hij de schouwburgbelevenissen beschreef van mijn Zwolse jaren.

Dit is geen spannend boek geworden met een verrassende climax. Het werd een levensbeschrijving, gelardeerd met anekdotes en allerlei gewone en ongewone gebeurtenissen.

Schrijven heb ik nooit veel gedaan, maar wel heb ik voor mijn poppentheater veel fantasieverhaaltjes verzonnen. In Indië waren het saaie processen-verbaal, maar ook enkele revueschetsjes en een detectivehoorspel voor de militaire omroep. Later in de Zwolse schouwburg bestond mijn schrijfwerk hoofdzakelijk uit het bedenken van reclameteksten en het tekenen van contracten. En ten slotte maakte ik tijdens mijn pensionering, verklarende en tevens de kortst mogelijke teksten bij onze 38 diaklankbeelden.

Dit boek is dan ook geschreven zonder literaire hulp, maar gewoon in de stijl van mijn denken en doen, rechtuit-rechtaan.

Of onze kinderen van dit boek iets opsteken, verwacht ik niet, maar ze weten in elk geval, hoe mijn leven was, een leven, waarbij ik meer dan 50 jaar ideaal werd begeleid en in toom gehouden door Nini Nienhuis.

Wie van zijn herinneringen kan genieten leeft tweemaal.

Kijkduin, 31 augustus 2002

Adressen voorstellingen

Adressen in Den Haag en naaste omgeving waar we één of meerdere voorstellingen hebben gegeven gedurende de periode 1985-1993. Na het rondbrengen van enkele tientallen folders, is het contact met het merendeel van de hieronder genoemde adressen tot stand gebracht door mond tot mond reclame.

1. Fam. Lelyveld (Museon) Kijkduin
2. Fam. Bettenhaussen (Museon) Leeuweriklaan
3. Kleuterschool Narcislaan Kijkduin
4. Fam. van Bergenhenegouwen (Museon)
5. Zeehospitium Kijkduin
6. Ind. Kult. Kr. Huize Modjo Stadhoudersln.
7. Ver. Moveo (mil. invaliden) Binckhorstlaan
8. Sjalomkerk Ambachtsgaarde
9. Psychiatrisch Centrum Bloemendaal
10. Verz. huis Dekkersduin Campanulastraat
11. Kinderziekenhuis Juliana Dr. v Welylaan
12. Verz. huis Jonker Frans Newtonplein
13. Verz. huis Coornherthuis Erasmusplein
14. Ind. Ver. O.K.O. Tinaarlostraat
15. Huize Helena Nw. Parklaan
16. Huize Royal Rusthoekstraat
17. Serv. flat Hagesteijn W. Pyrmontkade
18. Huize de Troffel Nieuwe Parklaan
19. Huis Tabitha Mozartlaan
20. Verz. huis Veenhage Nootdorp
21. Verz. huis Oldeslo Maurits de Brauwweg
22. Huize Eikenburg Kruisbesstraat
23. Fam. Doub Julianastraat Rijswijk
24. Loosduinse Hof Glenn Millerhof
25. Huis Bosch en Duin Scheveningseweg
26. Verz. huis Waterhof Sammersweg
27. Verz. huis Aelbregt van Beijeren Duinzigt
28. Het Gilde Sowoggebouw
29. Verz. huis Oostduin Goetlijfstraat
30. Basisschool Jonge Wereld Castricumplein
31. Fam. Sterk de Sillestraat
32. Invalidencentrum Zuiderpark
33. Geest. gehandicapt. Woutershof Monster
34. Verz. huis Vredenburch Rijswijk
35. Emousschool (slechthorenden) Twickelstr
36. Adventkerk Hengelolaan
37. Phych. Inr. Rozenburg Oude Haagweg
38. Buurthuis de Kruin Acasiastraat
39. Cult. ver. Teresia v Avila Westeinde
40. Mevr. Molenveld Vrouw Jutteland Delft
41. Ver. Wapenbroeders Alexander Kaz.
42. Huize Moerwijk Twickelstraat
43. Buurthuis Samsam v Mierisstr
44. Brederoschool van Merlenstr
45. Vrije School Wijk 16 Zoetermeer
46. O.l. school het Startblok Wijk 17 Zoetermeer
47. Valkenboschkerk Zuiderparklaan
48. Dienstencentr. Koepelhof Gen. Swartlaan Rijswijk
49. Basisschool Viljoenstraat
50. Ver. Het Glazen Dorp Monster
51. Huis Steenvoorde Rijswijk
52. Kath. Wijkcentr. Miquelstraat
53. Bethelkerk Jurr. Kokstraat Scheveningen
54. Wijkver. Cantaloupenburg
55. Wijkcentr. Mariahoeve Ivoorhorst
56. Huize Westhoff Julialaan Rijswijk
57. Volkstuinver. Eigen Arbeid Zijdeweg
58. Huis Loserhof Randveen
59. Fam. Monteiro Wormerveerstraat
60. Huize Statenhof Fred. Hendriklaan
61. Verz. huis Sustermole Oranjeplein
62. Huis Sammersbrug Lichtenbergweg
63. Ontmoetingskerk A. Noorderwierstr
64. Verz. huis Duinhage Sav. Lohmanlaan
65. Abdijkerk Loosduinen
66. Huis Het Uiterjoon Vissershavenstraat Schev.
67. Huize Uitzicht Daal en Bergselaan
68. Immanuelkerk Kranenburgweg
69. N. C. Reis V Voorschoten
70. Bethelkerk Traviatastraat
71. Fam. Purperhart Rijswijkseweg
72. Mevr. Eleveld Spotvogelstraat
73. Gehand. ver. de Treffer Don Bosco Rijswijk
74. Huis Prinsenhof Leidschendam
75. Bassisschool Willemspark
76. Huis Nieuw Heeswijk Voorburg
77. Verpleeghuis Preva Mgr. Nolenslaan
78. Fam. v Mil Tanhauserstraat
79. Huize Rustoord Voorburg
80. Vredeskapel Malakkastraat
81. Besch. Wonen S. Carmiggelt Nocturnestr
82. Verz. huis Houthaghe Toon du Puisstraat
83. Bej. centr. Meerzicht Zoetermeer
84. Deo Volente Celebesstraat
85. Bej. soc. de Leijens Zoetermeer
86. Bibl. Loosduinen
87. P.C. Verz. huis Irene Soendastraat
88. Verpleeghuis Sonneborgh Bankastraat
89. Bej. Centrum Schoorwijck Leidschendam
90. Clubhs. de Fram Beetsstraat
91. Zeehospitium Katwijk
92. Exoduskerk Beresteinlaan
93. Reisver. Uit en Thuis Diamanthorst
94. Bej. soos Cypreskerk Raaphorstlaan

95. Serviceflat Arendsdorp Wassenaarseweg
96. Huize de Witte Brug Poeldijk
97. Centr. Looierspand Looierstraat
98. Verz.huis Schildershoek Jac. Catsstraat
99. Telefooncirkel Vrederust Vredeoord
100. Herv. Vrouwendienst Naarderstraat
101. Zuidhoorn verpl.huis L. d. Heils Rijswijk
102. Wijkgeb. Abri Abrikozenstraat
103. Bassisschool Kraayenstein Boskamp
104. Bej.huis Onderwaterhof Rijswijk
105. Verz.huis Vijverzicht
106. Kedirianen reünie Mesdagzaal Congresgeb.
107. Bibl. Houtwijk Beresteinlaan
108. Zorghuis W.Drees Beeklaan
109. Opstandingskerk Berg en Daalseweg
110. Restaurant Bijhorst Zijdeweg
111. Pers.ver. Rijkswaterstaat Voorburg
112. Huis Duinstede Perponcherstr
113. Buurthuis Uilebomen
114. Verzorgingshuis Zuiderpark Harderwijkstr
115. Maranathakerk 2e Sweelinkstr
116. Huis Uitzicht Finnenburg
117. Beschermd Wonen Stokroos Stokroosstr
118. Peuterspeelzaal Paddestoel Meer en Bosch
119. Wilhelminakerk Juliana van Stolberglaan
120. Invaliden sportbond Kameleon Veldzicht
121. Besch. Wonen Duivenvoorde Leidschendam
122. Wijkgebouw Diepenbrockhof
123. Verpl.huis Rudolf Steiner Nw. Parklaan
124. Ver. Plattel. vrouwen Plein Naaldwijk
125. Grote Kerk Kerkplein
126. Wijkcentrum Moerwijk Erasmusweg
127. Haags Cult. Centrum Trefpunt (Museon)
128. K.B.O. afd. Sofialaan
129. Huize Duinrust Duinweg Scheveningen
130. Afd. Zonnebloem Transvaal Beijerstraat
131. Beschermd Wonen Romeinse Schans
132. Bibl. Nw. Waldeck
133. Verpl.huis Zoetermeer
134. Fam. Boon Ln v.Meerdervoort
135. Mevr. Schippers Javastr
136. N.H.Kerk Slotemaker de Bruïne Inst. Doorn
137. Voorm. C.J.M.V.ers Naarderstraat Rijswijk
138. Verz. huis Rivierenbuurt Chr. Platijnstr
139. P.C.O.B. Valkenboschkerk
140. Op de Dreef dagverz. Vrederust - W M.Stokeln
141. R.K. ziekenactie Regenboog Delft
142. Baptisten Gem. Vierheemskinderenstr
143. Huis Hertoginneduin Voltastr
144. Museon 50+ voorstelling
145. Huis Monica Delft
146. Ockenrode Monsterseweg
147. Gebouw Veegpost Schlegelstr
148. Bej.soos de Vonk Duinstraat Scheveningen
149. Vrije School Abbenbroekweg Schev.
150. v. Driel Creche Gedempte Sloot
151. Goede Herder Kapel Meidoornstr
152. Dienstencentr. Oost Oranje Nassauln Voorburg
153. K.B.O. Petunia Zoetermeer
154. K.B.O. Nwe Plantage Delft
155. Ned. Arabische Cult. Ver. Prinsegracht
156. Fam. Klatte Delistraat
157. Hs. Vrederust-W M.Stokeln.
158. Verz.huis de Schakelaar Pijnacker
159. Buurthuis de Wending Delft
160. Wijkorg. de Spil Laakkwartier Nrd
161. Contactgr. Surin.vrouwen Nrd Polderkade
162. Badhuisclub buurthuis Gaslaan
163. Gepens. H.T.M. Partycentr. Zuiderpark
164. Fam. de Leeuw Koninginnegracht
165. Humanist. Verb. Ln Copes v.Cattenburch
166. N.C.V.B. afd. Centrum Daquerrestr
167. Bej. centr. Thuishaven Neptunusstr
168. Soos Jong van Hart Andreaskerk Deimanstr
169. Bej.centr. De Opmaat v.Goghlaan Monster
170. Bej.sociëteit R.K. kerk Beekln
171. Bej.soc. Markuskerk Jan Luykenstr
172. Fam. Esser Bonefantenweg Capelle a.d. IJssel
173. Wijkver. Eltheto Azaleastr
174. Elout v Soeterwoudeschool Daquerrestr
175. Bethlehemkerk Riouwstr Delft
176. A.N.O.B. Recreon Nw. Laantjes
177. Buurtver. Kinderclub Gaslaan
178. Bibl. Hobbemaplein
179. Gron.ver. A. Noorderwierstr
180. K.B.O. Zoetermeer de Leijens
181. Wijndaalsershuis C. v Renesstr
182. School Drentse Hoek Norgstr
183. Bibl. Schilderswijk Koningstr
184. Bibl. de Mient
185. Kon. Luchtmacht Lady's soos Binckhorstln
186. Bibl. Regentessekwartier Newtonstr
187. St. Soc. Lich. Gehandicapten Zuiderpark
188. Bibl. Acasiastr
189. Herv. Vrouwengroep de Vonk Schev.
190. Verzorg. huis Op de Laan Ln van Meerdervoort
191. Afscheidsactie Grote Kerk Rijswijk
192. besloten voorstelling
193. besloten voorstelling
194. U.V.V. Hertoginneduin
195. Remonstrantse Kerk Ln v Meerdervoort
196. Bej. ver. Petunia Zoetermeer
197. Verpl.huis Bieslandhof Delft
198. Fam. Veringa Kernbaan Zoetermeer
199. Zangkoor N.V.v.Huisvr. Schakgeb. Raamstr
200. Kerkenwerk Cornalijn 's Gravenzande
201. Geb. Heldenhoek Elandstraat
202. Fam. v Exel 3e L. de Colognystr
203. N.I.V.O.N. Gen. Swartlaan Rijswijk
204. Fam. Vrijenhoek H. Dunantln Rijswijk
205. Wijkgeb. Prins Willemhof Scheveningen
206. Besch. Wonen Prins Willemhof Scheveningen
207. Riagg Westhage Eekhoornrade
208. Buurthuis De Haven Trompstr
209. Merhaba Turkse vrouwen ver. Stuwstr
210. Merhaba Marokkaanse vr. ver. Stuwstr

211. N.C.V.B. Salvatore Nunspeetln
212. Bibl. Sophialn
213. Recr. Comm. Mariahoeve
214. Evang. Luth. Gem. Luth. Burgwal
215. Besch. Wonen Psych. patiënten Heldenhoek
216. Huis Wenckenbach Noord-polderkade
217. Verpl. huis Houtwijk
218. Bibl. Morgenstond Leijweg
219. Zwingli Bond Houtrustkerk
220. Ned. Ver. v Huisvr. afd. Mariahoeve
221. Sociëteit De Witte Plein
222. Stadsschouwburg Odeon Zwolle
223. Herv. Vrouwen Ver. de Brug 's Gravenzande
224. Huis Swaenestate Medenblikstr
225. Huis Swaenestein Nieuwendamln
226. Praatgroep de Tak Stieltjesstr
227. Vrijzinnige Vrouwen Groep Houtrustkerk
228. Herv. kerk Rehoboth
229. De Klomp Doggersbankstr
230. Bewoners ver. Lichtkring Zwijndrecht
231. P.C.B.O. Haagse Hout
232. Vriendschapskring Mariahoeve
233. C. v. d. Oeverhuis Schrijnwerkersgaarde
234. Telefooncirkel Archipel en Zeeheldenbuurt
235. Verpl. huis Nebo Scheveningseweg
236. Besch. Wonen Het Oude Land 's Gravenz.
237. Buurthuis Het Schakelpunt
238. Riagg Verhulstplein
239. Verz. huis Favente Deo Loevesteinln

Adressen van voorstellingen in en vanuit Leusden vanaf oktober 1994 tot juni 2001

1. Welzijn Ouderen W.O.L.
2. Nijenstede Herv. Centr. v. Ouderen Amersf.
3. Museon Den Haag
4. Marcuskerk
5. Ger. Kerk Koningshof
6. Psych. Centr. Zon en Schild Amersf.
7. Bej. Soos Opstandingskerk Amersf.
8. Bej. Centrum Braamhage Soest
9. De Drietand Ouderenwerk Amersf.
10. Stichting De Zuidzij
11. Verz. Huis De Koperhorst Amersf.
12. Bej. huis Het Huis in de Wei Scherpenzeel
13. Dienstver. Centr. De Leuning Baarn
14. Kerk. Centrum De Hoeksteen Amersf.
15. Herv. Bej. Centrum Nebo Barneveld
16. Immanuelkerk Barneveld
17. Interkerk. werkgr. Vollenhove Zeist
18. Bijbelkring Emmakerk Amersf.
19. K.B.O. Zeist
20. U.V.V. Lisidunahof
21. Herv. Vrouwen Dienst De Bilt
22. Oud. Soos Herv. Ger. Kerk Hoogland
23. P.C.O.B. Leusden
24. Moederclub Zeist
25. P.C.O.B. Oosterhout
26. Zorgcentrum St. Jozef Hooglanderveen
27. Sociëteit St. Jozefkerk Kerk
28. Bejaardenhuis Amerhorst Amersfoort
29. Werkgemeenschap De Ratel Leiden
30. Verz. huis Santvoorde Baarn
31. Damescontact groep De Brug Amersfoort
32. Ouderen soos Kruiskamp Amersfoort
33. K.B.O. Veenendaal
34. Honsbergen U.V.V. Soest
35. Oecumenische Damessoos Barneveld
36. Bej. Centrum Avondrust Voorthuizen
37. Ver. Senioren appartementen Veenendaal
38. St. Bej. werk Kerkelanden Hilversum
39. Kath. Vr. Organisatie Zeist
40. Interk. O.C. Maarssen
41. Bew. Ver. Undineflat Amersfoort
42. Cult. Inst. Paraplu Utrecht
43. Verz. Centrum Mirtehof Zeist
44. Aphasie en parkison pat. Honsbergen Soest
45. P.C.O.B. Ede
46. Contactgr. Vrouwen Vrijmetselaars Soest
47. Gem. Diaconaat Dorpskerk Leusden Z.
48. P.C.O.B. Woudenberg
49. Drense Ver. Amersfoort
50. A.N.B.O. Leusden
51. Welzijn Ouderen Veenendaal
52. Bej. Centrum Kon. Wilhelmina Apeldoorn
53. P.C.O.B. Leersum
54. Ouderen Ned. Kerk Doorn
55. P.C.O.B. Rhenen
56. Dienstencentrum Hebron Zeist
57. Ouderen Soos Fonteinkerk Amersfoort
58. Ned. Ver. van Huisvrouwen Baarn/Soest
59. P.C.O.B. Zeist
60. Dames Contactgroep De Brug Amersfoort
61. K.B.O. Soest/Soesterberg
62. Seniorenclub Herv. Nw. Kerk Amersfoort
63. Ned. Bond v. Plattelandsvrouwen Leusden
64. M.S. Patiënten Lisidunahof Leusden
65. Oud Militairen Bethelkerk Barneveld
66. N.C.V.B. Doetinchem
67. K.B.O. Vleuten/de Meern
68. Bej. Centrum Merenhoef Maarssen
69. Ned. Ver. van Huisvrouwen Amersfoort
70. Ouderenwerk Johanneskerk Leersum
71. Verz. huis St. Jozef Achterveld
72. Kath. Vrouwen Gilde Amersfoort
73. Ouderen Herv. en Ger. Kerk Woudenberg
74. N.C.V.B. Scherpenzeel
75. A.N.B.O. Zeewolde
76. N.C.V.B. Leusden Zuid
77. Serv. flat. De Schuilenburght Amersfoort
78. Bewoners Ver. Groenhouten Leusden

79. P.C.O.B. Nieuwegein
80. Kath. Vrouwen Org. Zeist
81. Verz. huis Vredenoord Huis ter Heide
82. Verz. huis De Looborch Zeist
83. Lorentz Ziekenhuis Zeist
84. Restaurant Bavoort
85. Ouderenpastoraat de Ark Maarssenbroek
86. Woonzorgcentr. Heerewegen Zeist
87. Senioren zomerschool Drietand Amersfoort
88. Bew. Ver. Grote Koppel Zeist
89. Telefooncirkel Putten
90. Wooncentrum De Eemgaarde Amersfoort
91. Ouderen wijk Hoograven Utrecht
92. Ned. Bond Plattelandsvrouwen Soest
93. Contactmiddag Ouderen Garderen
94. N.C.V.B. Woudenberg
95. Ned. Ver. van Huisvr. Utrecht
96. A.N.B.O. Heukelum
97. Gehandicapte ouderen Roosevelthuis Doorn
98. Ouderensoos Nw. en Oudekerk Zeist
99. Oranje Ver. Amersfoort
100. Aanleunwoningen Alb. Buining Leusden
101. Verz. Centrum Brinkhove Zeist
102. Verpl. huis Bovenwege Zeist
103. Zorgcentrum. Molenschot Soest
104. Bilthovense Vrouwenclub
105. K.B.O. Leusden
106. Chr. Plattelandsvrouwen Overberg
107. Bewoners Gertrudehof Leusden
108. Senioren Rotary Leusden
109. Bond van Plattelandsvrouwen Zeist
110. Passage (N.C.V.B.) Veenendaal
110. Herv. Ger. Wijkver. Scherpenzeel
111. K.B.O. Driebergen

Register

A

Aalderen, A. van 110
Aalderen, van 103
Aaykens 96
Abdulah, Mohammed 191
Afman, J. 112
Alberti, Willeke 148
Annechien, tante *Zie* Bakker,
 Annechien
Arnoldi, Ko 167
Assink 21

B

Bachman, Boyd 40
Backers, Piet 139
Bakhuys, Bep 139
Bakker, Annechien 9, 12, 32–34, 38,
 80 *Zie ook* tante Annechien;
 tante Hekma
Bakker, Anno 15, 18, 28, 36, 47, 49,
 102–104, 106, 135, 140
Bakker, Geert 9, 29, 33, 36, 49,
 89 *Zie ook* oom Geert
Bakker, Hendrik 9, 11, 13, 32, 33
Bakker, Henk 86, 94, 105–107, 112,
 114, 120, 131, 147, 192, 228,
 243
Bakker, Jacqueline 123, 136, 140,
 147, 154–157, 161, 188, 192,
 228, 243
Bakker, Jan 9
Bakker, Lia 16, 18, 28, 36, 40, 47,
 49, 82, 101, 103, 140
Bakker, Mieke 38, 103, 113, 227
Bakker, Ruud 87, 105, 107, 112,
 114, 120, 133, 144, 147, 192,
 243
Ballon, Ad 203
Bambergen, Piet 148
Bandy, Lou 17
Bansema 90
Barendse, Barend 139
Barendsen,
 Chatarina Wilhelmina 33,
 36 *Zie ook* tante Toos
Barkmeijer 24
Barkmeijer, Lily 40
Bazlen 212
Bechem, Ria 107
Beck 114
Beckering 16
Beckeringh, Theodorus 49
Beijer 116
Belles, Heleen 112
Bellmer 36, 37

Belt, Jan van der 115, 184
Bentz v.d. Berg, Han 162
Berg, Noor v.d. 163
Berg, v.d. 39
Bergenhenegouwen 207, 208
Berk, Marjan 148
Berkelo 38
Berkelo, Cor 38
Bernhard, Prins 30, 118, 119
Besters, Greet 115
Bettenhaussen 207, 208
Beunk, Frits 163
Biesum, Harry van 15
Bijker, Janny 115, 183
Bijlsma, Anner 148
Bikker, Andries 115
Blaaser, Jan 139
Blanken 93
Blanken, J. 76
Blanken, Margreet 149
Blanken, Richard 100
Blankers-Koen, Fanny 39
Bleijenberg, Dries 144
Bleijenberg, Henk 144
Blerk, Gerard v. 148
Blok 243
Blok, Henk 82
Boer, Boukje de 40
Boer, de 24, 29
Boer, H. de 10
Boerdijk, Bernhard 115
Boerema, dr. 44
Boersma 29
Boersma, Rik 16
Bogers, Jopie 101
Bogers, Rien 87–90, 93, 100, 101
Bol, Dien 80, 81
Bol, v.d. 209, 210
Bolt 21
Boltjes 61
Bolwijn 51
Bomhof, Femmie 82
Booy, Dicky 126
Borst 117, 135, 150, 152, 161
Borst, Tonny 112
Bos, Ruud 139
Bossina, Klaas 15
Bouber, Herman 40
Bouma, G 144
Bouwmeester-Kluun 40
Braüne 36
Breunis 107, 114, 117
Brink, Jos 127
Brinker 15, 27
Brinkman, Willem 245
Broeders, Henk 203
Brongers, Lena 246

Brongers, Rein 246
Bronkhorst, Walter 115
Bruggen, Friedel van 39
Bruggen, Gretel van 39
Bruin, Cor de 107
Bruins 102
Bugsier 30
Buining 109
Bulthuis, W.K. 114
Burg, van der 84
Burmann 13–15, 19, 25, 36, 47, 49,
 246

C

Cavello, Perry 139
Christiani, Eddy 40
Consael, Victor 18
Corporaal 46
Corporaal, Riekje 15
Cox, Gerard 148
Croiset, Jules 148

D

Dallinga, Soene 15, 39
Dassi 18
Dekens 21
Dekker 206
Dekker, Ans 206
Dekker, Wessel 106
Delhaas, Mach 206
Derby, Willy 17
Derk, oom *Zie* Hekma, Derk
Diddo 29
Dieben, Lodewijk 17
Dieben, Willem 17
Diephuis, H. 42
Dijk 26
Dijk, Ko van 99, 169
Dijk, Teun van 59
Dijk, van 13, 103
Dikkers 103
Doderer, Joop 176
Doedens 16
Doeksen 30
Domburg, Andrea 126
Dool, Carry v.d. 163
Doorn, van 127, 147
Dort, Wieteke van 77, 211
Dost 46
Douma, Han 126
Dresselhuys, Mary 148, 169
Drijber 151
Drost, Jan 4
Duiker 35
Duinhoven, Ton van 149

Dürst Britt, H.J.J.W. 61, 69, 71

E

Ebels, Ebel 21
Eck, van 82
Eekhof, R. 20
Eichelsheim 16
Ekens 21
Elliot, George 67
Elsink, Henk 139, 148
Eskens, H. 185
Euwe, Max 40
Ezerman, Lou 143

F

Farah, Mohsen 119
Feijer 103
Feldbrugge 19
Felderhof sr, Herman 40
Fernhout 96
Fictorie, Afie 140, 144
Flink, Coen 148
Flinterman 243
Frankenfeld, Peter 101
Frederiks 50, 51
Frederiks, Jacqueline 103

G

Gasteren, Louis van 40
Geele, P. de 99
Geerdink 243
Geert, oom *Zie* Bakker, Geert
Geesink, Nelleke 149
Geldermalsen, Margarite van 191
Georg H. Withagen 206
Geraerds, Rob 40
Geubels 21
Giethoorn, Jan 118, 150
Gijen, van 115
Giliam, Mies 116, 177, 180
Giliam, sr 180
Gimberg, Jack 40
Gobau, Johannes 40
Goede, de 103
Goldhoorn, Johan 15
Gonggrijp 144, 146
Gorcum, Paul van 148
Goudsmit, Lex 148
Graaf, dr. J. de 52
Graaf, Gerrit 246
Grafhorst, Cees 115
Graswinckel, Cees 126
Gratama, Rients 148
Grietje, tante *Zie* Westra, Grietje
Grob 44
Groenewegen 86, 87
Groot, Harry de 139
Guikema 21

Gunneman, Henk 163

H

Haan 18
Haebler, Ingrid 169
Haer, de 118
Hagedoorn, Georgette 148
Hahn, Jan 17
Hall, Henri Ter 40
Hall jr, Ben ter 99
Halsema, Frans 148
Hamel, Jacob 17
Hardeveld Kleuver 206
Haris, Jos en Harry 224
Harris, Oscar 139
Hartsuiker, Ton 148
Hekma, Derk 12, 32–34, 38, 103 *Zie ook* oom Derk
Hekma, Talina Anna Kornelia 32, 33 *Zie ook* Annie Hekma
Hekma, tante *Zie* Bakker, Annechien
Hendriks, W. 75
Hensbergen, Lo van 148
Hermus, Guus 40, 126, 148, 169
Heskes, Wam 17
Heuvel, André v.d. 148
Hinze, Chris 148
Hirsch, Gerd 17
Hoegsma 51
Hoek 84
Hoeksema 24
Hoes 184
Hoes, Jitse 116, 182
Hoes, Ton 115, 116
Hoeve, Jan 143
Hof, Ernst van 't 40
Hofman 37, 40
Hofman, Willem 126
Hofstede, dr. 45
Hogenbirk 25
Holsslag 31
Holwerda 30
Hooghoudt 21
Hoogstra 105
Hoomans, Elise 40, 149
Hoope, Aafje ten 40
Horstman, O.A.F. 69
Houwer, Rob 140
Hoving, Sieto 148
Hoving, Sieto en Marijke 139
Hubers 116
Huet 116
Huidekoper 244
Huizinga, Emmy 107
Huls 116
Hurk, Peter van der 99
Hurk, Pia van der 99

I

Ibo, Wim 99
Indonesie 1946-1949
  Bandung 62, 66, 69
  Batavia 56, 57, 61, 62, 76
  Buitenzorg 57, 61
  Cheribon 64–66, 69–73
  Djatibarang 64
  Garoet 64, 65
  Indramajoe 64
  Jakarta 76
  Krawang 63, 64
  Kuningan 65
  Linggarjati 69, 71
  Menteng Poeloe 76
  Pamanoekan 64
  Petotjo 59
  Purwakarta 65, 72–76
  Sabang 56
  Singaparna 65
  Sumedang 65, 66, 69, 73, 75
  Tandjong Priok 56, 76
  Tasikmalaja 65
  Tjiamis 65, 66
  Tjibaroesa 63
  Tjikampek 73
  Tjilamaja 64
  Tjileungsir 57, 59, 63
  Tjiteureup 57–59, 61

J

Jacobs 109, 144
Jager, Penny de 177
Janna 23, 28
Jansen 115, 116, 185
Jansen, Fons 148
Jansen, Kitty 148
Jansen, Marinus 100
Janssen, Gebr. 19
Jens, Jan 40, 43, 46, 50, 83, 245, 246
Jens, Rob 116, 183, 184, 185
Johannes, oom *Zie* Nieborg, Johannes
Jong, Jasperina de 148
Jonge, Hielkje de 135
Jongeneel, Peter 139
Jongewaard, Leen 149
Jonker 16, 206
Jonkman 93
Joosten, Dien 31
Joosten, Johannes Theodorus 31, 81
Joosten, Joop 31
Joosten, Mien 19, 31
Joosten, oom *Zie* Joosten, Johannes Theodorus
Joosten, tante *Zie* Werff,

Trijntje van der
Jos Franken 139
Juliana, Koningin 117, 151
Jullens 16

K

Kaart sr, Johan 40
Kahrel 21
Kamminga, J. 110
Kamp, Andries 112, 116, 184
Kamp, Jurrie 116
Kampen, Ronald van 115
Kan, Wim 117, 147, 148, 153
Kappers, Marnix 148
Keijl, Henk 126, 177
Kinket 116
Kinsbergen 18
Klaasesz, J. 25
Klaaysen 186
Klinkenberg 84
Klunder, Bertha 82
Knol, Loeki 139
Koehorst 100
Koele 142, 144
Koen, Koos 17
Kok 189
Kok, Pieter de 14, 35
Kolfschoten 150
Kolk, Marjan v.d. 163
Koning, Martha 40, 46, 50, 246
Kooi 14
Kooi, Jacob 246
Kool 44
Koopman, Marianne 115
Koops 16
Koorenhof, Bert 206
Koorenhof, Els 206
Koornberg-Stroo 145
Koudenburg, Doetje 82
Koudenburg, Ollie 82
Kraaykamp, Karin 116
Krabbé, Jeroen 148
Kramer 49
Kranenborg 28
Kuijk, Nelleke van 243
Kuik 82, 91, 109
Künstler 133

L

Lajos, Kovacs 17
Lammers 21
Lammers, Ben 126
Lammers-Timmerman, Agnes 126
Lammy 82, 89
Land, Willy van 't 115
Landman 47, 116
Landzaat, Annie 116, 172–174
Lange, Cees de 116
Lansink, Mien 163

Lanting, John 148
Latte, Eddy de 40
Leegkerk 32
Lehnhoff 36
Lelyveld 207, 208
Lemaire, Cor 99
Lensink, Ton 148
Leur, Joop de 86, 106
Leur, Sylvia de 148
Lichtenstein, Hans 17
Liesje, tante *Zie* Westra, Liesje
Linden, M. v.d. 75
List, Liesbeth 148
Long, Robert 149
Loos, Willy 25
Löwenberg 38
Lubbers, R 205
Lüdeke 37, 38, 43
Luth 146
Lutz, Luc 148, 171

M

Maaike, tante *Zie* Westra, Maaike
Maarseveen, Wies van 211
Maat, Froukje 115
Malando 139
Manders, Kees 86
Manen, Hans van 125
Manrho, Rieks 140
Marle, J.W. van 139
Martens 24, 27
Massier 116
Meeberg, Rob v.d. 148
Meeuwis, Annie 40
Meijer, Emmy 40, 50, 80, 245, 246
Meijer, Piet 74
Meijer, Stien 30
Meinders, Fréderic 149
Melachini 26
Mendel, Bouke 59
Mesquita, Bueno de 116
Meutgeert, Henk 163
Michaelides 242
Mieden, Otto van der 127
Mien, tante *Zie* Joosten, Mien
Mijnders 15, 27
Modderman, Jan 82
Modderman, Theo 82
Moer, Ank van der 126, 148
Moes 97
Mol, Albert 148
Molen, van der 16
Molenaar, Henk 46
Mols-de Leeuwe, Enny 125, 148
Moolenaar, Henk 40
Mooten 116
Mooy, Elisabeth 139
Mulder 26
Muller 115
Muyselaar, Piet 41, 148

N

Naber, Koos 106
Neyman, Benny 139
Niberco 216
Nieborg, Bé 32, 33
Nieborg, Johan 32
Nieborg, Johannes 32, 33, 47 *Zie ook* oom Johannes
Nieborg, Lien *Zie* Nieborg, Talina Anna M.
Nieborg, Sien *Zie* Talens, Geziena Egbertina
Nieborg, Talina Anna M. 32, 33 *Zie ook* Lien Nieborg
Nienhuis 83
Nienhuis, Jaap 141, 186
Nienhuis, Klazien 83, 235
Nienhuis, Nini 80
Nienhuis, Zus 83, 235
Nienhuis-Tabak 161
Nieuwold, Henk 14, 35, 143
Nijenhuis 134, 140
Nijenhuis, Henny 115
Nijs, Rob de 139
Nispen tot Pannerden, van 151
Noort, Jan de 126
Nooter, A. 139
Nooy, Beppie 17, 170
Nooy, Jan 17, 170
Nuyl sr, Piet te 40

O

Obduyn 82
Oechies 106
Ommen, Pieke van 155, 157
Onnes 21
Onnes, Klaas 29
Oost, Alie 163, 164
Oppenheim 15
Orri, Henny 149
Ottens, Kees 33
Ottens, Talina Anna 9, 33, 36
Otter 68
Ouwehand, Maarten 113

P

Pabbruwee, Betty 122, 135, 151
Pech, Peter 17
Perdok 45, 46
Philosoof 206
Piëst 16
Piet, oom *Zie* Werff, Piet van der
Pijnenburg, Jan 17
Plaat, Co van der 85
Plaat, Siep van der 85, 88, 91
Plas, Michel van der 124
Plenter 25
Pohl 218

Polak 16, 21, 41
Possemis, Henny 72, 74
Post, Gé 107
Postma, Douwe 115, 120
Princen, Ponce 77
Pruis, Kees 17
Prummel 181
Purperhart 213

Q

Quay, J.E. de 139
Quiël, Sylvia 162

R

Reijer, Jan 35, 42, 44, 113
Reijer, Willem 35, 42
Reitsma 28
Reizen
　Algerije 199
　Amerika 156
　België 142
　Cyprus 189, 205, 242
　Denemarken 137
　Duitsland 119, 136, 156
　Egypte 134
　Engeland 156, 190, 230, 235, 239
　Ibiza 190, 192
　Ierland 203
　Indonesië 155, 157
　Italië 154
　Jemen 195
　Jersey 241
　Jordanië 191, 192
　Kreta 157
　Libanon 231
　Madeira 187
　Malta 204
　Marokko 114, 154, 189
　Menorca 191
　Portugal 193
　Schotland 204
　Sicilië 238
　Sinai 191
　Spanje 114, 121, 236
　Syrië 193
　Tsjecho-Slowakije 154
　Tunesië 119
　Turkije 156, 159
　Wales 234
　Wight 229, 230
　z.o. Europa 154
Remmelts, Joan 148
Renschke, Viktor 102
Reyn, Rob van 149
Richter 133, 135, 184, 185
Rienks, L.W. 246
Rijnders 139
Rinket, Herman 86, 98

Risakotta, Mientje 155, 157
Ritsema 11
Roelen 126
Roemer, Anton 40
Roffel 116
Rooskens, Simone 171
Rooyaards, Jules 126
Rot, Dick aan het 115
Ruiter, de 116
Ruys, H. 40

S

Schansema 39
Schattekerk, Eeftink 120
Scheffer, Ina 139
Schenk, Mr. W. 139
Schifferstein, Tonny 86
Schmidt, Cees 39
Schmidt, Walburgh 206
Schobben, Willy 139
Scholte, Bob 37
Scholten 40
Schueren, van der 139
Schut 29, 39, 188
Schuttelaar 152
Sennema 140
Shaffy, Ramses 148
Sien, tante *Zie* Talens, Geziena Egbertina
Simons, Truus 139
Sini 23, 28
Sliep 29
Sloten, van 116, 179
Sluis 86
Smedes, Harm 99
Smink 29
Snel, Nel 143
Snijder, Betty 112
Snijder, Willem 115
Snippe 90
Soen, Lim Tong 75
Spanjaard, Hein 165
Spanjer, Jo 16
Stam 144, 156
Stappenbelt, Jan 175
Stek, Do van 126
Stekelenburg, Elly van 148
Stien, tante *Zie* Meijer, Stien
Stipriaan, Henk van 139
Stok, Herman 139
Stronks, Arie 126
Stronks-Hofman, Gerda 126
Struiksma 157, 158
Swarting 37, 38

T

Talens, Geziena Egbertina 32, 33, 47, 49, 83 *Zie ook* Sien Nieborg; tante Sien

Talens, Egbert 9, 32, 33
Talens, opoe *Zie* Ottens, Talina Anna
Tamse 178
Tania, B. *Zie* Pabbruwee, Betty
Tania, Cees 122, 135
Tassigny, de Lattre de 54
Telkamp, Mieke 139
Tepper 95
Tetzner 46
Tielbaard 183
Timmermans, Wout 116
Tjeerd, oom *Zie* Werff, Tjeerd van der
Tobi, Carl 40
Tolmeijer 99
Tolsma, Jan 243
Toos, tante *Zie* Barendsen, Chatarina Wilhelmina
Tromp, Marie 45, 79, 80
Trui, tante *Zie* Westra, Trui
Tuzee, Hilly 40

U

Uiterdijk 103
Ulsen, Henk van 125, 126, 148, 169

V

Vaatstra, Witte 82
Vandenbos, Conny 139
Veen, Lineke van der 163
Veen, Teun van der 126, 139, 163, 177
Veen, van der 22, 141
Veen, Willem van der 149, 162–164, 186, 247
Veer, Willem van der 40
Vegter 21
Veld, Ter 105
Velde, Tom te 126
Veldhuis, Wim 112
Veldman 102
Veltrop 116
Verhagen 123
Verhulst, Annie 40
Verkade, Eduard 17
Vermeijden, Henk 89
Verrips 134
Verstraete, Guus 139
Vies, van der 154
Vinke 21
Visser 110, 185
Vlaskamp 108
Vliet, Paul van 139, 148, 168
Vogt, Ben 82
Vorster 16
Vos 150
Vos, Theo 74

Vos, Tiny 107
Vreugde 68
Vries, de 24, 83, 103
Vries, Jan de 46, 247
Vries, Sjoerd de 247
Vries, Tetman de 99, 172

W

Waal, Tine de 115
Waanders 212
Wal, Janny van der 228, 243
Wal, van der 111
Walden, Willy 41, 148
Walker 156
Waning, Martin van 206
Waning-Heemskerk, van 206
Ward, Myra 40
Weavers, Zelda 33
Weide, W.G. van der 208
Weijkamp, Truus 115
Weijkamp-van de Broek, Monny 115
Weitzel, Guus 17
Werff, Annie van der 29, 30
Werff, Klaas van der 29, 30
Werff, Louisa van der 10, 11, 12, 33
Werff, opoe van der *Zie* Westra, Anna Louisa
Werff, Piet van der 10, 30 *Zie ook* oom Piet
Werff, Sake van der 10, 11, 79, 81
Werff, Tjeerd van der 10, 30 *Zie ook* oom Tjeerd
Werff, Trijntje van der 31, 81 *Zie ook* tante Joosten
Westphal 16
Westra, Anna Louisa 10, 22, 39, 40, 82, 246 *Zie ook* opoe van der Werff
Westra, Ans 206
Westra, Grietje 206, 207
Westra, Liesje 140, 207 *Zie ook* tante Liesje
Westra, Maaike 22, 140, 207 *Zie ook* tante Maaike
Westra, Trui 140, 207 *Zie ook* tante Trui
Wevers, Johan 115, 118, 123, 124, 135, 136, 164, 183, 184
Wevers jr, Johan 115
Wiegel, Hans 103
Wijhe, Adrie van 115
Wijngaarden, P. van 116
Wijs, Ivo de 148
Wijsbek, Nelly 139
Wildeboer 44
Willems 15, 112
Willink, Carel 162

Winter 104
Winter, Tiny 82
Wit, Gemke de 112
Wit, Mr. de 112
Withagen, Grietje *Zie* Westra, Grietje
Witlox 16
Wittenaar, Jan 163, 177
Woest 21
Woldendorp, L. 39
Wolthers 16
Wolthuis, Jannes 83
Wouters, Frans 40
Wunderink, Bob 28

Z

Zalm, van der 209
Zandbergen 116
Zandbergen, Herman 101, 140
Zandstra, Theo 245
Zee, Paula van der 115
Ziekman, Cas 89, 101, 108
Zom, van 206
Zomer 104
Zuidberg, Alie 206
Zuydwijk 186

www.ingramcontent.com/pod-product-compliance
Lightning Source LLC
Chambersburg PA
CBHW081127170426
43197CB00017B/2778